R를 이용한 텍스트 마이닝

• 이 저서(제1판, 제2판)는 2016년도 정부재원(교육부 인문사회연구역량강화사업비)으로 한국연구재단의 지원을 받아 연구되었습니다(NRF-2016S1A3A2925033).
• 이 도서의 국립중앙도서관 출판예정도서목록(CIP)은 서지정보유통지원시스템 홈페이지(http://seoji.nl.go.kr)와 국가자료종합목록 구축시스템(http://kolis-net.nl.go.kr)에서 이용하실 수 있습니다.(CIP제어번호: CIP2020008625)

개정판

R를 이용한 텍스트 마이닝

| 백영민 지음 |

TEXT-MINING USING R

한울
아카데미

2판 머리말

2017년에 1판이 출간된 후 벌써 2년이 흘렀다. 다른 분야에서 2년이라는 세월은 그리 길지 않을지 몰라도, 텍스트 마이닝 분야에서는 상당히 많은 부분이 바뀌었다. 1판에서 소개했던 R 패키지들의 경우, 어떤 패키지는 사라졌고, 어떤 패키지는 대폭 보강되거나 개편되었다. 또한 온라인 공간의 웹페이지 구성 방식 또한 바뀌었다. 그러나 텍스트 마이닝 기법들의 기본 틀은 크게 바뀌지 않았다. 이에 2판에서는 1판의 전체적 체제를 유지하되, 독자들의 제안과 요청, R 환경 및 온라인 공간 변화를 최대한 반영하여 1판의 내용 중 상당 부분을 보완·개정했다. 1판에서 바뀐 부분들을 간단하게 요약하면 다음과 같다.

첫째, R 베이스 함수를 이용해 문자형(character) 텍스트 데이터를 다루는 방법 부분은 크게 바뀌지 않았다. 그러나 `stringr` 패키지의 함수들을 이용하여 문자형 텍스트 데이터를 다루는 방법은 상당 부분 바뀌었다. 1판과 비교할 때, R 베이스 함수들은 변한 것이 거의 없었지만, `stringr` 패키지에는 텍스트 사전처리와 관련된 편리한 기능을 갖는 함수들이 새로 탑재되었다. 이에 따라 2판에서는 `stringr` 패키지의 함수들을 설명(1부 3장)하는 분량이 증가했다.

둘째, 1판에서 사용한 말뭉치(corpus) 데이터를 업데이트했다. 2017년 이후 필자가 단독 저자·주 저자·공저자로 참여한 영어 및 한국어 논문들의 초록(abstract)을 말뭉치 자료에 추가했다. 왜냐하면 필자는 글을 쓰는 가장 큰 이유를 '자신을 돌아보는 것'이라고 생각하기 때문이다.

셋째, KoNLP 패키지와 관련된 기능을 설명하면서 이용자가 지정한 표현을 기존 사전에 추가하여 반영하는 방법을 소개했다. 또한 KoNLP 패키지 외에 한국어 형태소 분석이 가능한 R 패키지들을 간단하게 소개했으며, 띄어쓰기가 되어 있지 않은 한국어 텍스트의 경우 어떻게 자동 띄어쓰기를 하는지에 대해서도 간단한 소개를 덧붙였다.

넷째, 텍스트 내부의 단어와 단어의 연관 관계를 설명할 때(3부 1장), 데이터 마이닝 분야에서 널리 사용되는 연관 규칙(association rule) 분석을 새로 소개했다. 개정판을 준비할 때 연관 규칙 분석을 추가하면 좋겠다고 제언해 주신 독자의 의견을 반영했다. 연관 규칙 분석은 마케팅이나 경영학 분야에서 흔히 말하는 장바구니 분석(market basket analysis)으로 유명하다. 연관 규칙 분석을 새로 넣는 대신, 주성분 분석(principal component analysis, PCA)을 소개한 1판의 내용은 삭제했다. 물론 과거에는 문서×단어 행렬(document-term matrix, DTM)을 압축하는 방법으로 주성분 분석이 사용되기도 했지만, 어느 독자의 지적처럼 텍스트 분석 맥락에서 PCA는 더 이상 타당성도 유용성도 발견하기 어려운 기법이라고 생각했기 때문이다.

다섯째, 잠재적 디리클레 할당(latent Dirichlet allocation, LDA) 모형에서 최적의 잠재토픽 개수를 추정하는 방법을 추가로 소개했다. 이는 LDA 모형과 다른 토픽모형을 이용해 논문을 쓰려는 여러 독자들의 질문과 제언을 따른 것이다. 단 최적의 잠재토픽 개수를 추정하는 방법을 너무 길게 설명할 경우, 토픽모형에 대한 간단한 이론적 설명과 토픽모형 추정 절차를 이해하는 데 방해가 될 수도 있을 것 같아 잠재토픽 개수 추정 방법은 '별첨 자료-2'에 자세하게 소개하는 방법을 택했다.

여섯째, '짧은 텍스트'의 잠재토픽을 추정하는 데 특화된 토픽모형들 중 하나로 '공통단어등장 토픽모형(biterm topic model, BTM)'을 추가로 소개했다. 문서가 적은 수의 단어로 구성된 짧은 텍스트(예를 들어 140자 이내의 트윗, 온라인 Q&A 게시판, 광고 문구 등)의 경우 LDA 모형을 비롯한 다른 토픽모형을 적용하기 어려운 경우가 적지 않다. 광고 문구를 대상으로 토픽모형을 사용하고 싶다는 독자의 질문을 같이 고민하는 과정에서, BTM을 접하게 되었음을 밝힌다.

일곱째, 타이디데이터 관점에서 데이터를 조직하고 관리하는 tidyverse 접근법을 기반으로 하는 텍스트 데이터 분석기법들을 대폭 추가했다. 물론 1판의 경우도 tidytext 패키지나, ggplot2 패키지 등을 어느 정도 소개했다. 최근 tidyverse 접근법이 텍스트 자료에도 대폭 적용되어 텍스트 분석의 효율성을 대폭 증가시켰다. 필자는 텍스트 마이닝뿐만 아니라, 앞으로의 R를 이용한 대부분의 분석기법들은 tidyverse 접근법 위주로 진행될 것으로 감히 예측하고 있다. 물론 tidyverse 접근법을 모른다고 해서 텍스트 마이닝 기법들을 사용할 수 없는 것은 아니다. 그러나 tidyverse 접근법을 어느 정도 익힌다면 2판의 내용을 이해하는 데 큰 도움이 될 것이다. tidyverse 접근법에 대한 소개 책자로는 위컴과 그롤문트(Wickham and Grolemund, 2016)의 *R for Data Science*나 필자(2018)의 『R기반 데이터과학: tidyverse 접근』을 추천한다.

여덟째, 감정어휘 사전(sentiment lexicon)을 이용한 감정분석(sentiment analysis) 내용은 거의 대부분을 새로 작성했다. 우선 영어 텍스트의 경우 최근 새로운 감정어휘 사전들이 개발되어 공개되면서, 이를 다운로드받을 수 있는 textdata 패키지를 새로 소개하게 되었다. 또한 학술논문을 대상으로 감정분석을 실시하는 것이 타당하지 못하다는 독자들의 의견을 받아들여, 감정 표현이 좀 더 직접적으로 드러나는 텍스트로 예시 데이터를 바꾸었다. 인간의 고난과 괴로움의 의미를 묻는 킹제임스판 구약(히브리) 성서의 『욥기』 텍스트와 일제강점기 가난한 민중의 삶을 묘사한 최서해의 『탈출기』 텍스트를 감정어휘 사전을 이용한 감정분석 대상 텍스트로 선정했다. 새롭게 선정된 텍스트를 통해 독자들이 감정어휘 사전을 이용한 감정분석을 좀 더 잘 이해할 수 있길 바란다.

아홉째, 1판에서 지도 기계학습 기법을 소개할 때 사용했던 RTextTools 패키지의 업데이트가 중단됨에 따라, 2판에서는 caret 패키지를 이용해 지도 기계학습 기법을 소개했다. 그러나 지도 기계학습 기법을 위한 예시 데이터는 1판과 2판이 동일하다.

끝으로 웹 스크레이핑(scraping)을 소개하는 부분은 완전히 새로 작성했다. 1판에서는 실렉터가젯(selectorGadget)이라는 프로그램을 위주로 웹 스크레이핑을 설명했으나, 온라인 공간의 웹페이지 구성 방식 변화로 인해 실렉터가젯을 활용한 웹 스크레이핑 적용 영역은 크게 감소했다. 2판에서는 모바일 환경에 특화된 그리고 반응형 웹

페이지가 주류인 현재의 온라인 공간에 더 적합한 RSelenium 패키지와 rvest 패키지를 이용한 웹 스크레이핑 방법을 간략하게 소개했다.

2판을 출간할 수 있게 된 것은 많은 독자들이 이 책을 구매하고 관심을 보여준 덕분이다. 1판 출간 후 많은 분들에게 격려를 받았고, 질문도 많이 받았다. 또한 필자의 학문적 배경 때문인지는 몰라도 텍스트 마이닝 기법들에 대한 서술이나 R 프로그래밍에 대한 설명에 문제가 있다는 질책 섞인 조언을 듣기도 했다. 격려든 질문이든 혹은 질책이든 1판에 대한 독자들의 관심에는 진심으로 감사드릴 따름이다. 박사 학위논문을 준비하면서 필요한 지식들을 전산학과나 통계학과를 기웃거리면서 습득한 짧은 지식으로 책을 쓴다는 것이 어찌 보면 무모한 일이었다. 부족한 능력에도 불구하고 독자들의 도움과 지원이 없었다면 2판 출간은 불가능한 일이었을 것이다. 1판을 구매해 주신 독자들에게 다시 한번 진심으로 감사드린다.

그러나 2판 출간을 맞아 누구보다 감사드리고 싶은 사람은 필자가 속한 연세대학교 언론홍보영상학부 학부생인 박인서 씨다. 박인서 씨는 R 텍스트 마이닝과 관련된 여러 워크숍에서 '워크숍 강사보다 더 나은 조교'로 큰 도움을 주었고, 이 책 2판의 본문 내용과 R코드 출력 결과를 검토해 주었으며, 무엇보다 KoNLP 패키지에 필수적인 Java 설치 방법, RSelenium 패키지 활용법 등을 소개할 때는 필자보다 더욱 탁월한 실력을 보여주었다. 박인서 씨를 보면서 예전에 미국에서 박사과정에 재학 중일 때 유태인 교수님 한 분이 필자에게 해준 탈무드의 말이 떠올랐다. "나는 내 스승에게 많은 것을 배웠고, 내 동료에게서 더 많은 것을 배웠고, 내 학생들에게서는 내 지식의 거의 대부분의 것들을 배웠다(I've learned much from my teachers, and more so from my colleagues, and most of all from my students)."

독자들의 도움과 박인서 씨를 비롯한 여러 학생들의 도움에도 불구하고, 책 이곳저곳에 미진하고 심지어 옳지 않은 부분들도 없지는 않을 것이다. 글을 쓰는 것이 자신의 삶을 돌아보는 것이듯, 책에 담긴 모든 오류들은 필자 스스로의 부족함을 반영하는 것임을 밝히면서 2판의 서문을 마친다.

2019년 12월 31일

백영민

1판 머리말

R, 대용량 텍스트에 대한 체계적 분석도구

필자는 2010년부터 박사 학위논문을 준비하면서 텍스트 마이닝(text mining) 기법에 관심을 갖기 시작했다. 논문을 작성하기 위해서는 온라인 토론장에서 이루어진 토론 참여자의 '말'을 분석해야 했고, 토론 참여자를 대상으로 얻은 설문조사의 '개방형 응답(open-ended response)'도 분석해야 했다. 토론 과정에 참여하고 설문조사에도 참여한 사람들의 수는 3,000명 정도였다. 당시만 하더라도 텍스트 형식의 데이터에 대한 분석은 코드북을 만들고 인간 코더를 고용한 후 이들이 모든 텍스트를 읽고 해석한 결과를 통계 처리하는 전통적 내용분석이 필자가 사용할 수 있는 유일한 방법이었다. 그러나 인간 코더에게 맡기기에 토론 내용과 개방형 응답 텍스트는 분량이 적지 않았다. 이를 해결하기 위한 과정에서 필자는 알고리즘에 기반을 둔 텍스트 데이터 분석기법, 즉 텍스트 마이닝에 관심을 갖기 시작했다.

지금 와서 돌이켜보면 당시에 분석해야 했던 텍스트는 대용량 텍스트라고 부르기 어려울 정도로 적은 분량이다(텍스트 파일로 전환했을 때 2메가바이트도 안 된다). 또한 당시에 필자가 사용했던 텍스트 마이닝 기법 역시 현재 기준으로 보면 매우 거칠고

정교하지 못한 것이었다. 그러나 필자의 손으로 작성된 알고리즘으로 텍스트에 등장하는 토픽과 감정적 방향성(즉, 부정적-긍정적 태도)을 짧은 시간에 추정해내는 것을 볼 때 느꼈던 희열은 아직도 잊히지 않고 있다. 또한 알고리즘으로 예측한 텍스트의 토픽과 감정이 완벽하지는 않아도 인간 코더의 판단과 어느 정도 일치하는 것을 볼 때의 짜릿함을 떠올리면 공부가 힘들고 일이 잘 풀리지 않을 때 삶의 의욕이 돋기도 한다.

물론 인간이 말하고 쓴 텍스트를 수학적 알고리즘으로 추정 혹은 예측한다는 것의 한계는 필자도 인정한다. 어떤 독자는 이 책에서 소개하는 텍스트 마이닝 기법을 이해하고 적용할 수 있으면 대용량 텍스트의 의미를 짧은 시간에 완전히 이해할 수 있을 것으로 기대할지도 모르겠다. 아쉽지만 이 책에서 소개하는 기법은(그리고 아마도 어떠한 텍스트 마이닝 기법도) 그런 기대를 충족하지는 못할 것이다. 왜냐하면 인간이 다른 인간의 생각을 텍스트를 통해 이해하려면 여전히 그것을 차례대로 읽고 비판적으로 성찰해야 하기 때문이다. 그러나 텍스트 마이닝 기법을 사용하면 대용량의 텍스트 데이터를 거칠게나마 개략적으로 이해하는 것이 가능하다. 인터넷의 등장과 온라인 공간의 확장으로 텍스트 자료가 폭발하고 있다. 텍스트 마이닝 기법은 폭발적으로 증가하는 텍스트 형식의 데이터를 좀 더 효율적으로 이해하고 접할 수 있게 도와주는 기법으로, 텍스트를 연구 대상으로 삼는 연구자에게 매우 큰 도움을 줄 것이다.

R의 매력을 발견하고 벌써 네 번째 R를 소개하는 책을 출간하게 되었다. R를 이용해 텍스트 분석을 실시하기 위해서는 R에 대한 기초 지식이 필수적이다. 만약 R를 처음 접하는 독자라면 필자가 앞서 출간한 『R를 이용한 사회과학데이터 분석: 기초편』(2015)과 『R를 이용한 사회과학데이터 분석: 응용편』(2016)을 먼저 학습하기 바란다(물론 R를 통해 수치형 데이터를 분석하는 방법을 소개한 다른 개론서를 살펴봐도 좋다). 왜냐하면 이 책은 텍스트를 처리하고, 텍스트 마이닝을 위한 텍스트 데이터를 구축하는 방법을 설명하는 것이 주요 목적이기 때문이다. 여러 기초적 R 라이브러리와 R 함수들, 그래프 작업 방법에 대한 사전 지식이 없다면 이 책의 내용을 효과적으로 학습하기 어려울 것이다.

R의 사용과 관련한 수업과 워크숍에서 언제나 강조하는 것이지만, "백 번 보는 것보다는 한 번 두드려보는 것이 낫다(百見不如一打)". 책을 눈으로만 보고 머리로만 이

해하지 말고 R 명령문을 입력해보고, 또 변형해보길 권한다. 이 책에 등장하는 모든 R 명령문과 분석 대상이 된 텍스트 자료들은 한울엠플러스(주) 홈페이지*에서 다운로드할 수 있다. 실습을 통해 이 책의 예시 과정을 따라 해보고 이해한 후, 자신이 분석하고자 하는 텍스트의 특성에 맞게 변형하여 응용한다면 텍스트 마이닝의 즐거움과 유용성을 모두 얻을 것으로 믿는다.

이 책은 2016년 겨울방학과 2017년 여름방학 때의 텍스트 마이닝 워크숍을 준비하면서 작성한 강의 자료를 바탕으로 작성되었다. 텍스트 마이닝 워크숍 기회를 제공해주신 연세대학교 정치외교학과 조화순 교수님과 워크숍 진행은 물론 좋은 질문으로 강의 자료의 문제점을 지적해주신 이병재 박사님과 김범수 박사님께 감사드린다. 또한 2016년 겨울방학 워크숍에 참석하여 날카로운 질문과 제안을 해주신 성균관대학교 이관민 교수님과 가천대학교 송하연 교수님께도 감사의 말씀을 드리고 싶다. 당시 워크숍에서 강의 준비로 수고해준 연세대학교 언론홍보영상학부 학부생인 김채윤 씨에게도 감사의 말을 남기고 싶다.

하지만 누구보다 감사드리고 싶은 분은 2017년에 은퇴하시는 서울대학교 언론정보학과 교수 강남준 선생님이다. 선생님 덕분에 통계분석방법과 모형화 작업이라는 새로운 영역에 관심을 가질 수 있게 되었다. 선생님께서는 당신의 수업 시간에 『페더럴리스트 페이퍼(The Federalist Papers)』의 익명 필자가 누구인지를 추론하는 프레더릭 모스텔러(Frederick Mosteller)의 연구(1987)를 소개하신 적이 있는데, 이 계기가 없었다면 현재의 필자가 텍스트 마이닝에 관심을 갖지 못했을 것이다. 존경의 마음을 담아 이 책을 강남준 선생님께 바친다.

2017년 7월

백영민

* 한울엠플러스 홈페이지(http://www.hanulmplus.kr/)에서 띄어쓰기 없이 "R를이용한텍스트마이닝"을 검색해 개정판 페이지를 찾거나 필자의 홈페이지(https://sites.google.com/site/ymbaek/)에서 다운로드 받을 수 있다.

4부 마무리

1부

텍스트 데이터란 무엇인가?

01 텍스트를 데이터로 파악하기

01
텍스트를 데이터로 파악하기

텍스트 마이닝은 텍스트 형태의 데이터를 수학적 알고리즘에 기초하여 수집·처리·분석·요약하는 연구기법들을 통칭하는 용어다. 어떠한 통계모형이든 분석을 위해 데이터를 양화(quantification)시켜야 한다. 일반적으로 많이 사용되는 티테스트(*t*-test), 분산분석(analysis of variance, ANOVA), 일반최소자승 회귀모형[ordinary least square (OLS) regression model] 등은 수치형(numeric) 데이터를 이용해 변수와 변수(혹은 벡터와 벡터)의 관계를 추정한다.

통계분석 모형에 투입되는 데이터는 수치형 데이터다. 그러나 텍스트를 수치형 데이터로 간주할 수만 있다면, 텍스트에 대한 통계분석 모형을 수립하고 테스트하는 것이 불가능한 것은 아니다. 이와 같이 디지털화된 텍스트를 수치형 데이터로 간주하여 알고리즘을 적용해 분석·요약하는 통계기법을 '텍스트 데이터 접근(text-as-data approach)'이라고 부른다(Gentzkow, Kelly and Taddy, 2017; Grimmer and Stewart, 2013).

텍스트는 인문학자들과 사회과학자들이 사회현상을 이해하는 주요 수단이었다. 전통적인 인문학이나 사회과학적 관점에서 보면 의아할 수도 있지만, 전산 능력 향상으로 인해 대용량의 데이터 처리가 가능해지고 효율적인 알고리즘들이 개발되면서 텍스트를 수치형 데이터로 간주하는 통계적 분석기법들이 눈부시게 개발되고 있다. 현재 이 책에서 다루는 텍스트 처리기법들은 필자의 지식 범위에서 2019년도까지 언론학, 정치학, 사회학, 컴퓨터 공학, 통계학 등의 학술논문에서 소개되거나, 해당 분과의 학술적 주장을 뒷받침하는 자료로 사용되고 있다. 독자들이 이 책을 언제 접하든, 아마도 바로 이 순간에도 더욱 새롭고 효율적인 텍스트 분석기법이 속속 제안되고 있을 것이다. 그러나 이 책에서 소개하는 텍스트 마이닝의 기본 개념들과 모형 구성의 기본 패러다임은 크게 바뀌지 않을 것으로 생각한다. 텍스트 마이닝과 같이 하루하루 눈부시게 발전하는 분야라고 하더라도 기초적인 개념과 프로그래밍을 확실하게 알고 있다면 새로 개발되는 기법과 모형에 더 쉽게 다가갈 수 있을 것으로 생각한다.

1부에서는 우선 전통적 방식의 텍스트 분석방법을 개략적으로 서술한 후, 알고리즘에 기반한 텍스트 마이닝 기법과 어떤 면에서 다른지 살펴본다. 그다음 텍스트 데이터 접근에서 어떻게 텍스트를 구조화시키는지 설명할 것이다. 문자(letter), 형태소(morpheme), 단어(word), 문장(sentence), 문서(document) 등의 위계적(hierarchical) 질서를 갖는 텍스트를 가로줄(row)과 세로줄(column)의 행렬(matrix) 형태를 갖는 데이터로 개념화할 수 있는지 설명할 것이다. 끝으로 텍스트 분석의 분석 단위로 사용된 표현[흔히 토큰(token)이라 불리며, 대개의 경우 토큰은 단어(word)를 의미함]을 근거로 문서에 나타난 주제[토픽(topic)이나 감정(sentiment)]를 추정하는 기법들에 대한 전반적 개요를 제시할 것이다. 즉, 텍스트 데이터를 이해하고 모형화하는 작업에 필요한 기초 개념들을 설명하는 것이 1부의 목적이다.

전통적 텍스트 분석방법과 그 한계

인간은 언어를 이용해 생각과 느낌을 타인과 공유해 왔다. 언어를 통해 인류의 지혜는 시간과 공간의 장벽을 뛰어넘을 수 있었다. 텍스트(text)에 대해서는 여러 정의가 가능하지만, 텍스트 데이터 접근에서 말하는 '텍스트'는 "디지털 형태로 저장된 상징(symbols)들"이라고 정의되는 것이 보통이다(Gentzkow, Kelly and Taddy, 2017;

Grimmer and Stewart, 2013; Krippendorff, 2013; Zamith and Lewis, 2015). 따라서 컴퓨터 공학에서는 이미지와 동영상 등도 '텍스트'라는 이름의 분석 대상에 포함시키지만(이를테면 LeCun, Bengio and Hinton, 2015), 필자와 같은 사회과학자가 이야기하는 '텍스트'는 문자로 표현된 디지털 기록인 것이 보통이다. 이 책에서도 한국어나 영어 등으로 작성된 디지털 정보를 지칭하기 위해 '텍스트'라는 용어를 사용할 것이다.

전통적으로 텍스트 데이터를 분석하는 기법은 크게 두 가지다. 우선 연구자가 텍스트 데이터를 '문자 그대로' 세밀하게 읽고 이해한 후, 연구자의 이론과 비판적 시각에 따라 요약하거나 일부만 발췌하여 제시하는 방식이다. 흔히 정성적 연구방법(qualitative research methods)을 추구하는 연구자들이 사용하는 방식이다. 사실 이 방법은 텍스트의 의미를 파악하는 가장 타당한(valid) 방법이다. '행간(行間)의 의미'를 파악하고, 텍스트의 미묘한 뉘앙스 차이를 파악하는 데는 여전히 (그리고 아마 영원히) 인간의 지능이 기계적 알고리즘보다 우월할 것이다. 예를 들어 외교적 문서나 법정에서 다툼의 여지가 있는 증언 등의 경우 읽는 사람이 어느 정도의 전문성을 갖는지 그리고 어떤 관점에서 읽는지에 따라 의미를 파악하는 수준이 달라질 수 있다. 그러나 이 방법에도 문제점이 없는 것은 아니다. 우선 텍스트의 분량이 방대할 경우 실행 자체가 불가능하다. 또한 텍스트를 읽는 연구자의 주관적 관점에 따라 어떤 부분은 부각되지만 다른 어떤 부분은 무시되는 등 텍스트의 요약과 해석이 자의적일 수 있기 때문에(DiMaggio, Nag and Blei, 2013; Krippendorff, 2013), 어떤 학자의 텍스트 분석이 다른 학자에게서 반복(replication)되지 못할 수 있다.

대용량의 텍스트를 체계적으로 처리하기 위해서는 정성적 연구방법보다는 정량적 연구방법(quantitative research methods)이 더 효율적이다. 언론학을 위시한 여러 분과의 사회과학자들은 '내용분석(content analysis)' 기법을 이용해 텍스트를 분석해 왔다.[1] 내용분석 기법은 다음과 같은 과정으로 진행된다(DiMaggio, Nag and Blei, 2013; Krippendorff, 2013).

---

1 정성적 연구방법에서 널리 사용되는 근거이론(grounded theory; Corbin and Strauss, 2008; Glaser, 1992)의 경우 내용분석의 과정보다는 유연하지만 텍스트를 파악하는 전반적인 과정은 크게 다르지 않다.

- 첫째, 분석 대상이 되는 텍스트에 대한 충분한 지식을 갖고 있는 연구자가 텍스트에 몇 개의 주제들이 잠재되어 있는지, 그리고 각 주제는 어떤 의미인지 정의한 코드북(codebook)을 작성한다.
- 둘째, 복수의 코더들에게 코드북을 교육시킨 후, 텍스트의 일부를 대상으로 분석을 실시한다.
- 셋째, 복수의 코더들이 코딩한 결과에서 코더 간 신뢰도(inter-coder reliability)가 확보되었는지 확인한다(만약 코더 간 신뢰도가 확보되지 않았다면, 첫 번째 단계로 돌아가 코드북의 타당성을 다시 확인하거나 두 번째 단계로 돌아가 코더들을 재교육시킨다).
- 넷째, 남은 모든 텍스트를 훈련된 코더들에게 분배하고, 이를 코딩하도록 하여 내용분석을 완료한다.

그러나 오늘날과 같이 텍스트가 폭발적으로 넘쳐나는 시기에 전통적 내용분석 방식의 적용 가능성은 점점 좁아지고 있다. 첫째, 소셜미디어나 온라인 공간에서는 기존과는 다른 새로운 텍스트가 넘쳐나고 있다. 새롭게 등장한 텍스트의 경우 연구자가 해당 텍스트에 대해 충분한 지식을 갖기 어렵다. 즉, 연구자가 작성한 코드북은 분석 대상이 되는 텍스트를 타당하게 반영하지 못할 가능성이 높다. 내용분석의 절차상 코드북의 타당성이 확보되지 않았다면, 그 분석 결과 역시도 타당성을 확보하기 어렵다. 둘째, 만약 연구자의 코드북이 타당하다고 하더라도, 대규모의 텍스트 데이터를 분석하기 위해서는 수많은 코더들을 고용해야 한다. 즉, 내용분석을 실시할 코더들을 고용하고 교육시키기 위해서는 엄청난 인건비와 관리비용이 소요된다. 셋째, 코드북의 타당성과 비용 문제가 해결되었다고 하더라도 코더 간 신뢰도를 확보하는 것이 쉽지 않다. 코더들은 인간이기 때문에 텍스트를 타당하게 해석할 수 있지만, 동시에 인간이기 때문에 피로와 같은 생물학적 이유로 텍스트 해석에 일관성을 잃기 쉽다. 사회과학 연구방법론의 용어를 빌려 표현하면 '검사-재검사 신뢰도(test-retest reliability)'를 확보하기 어렵다. 넷째, 코더 간 신뢰도를 확보했다고 하더라도, 방대한 텍스트를 분석하는 데 엄청난 시간과 비용이 소요된다.

그렇다면 알고리즘을 활용한 텍스트 분석방법은 전통적인 텍스트 분석방법인 내용분석과 어떤 점이 유사하고 어떤 점이 구분되는가? 알고리즘을 기반으로 하는 텍스트 분석방법은 텍스트를 해석하는 인간지능(human intelligence)을 유사하게 혹은 거칠게 모방한 인공지능(artificial intelligence)이다. 예를 들어 학술논문을 생각해 보자. 모든 학술논문의 첫 페이지에는 '키워드'나 '핵심어'가 제시되어 있다. 키워드는 왜 제시되었을까? 이유는 간단하다. 키워드를 훑어보면 해당 학술논문의 연구 주제가 무엇인지 정확하게 파악할 수는 없다고 하더라도 어느 정도 '감'을 잡기에 충분하기 때문이다. 그렇다면 키워드는 어떻게 설정되는가? 학자에 따라 다를 수도 있지만, 적어도 필자가 경험한 바로는 논문 저자가 논문을 다 완성한 후 논문을 대표할 수 있는 핵심 어휘 3~6개를 키워드로 최종 선정한다. 다시 말해 논문의 본문에 대한 논문 저자의 '내용분석 결과'가 바로 '키워드의 집합'이다.

뒤에 다시 설명하겠지만, 알고리즘은 분석 대상이 되는 텍스트의 의미를 파악하기 위해 의미를 구성하는 최소 단위의 텍스트 구성요소들을 파악한 후, 이들 구성요소들에 수학적 연산 과정을 적용시켜 어떤 텍스트 구성요소가 텍스트를 주도적으로 설명하는지 혹은 어떤 텍스트 구성요소가 알려진 텍스트의 의미를 예측하는 데 강력한 효과를 발휘하는지를 정량화하는 방식이라고 이해하면 큰 문제가 없을 것이다. 우리는 '정치'라는 단어가 자주 등장하는 텍스트를 '정치에 대해 언급한 문서'라고 판단하며, '좋다', '훌륭하다' 등의 표현이 자주 등장하는 텍스트가 '긍정적 감정이 담긴 문서'라고 판단한다. 인간이 텍스트의 의미를 판별하는 데 특정한 표현에 주목하여 최종적 판단을 내리듯, 알고리즘 역시 텍스트의 의미를 추정하는 데 특정한 표현에 더 많은 가중치를 부여하여 최종 예측값을 산출한다.

텍스트 데이터의 구조

그렇다면 텍스트 데이터 접근에서는 텍스트를 어떻게 취급하고 어떻게 텍스트에 대한 해석을 도출하는가? 본질적으로 텍스트 데이터 접근에서는 텍스트를 위계적 구조를 갖는 데이터로 파악한다. 세상의 모든 말들을 컴퓨터가 처리할 수 있도록 문서 형태로 디지털화했다고 가정하자. 이때 우리는 세상의 디지털화된 모든 문서들의 집합(set)

을 상상해 볼 수 있다. 이 모든 문서들 중에 우리가 일부의 문서들, 예를 들어 100편의 학술지 논문들을 분석 대상으로 삼았다고 가정하자. 분석을 위해 수집된 문서들의 집합(여기서는 100개의 학술논문들)을 '말뭉치(코퍼스, corpus)'라고 부른다.

그렇다면 말뭉치에는 몇 개의 문서들이 존재하는가? 여기의 사례에서는 100개의 문서들(documents)이 존재한다. 이제는 100개의 문서 중 하나의 문서, 즉 한 편의 학술논문만 고려해 보자. 하나의 학술논문은 여러 개의 단락(paragraph)으로 이루어져 있다.[2] 예를 들어 이 학술논문이 50개의 단락으로 이루어져 있다고 가정해 보자. 이제 다시 50개의 단락 중 하나의 단락만 고려해 보자. 보통 단락은 여러 개의 문장(sentence)들로 구성되어 있다. 예를 들어 어떤 단락이 5개의 문장으로 구성되어 있다고 가정해 보자. 이제 또 다시 5개의 문장들 중 하나의 문장을 선택해 보자. 보통 문장은 여러 개의 단어들(words)이 연결되어 구성된다. 이 문장에 10개의 단어가 사용되었다고 가정해 보자. 특히 단어의 경우 문제가 매우 복잡하다. 예를 들어 영어에는 몇 개의 단어가 존재할까? 옥스퍼드 영어사전에 실린 영단어만 약 17만 개[3]가 넘는다고 한다. 다시 말해 영어 단어를 변수로 설정한 데이터에는 가능한 변수가 최대 17만 개라는 말이다. 이러한 언어의 다양성 때문에 학자들은 텍스트 데이터의 가장 큰 특징으로 고차원성(high-dimensionality)을 꼽는다(Gentzkow, Kelly and Taddy, 2017; Roberts, Stewart and Airoldi, 2016). 이 특징은 실제 분석 사례를 살펴보면서 지속적으로 언급될 것이다.

반복이 지겨울 수도 있지만 조금만 참아보자. 단어 역시 여러 개의 형태소(morpheme)로 구성된 경우가 적지 않다. 만약 어떤 단어가 2개의 형태소로 구성되었다고 가정해 보자. 형태소 역시 여러 개의 음소(音素, phoneme)가 결합되었을 수 있지만 언어학자가 아닌 한 음소에 관심을 갖는 사람은 드물기 때문에, 여기서는 형태소까지만 생각해 보자. 텍스트의 분석 단위를 가장 큰 단위부터 가장 작은 단위까지 순서대로 언급하면 다음과 같다.

---

2 물론 단락들을 묶어 놓은 절(節)이나 장(章)을 생각할 수도 있지만, 이는 문서의 형식에 따른 구성단위라기보다 내용에 따른 구성단위이기에 고려하지 않았다.

3 해당 정보는 다음에서 찾을 수 있다. https://en.oxforddictionaries.com/explore/how-many-words-are-there-in-the-english-language

말뭉치 > 문서 > 단락 > 문장 > 단어 > 형태소

텍스트에 대해 이렇게 복잡하고 재미없는 서술을 하는 이유는 바로 이것이다. "텍스트는 생각만큼 단순하지 않으며, 텍스트 데이터 분석의 묘미와 어려움은 바로 텍스트 데이터의 복잡함에서 비롯된다." 물론 대부분의 텍스트 데이터는 '말뭉치 > 문서 > 단어'의 3단계를 고려하는 것이 대부분이며, 이 책에서도 이런 구조로 텍스트 데이터를 파악하고 있다. 사실 이러한 방식으로 텍스트 데이터를 파악하는 것은 '표본 > 개체 > 변수'로 구조화시킨 일반적인 사회과학데이터와 동일한 구조를 갖는다. 일반적인 사회과학 데이터에서는 개체를 구성하는 변수들을 분석함으로써 개체의 성격을 파악하고, 개체에 대한 통계분석을 제시함으로써 표본을 이해한다. 마찬가지로 텍스트 데이터 분석에서는 단어들을 분석함으로써 각 문서의 특징(feature)을 추정하고, 이렇게 추정된 문서들의 특징들에 대한 통계분석을 통해 말뭉치를 파악한다.

그러나 이 방법이 언제나 옳은 것은 아니다. 만약 어떤 연구자가 단락과 단락의 관계가 얼마나 유기적으로 연결되었는지를 파악하고 싶다면, 이 연구자는 '말뭉치 > 문서 > 단락 > 단어'와 같은 방식으로 텍스트 데이터를 구조화시킨 후, 단어들을 분석함으로써 단락의 성격을 파악하고, 이렇게 파악된 단락들이 어떻게 조합되어 있는지를 통해 문서의 성격을 파악해야 할 것이다. 즉, 이 경우 분석은 2단계로 진행되어야 한다. 여러 가지 다양한 가능성이 있지만, 이 책에서는 통상적인 텍스트 데이터 구조화 방법, 즉 '말뭉치 > 문서 > 단어'를 따라 텍스트 데이터를 위계적으로 파악할 것이다.

통계적 텍스트 분석: 단어를 이용해 문서의 주제를 예측하기

텍스트 데이터 접근방법에서는 디지털화된 텍스트에 대한 전통적 내용분석의 현실적 한계를 극복하기 위해 컴퓨터 알고리즘을 이용한다. 우선 텍스트 데이터 접근방법에서는 통계모형(statistical model)의 관점에서 텍스트를 파악한다. 예를 들어 개별 트윗(tweet)을 기본 분석 단위라고 가정하고, 트윗의 의미는 트윗에 등장하는 단어들을 통해 표현(representation)된다고 가정하자. 만약 이렇게 보는 것이 타당하다면 우리는 트윗에 등장하는 단어들과 단어들의 조합방식을 예측변수로, 트윗의 의미를 결과변수로 하는 통계모형을 추정하는 것이 가능하다. 예를 들어 "It is good!"과 "It is bad!"라는 두 트윗에서 사용된 단어를 이용해 각 트윗에 나타난 감정(sentiment)을 예측한다고 가정해 보자. 만약 트윗에 등장하는 단어들의 배치 순서(즉, 어순)를 고려하지 않아도 무방하다고 가정할 수 있다면,[4] 2개의 트윗으로 구성된 텍스트는 〈표 1〉과 같은 데이터세트로 표현된다.

〈표 1〉

	bad	good	is	it	sentiment
"It is good"	0	1	1	1	?
"It is bad"	1	0	1	1	?

'텍스트 데이터(text-as-data)'란 다름 아닌 위와 같은 방식으로 구성된 데이터 행렬을 의미한다. 텍스트 마이닝 기법을 소개하는 교재에서는 위와 같은 행렬(분석 단위×단어)을 텍스트의 '수치적 배열(numerical array)'이라고 부르며, 자연어 처리기법(natural language processing, NLP)이나 통계적 텍스트 모형을 소개하는 문헌에서는 '문서×단어 행렬'이라고 부른다.

위와 같은 텍스트 데이터에는 통계모형을 적용하는 것이 가능하다. 즉, 단어들을 예측변수[혹은 투입(input)]로, 감정을 결과변수[혹은 산출(output)]로 하는 함수를 구성하고 추정하는 것이 가능하다. 텍스트 데이터 혹은 문서×단어 행렬을 분석하는 방법은 크게 다음의 세 가지가 있다.

첫째, 어떤 단어가 어떤 의미를 나타내는지 연구자가 지정할 수 있는 경우, 알고리즘을 통해 해당 단어들이 사용된 문서의 의미를 추정할 수 있다. 흔히 이러한 방식의 컴퓨터 알고리즘을 이용한 텍스트 마이닝을 '사전기반 접근방법(dictionary-based

4 이와 같은 가정을 취하는 텍스트 분석기법들을 흔히 '단어주머니 접근법[BOW(bag-of-words) approach]'이라고 부른다. 물론 단어들의 어순을 고려하는 것도 가능하지만, 이 경우 데이터의 규모가 급격하게 증가하게 되고 모형추정에 막대한 컴퓨팅 자원이 소요된다.

approach)'이라고 부른다. 사전기반 접근방법은 메인프레임 컴퓨터가 등장하면서 시작되었다. 1961년 봄 하버드 대학에서 개발한 '제너럴 인콰이어러(General Inquirer)'가 최초의 사전기반 접근방법이다.[5] 사회과학의 경우 1980년대부터 사전기반 접근방법이 사용되었으며, 정치적 내용을 담고 있는 텍스트(정치인의 연설이나 정당의 강령, 예를 들어 DICTION)[6]를 분석하거나 텍스트 작성자의 심리적 상태를 추론할 때(대표적으로 LIWC)[7] 높은 성과를 거두고 있다. 또한 언어학적 관점에서 단어와 단어의 의미 네트워크 데이터를 구축한 워드넷(Wordnet)[8] 프로젝트 역시 사전기반 접근방법의 일환으로 볼 수 있다. 그러나 이 책에서는 제너럴 인콰이어러, LIWC, DICTION, 워드넷 등을 소개하거나 설명하지 않았다(관심 있는 독자는 해당 프로그램을 구한 후, 각 프로그램의 매뉴얼을 참고하기 바란다). 3부의 3장에서는 문서에서 표출된 감정을 문서에 어떠한 감정단어가 등장했는지를 기반으로 추정하는 '감정어휘 사전을 이용한 감정분석'을 소개했다.

두 번째와 세 번째 분석방법은 기계학습(machine learning)을 이용한 방법이다. 사전기반 접근방법은 사전(事前, a priori)에 규정된 단어의 의미를 기반으로 텍스트의 의미를 추정하는 반면, 기계학습 기법에서는 단어의 의미를 기계학습 사후(事後, post hoc)에 추정한다. 기계학습은 텍스트 데이터를 이용해 어떻게 의미를 추정하는지에 따라 다시 두 가지로 나뉜다. 데이터 마이닝, 텍스트 마이닝, 기계학습 등을 설명하는 문헌에서는 기계학습 방법을 '지도(supervised) 기계학습'과 '비지도(unsupervised) 기계학습'으로 나눈다. 두 가지 방식의 기계학습은 텍스트 데이터를 이용해 추정하기 위해 텍스트 데이터의 분석 단위(위의 사례의 경우 '트윗')의 의미가 알려져 있는지 아니면

---

5 제너럴 인콰이어러에 대한 정보는 다음의 웹페이지에서 얻을 수 있다. http://www.wjh.harvard.edu/~inquirer/

6 DICTION에 대한 가장 최근의 논의로는 Hart(2001)를 참조하기 바란다. 또한 정당의 강령에 대한 사전기반 접근방법의 예로는 Laver and Garry(2000)를 참조하기 바란다. DICTION 소프트웨어에 대한 더욱 자세한 소개와 구입 방법은 다음 웹페이지를 참조하라. https://www.dictionsoftware.com/

7 LIWC에 대한 가장 최근의 논의로는 Tausczik and Pennebaker(2010)를 참조하기 바란다. 가장 최근 버전의 LIWC는 2015년에 출시된 LIWC2015이다. 한국어 버전 LIWC도 개발되어 사용 중이다. LIWC에 대한 자세한 소개와 구입 방법은 다음 웹페이지를 참조하라. http://liwc.wpengine. com/

8 워드넷 데이터베이스에 대해서는 다음을 참조하라. https://wordnet.princeton.edu/

알려져 있지 않은지에 따라 구분된다. 만약 기계학습을 위해 사용되는 텍스트 데이터 중 일부에서 텍스트의 의미가 알려져 있는 경우 지도 기계학습(supervised machine learning)이라고 부른다. 반면 텍스트 데이터의 의미가 전혀 알려져 있지 않고, 기계학습을 통해 텍스트 데이터의 의미를 추정하는 경우, 비지도 기계학습(unsupervised machine learning)이라고 부른다.

우선 지도 기계학습에서는 텍스트 데이터의 일부에 텍스트 데이터의 분석 단위의 의미가 알려져 있어야 한다. 지도 기계학습을 이해하기 위해서는 '훈련 데이터(training data)'라는 텍스트 데이터를 먼저 이해할 필요가 있다. 훈련 데이터는 예측변수와 결과변수로 구성되며, 여타 통계모형과 마찬가지로 예측변수와 텍스트 데이터에서 예측변수 역할을 하는 단어들의 속성(attribute)[예를 들어 빈도(frequency)]과 이 예측변수를 통해 예측되는 결과변수인 텍스트 데이터의 분석 단위에 나타난 의미[예를 들어 토픽이나 감정]로 구성되어 있다. 이는 널리 사용되는 사회과학 통계모형들(예를 들어 OLS 회귀모형)과 본질적으로 유사하다. 즉, 예측변수들과 결과변수의 관계를 최적으로 설명할 수 있는 함수를 반복계산을 통해 추출하는 것이 바로 지도 기계학습의 핵심이다. 최적의 함수를 찾는 기계학습 알고리즘으로는 단순하게 로지스틱 회귀모형과 같은 사회과학자들에게 익숙한 일반선형모형(generalized linear model)을 사용할 수도 있고, 나이브베이즈 분류(naive Bayes classification), 서포트벡터머신(support vector machine), 분류나무(classification tree), 랜덤포레스트(random forest), 인공신경망(artificial neural network) 등과 같은 컴퓨터 공학에서 개발된 알고리즘을 사용할 수도 있고, 최근에 각광을 받고 있는 딥러닝(deep learning) 기법을 사용할 수도 있다(LeCun, Bengio and Hinton, 2015).[9] 이렇게 훈련 데이터를 통해 추출된 모형을 이용해 새로운 텍스트 데이터에 적용하면 문서(텍스트 데이터의 분석 단위)의 의미를 예측할 수 있다. 이 책에서도 지도 기계학습을 이용한 텍스트 분석기법이 소개되어 있다. 3부의 3장에서는 문서에서 표출된 감정이 어떤지에 대한 인간의 판단과 문서에 등장하는 단어들의 관계를 지도 기계학습을 통해 추정한 후, 새로운 문서에 지도기계학습으로

9 R를 이용한 딥러닝을 개략적으로 소개한 서적으로는 Wiley(2016)를 참조하라.

추정된 문서분류모형(classifier)을 적용시킨 '지도 기계학습을 이용한 감정분석'을 소개했다.

반면 비지도 기계학습의 경우 텍스트 데이터의 의미를 연구자가 해석해 내야 한다. 지도 기계학습이 사회과학데이터 분석의 '모형추정'(이를테면 결과변수와 예측변수들 사이의 최적화된 회귀방정식 추정)과 개념적으로 유사하다면, 비지도 기계학습은 '주성분 분석(principal component analysis)' 혹은 '군집분석(cluster analysis)'과 개념적으로 동일하다. 주성분분석이나 군집분석을 실시할 때 연구자는 분석 단계마다 자신의 주관적 판단을 개입시켜야 한다. 예를 들어 주성분분석의 경우 몇 개의 주성분을 추출해야 할지, 추출된 주성분의 의미는 무엇인지 등에 대해 연구자는 주관적 판단을 내려야 한다. 비지도 기계학습의 경우도 마찬가지다.

이 책의 3부 1장에서 텍스트 데이터에 대한 위계적 군집분석을, 3부 2장에서는 토픽모형을 비지도 기계학습의 사례로 소개했다. 지도 기계학습의 경우 텍스트 데이터와 텍스트 데이터와 관련을 갖고 있는 문서의 속성이 알려진 '훈련 데이터'를 이용하는 반면, 비지도 기계학습에서는 '훈련 데이터'가 존재하지 않는다. 예를 들어 위계적 군집분석의 경우, 몇 개의 군집을 설정하는 것이 적절한지를 두고 같은 텍스트 데이터를 분석하는 연구자라도 다른 판단을 내릴 수 있다(물론 군집분석에 투입되는 문서들 사이의 유사도 행렬을 어떻게 계산할지, 또한 문서 간 거리를 계산하는 알고리즘으로 어떤 것을 계산할지에 따라 위계적 군집분석 결과는 바뀔 수 있다). 토픽모형도 마찬가지다. 나중에 더 상세히 설명하겠지만, 말뭉치 텍스트 데이터에서 추출하려는 토픽이 몇 개일지, 토픽을 강하게 반영하는 단어들을 통해 토픽의 의미를 어떻게 확정할지 등은 모두 연구자의 주관적 판단을 요구한다. 3부의 1장에서는 텍스트 데이터를 이용한 위계적 군집분석 사례를 제시했으며, 3부의 2장에서는 비지도 기계학습 기법을 이용한 대표적인 텍스트 데이터 분석기법인 '토픽모형' 중 가장 잘 알려지고 널리 사용되는 잠재적 디리클레 할당 모형, 상관토픽모형(correlated topic model, CTM), 구조적 토픽모형(structural topic model, STM) 세 가지와 짧은 텍스트에 적용할 수 있는 공통등장단어 토픽모형(biterm topic model, BTM)을 사례와 함께 소개했다.

책의 구성

이 책은 다음과 같이 구성되었다.

2부에서는 텍스트 데이터의 구조화 및 사전처리 과정을 다루고 있다. 1장부터 3장까지는 텍스트 데이터를 처리하는 R 베이스 함수들 및 텍스트 데이터 처리에 특화된 stringr 패키지의 함수들을 다루고 있다. 사회과학 데이터 분석법에서 사용하는 용어를 빌리자면, 1장~3장에서 다루는 기법들은 변수 처리기법들과 유사하다. 변수를 리코딩하고 집산(集算, aggregating)하는 과정에 대한 지식 없이 통계적 모형을 추정할 수 없듯, 텍스트 데이터를 다루는 법을 모르고는 텍스트 데이터 분석을 진행할 수 없다. 이 부분은 이 책의 나머지 부분을 이해하기 위해 반드시 알아야 할 기초 기법들을 다루고 있으니 반드시 숙지해야 한다.

4장에서는 문서 텍스트 데이터의 집합인 말뭉치 데이터를 어떻게 구성하고 어떻게 처리할 수 있는지 소개했다. 앞에서 소개했듯 텍스트는 위계적으로 구성되어 있다. 1장~3장의 내용이 개별 문서에서 단어나 표현들을 어떻게 다루는지를 다루었다면, 4장에서는 이러한 텍스트 데이터 처리기법을 문서들에 어떻게 일괄적이고 체계적으로 적용할 수 있을지를 다룬다. 또한 텍스트 마이닝에서 자주 사용되는 텍스트 사전처리(preprocessing) 기법에 대한 관행을 소개하고, 주의사항에 대해 설명했다.

5장에서는 한국어 텍스트 데이터 처리방법을 KoNLP 패키지를 기반으로 설명했다. 컴퓨터는 영어든 한국어든 모두 디지털화된 정보로 다루기 때문에, 1장~4장에서 소개한 기법들은 어떠한 언어에서든 그대로 적용이 가능하다. 그러나 언어적 측면에서 한국어는 영어와 분명히 다르다. 5장에서는 영어와는 구분되는 한국어의 특징에 대해 간단히 소개한 후, 이러한 언어적 차이에 따른 한국어 텍스트 마이닝 과정을 소개했다.

6장에서는 영어와 한국어에 대한 품사(part-of-speech, POS) 분석을 간략하게 소개했다. 이 책에서는 텍스트를 단어들의 집합으로 간주하는 소위 '단어주머니' 접근법을 위주로 설명했기 때문에 품사분석에 대해서 자세히 다루지는 않았지만, 독자들은 6장을 통해 품사분석이 무엇인지에 대한 기초 지식을 얻을 수 있을 것이다.

2부에서는 개별 문서 텍스트 데이터와 문서들의 집합인 말뭉치 텍스트 데이터에 대한 사전처리 과정을 다루었던 반면, 3부에서는 사전처리 과정을 거친 텍스트 데이터에 대해 기술통계치를 구하고, 통계적 모형을 적용하는 방법을 소개했다. 1장에서는 텍스트 데이터에 대한 기술통계분석 기법, 말뭉치를 구성하는 단어들을 시각적으로 제시하는 말구름(word-cloud) 기법, 말뭉치를 구성하는 문서들 사이의 연관 관계를 시각화하는 위계적 군집분석 기법, 연관 규칙(association rule) 분석 등을 소개했다.

2장에서는 현재 텍스트 데이터 분석에서 가장 널리 사용되는 일련의 토픽모형들을 설명했다. 현재 사용되는 토픽모형들의 이론적 기초가 되는 잠재적 디리클레 할당(LDA) 모형을 가능한 한 쉽게 설명했으며, 어떻게 LDA 모형을 추정하고 해석하는지에 대한 사례를 소개했다. 또한 LDA 모형의 응용·확장된 토픽모형으로 상관토픽모형(CTM)과 구조적 토픽모형(STM)을 설명하고 추정 방법과 해석 방법을 사례를 통해 제시했다. 2판에서는 언론기사제목, 140글자 이내의 트윗 등과 같은 짧은 텍스트에 대해 사용할 수 있는 토픽모형 중 하나인 공통등장단어 토픽모형(BTM)을 추가로 소개했다.

3장에서는 텍스트에 드러난 인간의 주관적 감정을 분석하는 두 가지 기법을 소개했다. 앞에서도 설명했듯, 구축된 감정어휘 사전을 텍스트에 적용하여 문서 텍스트 데이터에서 드러나는 감정을 분석하는 '감정어휘 사전을 이용한 감정분석'과 텍스트 데이터와 문서에서 밝혀진 감정의 관계를 지도 기계학습 알고리즘으로 추정하여 구성된 문서분류모형을 이용해 텍스트 데이터의 감정을 예측하는 '지도 기계학습을 이용한 감정분석' 두 가지를 사례를 통해 제시했다.

4부의 1장에서는 R를 활용해 어떻게 온라인 공간의 정보를 수집할 수 있는지 간략한 사례를 소개했다. 온라인 공간의 정보를 수집하는 과정을 흔히 스크레이핑(scraping) 혹은 크롤링(crawling)이라고 부르는데, 사실 이 방법은 스크레이핑 대상이 되는 온라인 공간의 특성에 맞게 사용해야 한다. 여기서는 크롬 브라우저, R의 `RSelenium` 패키지와 `rvest` 패키지를 이용해 어떻게 온라인 공간의 정보를 수집할 수 있는지 예시 사례를 통해 간단하게 소개했다.

끝으로 4부 2장에서는 이 책에서 다룬 기법들을 간략하게 요약·제시한 후, 아쉽지만 필자의 능력과 경험의 한계로 다룰 수 없었던 텍스트 분석과 관련된 몇몇 이슈들을 논의했다.

2부

텍스트 데이터 사전처리

01 텍스트 분석을 위한 기초적 R 함수

02 텍스트 분석을 위한 R의 베이스 함수

03 텍스트 분석을 위한 **stringr** 패키지 함수

04 말뭉치 텍스트 데이터 사전처리

05 한국어 텍스트 데이터 처리

06 품사분석

01
텍스트 분석을 위한 기초적 R 함수

필자는 『R를 이용한 사회과학데이터 분석: 기초편』과 『R를 이용한 사회과학데이터 분석: 응용편』, 『R기반 데이터과학: tidyverse 접근』 등에서 R를 이용해 일반적인 수치형 데이터를 어떻게 다루며 분석할 수 있는지를 다양한 사례들을 통해 소개한 바 있다.[1] 그러나 R를 이용해 텍스트 데이터를 분석할 때는 곧이어 소개할 리스트 형태의 오브젝트와 이를 처리하는 함수들에 대한 기초 지식이 필수적이다. 만약 이 책의 독자가 R에서 데이터 프레임(data frame), 행렬(matrix), 변수(variable), 벡터(vector) 등을 다루는 함수들을 어떻게 사용하는지 익숙하지 않다면, 필자의 이전 책들이나 관련 R 입문 서적들에서 소개된 R 코드들을 다시 복습하길 권한다. R 코드들을 충분히 숙지했다면, 지금부터 소개할 내용을 새로운 마음으로 학습하기 바란다.

1 현재의 R 환경을 고려할 때, 필자는 『R를 이용한 사회과학데이터 분석: 기초편』과 『R를 이용한 사회과학데이터 분석: 응용편』보다 『R기반 데이터과학: tidyverse 접근』을 더 추천한다.

list(): 리스트 형식의 오브젝트

R에서 일반적 데이터를 다룰 때 사용되는 오브젝트들은 벡터(vector) 형식을 따른다. 반면 많은 텍스트 데이터 분석 R함수들과 결과물들은 리스트(list) 형식을 따른다. 대개의 R 소개 문헌은 벡터 형식을 따르는 오브젝트의 특성을 언급할 때 '원자적(atomic)'이라는 표현을 사용한다. 여기서 '원자적'이라는 의미는 구성된 데이터 오브젝트가 단 하나의 속성으로 표현된다는 뜻이다. 일반적인 데이터 분석에서 사용되는 R 데이터 오브젝트의 변수는 수치형(numeric, 예를 들어 1, 3, 10, -1 등)이거나 문자형(character, 예를 들어 'control', 'treatment' 등)이거나, 논리형(logical, 예를 들어 `TRUE` 혹은 `FALSE`)으로만 표현된다. 예를 들어 아래의 R 명령문을 살펴보자. 앞의 6개의 관측값은 수치형이고, 마지막 일곱 번째 관측값은 문자형이다. 하지만 이들을 묶어놓은 `myvector`라는 벡터 형식의 오브젝트를 살펴보기 바란다. 처음의 6개 숫자들은 수치형이 아니라 문자형으로 인식되어 있다.

```
> #리스트와 벡터의 구분
> myvector <- c(1:6,'a')
> myvector
[1] "1" "2" "3" "4" "5" "6" "a"
```

그러나 리스트 형식의 오브젝트는 벡터 형식의 오브젝트에서 나타나는 '원자적' 특성을 갖지 않는다. `list()` 함수를 이용해 벡터 형식의 오브젝트(즉, `myvector`)와는 다른 리스트 형식의 오브젝트(즉, `mylist`)가 어떠한 모습을 띠는지 살펴보자.

```
> mylist <- list(1:6,'a')
> mylist
[[1]]
[1] 1 2 3 4 5 6

[[2]]
[1] "a"
```

위의 결과에서 잘 드러나듯 수치형 자료와 문자형 자료가 구분된 형태로 각각

[[1]]과 [[2]] 부분으로 나뉘어 배치되어 있다. 무엇보다 벡터 형식의 오브젝트에서 1:6의 수치형 자료가 문자형으로 바뀐 데 반해, 리스트 형식의 오브젝트에서는 수치형 자료의 특징이 그대로 유지되고 있다.

이제 눈치 빠른 독자들은 왜 텍스트 데이터 분석에서 리스트 형식의 오브젝트를 강조하는지 감을 잡았을 것이다. 텍스트 형태의 데이터의 경우 문자형 자료와 수치형 자료가 섞여 있는 경우가 적지 않고, 무엇보다 '형태소→단어→문장→문단→문서…'와 같이 문자형 자료를 분해하고 재조합해야 하는 상황이 많기 때문에 원자적 특징을 갖는 벡터 형식의 오브젝트는 효용성이 낮을 수밖에 없다.

그렇다면 리스트 형식을 따르는 데이터를 실제 사례 분석을 통해 더 자세히 살펴보자. 우선은 당장 이해하기 쉬운 수치형 자료를 통해 리스트 형식의 오브젝트가 어떠하며, 인덱싱은 어떻게 이루어지는지 살펴보자. 우선 아래와 같은 방식으로 총 4개의 오브젝트를 정의해 보자. obj1과 obj2는 수치형 자료이며 벡터 형식을 따르지만, obj3는 2개의 수치형 자료들을 리스트 형식으로 묶은 것이다. 끝으로 mylist는 obj1, obj2, obj3를 리스트 형식으로 묶은 것이다.

```
> #list 형식의 오브젝트 소개
> obj1 <- 1:4
> obj2 <- 6:10
> #간단한 리스트 형식의 오브젝트는 다음과 같다.
> obj3 <- list(obj1,obj2)
> obj3
[[1]]
[1] 1 2 3 4

[[2]]
[1]  6  7  8  9 10

> #list 함수는 연이어 사용할 수도 있다.
> mylist <- list(obj1,obj2,obj3)
> mylist
[[1]]
[1] 1 2 3 4

[[2]]
[1]  6  7  8  9 10

[[3]]
```

```
[[3]][[1]]
[1] 1 2 3 4

[[3]][[2]]
[1]  6  7  8  9 10
```

obj3 오브젝트의 구성을 살펴보면 리스트 형식의 오브젝트를 어떻게 인덱싱할 수 있는지 추론할 수 있다. 쌍대괄호([[ ]])를 사용하면, 리스트 형식으로 묶이는 하위 오브젝트를 인덱싱할 수 있다. 다시 말해 obj3[[1]]은 obj1에, 그리고 obj3[[2]]는 obj2에 해당되는 벡터 형식의 하위 오브젝트다. 따라서 obj3와 같은 리스트 형식의 오브젝트의 경우 [[i]][j]와 같은 표현을 사용함으로써 원하는 관측치를 지정할 수 있다.

흥미로운 것은 list(…, list())와 같이 복수의 list() 함수들이 위계적으로 구성된 경우다. mylist 출력 결과를 보면 obj3에 해당되는 리스트 형식의 오브젝트의 인덱싱은 쌍대괄호 2개를 연달아 붙인 후 벡터에 해당되는 위치는 대괄호로 지정하는 방식을 따른다. 리스트 형식의 오브젝트에 대한 인덱싱을 실시할 때는 [[]]와 []의 구분에 주의해야 한다. 예를 들어 아래의 사례에서 얻은 두 가지 결과가 겉보기에는 똑같아 보이지만, 전자는 리스트 형식이며 후자는 벡터 형식이라는 점에서 매우 다르다는 점에 주목하기 바란다.

```
> #벡터로 구성된 자료의 경우 []를 사용하지만, 리스트 형식은 [[]]를 사용한다.
> #예를 들어 아래와 같이 []를 사용하면 리스트를, [[]]를 사용하면 벡터를 얻을 수 있다.
> mylist[[3]][1]
[[1]]
[1] 1 2 3 4

> mylist[[3]][[1]]
[1] 1 2 3 4

> #[[]]와 []에 익숙해지면 아래의 표현도 이해할 수 있다.
> mylist[[3]][[1]][2]
[1] 2
```

리스트 형식의 오브젝트는 벡터 형식의 오브젝트로 전환이 가능하다. 이를 위해서는 unlist() 함수를 사용하면 된다. 다음의 사례를 살펴보자.

```
> #unlist 함수는 리스트를 벡터 형식으로 돌려주는 역할을 한다.
> #unlist 함수는 유용하지만 조심하여 사용하기 바란다.
> myvector <- c(1:6,'a')
> mylist <- list(1:6,'a')
> unlist(mylist)
[1] "1" "2" "3" "4" "5" "6" "a"
> unlist(mylist) == myvector
[1] TRUE TRUE TRUE TRUE TRUE TRUE TRUE
```

결과에서 알 수 있듯 리스트 형식의 오브젝트에 unlist() 함수를 적용하면 벡터 형식의 오브젝트와 동일한 결과를 얻을 수 있다. 텍스트 데이터 분석 시 unlist() 함수는 유용하지만, 충분한 주의를 기울이지 않으면 실수하기 쉽기 때문에 주의하기 바란다. 예를 들어 위의 mylist 오브젝트에서 수치형 데이터인 1부터 6까지의 수치들의 평균을 구한다면, 후자가 아닌 전자의 방법을 따를 수 없다.

```
> #예를 들어 mylist의 모든 관측값의 평균을 구한다고 가정하자.
> mean(mylist[[1]][1:6])
[1] 3.5
> mean(unlist(mylist)[1:6])
[1] NA
Warning message:
In mean.default(unlist(mylist)[1:6]) :
인자가 수치형 또는 논리형이 아니므로 NA를 반환합니다.
```

그렇다면 텍스트 데이터 분석을 할 때, 문자형 데이터의 경우 리스트 형식의 오브젝트를 사용하는 것은 어떤 매력이 있을까? 미국의 45대 대통령 이름인 'Donald Trump'를 'Donald', ' '(띄어쓰기 공란), 'Trump'로 쪼갠 후, 다음과 같이 세 가지의 하위 오브젝트로 각각 저장했다고 가정해 보자. 만약 띄어쓰기 공란을 독립적인 단어로 가정한다면, 'Donald Trump'는 3개의 단어들의 합이다. 이제 3개의 하위 오브젝트를 다시 하나의 문자 형태의 오브젝트로 합친다면, unlist() 명령문을 쓰면 간단해진다. 즉, 문자로 저장된 오브젝트들을 unlist() 함수를 써서 단어로 조합하고, 단어로 저장된 오브젝트들을 unlist() 함수를 사용해 문장으로 구성할 수 있다. 당연하지만 unlist() 함수를 써서 문장에서 문단으로, 문단에서 문서로, 문서에서 문서들의 모집단[흔히 말뭉치라고 불린다]을 구성하는 것이 가능하다. 텍스트 데이터와 같이 분석 단위를 쪼개고 합치는 것이 매우 중요한 경우 리스트 형식의 오브젝트는 매우 유용하다.

```
> #텍스트형 자료(문자에서 단어로)
> name1 <- "Donald"
> myspace <- " "
> name2 <- "Trump"
> list(name1, myspace, name2)
[[1]]
[1] "Donald"

[[2]]
[1] " "

[[3]]
[1] "Trump"

> unlist(list(name1, myspace, name2))
[1] "Donald" " "      "Trump"
```

attr(): 오브젝트에 속성값을 입력하거나 추출하기

메타데이터(meta-data)란 '데이터에 대한 데이터'를 의미한다. 사회과학 데이터를 예로 들면, 데이터를 구성하는 변수(예를 들어, '성별' 변수)의 속성값('1'과 '2')에 대한 변수 설명('1' = '남성', '2' = '여성')이 바로 메타데이터의 일종이다.

아래의 데이터를 예로 들어보자. 이 데이터에는 name과 gender라는 2개의 변수명이 존재한다. 여기서 name이라는 변수에 대해 '응답자의 이름'이라는 메타데이터를, gender라는 변수에 대해서는 '응답자의 성별'이라는 메타데이터를 붙여보자. 또한 gender 변수의 경우 1의 값은 남성을, 2라는 값은 여성을 뜻한다는 사실을 메타데이터로 밝혀보자. 이때 사용하는 함수가 attr() 함수이며, 흔히 '속성(attribute) 함수'라고도 불린다. 아래의 사례를 보면 attr() 함수를 이용해 특정변수에 어떻게 속성값을 부여하는지 쉽게 이해할 수 있을 것이다.

```
> #오브젝트의 속성이 입력된 경우가 많으며, 상황에 따라 속성값을 저장할 필요가 있다.
> name <- c('갑','을','병','정')
```

```
> gender <- c(2,1,1,2)
> mydata <- data.frame(name,gender)
> attr(mydata$name,"what the variable means") <- "응답자의 이름"
> mydata$name
[1] 갑 을 병 정
attr(,"what the variable means")
[1] 응답자의 이름
Levels: 갑 병 을 정
> attr(mydata$gender,"what the variable means") <- "응답자의 성별"
> myvalues <- gender
> for (i in 1:length(gender)) {myvalues[i] <- ifelse(gender[i]==1,"남성","여성")}
> attr(mydata$gender,"what the value means") <- myvalues
> mydata$gender
[1] 2 1 1 2
attr(,"what the variable means")
[1] "응답자의 성별"
attr(,"what the value means")
[1] "여성" "남성" "남성" "여성"
```

일반적인 수치형 데이터를 분석할 경우는 특별한 목적이 아니라면 attr() 함수를 이용해 반드시 메타데이터를 구성할 필요는 별로 없다. 하지만 텍스트 데이터를 분석할 때는 attr() 함수를 이용해 지정된 메타데이터를 추출해야 하는 경우가 종종 있다(이 부분은 '토픽모형' 추정 및 '웹 스크레이핑' 과정에서 필수적이다). 그렇다면 역으로 변수에 부여된 속성값을 어떻게 추출할 수 있을까? 이를 위해서는 attr() 함수 내부에 추출하고자 하는 속성의 이름을 밝혀주면 된다. 예를 들어 위의 mydata$gender 변수의 속성값을 추출하는 방법은 아래와 같다.

```
> #속성값 추출
> attr(mydata$gender,"what the value means")
[1] "여성" "남성" "남성" "여성"
> #속성값을 추출한 후 mydata에 새로운 변수로 추가해 보자.
> mydata$gender.character <- attr(mydata$gender,"what the value means")
> mydata
  name gender gender.character
1   갑      2             여성
2   을      1             남성
3   병      1             남성
4   정      2             여성
```

텍스트 데이터를 분석할 경우 메타데이터는 텍스트의 속성을 의미하는 경우가 대부분이다. 예를 들어 어떤 연구자가 텍스트 작성자의 성별(남성 혹은 여성)에 따라 단어 사용 방식이 어떻게 다른지를 살펴본다고 가정해 보자. 이때 텍스트 데이터를 중심으로 본다면 단어나 표현이 텍스트 데이터의 변수에 해당되고, 해당 텍스트 작성자의 성별이 바로 메타데이터가 된다. 텍스트 데이터에 대한 분석 결과를 사회현상에 대한 예측·설명에 사용하거나, 문서의 속성에 따라 텍스트가 어떻게 다르게 나타나는지를 살펴보고 싶을 때, 텍스트의 메타데이터 정보를 입력하고 추출하는 것은 매우 중요하다. 텍스트의 메타데이터 정보의 활용에 대해서는 3부에서 다시 소개될 것이다.

lapply(), sapply(), tapply(): 변용된 apply() 함수들

필자가 예전에 출간한 『R를 이용한 사회과학데이터 분석: 기초편』과 『R를 이용한 사회과학데이터 분석: 응용편』에서는 apply() 함수를 이용한 사례를 여러 차례 소개한 바 있다. 또한 거의 대부분의 R 입문서들 역시 apply() 함수를 소개하고 있다. 여기서는 apply() 함수의 변용된 형태의 함수들인 lapply(), sapply(), tapply() 등을 살펴보자.

우선 lapply() 함수는 리스트 형식의 오브젝트에 적용할 수 있는 apply() 함수다 [lapply() 함수 이름의 첫 글자 'l'은 list를 의미한다]. 예를 들어 앞서 다음과 같이 구성된 mylist라는 리스트 형식의 오브젝트를 생각해 보자.

```
> #리스트 형식인 경우 lapply 함수가 매우 유용하다.
> mylist <- list(1:4,6:10,list(1:4,6:10))
> lapply(mylist[[3]],mean)
[[1]]
[1] 2.5

[[2]]
[1] 8
```

위의 결과를 보면 직관적으로 알 수 있지만, mylist에 들어 있는 세 번째 리스트 오브젝트, 즉 mylist[[3]]의 하위 오브젝트별 평균값이 계산된다. 언급했듯 텍스트 데이터는 리스트 형식을 따르는 경우가 많아 apply() 함수보다는 lapply() 함수가 훨씬 유용하다. 예를 들어 10개의 문장이 하나의 문단을 구성하고 있으며, 문단은 리스트 형식의 오브젝트로 구성되었다고 가정해 보자. 또한 각 문장은 단어들의 연쇄 형식을 따르는 벡터 형식의 오브젝트로 구성되었다고 가정해 보자. 이 경우에 문장 내에서 사용된 단어 수의 총합을 구한다면 lapply() 함수의 계산함수 옵션으로 sum을 지정하면 된다.

그러나 복잡한 형태의 리스트 형식 오브젝트에 lapply() 함수를 적용할 때는 매우 주의해야 한다. 예를 들어 아래는 [[]][[]] 형식으로 인덱싱된 리스트 형식 오브젝트에 lapply() 함수를 어떻게 적용해야 하는지를 보여주는 사례다.

```
> #그러나 [[]][[]]의 형태를 가질 경우 주의할 필요가 있다.
> lapply(mylist,mean)
[[1]]
[1] 2.5

[[2]]
[1] 8

[[3]]
[1] NA

Warning message:
In mean.default(X[[i]], ...) :
  인자가 수치형 또는 논리형이 아니므로 NA를 반환합니다.
> lapply(mylist[c(1,2,c(1,2))],mean)
[[1]]
[1] 2.5

[[2]]
[1] 8

[[3]]
[1] 2.5

[[4]]
[1] 8
```

첫 번째 결과와 두 번째 결과가 서로 다른 것을 알 수 있다. mylist[[3]]의 경우 하위 오브젝트가 2개 들어 있는데, 이 경우 `lapply()` 함수가 바로 적용되지 않는다. 그러나 이러한 리스트 형식 오브젝트의 경우 어떤 형식으로 구성되어 있는지를 밝혀 주면 `lapply()` 함수를 적용할 수 있다.

`sapply()` 함수는 `lapply()` 함수의 결과에 `unlist()` 함수를 적용해 준 것으로 볼 수 있다. `sapply()` 함수는 리스트 형식 오브젝트에 일괄 계산을 적용한 후, 출력 결괏값을 벡터 형식의 오브젝트로 단순화하는 역할을 한다[`sapply()` 함수 이름의 첫 글자 's'는 simplified를 의미한다]. 아래의 결과를 살펴보자.

```
> #sapply 함수의 경우 lapply 함수 결과와 유사하지만 결괏값에
> #unlist 함수를 적용한다는 점이 다르다
> sapply(mylist[c(1,2,c(1,2))],sum)
[1] 10 40 10 40
> unlist(lapply(mylist[c(1,2,c(1,2))],sum))
[1] 10 40 10 40
```

위의 두 결과를 비교해 보면 `sapply()` 함수가 어떻게 작동하며, `lapply()` 함수와는 어떻게 다른지 쉽게 추측할 수 있을 것이다.

끝으로 `tapply()` 함수를 살펴보자. `tapply()` 함수는 교차표 형식(즉, table 형식)의 자료에서 유용하게 사용된다. 2개의 문서에서 추출된 공통 단어들의 빈도가 아래의 표와 같다고 가정해 보자. 해당 표의 경우 'the'라는 단어가 중복으로 집계되어 있다. 이때 `tapply()` 함수를 쓰면 각 단어가 해당 테이블에서 몇 번이나 등장했는지, 혹은 총 몇 회 발견되었는지를 알 수 있다. 〈표 2〉를 살펴보자.

〈표 2〉

단어	문서1(doc1)	문서2(doc2)
the	3	1
is	4	1
a	2	1
the	4	1

```
> #tapply는 텍스트 데이터에서 종종 사용된다.
> #다음과 같은 빈도표 2개를 가정해 보자.
> wordlist <- c("the","is","a","the")
> doc1freq <- c(3,4,2,4)
> doc2freq <- rep(1,4)
> #아래의 사례를 보면 tapply() 함수가 어떤 역할을 하는지 알 수 있다.
> tapply(doc1freq,wordlist,length)
  a  is the
  1   1   2
> tapply(doc2freq,wordlist,length)
  a  is the
  1   1   2
> tapply(doc1freq,wordlist,sum)
  a  is the
  2   4   7
> tapply(doc2freq,wordlist,sum)
  a  is the
  1   1   2
```

즉, 첫 번째 문서와 두 번째 문서 모두 3개의 단어가 사용되었고, 빈도표(frequency table)를 기준으로 각 단어의 발현 빈도를 보았을 때[length를 옵션으로 넣은 tapply() 함수 결과들], a는 1회, is는 1회, the는 2회 발견되었다. 빈도표에 보고된 빈도수를 가중하여 각 단어가 총 몇 회나 사용되었는지[sum() 함수를 옵션으로 넣은 tapply() 함수 결과들] 살펴보면 첫 번째 문서와 두 번째 문서의 단어별 발현 빈도는 서로 다르게 나타난다.

tapply() 함수를 "earth to earth; ashes to ashes; dust to dust"라는 표현에 적용해 보자. ';'을 앞뒤로 각각을 3개의 별개 문장이라고 가정하고, 띄어쓰기를 기준으로 단어를 구분해 보자. tapply() 함수를 사용해 3개 문장들의 단어 빈도를 계산해 보면 아래와 같다.

```
> #다음과 같은 단어들의 연쇄로 구성된 세 문장들을 생각해 보자.
> sent1 <- c("earth","to","earth")
> sent2 <- c("ashes","to","ashes")
> sent3 <- c("dust","to","dust")
> #한 문장에서 to는 1회, to가 아닌 단어는 2회 등장했다.
> #세 문장에서 등장한 단어 빈도가 어떠한지 tapply 함수를 이용해 계산하자.
> myfreq <- c(rep(1,length(sent1)),rep(1,length(sent2)),rep(1,length(sent3)))
> tapply(myfreq,c(sent1,sent2,sent3),sum)
ashes  dust earth    to
    2     2     2     3
```

이번 장에서는 텍스트 데이터를 분석할 때 자주 등장하는 리스트 형식의 오브젝트가 무엇이며 리스트 형식의 오브젝트는 벡터 형식의 오브젝트와 어떻게 다르며 어떻게 인덱싱하는지, 속성값의 의미와 저장 및 도출 방법, `apply()` 함수의 변용 형태로 `lapply()`, `sapply()`, `tapply()` 함수의 의미와 적용 방법을 살펴보았다. 다음 장에서는 텍스트 데이터에 포함된 문자형(string) 데이터를 다루는 R 표현들과 함수들을 소개할 것이다.

02
텍스트 분석을 위한 R의 베이스 함수

자연어(natural language)로 표현된 텍스트는 인간이 접할 수 있는 가장 원초적인 형태의 데이터다. 특히 사회과학 분야에서 자연어로 표현된 텍스트 데이터는 연구의 시발점이자 연구결과 서술을 위한 종착점이기도 하다. 데이터 분석이라는 관점에서 자연어 분석의 어려운 점은 수치형(numeric) 데이터에 비해 자료처리의 효율성이 높지 않다는 점이다. R의 경우도 상황은 다르지 않다. 텍스트로 표현된 데이터는 직관적으로 쉽게 이해된다는 장점이 있지만, R를 활용한 텍스트 형식의 데이터 처리 과정은 녹록지 않다.

여기서는 텍스트 분석에서 사용되는 R의 베이스(base) 함수들을 소개하기로 한다. 필자의 이전 출간물인 『R기반 데이터과학: `tidyverse` 접근』이나 『R를 이용한 사회과학데이터 분석: 응용편』에서도 설명한 바 있지만, R의 베이스 함수들은 장단점을 갖고 있다.

우선 장점부터 살펴보자. R 베이스 함수는 특별한 패키지를 설치하지 않아도 사용할 수 있고, 따라서 상당수의 R 이용자들이 공통적으로 사용하기 때문에 적용 및 활용

범위가 넓다. 그러므로 R 베이스 함수를 적극적으로 사용하지 않는 이용자라고 하더라도 각 함수가 어떤 방식으로 텍스트 데이터를 처리하는지에 대해서는 알고 있어야 한다. 그렇지 않으면 다른 R 이용자들과의 소통에 어려움을 겪을 수 있다.

반면 단점도 있다. 앞에서 언급했지만 R는 텍스트 데이터만을 분석하기 위해 개발된 컴퓨터 언어가 아니다. 즉, 베이스 함수는 텍스트 데이터 분석에 특화된 함수들이라고 보기 어렵다. 다시 말해 텍스트 데이터를 효율적으로 분석하기에 적절하지 않은 경우가 발생할 가능성이 높다.

그래프 작업을 더 효율적으로 수행하기 위해 `ggplot2` 패키지[1]를 사용하듯, 텍스트 데이터의 효율적 분석을 위해 `stringr` 패키지, `tm` 패키지와 같은 별도의 패키지를 사용하는 것이 훨씬 더 편한 경우가 많다. 실제로 다음 장에서는 이러한 패키지들을 어떻게 활용하는지 설명할 것이다. 그러나 텍스트 데이터를 처리할 수 있는 베이스 함수에 대한 지식이 전혀 없다면 `stringr` 패키지나 `tm` 패키지도 효율적으로 사용하기 어렵기 때문에 이번 장의 내용을 확실히 알아두도록 하자.

letters[]와 LETTERS[]: 알파벳의 대·소문자 표현 함수

한국어 텍스트의 경우 해당 사항이 없지만, 컴퓨터 프로그래밍 언어에서는 기본적으로 알파벳을 다루기 때문에 `letters[]`와 `LETTERS[]` 함수를 숙지할 필요가 있다. 영어의 경우 총 26개의 알파벳이 있으며, 대·소문자를 구분하면 총 52개의 문자가 존재한다. `letters[]`와 `LETTERS[]` 함수는 알파벳의 순서에 맞는 수치를 입력하면 이에 해당되는 알파벳을 출력해 주는 함수다.

예를 들어 세 번째의 알파벳 소문자를 얻고 싶다면 `letters[3]`을, 대문자를 얻고 싶다면 `LETTERS[3]`을 사용하면 된다. 또한 첫 번째 알파벳부터 26번째 알파벳 전체

---

1 `ggplot2` 패키지는 `tidyverse`라는 상위 패키지(umbrella package)에 속해 있으며, R를 이용한 그래픽 작업의 효율성을 매우 극대화시킨 혁신적 패키지다. `ggplot2` 패키지 사용 방법에 대해서는 필자의 『R기반 데이터과학: `tidyverse` 접근』을 참조하기 바란다.

를 얻고 싶다면, 소문자의 경우 letters[1:26]을, 대문자의 경우 LETTERS[1:26]을 사용하면 된다. 아래의 사례를 참고하기 바란다.

```
> #알파벳 출력 함수
> letters[3]
[1] "c"
> LETTERS[3]
[1] "C"
> letters[1:26]
 [1] "a" "b" "c" "d" "e" "f" "g" "h" "i" "j" "k" "l" "m" "n" "o" "p" "q" "r" "s"
"t" "u" "v" "w" "x"
[25] "y" "z"
> LETTERS[1:26]
 [1] "A" "B" "C" "D" "E" "F" "G" "H" "I" "J" "K" "L" "M" "N" "O" "P" "Q" "R" "S"
"T" "U" "V" "W" "X"
[25] "Y" "Z"
```

tolower()와 toupper(): 알파벳의 대·소문자 전환

한국어 텍스트에서는 해당 사항이 없지만, 영어 텍스트에서는 대·소문자를 구분한다. 상황에 따라 대·소문자 구분이 의미가 없는 경우도 있지만, 어떤 경우는 대·소문자를 반드시 구분해야 할 때가 있다. 예를 들어 함무라비 법전에 등장한 것으로 유명한 "Eye for eye"라는 표현을 살펴보자. 앞의 Eye와 뒤에 언급되는 eye는 의미상으로 동등하지만, 컴퓨터는 두 단어를 동등하게 인지하지 못한다. 즉, 데이터 분석가가 처한 상황에 따라 "eye for eye"나 "EYE FOR EYE"로 통일할 필요가 있다. 만약 소문자로 통일하고 싶다면 tolower() 함수를, 대문자로 통일하고 싶다면 toupper() 함수를 사용하면 된다. 아래의 사례를 살펴보면 각 함수가 어떤 역할을 하는지 쉽게 알 수 있다.

```
> tolower("Eye for eye")
[1] "eye for eye"
> toupper("Eye for eye")
[1] "EYE FOR EYE"
```

텍스트 데이터를 분석할 때, 대·소문자를 구분 없이 모든 알파벳을 소문자로 통일해 사용하는 경우가 종종 있다. 그러나 텍스트의 성격에 따라 대·소문자의 구분이 매우 중요한 경우가 있다. 예를 들어 "President Trump knows how to play trump"라는 문장을 살펴보자. 이때 앞의 Trump와 뒤의 trump는 철자가 동일하지만 그 의미는 전혀 다르다. 즉, 앞의 트럼프는 사람의 이름을 의미하지만, 뒤의 트럼프는 게임을 위한 카드나 카드 게임을 의미한다. 이러한 텍스트 데이터에 대해 무작정 `tolower()` 함수를 적용하면 앞의 트럼프와 뒤의 트럼프 사이의 의미 차이를 전혀 구분하지 못하는 문제가 발생한다.

nchar(): 문자 수와 바이트 수 세기

`nchar()` 함수는 주어진 텍스트 자료의 문자 수(number of characters)와 바이트 수(number of bytes)를 세는 함수다. 예를 들어 'Korea'라는 영어 텍스트와 '한국'이라는 한국어 텍스트에 사용된 문자 수와 바이트 수를 세어보자. 우선 'Korea'의 경우 {K, o, r, e, a}로 총 5개의 알파벳이 사용되었으며, 각각은 1바이트를 차지하고 있다. 반면 '한국'의 경우 {한, 국}으로 총 2개의 문자가 사용되었으며, 각각은 2바이트를 차지하고 있다. R의 `nchar()` 함수를 이용해 각 텍스트의 문자 수와 바이트 수를 계산해 보면 예상된 값을 얻을 수 있다.

```
#nchar() 함수의 디폴트는 문자 수를 세는 것이다.
> nchar('Korea')
[1] 5
> nchar('Korea',type='bytes')
[1] 5
> nchar('한국')
[1] 2
> nchar('한국',type='bytes')
[1] 4
```

독자들에게 부탁하고 싶은 것은 텍스트 데이터를 분석할 때 공란과 구두점, 특수문자(!, @, % 등) 등에 각별히 주의해 달라는 것이다. 예를 들어 'Korea'와 'Korea '는 서로 다르다. 'Korea'는 5개의 알파벳으로 구성된 텍스트 데이터이지만, 'Korea '는 5개의 알파벳과 1개의 공란으로 구성된 텍스트 데이터다. 아래의 예에서 볼 수 있듯 nchar() 함수는 텍스트에 포함된 공란 역시 문자 수에 포함시켜 계산한다.

```
> #공란이 있으면 다르게 취급된다.
> nchar('Korea')
[1] 5
> nchar('Korea ')
[1] 6
```

또한 공란의 경우 스페이스(space)로 표현된 공란과 탭(tab)으로 표현된 공란은 서로 다르다. 탭을 이용해 표현된 공란의 경우 '이스케이프(\)'를 사용해 '\t'로 표현된다. 즉, 기계의 입장에서 공란이 없는 텍스트 데이터와 공란이 포함된 텍스트 데이터는 엄연히 구분되는 별개의 텍스트 데이터다. 마찬가지로 'Korea Republic of'와 'Korea, Republic of'가 다르다. 심지어 줄바꾸기를 사용한 아래와 같은 두 가지 텍스트 데이터도 서로 다르다(줄바꾸기의 경우도 이스케이프를 사용하며 이때는 '\n'으로 표현된다).

'Korea, Republic of'	'Korea, Republic of'

실제로는 어떻게 나오는지 다음을 실행해 보자.

```
> #스페이스로 표현된 공란이 아니라 탭으로 구분된 공란일 경우는
> #\t로 표현하며, 이때는 2개의 문자 수가 아니라 1개의 문자 수를 갖는다.
> nchar('Korea\t')
[1] 6
> nchar('Korea\t',type='bytes')
[1] 6
> #줄바꾸기를 했을 경우 \n으로 표현한다. 마찬가지로 1개의 문자 수를 갖는다.
> nchar('Korea, Republic of')
[1] 18
> nchar('Korea,
```

```
+ Republic of')
[1] 19
> #다음과 같이 하면 줄바꾸기가 된 형태로 인식된다.
> nchar('Korea, \nRepublic of')
[1] 19
```

인간의 눈으로 보았을 때는 같은 데이터로 취급되는 것이 당연해 보이더라도, 공란이나 구두점, 특수문자가 어떻게 삽입되어 있는지에 따라 텍스트 데이터가 별개로 취급된다는 점을 명심하기 바란다.

strsplit()와 paste(): 하위 텍스트 오브젝트의 분해와 합치기

문장은 단어들의 조합을 통해, 단어는 문자들의 조합을 통해 만들어진다. 예를 들어 텍스트 데이터 분석자는 '문장' 형태의 텍스트 데이터를 분석할 경우 단어들로 구분할 필요가 있으며, 사전처리 과정이나 분석을 마친 후 단어들 단위의 텍스트 데이터를 문장으로 합쳐야 하는 상황에 종종 맞닥뜨린다. 예를 들어 'Learning R is so interesting'이라는 문장은 {'Learning', 'R', 'is', 'so', 'interesting'}이라는 5개의 단어들로 구성되어 있으며, 각 단어는 스페이스 공란을 통해 각각 구분되어 있다. 즉, 이 문장을 공란을 중심으로 5개의 단어들로 구분한다고 할 때, `strsplit()` 함수를 유용하게 사용할 수 있다. `strsplit()` 함수의 경우 분해할 텍스트 데이터가 무엇이며 해당 텍스트 데이터를 무엇을 기준으로 분해할 것인지를 명시해 주어야 한다. 'Learning R is so interesting'이라는 문장을 텍스트 데이터로, 해당 데이터를 스페이스 공란 ' '을 기준으로 구분하는 R 명령문은 아래와 같다.

```
> #단어 단위로 문장을 분해하는 방법
> mysentence <- 'Learning R is so interesting'
> strsplit(mysentence, split=' ')
[[1]]
[1] "Learning"    "R"           "is"          "so"          "interesting"
```

출력 결과가 리스트 형태로 나타난 것을 알 수 있다. 이제 '`Learning R is so`

interesting'이라는 문장의 다섯 번째 단어, 즉 'interesting'을 문자 단위로 분해해 보자. 인덱싱을 통해 리스트 형태의 오브젝트 자료에서 원하는 위치를 지정한 후 strsplit() 함수를 다시 적용하면 된다. 이때 단어는 공란 없이 문자 단위로 구분되어 있기 때문에, strsplit() 함수의 split 옵션은 빈칸 없음(즉, '')과 같은 형태로 지정해야 한다. 단어를 문자 단위로 분해하는 과정은 아래와 같다.

```
> #문자 단위로 단어를 분해하는 방법
> mywords <- strsplit(mysentence, split=' ')
> strsplit(mywords[[1]][5], split='')
[[1]]
 [1] "i" "n" "t" "e" "r" "e" "s" "t" "i" "n" "g"
```

반복문을 사용해서 5개의 단어들이 각각 어떤 문자들로 구성되어 있는지를 나타내는 리스트 형태의 오브젝트를 구성할 수도 있다.

```
> #각 단어들이 각각 어떤 문자들로 구성되었는지를 표현할 경우
> #우선 5개의 하위 오브젝트를 갖는 리스트 오브젝트를 만든다.
> myletters <- list(rep(NA,5))
> #myletters 오브젝트에 문자 분해된 단어를 입력했다.
> for (i in 1:5) {
+     myletters[i] <- strsplit(mywords[[1]][i], split='')
+ }
>
> myletters
[[1]]
[1] "L" "e" "a" "r" "n" "i" "n" "g"

[[2]]
[1] "R"

[[3]]
[1] "i" "s"

[[4]]
[1] "s" "o"

[[5]]
 [1] "i" "n" "t" "e" "r" "e" "s" "t" "i" "n" "g"
```

이제 strsplit() 함수로 쪼개놓은 문자들을 다시 합쳐서 단어로 구성해 보자. 이를 위해서는 『R를 이용한 사회과학데이터 분석: 기본편』부터 여러 차례 소개했던 paste() 함수를 사용하면 된다. 예를 들어 위의 myletters 오브젝트의 첫 번째 하위 오브젝트, 즉 {'L', 'e', 'a', 'r', 'n', 'i', 'n', 'g'}를 다시 'Learning'이라는 단어로 합치는 R 명령문은 아래와 같다. paste() 함수의 collapse 옵션은 주어진 입력 텍스트를 합치는 방법을 지정한다. 각 알파벳을 다닥다닥 붙이지 않고 하이픈('-')으로 연결하고자 한다면 collapse='-'과 같은 방식으로 옵션 지정을 하면 된다.

```
> #문자들을 다시 합쳐서 단어로 구성해 보자.
> #예를 들어 myletters[[1]]에 들어 있는 8개의 문자를 합쳐보자.
> paste(myletters[[1]],collapse='')
[1] "Learning"
> #collapse 옵션을 다르게 사용할 수도 있다.
> paste(myletters[[1]],collapse='-')
[1] "L-e-a-r-n-i-n-g"
```

문자들을 합쳐서 다시 5개의 단어들로 구성된 리스트 형식의 오브젝트를 구성해 보자. 마찬가지로 다음과 같이 반복문을 이용하면 일괄 작업이 가능하다.

```
> #반복문을 이용해서 myletters에 들어 있는 문자들을 합쳐
> #다시 5개의 단어들로 구성된 리스트 형식의 오브젝트를 만들어보자.
> mywords2 <- list(rep(NA,5))
> for (i in 1:5) {
+   mywords2[i] <- paste(myletters[[i]], collapse='')
+ }
> mywords2
[[1]]
[1] "Learning"

[[2]]
[1] "R"

[[3]]
[1] "is"

[[4]]
[1] "so"

[[5]]
```

```
[1] "interesting"
```

5개 단어들을 다시 하나의 문장으로 합치는 것도 가능하다. mywords2라는 리스트 형식의 오브젝트의 경우 단어와 단어 사이에는 스페이스 공란이 필요하기 때문에, collapse 옵션을 ' '으로 지정하면 된다.

```
> #5개의 단어들을 공란을 구분해서 합치면 문장이 된다.
> paste(mywords2, collapse=' ')
[1] "Learning R is so interesting"
```

상위 단위의 텍스트 데이터를 하위 단위의 텍스트 데이터들로 분해하는 strsplit() 함수와 하위 단위의 텍스트 데이터를 상위 단위의 텍스트 데이터로 합칠 수 있는 paste() 함수는 매우 자주 사용된다. 독자들은 자신이 원하는 텍스트 데이터가 어떤 구조를 띠고 있으며, 어떤 수준에서 텍스트를 분석할 것인지에 대해 명확한 관점과 이론적 근거를 가져야만 한다. 보통의 텍스트 데이터 분석은 단어를 분석 단위로 삼지만, 상황에 따라서는 단어 단위의 분석이 아니라 문장, 문단, 문서가 분석 단위가 되는 것도 얼마든지 가능하기 때문이다.

예를 들어 다음과 같은 문서 형태의 텍스트 데이터를 분석한다고 가정해 보자. 예시로 제시된 텍스트 데이터는 위키피디아의 R에 대한 설명 중 첫 두 단락을 복사한 것이다. 우선 strsplit() 함수를 이용해 해당 텍스트 데이터를 2개의 문단들로 구분해 보자. 문단과 문단은 줄바꿈(\n)으로 구분되었기 때문에 strsplit() 함수의 split 옵션을 '\n'으로 지정했다.

```
> #위키피디아에서 R를 설명하는 첫 두 단락을 텍스트 데이터로 입력했다.
> R_wiki <- "R is a programming language and software environment for statistical
computing and graphics supported by the R Foundation for Statistical Computing. T
he R language is widely used among statisticians and data miners for developing s
tatistical software and data analysis. Polls, surveys of data miners, and studies
of scholarly literature databases show that R's popularity has increased substant
ially in recent years.
+ R is a GNU package. The source code for the R software environment is written p
rimarily in C, Fortran, and R. R is freely available under the GNU General Public
License, and pre-compiled binary versions are provided for various operating syst
ems. While R has a command line interface, there are several graphical front-ends
```

```
available."
> #문단 단위로 구분하면 아래와 같다.
> R_wiki_para <- strsplit(R_wiki,split='\n')
> R_wiki_para
[[1]]
[1] "R is a programming language and software environment for statistical computi
ng and graphics supported by the R Foundation for Statistical Computing. The R la
nguage is widely used among statisticians and data miners for developing statisti
cal software and data analysis. Polls, surveys of data miners, and studies of sch
olarly literature databases show that R's popularity has increased substantially
in recent years."
[2] "R is a GNU package. The source code for the R software environment is writte
n primarily in C, Fortran, and R. R is freely available under the GNU General Pub
lic License, and pre-compiled binary versions are provided for various operating
systems. While R has a command line interface, there are several graphical front-
ends available."
```

R_wiki_para 오브젝트를 살펴보면 알 수 있듯, 하나의 문서 텍스트 데이터가 리스트 형식을 따르는 2개의 문단 단위의 텍스트 데이터로 분해되었다. 이제 문단 단위의 텍스트 데이터를 문장 단위의 텍스트 데이터로 분해해 보자. 문장과 문장은 '마침표와 공란(.)'을 기준으로 구분되기 때문에 `strsplit()` 함수의 `split` 옵션을 `'\\. '`으로 지정했다. 여기서 2개의 백슬래시(\\)를 지정하지 않으면 R는 마침표(.)를 자연어에서 사용하는 마침표로 인식하지 못한다. 마침표와 마찬가지로 콤마(,), 괄호[(,)] 등 R의 명령문에서 사용되는 특수문자들의 경우 자연어로 인식되기 위해서는 반드시 2개의 백슬래시(\\)를 지정해야 한다.

```
> #문단 단위를 문장 단위로 다시 분해하면 다음과 같다.
> R_wiki_sent <- strsplit(R_wiki_para[[1]],split='\\. ')
> R_wiki_sent
[[1]]
[1] "R is a programming language and software environment for statistical computi
ng and graphics supported by the R Foundation for Statistical Computing"
[2] "The R language is widely used among statisticians and data miners for develo
ping statistical software and data analysis"
[3] "Polls, surveys of data miners, and studies of scholarly literature databases
show that R's popularity has increased substantially in recent years."

[[2]]
[1] "R is a GNU package"
[2] "The source code for the R software environment is written primarily in C, Fo
```

```
rtran, and R"
[3] "R is freely available under the GNU General Public License, and pre-compiled binary versions are provided for various operating systems"
[4] "While R has a command line interface, there are several graphical front-ends available."
```

각 문단에 배속된 각각의 문장별 단어들을 분해하면 다음과 같다. 앞에서 설명했듯 단어와 단어는 스페이스 공란으로 구분되어 있기 때문에 strsplit() 함수의 split 옵션을 ' ' 으로 지정했다. 또한 문장이 문단에 배속되어 있기 때문에 반복문을 사용하여 문단 → 문장 → 단어 형식으로 배치되도록 처리한 후 R_wiki_word라는 이름의 오브젝트로 저장했다. 즉, k번째 문단 j번째 문장의 i번째 단어가 무엇인지 알고 싶다면 R_wiki_word[[k]][[j]][i]와 같은 형태를 통해 확인할 수 있다. 예를 들어 첫 문단($k=1$) 두 번째 문장($j=2$)의 세 번째 단어($i=3$)는 R_wiki_word[[1]][[2]][3]을 이용해 "language"임을 알 수 있다.

```
> #문단 > 문장 > 단어 단위로 분해하면 다음과 같다.
> R_wiki_word <- list(NA,NA)
> for (i in 1:2) {
+   R_wiki_word[[i]] <- strsplit(R_wiki_sent[[i]],split=' ')
+ }
> R_wiki_word
[[1]]
[[1]][[1]]
 [1] "R"           "is"          "a"           "programming" "language"
 [6] "and"         "software"    "environment" "for"         "statistical"
[11] "computing"   "and"         "graphics"    "supported"   "by"
[16] "the"         "R"           "Foundation"  "for"         "Statistical"
[21] "Computing"

[[1]][[2]]
 [1] "The"           "R"             "language"      "is"            "widely"
 [6] "used"          "among"         "statisticians" "and"           "data"
[11] "miners"        "for"           "developing"    "statistical"   "software"
[16] "and"           "data"          "analysis"
[[1]][[3]]
 [1] "Polls,"        "surveys"       "of"            "data"          "miners,"
 [6] "and"           "studies"       "of"            "scholarly"     "literature"
[11] "databases"     "show"          "that"          "R's"           "popularity"
[16] "has"           "increased"     "substantially" "in"            "recent"
```

```
[21] "years."

[[2]]
[[2]][[1]]
[1] "R"       "is"      "a"       "GNU"     "package"

[[2]][[2]]
 [1] "The"         "source"      "code"        "for"         "the"
 [6] "R"           "software"    "environment" "is"          "written"
[11] "primarily"   "in"          "C,"          "Fortran,"    "and"
[16] "R"

[[2]][[3]]
 [1] "R"             "is"            "freely"        "available"     "under"
 [6] "the"           "GNU"           "General"       "Public"        "License,"
[11] "and"           "pre-compiled"  "binary"        "versions"      "are"
[16] "provided"      "for"           "various"       "operating"     "systems"

[[2]][[4]]
 [1] "While"       "R"           "has"         "a"           "command"     "line"
 [7] "interface,"  "there"       "are"         "several"     "graphical"   "front-ends"
[13] "available."

> R_wiki_word[[1]][[2]][3]
[1] "language"
```

regexpr(), gregexpr(), regexec(): 텍스트 데이터에서 특정 표현의 위치정보

여기서 다룰 세 가지 함수들은 텍스트 데이터에서 지정된 표현이 언제, 그리고 어느 정도의 길이로 등장하는지 확인하는 기능을 한다. 앞에서 다루었던 "Learning R is so interesting"이라는 문장을 예로 들어보자. 만약 이 문장에 ing라는 표현이 등장하는지, 그리고 만약 등장한다면 어디에서 등장하는지를 확인하려면 어떻게 해야 할까?

해당 문장에서 ing라는 표현은 'Learning'과 'interesting'에서 각각 등장한다. 우선 `regexpr()` 함수는 데이터 분석자가 지정한 표현이 텍스트에서 등장하는지, 그리고 등장한다면 가장 먼저 등장하는 위치가 어디인지를 밝혀주는 함수다. 즉, 위의 문장에서 `ing`라는 표현은 여섯 번째 등장해, 3개의 문자를 차지하며, 여덟 번째 위치에서 종료된다. `regexpr()` 함수는 다음과 같은 방식으로 작동한다.

```
> #regexpr은 지정된 패턴이 처음 등장하는 텍스트의 위치를 보고한다.
> mysentence <- "Learning R is so interesting"
> regexpr('ing',mysentence)
[1] 6
attr(,"match.length")
[1] 3
attr(,"useBytes")
[1] TRUE
```

regexpr() 함수는 총 세 가지의 결과를 보고한다. 첫 번째 결과는 해당 표현이 등장한 문자열 위치가 어디인지, 두 번째 결과는 원하는 패턴의 총 문자 수가 얼마인지(즉, ing는 3개의 문자들로 구성됨), 마지막 결과는 보고된 결과가 바이트 수로 표현되었다는 것을 의미한다. 특히 앞의 두 결과들은 텍스트 데이터 분석에 매우 유용하다. 즉, 연구자가 원하는 텍스트 패턴이 어디에서 등장하며 어느 정도의 길이를 갖는지, 또한 이 두 정보를 이용해서 어디서 텍스트 패턴이 종료되는지를 자동으로 계산할 수 있기 때문이다. 참고로 regexpr() 함수 결과는 리스트 형식을 따른다. regexpr() 함수 결과를 이용해 원하는 표현이 시작되는 위치와 종료되는 위치를 계산하는 과정은 아래와 같다.

```
> #시작 위치는 다음과 같이 하면 된다.
> loc.begin <- as.vector(regexpr('ing',mysentence))
> loc.begin
[1] 6
> #원하는 패턴의 길이는 다음과 같이 구할 수 있다.
> loc.length <- as.vector(attr(regexpr('ing',mysentence),'match.length'))
> loc.length
[1] 3
> #종료되는 위치는 다음과 같이 구하면 된다.
> loc.end <- loc.begin+loc.length-1
> loc.end
[1] 8
```

위의 결과를 통해 우리가 지정했던 ing라는 표현이 등장하는 위치는 텍스트 데이터의 여섯 번째 문자부터 여덟 번째 문자까지임을 알 수 있다.

regexpr() 함수 앞에 g(여기서 g는 global이라는 단어를 의미한다)를 붙인 gregexpr() 함수는 지정한 표현이 텍스트 데이터 전체에서 어디서 등장하는지를 확인할 수 있다. "Learning R is so interesting"이라는 문장에서 ing가 들어간 부분은 'Learning'과 'interesting' 두 부분이다. 앞서 소개한 regexpr() 함수가 첫 번째 등장한 표현만을 추출하는 반면, gregexpr() 함수는 지정한 표현이 분석 대상이 되는 텍스트 데이터에서 등장하는지, 그리고 몇 번이나 등장하며 각각의 위치는 어떤지를 보고한다. 아래를 살펴보자.

```
> #반면 gregexpr은 텍스트 데이터에서 지정된 패턴이 등장하는 모든 텍스트의 위치를 보고한다.
> gregexpr('ing',mysentence)
[[1]]
[1]  6 26
attr(,"match.length")
[1] 3 3
attr(,"useBytes")
[1] TRUE
```

즉, ing라는 표현이 등장한 첫 번째 위치는 여섯 번째이고, 해당 표현은 3자리이며, 두 번째로 등장한 위치는 26번째이며, 마찬가지로 3자리로 표현되어 있는 것을 알 수 있다. gregexpr() 함수의 결과 역시 리스트로 보고된다. gregexpr() 함수의 결과가 리스트 형식의 오브젝트 형식으로 결괏값을 활용할 때 인덱싱에 주의할 필요가 있다. gregexpr() 함수의 결과를 이용해 지정된 표현이 해당 텍스트 데이터에서 몇 회나 등장하는지, 그리고 만약 최소 1회 이상 등장한다면 각 표현들이 어디에서 시작해서 어디에서 종료되는지를 확인하는 방법은 아래와 같다.

```
> #해당 표현이 몇 번 등장했는지는 다음과 같이 확인할 수 있다.
> length(gregexpr('ing',mysentence)[[1]])
[1] 2
> #시작 위치는 다음과 같이 하면 된다. 이때 인덱싱에 주의하기 바란다.
> loc.begin <- as.vector(gregexpr('ing',mysentence)[[1]])
> loc.begin
[1]  6 26
> #원하는 패턴의 길이를 구할 때도 인덱싱 주의
> loc.length <- as.vector(attr(gregexpr('ing',mysentence)[[1]],'match.length'))
> loc.length
[1] 3 3
> #종료되는 위치는 다음과 같이 구하면 된다.
> loc.end <- loc.begin+loc.length-1
> loc.end
```

```
[1]  8 28
```

위의 결과에서 확인되듯 "Learning R is so interesting"이라는 문장에서 ing라는 표현은 2회 등장하며, 첫 번째 표현은 여섯 번째 자리에서 시작해 여덟 번째 자리에서 종료되며, 두 번째 표현은 26번째 자리에서 시작해 28번째 자리에서 종료된다는 것을 알 수 있다.

regexec() 함수는 regexpr() 함수와 비슷하지만, 동일하지는 않다. regexec() 함수가 약간 복잡한 듯 보일 수 있지만, 어떻게 사용하는지에 따라 매우 유용하게 사용될 수 있다. 우선 지정된 표현이 간단한 경우 regexec() 함수와 regexpr() 함수는 별 차이가 없다. 가령 앞의 문장에서 interesting이라는 표현이 등장하는 위치가 어디인지를 regexec() 함수를 이용해 살펴보도록 하자.

```
> #regexec는 regexpr과 비슷해 보이지만, 동일하지는 않다.
> #일단 간단한 표현을 쓸 경우 regexec와 regexpr은 거의 동일하다.
> regexpr('interesting',mysentence)
[1] 18
attr(,"match.length")
[1] 11
attr(,"useBytes")
[1] TRUE
```

그러나 regexec() 함수의 매력은 괄호[즉, '()']를 이용하여 두 가지 혹은 그 이상의 지정된 표현이 등장하는지, 그리고 만약 등장한다면 어디에서 처음으로 등장하는지를 확인할 수 있다. 물론 앞에서 살펴보았듯 해당 표현의 시작값은 regexpr() 함수의 결과에서, 종료값은 시작값과 추출된 속성 부분의 값을 활용하는 방식으로 계산해 낼 수 있다. 하지만 다음과 같이 하면 더 간편하다고 느낄 수도 있다.

```
> #다음과 같이 하면 더 간단할 수도 있다.
> regexec('interestin(g)',mysentence)
[[1]]
[1] 18 28
attr(,"match.length")
[1] 11  1
attr(,"useBytes")
```

```
[1] TRUE
```

괄호를 잘 활용할 경우 복잡한 표현이 나타나는 부분을 쉽게 확인할 수도 있다. 예를 들어 'so interesting'이라는 표현에서 'so'의 시작 위치, 'interesting'이라는 단어의 시작 위치, 그리고 'interesting'이라는 단어의 종료 위치 세 가지를 확인하고 싶다고 가정해 보자. 이 경우 regexec() 함수를 이용하면 유용하다.

```
> #원하는 부분이 3개 이상일 경우에는 더 유용할 수 있다.
> regexec('so (interestin(g))',mysentence)
[[1]]
[1] 15 18 28
attr(,"match.length")
[1] 14 11  1
attr(,"useBytes")
[1] TRUE
```

여기서 소개한 세 가지 함수들은 원하는 표현을 '인덱싱'하기 위한 목적으로 많이 쓰인다. 즉, 특정한 표현이 등장하는지, 만약 등장한다면 어떤 위치에서 등장하는지는 앞에서 소개한 텍스트 데이터의 분해하기와 합치기, 다음에 소개할 텍스트 데이터에서 원하는 표현 추출하기와 함께 사용하면 많은 양의 텍스트 데이터를 체계적이고 효율적으로 분석할 수 있다.

예를 들어 앞서 소개했던 R에 대한 위키피디아 소개글에서 'software'라는 표현이 등장하는 문장이 어떤 문장이며, 만약 등장했다면 해당 문장에서 등장한 위치가 어디인지를 확인하는 방법은 아래와 같다.

```
> #위의 함수들은 텍스트 데이터에서 원하는 부분이 어디에서 나타나는지를 인덱싱하는 역할을 한다.
> #이 부분과 관련해서는 regmatches 함수와 substr 함수 부분에서 다시 설명하겠지만,
> #조합을 어떻게 하는지에 따라 매우 유용하게 사용할 수 있다.
> #간단한 한 가지 사례만 살펴보기 바란다.
> #software라는 단어가 앞서 소개한 위키피디아의 R 소개글의 7개 문장 중 어디에서 등장하는지,
> #그리고 어떤 위치에서 등장하는지 살펴보자.
> mysentences <- unlist(R_wiki_sent)
> regexpr("software",mysentences)
[1] 33 94 -1 -1 27 -1 -1
attr(,"match.length")
[1]  8  8 -1 -1  8 -1 -1
```

```
attr(,"useBytes")
[1] TRUE
```

위의 결과에서 알 수 있듯, 1번, 2번, 5번 문장에서 **software**라는 표현이 각각 등장했다(-1이라는 값이 나온 문장에서는 **software**라는 표현이 등장하지 않았다). 하지만 위의 결과는 **software**라는 표현이 언제 처음으로 등장했는지를 살펴보며, 2회 이상 등장하는지 여부는 알 수 없다. 만약 지정된 표현이 2회 이상 등장하는지, 그리고 만약 등장한다면 각각의 위치는 어떠한지를 확인하려면 **gregexpr()** 함수를 사용하면 된다. 그 결과는 아래와 같다.

```
> #2회 이상 등장 여부를 확인하는 방법은 아래와 같다.
> gregexpr("software",mysentences)
[[1]]
[1] 33
attr(,"match.length")
[1] 8
attr(,"useBytes")
[1] TRUE

[[2]]
[1] 94
attr(,"match.length")
[1] 8
attr(,"useBytes")
[1] TRUE

[[3]]
[1] -1
attr(,"match.length")
[1] -1
attr(,"useBytes")
[1] TRUE

[[4]]
[1] -1
attr(,"match.length")
[1] -1
attr(,"useBytes")
[1] TRUE

[[5]]
[1] 27
```

```
attr(,"match.length")
[1] 8
attr(,"useBytes")
[1] TRUE

[[6]]
[1] -1
attr(,"match.length")
[1] -1
attr(,"useBytes")
[1] TRUE

[[7]]
[1] -1
attr(,"match.length")
[1] -1
attr(,"useBytes")
[1] TRUE
```

software라는 표현이 처음으로 등장하는 부분의 시작 위치와 종료 위치를 자동으로 확인하는 개인맞춤형 함수를 만들어 사용하면 편할 수도 있다. 만약에 많은 양의 텍스트 데이터에서 원하는 표현이 처음으로 언제 등장하는지, 그리고 언제 시작해서 언제 끝나는지를 확인하는 방법은 아래와 같다.

```
> #시작과 종료 위치를 정리하는 방법
> mytemp <- regexpr("software",mysentences)
> #시작 위치를 추출한 후, 해당 표현이 나오지 않은 경우 결측값으로 처리했다.
> my.begin <- as.vector(mytemp)
> my.begin[my.begin == -1] <- NA
> #종료 위치를 계산했다.
> my.end <- my.begin + as.vector(attr(mytemp,"match.length")) - 1
> #시작과 종료 위치를 문장의 수만큼 확정할 수 있는 행렬 데이터를 만들었다.
> mylocs <- matrix(NA,nrow=length(my.begin),ncol=2)
> colnames(mylocs) <- c('begin','end')
> rownames(mylocs) <- paste('sentence',1:length(my.begin),sep='.')
> #반복 계산을 통해 정리했다.
> for (i in 1:length(my.begin)) {
+   mylocs[i,] <- cbind(my.begin[i],my.end[i])
+ }
> mylocs
           begin end
sentence.1    33  40
sentence.2    94 101
sentence.3    NA  NA
```

```
sentence.4    NA  NA
sentence.5    27  34
sentence.6    NA  NA
sentence.7    NA  NA
```

grep()와 grepl(): 특정 표현이 텍스트 데이터에서 등장하는지 확인

여기서 소개할 두 함수들은 앞에서 소개한 regexpr(), gregexpr(), regexec() 함수들과 유사하지만, 해당 표현이 등장하는 위치에 대한 정보를 제공해 주지 않는다는 점이 다르다. grep() 함수의 경우 해당 표현이 등장할 경우 오브젝트의 위치를 보고하며, grepl() 함수의 경우 해당 표현이 등장할 경우 TRUE의 값을, 그렇지 않을 경우 FALSE의 값을, 즉 논리값을 보고해 준다[grepl() 함수에서의 마지막 글자 l은 logical을 의미한다]. 예를 들어 앞에서 사용했던 위키피디아에서 가져온 R에 대한 설명 문장 7개로 구성된 텍스트 데이터(즉, mysentences)를 이용해 grep() 함수와 grepl() 함수를 비교해 보도록 하자.

```
> #아래와 같이 해당 표현이 등장하는지 여부를 확인할 수 있다.
> grep('software',mysentences)
[1] 1 2 5
> grepl('software',mysentences)
[1]  TRUE  TRUE FALSE FALSE  TRUE FALSE FALSE
```

결과에서 잘 드러나듯 grep() 함수의 결과는 7개 문장 중 몇 번째 문장에서 'software'라는 표현이 등장했는지를 알려준다. 즉, 첫 번째, 두 번째, 다섯 번째 문장에서 'software'라는 표현이 등장했음을 알 수 있다. grepl() 함수의 경우 7개의 문장 각각에 대해 'software'라는 표현이 등장할 경우 TRUE의 값을, 그렇지 않을 경우 FALSE의 값을 제시한다.

특정 표현이 등장했는지 여부를 논리함수값으로 보고해 준다는 점에서 grep() 함수와 grepl() 함수는 맥락에 따라 매우 유용하게 사용될 수 있다. 하지만 개인적으로는 regexpr() 함수의 결괏값이 -1을 갖는지를 확인하는 것으로 충분하지 않을까 생각한다.

sub()와 gsub(): 특정 표현이 텍스트 데이터에서 등장하는지 확인

'마이크로소프트 워드'나 '한글과 컴퓨터'와 같은 워드프로세서의 경우, 바꾸기(replace) 기능이 있다(컨트롤키와 F키를 함께 누르면 된다). 여기서 소개할 sub() 함수와 gsub() 함수의 경우는 바로 이 바꾸기(substitute) 기능을 하는 R 함수다. 지정된 표현을 상이한 방식의 표현으로 일괄적으로 바꿀 때, 해당 함수들은 유용하게 사용된다. 우선 두 함수 모두 바꾸고 싶은 표현을 먼저 지정한 후, 다음에는 새로이 변경하고자 하는 표현을 지정하고, 그 다음에는 함수를 적용하고자 하는 텍스트 데이터를 지정하면 된다. sub() 함수에서는 최초로 등장한 표현의 경우만 교체하지만, gsub() 함수에서는 모든 표현들을 다 교체한다는 점이 다르다[gsub() 함수의 첫 글자 g는 global을 의미한다]. mysentence 오브젝트, 즉 "Learning R is so interesting"에서 ing라는 소문자 표현을 ING라는 대문자 표현으로 바꾸는 과정은 아래와 같다.

```
> #sub 함수의 경우 처음에 등장한 표현만을, gsub는 모든 표현을 교체한다.
> sub('ing','ING',mysentence)
[1] "LearnING R is so interesting"
> gsub('ing','ING',mysentence)
[1] "LearnING R is so interestING"
```

결과에서 잘 드러나듯 sub() 함수의 경우 첫 번째 ing, 즉 Learning의 ing만 ING로 바뀌었고, 두 번째 ing, 즉 interesting의 ing는 바뀌지 않았다. 그러나 gsub() 함수의 경우 두 번의 ing 모두 ING로 바뀐 것을 알 수 있다.

여기서 소개한 두 함수들은 고유명사를 다룰 때 상당히 유용하다. 예를 들어 'Donald Trump'의 경우 2개의 단어로 구성되어 있지만, 지칭하는 대상은 단일한 인물(45대 미국 대통령)이다. 이러한 경우 'Donald Trump'를 'Donald_Trump'와 같이 바꾸면 해당 표현은 고유명사로 처리할 수 있다. 또한 분석에서 제외하고 싶은 특수 표현들도 sub() 함수와 gsub() 함수를 이용하면 효율적으로 텍스트 데이터에서 제거할 수도 있다. 다음의 사례들을 살펴보자.

```
> #고유명사를 처리하는 방법
```

```
> #위키피디아의 R 관련 설명들 중 첫 문장을 선택하자.
> sent1 <- R_wiki_sent[[1]][1]
> #5개 단어로 이루어진 기관명을 _을 이용해 하나의 단어처럼 만들었다.
> new.sent1 <- gsub("R Foundation for Statistical Computing",
+   "R_Foundation_for_Statistical_Computing",sent1)
> #문장에 포함된 단어의 수는 다음과 같이 바뀐다.
> sum(table(strsplit(sent1,split=' ')))
[1] 21
> sum(table(strsplit(new.sent1,split=' ')))
[1] 17
```

R에 대한 위키피디아 설명의 첫 문장을 뽑아보자. 이 문장에는 "R Foundation for Statistical Computing"이라는 표현이 있는데, 이는 R를 개발하고 관리하는 기관의 고유명사다. 즉, 5개의 단어지만, 의미상 1개의 단어라고 보는 것이 타당할 수 있다. 이에 5개의 단어들 사이의 공란에 '_'을 넣어 하나의 단어로 바꾸었다. 이 과정을 거치기 전과 거친 후의 문장 내 총 단어 수가 어떻게 바뀌는지를 살펴보니, 고유명사로 취급하기 전에는 총 단어 수가 21로 계산되었지만, 고유명사로 전환한 후의 총 단어 수는 17로 줄었다.

또한 맥락에 따라 특정 표현을 제거하고 싶을 때도 유용하게 사용될 수 있다. 아래의 결과는 의미를 갖지 않는다고 볼 수 있는 기능어(functional word)에 해당되는 4개의 단어들을 삭제한 후 해당 문장의 총 단어 수가 어떻게 변했는지를 살펴본 것이다. 4개의 단어를 삭제한 후 계산된 문장 내 총 단어 수는 12로 다시 줄어든 것을 확인할 수 있다. 참고로 아래와 같이 실질적 의미가 없는 단어들을 체계적으로 제거하는 과정을 불용단어 제거(stopword-deletion)라고 부른다. 불용단어 제거 과정에 대해서는 2부 4장에서 더 자세히 다룰 것이다.

```
> #해당 문장에서 and, by, for, the의 네 단어들을 지워보자.
> drop.sent1 <- gsub("and |by |for |the ","",new.sent1)
> sum(table(strsplit(drop.sent1,split=' ')))
[1] 12
```

regmatches()와 substr(): 원하는 표현만 추출(혹은 배제)하거나 원하는 위치의 텍스트만 선별하기

앞에서 regexpr(), gregexpr(), regexec() 함수들을 이용하면 텍스트 데이터 중 원하는 표현만 추출할 수 있다. regmatches() 함수는 이렇게 추출된 표현만을 텍스트 데이터에서 추출하거나, 해당 표현만 제거한 후 텍스트 데이터에서 추출할 때 사용하는 함수다. 우선은 앞에서 다루었던 "Learning R is so interesting"이라는 문장에서 ing를 원하는 표현으로 설정한 후, 해당 표현만 골라내 보자.

```
> #regmatches 함수는 텍스트 데이터에서 지정된 표현에 해당되는 부분만 추출한다.
> #앞에서 소개한 regexpr, gregexpr, regexec 함수 등과 같이 사용된다.
> mypattern <- regexpr('ing',mysentence)
> regmatches(mysentence,mypattern)
[1] "ing"
```

위와 같이 regmatches() 함수를 사용한 경우 첫 번째로 나타난 ing만 추출된다. 만약 텍스트 데이터에서 원하는 표현들을 모두 추출하고 싶다면 gregexpr() 함수를 사용하면 된다.

```
> mypattern <- gregexpr('ing',mysentence)
> regmatches(mysentence,mypattern)
[[1]]
[1] "ing" "ing"
```

ing라는 표현을 제외한 나머지 표현들만 텍스트 데이터에서 뽑는 것도 가능하다. regmatches() 함수에서 invert 옵션을 TRUE로 바꾼 후 위의 결과를 다시 실행해 보자.

```
> #invert 옵션을 사용하면 해당 표현을 뺀 나머지 텍스트 데이터를 확인할 수 있다.
> mypattern <- regexpr('ing',mysentence)
> regmatches(mysentence,mypattern,invert=TRUE)
[[1]]
[1] "Learn"                " R is so interesting"
```

```
> mypattern <- gregexpr('ing',mysentence)
> regmatches(mysentence,mypattern,invert=TRUE)
[[1]]
[1] "Learn"              " R is so interest" ""
```

위의 결과에서 잘 드러나듯 원하지 않는 표현만 지정한 후 해당 표현을 뺀 나머지 표현들이 저장된 것을 알 수 있다.

독자들은 invert=TRUE 옵션을 함께 사용한 regmatches() 함수 결과를 앞에서 배운 strsplit() 함수나 gsub() 함수를 사용했을 때의 결과와 유사하다고 생각할 수도 있다. 그러나 엄밀하게 말해 정확하게 동일하지는 않다. 우선 strsplit() 함수에서 split 옵션에 'ing'를 부여한 다음의 결과를 살펴보자.

```
> #strsplit 함수를 사용했을 경우와 유사하지만 동일하지 않다.
> strsplit(mysentence,split='ing')
[[1]]
[1] "Learn"              " R is so interest"
```

거의 유사하지만 완전히 동일한 결과는 아니다. regmatches() 함수 결과에는 총 3개의 하위 오브젝트가 나왔지만, strsplit() 함수를 사용할 경우 총 2개의 하위 오브젝트를 얻을 수 있었다. 즉, 'interesting'이라는 마지막 단어 다음에 regmatches() 함수는 "" 결괏값을 제시하지만, strsplit() 함수에는 해당 결괏값이 없다.

이번에는 gsub() 함수를 이용한 다음의 결과를 살펴보자.

```
> #gsub 함수를 사용했을 경우와 유사하지만 동일하지 않다.
> gsub('ing','',mysentence)
[1] "Learn R is so interest"
```

즉, regmatches() 함수의 경우 지정된 표현을 중심으로 표현들이 나뉘어서 보고되지만, gsub() 함수의 경우 지정된 표현이 해당 텍스트 데이터 내부에서 교체(이 경우에는 삭제)될 뿐이다.

다음으로 지정된 표현이 아니라, 텍스트 데이터의 지정된 위치 정보를 이용해 텍스트 데이터의 표현들을 추출하려면 substr() 함수[substring() 함수를 사용해도 된다.

두 함수는 실질적인 차이가 없다]를 사용하면 된다. 앞에서 소개했던 R에 대한 7개의 위키피디아 설명 문장들을 예로 들어보자. 만약 데이터 분석자가 각 문장의 첫 번째 위치의 문자부터 30번째 위치의 문자까지의 표현이 어떤지 확인해 본다면 substr() 함수를 사용하면 매우 편하다. 아래의 결과를 살펴보자.

```
> #특정 표현이 아니라 위치를 이용한다면 substr() 함수를 사용하면 된다.
> substr(mysentences,1,30)
[1] "R is a programming language an" "The R language is widely used "
[3] "Polls, surveys of data miners," "R is a GNU package"
[5] "The source code for the R soft" "R is freely available under th"
[7] "While R has a command line int"
```

어떤 텍스트가 두괄식으로 작성되었거나, 최종 추출된 단어들이 중요도 순서로 나열된 텍스트의 경우, substr() 함수를 이용하여 텍스트의 앞부분만 추출할 경우 어떤 내용의 텍스트인지를 쉽게 전달할 수 있다.

텍스트 데이터 분석에서 유용한 정규표현

지금까지 제시한 사례들은 텍스트 데이터에 대해 데이터 분석자가 구체적으로 지정한 표현들의 등장 여부, 등장 위치, 추출이나 배제, 선별 등의 과정을 보여주었다. 물론 지정하고 싶은 표현을 연구자가 정확하게 지정하는 상황이 없는 것은 아니지만, 대부분의 텍스트 데이터 분석 상황에서는 좀 더 일반화 가능한 텍스트 표현을 추출하거나 배제하는 경우가 많다. 앞서 제시했던 "Learning R is so interesting"이라는 표현에서 ing로 끝나는 단어들을 추출하고 싶다고 가정해 보자. 이를테면 'ing'로 끝나는 모든 영어 단어들은 어떻게 추출할 수 있을까? 영어에 대한 기초 지식이 있는 사람이라면 ing로 끝나는 영어 단어는 다음과 같은 조건을 만족시켜야 한다는 것을 알 수 있을 것이다.

- **조건 1**: ing 앞에는 반드시 알파벳 문자가 놓여야 한다. 만약 ing만 사용되었다면

이는 일반적으로 흔히 사용되는 영어 단어가 아닐 것이다[예를 들어 특정 회사의 이니셜인 ING를 tolower() 함수로 변환했을 경우]. 또한 5ing처럼 앞에 숫자가 붙은 경우도 일반적인 영어 단어로 보기 어렵다.

- **조건** 2: 알파벳 표현 ing 뒤에는 어떠한 알파벳 문자도 오면 안 된다. 예를 들어 singer라는 단어에는 ing가 들어 있지만, ing로 끝나는 단어가 아니다.

위와 같은 표현만 골라내려면 어떻게 해야 할까? 이를 위해서는 정규표현(regular expression)을 사용해야 한다. 사실 정규표현을 이용해 원하는 표현을 지정하는 일은 그리 만만한 일은 아니다. 하지만 익숙해지면 다양한 방식의 문자 정보를 자유자재로 추출하거나 배제할 수 있다. 〈표 3〉은 R를 이용해 텍스트 데이터를 분석할 때 자주 등장하는 정규표현들이다. 우선은 각 표현이 무엇을 의미하는지 꼼꼼하게 읽으면서 어떻게 응용할 수 있을지 숙지하기 바란다(미안하지만, 텍스트 데이터를 효과적으로 다루기 위해서는 각 정규표현의 의미를 먼저 명확하게 이해하고 암기하기 바란다).

〈표 3〉에 소개된 표현들을 숙지한 후, 앞에서 소개했던 사례, 즉 ing로 끝나는 단어들을 추출하는 방법을 살펴보자. 우선은 "Learning R is so interesting"과 "He is a fascinating singer"라는 2개의 문장으로 구성된 텍스트 오브젝트를 만들어 my2sentence라는 이름의 텍스트 데이터를 준비했다. 2개의 문장을 잘 읽어보면 알겠지만, 각 문장에는 ing라는 표현이 각각 2개씩 들어 있다. 첫 문장에는 Learning과 interesting, 두 번째 문장에는 fascinating과 singer라는 단어가 각각 ing라는 표현을 담고 있다. 그러나 singer라는 단어는 ing를 포함하기는 하지만 ing로 끝나는 단어가 아닌 것에 주목하기 바란다. 즉, 앞에서 언급했던 조건 2에 해당되지 않는 텍스트 표현이며, 따라서 singer는 ing로 끝나는 단어가 아니다.

우선은 앞에서 살펴보았던 것처럼 regexpr() 함수와 regmatches() 함수를 이용해서 my2sentence에 ing라는 표현이 어떻게 등장하는지 한번 살펴보자. 아래에서 알 수 있듯 예상대로 각각 2번씩 ing라는 표현이 등장하는 것을 확인할 수 있다.

```
> #ing로 끝나는 모든 단어를 찾아보자.
> my2sentence <- c("Learning R is so interesting","He is a fascinating singer")
> mypattern0 <- gregexpr("ing",my2sentence)
```

〈표 3〉 텍스트 데이터 분석에 자주 쓰는 정규표현

구분	표현	의미
알파벳이나 숫자로 표시된 텍스트	[:digit:]	숫자로 표시된 텍스트
	[:lower:]	소문자 알파벳으로 표시된 텍스트
	[:upper:]	대문자 알파벳으로 표시된 텍스트
	[:alpha:]	대·소문자 알파벳으로 표시된 텍스트 ※ [:lower:]와 [:upper:]를 같이 사용한 것과 동일
	[:alnum:]	숫자와 대·소문자로 표시된 텍스트 ※ [:digit:]와 [:alpha:]를 같이 사용한 것과 동일
알파벳이나 숫자가 아닌 텍스트	[:punct:]	구두점으로 표시된 텍스트(쉼표나 마침표 등)
	[:graph:]	가시적으로 표현된 텍스트 ※ [:alnum:]과 [:punct:]를 같이 사용한 것과 동일
	[:blank:]	스페이스나 탭을 이용하여 공란으로 표현된 텍스트
	[:space:]	스페이스, 탭, 줄바꿈 등을 이용하여 공란으로 표현된 텍스트 ※ [:blank:]로 확인된 오브젝트의 수는 [:space:]로 확인된 오브젝트의 수와 같거나 적기 마련임
	[:print:]	출력했을 때 확인할 수 있는 텍스트 ※ [:alnum:], [:punct:], [:space:]를 동시에 사용한 것과 동일
경우에 따라 유용한 표현	[:cntrl:]	제어문자(control characters)로 표현된 텍스트
	[:xdigit:]	16진법을 따르는 텍스트
양화기호	?	선행 표현을 고려할 수도, 고려하지 않을 수도 있으며 최대 1회 매칭됨
	*	선행 표현이 0회 혹은 그 이상 매칭됨
	+	선행 표현이 1회 혹은 그 이상 매칭됨
	{n}	선행 표현이 정확하게 n회 매칭됨
	{n,}	선행 표현이 정확하게 n회 이상 매칭됨
	{n,m}	선행 표현이 최소 n회 이상, 그러나 m회 미만으로 매칭됨
특수기호	\w	숫자 혹은 알파벳으로 표현된([[:alnum:]]으로 표현된) 모든 단어
	\W	숫자 혹은 알파벳으로 표현된([[:alnum:]]으로 표현된) 모든 단어 제외
	\d	숫자로 표현된([[:digit:]]으로 표현된) 모든 텍스트
	\D	숫자로 표현된([[:digit:]]으로 표현된) 모든 텍스트 제외
	\s	공란으로 표현된([[:blank:]]으로 표현된) 모든 텍스트
	\S	공란으로 표현된([[:blank:]]으로 표현된) 모든 텍스트 제외
	\b	특정 표현으로 시작되거나 종결된 모든 텍스트
	\B	특정 표현으로 시작되거나 종결되지 않은 모든 텍스트

```
> regmatches(my2sentence,mypattern0)
[[1]]
[1] "ing" "ing"

[[2]]
[1] "ing" "ing"
```

하지만 위의 결과는 우리가 원하는 것이 아니다. '조건 1'에서 언급했듯, ing라는 표현 앞에 등장하는 알파벳이 있어야 ing라는 단어가 어떤 단어인지를 알 수 있기 때문이다. 이에 ing 앞에 알파벳 표현이 들어갈 수 있도록 [[:alpha:]]라는 표현을 덧붙여 보자.

```
> #ing 앞에 올 알파벳 표현을 확인하기 위해 [[:alpha:]]를 앞에 덧붙였다.
> mypattern1 <- gregexpr("[[:alpha:]]ing",my2sentence)
> regmatches(my2sentence,mypattern1)
[[1]]
[1] "ning" "ting"

[[2]]
[1] "ting" "sing"
```

위의 사례에서 필자는 [[:alpha:]]ing라는 표현을 사용했다. 만약 분석자가 자신이 원하는 표현이 무엇인지 더 잘 드러나게 정리하고자 한다면, 괄호를 사용하여 [[:alpha:]](ing)와 같이 표현하면 코드를 해석하는 데 훨씬 더 유용하다. 즉, 위의 사례와 아래의 사례는 동일하다. 단 텍스트 속에 사용된 괄호 표현을 찾고자 한다면 다음과 같이 두 겹의 백슬래시를 사용해야 한다.2

---

2 앞에서도 잠시 소개했지만 텍스트 내부의 마침표나 괄호 등을 찾을 경우 두 겹의 백슬래시를 사용해야 한다. 아래의 사례를 비교하면 두 겹의 백슬래시를 붙이는 것이 어떤 의미인지 쉽게 알 수 있을 것이다.

```
> #()를 찾고 싶다면 \\를 사용해야 한다.
> myexample <- "He (Obama) received the Nobel Prize."
> what_in_parenthesis1 <- gregexpr("\\([[:alpha:]]+\\)",myexample)
> regmatches(myexample,what_in_parenthesis1)
[[1]]
[1] "(Obama)"

> #\\ 없이 사용할 경우 텍스트 내부의 표현을 찾을 수 없다.
> what_in_parenthesis2 <- gregexpr("([[:alpha:]]+)",myexample)
```

```
> #()를 사용하면 좀 더 읽기 쉬운 코드를 작성할 수 있다.
> mypattern1 <- gregexpr("[[:alpha:]](ing)",my2sentence)
> regmatches(my2sentence,mypattern1)
[[1]]
[1] "ning" "ting"

[[2]]
[1] "ting" "sing"
```

결과에서 나타나듯 각 ing 표현 앞의 알파벳이 추가되었다. 그런데 이 역시도 우리가 원하는 것이 아니다. 예를 들어 우리가 원하는 것은 Learning이지 ning가 아니기 때문이다. 다시 말해 ing 앞에 들어갈 알파벳을 표현하기 위해 [[:alpha:]]를 사용하면 ing 등장 직전의 알파벳 문자 하나만 추출된다. 즉, ing 등장 이전에는 1회 혹은 그 이상의 알파벳이 등장하는 표현을 추출하도록 +를 덧붙이거나, 혹은 {1,}을 덧붙이면 된다.

```
> #ing 앞에 오는 최소 1회 이상의 알파벳 표현을 확인하는 방법은 아래와 같다.
> #아래는 다음과 동일하다: mypattern2 <- gregexpr("[[:alpha:]]{1,}(ing)",my2sentence)
> mypattern2 <- gregexpr("[[:alpha:]]+(ing)",my2sentence)
> regmatches(my2sentence,mypattern2)
[[1]]
[1] "Learning"    "interesting"

[[2]]
[1] "fascinating" "sing"
```

위의 결과는 조건 1을 충족하는 표현이다. 그러나 두 번째 문장 마지막 단어인 singer는 여전히 제대로 처리되지 못한 상황이다. 즉, [[:alpha:]]+(ing)라는 표현 뒤에는 어떠한 텍스트 정보도 추가되지 않는다는 것을 표시해 주어야 한다. 이를 위해 \\b를 사용했다.

```
> #[[:alpha:]]+(ing)로 끝나야 하기에 \\b를 덧붙였다.
```

```
> regmatches(myexample,what_in_parenthesis2)
[[1]]
[1] "He"       "Obama"    "received" "the"      "Nobel"    "Prize"
```

```
> mypattern3 <- gregexpr("[[:alpha:]]+(ing)\\b",my2sentence)
> regmatches(my2sentence,mypattern3)
[[1]]
[1] "Learning"    "interesting"

[[2]]
[1] "fascinating"
```

위의 결과가 바로 우리가 원했던 결과다. 즉, my2sentence라는 텍스트 데이터 오브젝트에는 ing로 끝나는 총 3개의 단어가 있으며, 첫 번째 문장에는 Learning, interesting 두 단어가, 두 번째 문장에는 fascinating이라는 하나의 단어가 사용된 것을 확인할 수 있다.

이제는 조금 더 복잡한 텍스트 데이터에서 ing로 끝나는 단어들을 확인해 보자. 앞에서 다루었던 위키피디아의 R소개 설명 문장 7개로 구성된 텍스트 오브젝트 (mysentences)에서 ing로 끝나는 단어들은 어떠한지 살펴보도록 하자.

```
> #위키피디아에서 가져온 7개 문장에 적용하여 보았다.
> mypattern <- gregexpr('[[:alpha:]]+(ing)\\b',mysentences)
> myings <- regmatches(mysentences,mypattern)
> #어떤 단어들이 있는지 한번 살펴보자.
> table(unlist(myings))

   computing   Computing  developing    operating   programming
       1           1           1            1            1
```

위의 결과가 잘 보여주듯 ing로 끝나는 단어는 총 5개이며, 각 단어는 1회씩 등장하는 것을 알 수 있다. 그러나 computing이라는 단어와 Computing이라는 단어를 별개의 단어인 것으로 취급했는데, 여기서는 두 단어를 하나의 단어라고 가정하도록 하겠다. 대문자와 소문자를 구분하지 않으려면 tolower() 함수와 toupper() 함수를 사용하면 편리하다. 여기서는 tolower() 함수를 이용하여 모든 대문자를 소문자로 바꾸었다.

```
> #computing과 Computing은 동일한데 다르게 인식이 되어 있다.
> #해당 텍스트 데이터를 모두 소문자로 통일한 다음에 위의 과정을 반복해 보자.
> mypattern <- gregexpr('[[:alpha:]]+(ing)\\b',tolower(mysentences))
```

```
> myings <- regmatches(tolower(mysentences),mypattern)
> #아래를 보면 문제없이 바뀐 것을 알 수 있다.
> table(unlist(myings))

    computing   developing   operating    programming
        2            1           1             1
```

위의 결과에서 잘 나타나듯 이제는 computing이라는 단어가 1회가 아니라 2회 등장한 것으로 나왔다.

지금까지는 ing로 끝나는 단어가 어떤 단어인지를 살펴보았다. 이제는 stat로 시작하는 단어들(statistical, statistician 등)에는 어떤 단어가 있는지 살펴보자. stat라는 표현 뒤에 어떠한 알파벳이라도 1회 이상 등장하는 표현을 찾는 데는 (stat)[[:alpha:]]+를 사용했다. 또한 대문자들은 모두 소문자들로 통일했다 [tolower() 함수를 사용했음].

```
> #해당 텍스트에서 stat~ 가 포함된 표현을 한번 살펴보자.
> mypattern <- gregexpr('(stat)[[:alpha:]]+',tolower(mysentences))
> regmatches(tolower(mysentences),mypattern)
[[1]]
[1] "statistical" "statistical"

[[2]]
[1] "statisticians" "statistical"

[[3]]
character(0)

[[4]]
character(0)

[[5]]
character(0)

[[6]]
character(0)

[[7]]
character(0)
```

위의 결과에서 잘 나타나듯 첫 문장에서 statistical이 두 번 등장하고, 두 번째 문장에서 statisticians와 statistical이 등장하여 stat로 시작하는 단어는 총 4회 등장하는 것을 알 수 있다. 반면 세 번째부터 일곱 번째 문장에서는 stat로 시작하는 단어가 단 한 번도 등장하지 않았다.

응용 사례를 하나만 더 살펴보자. mysentences라는 텍스트 데이터에 사용된 개별 알파벳의 빈도는 어떨까? 앞에서 소개한 [[:alpha:]]의 경우 대문자와 소문자 모두를 포함한다. 반면 [[:lower:]]는 소문자로 된 표현만, [[:upper:]]는 대문자로 된 표현만을 골라낼 수 있다. 아래와 같은 방식을 취하면 해당 텍스트 데이터에서 대문자의 종류와 각각의 빈도, 소문자의 종류와 각각의 빈도를 계산할 수 있다.

```
> #해당 텍스트에서 사용된 대문자와 소문자를 구해보면 다음과 같다.
> mypattern <- gregexpr('[[:upper:]]',mysentences)
> my.uppers <- regmatches(mysentences,mypattern)
> table(unlist(my.uppers))

C F G L N P R S T U W
2 2 3 1 2 2 9 1 2 2 1
> mypattern <- gregexpr('[[:lower:]]',mysentences)
> my.lowers <- regmatches(mysentences,mypattern)
> table(unlist(my.lowers))

 a  b  c  d  e  f  g  h  i  k  l  m  n  o  p  r  s  t  u  v  w  y
71  7 18 25 61 13 14 14 50  1 29 14 44 34 16 46 49 45 16 10  6 12
```

그렇다면 모든 소문자를 대문자로 바꾼 후, mysentences라는 텍스트 오브젝트에서 쓰인 각 알파벳의 빈도가 어떤지 한번 계산해 보자. 우선 toupper() 함수를 이용해 텍스트 데이터의 모든 알파벳을 대문자로 바꾼 후, 각 알파벳 대문자의 빈도표를 구하는 방법은 아래와 같다.

```
> #toupper 함수를 통해 대·소문자를 구분하지 말자.
> mypattern <- gregexpr('[[:upper:]]',toupper(mysentences))
> my.alphas <- regmatches(toupper(mysentences),mypattern)
> mytable <- table(unlist(my.alphas))
> mytable

 A  B  C  D  E  F  G  H  I  K  L  M  N  O  P  R  S  T  U  V  W  Y
71  7 20 25 61 15 17 14 50  1 30 14 46 34 18 55 50 47 18 10  7 12
```

이제 위의 빈도표를 하나의 데이터라고 생각해 보자. 텍스트 분석 결과를 하나의 데이터라고 간주하면 일반적인 데이터 분석에 등장하는 모든 통계분석을 적용할 수 있으며, 그래프를 이용해 분석 결과를 시각화할 수도 있다. 예를 들어 어떤 알파벳이 가장 빈번하게 사용되었지, 혹은 가장 적게 사용되었는지는 다음과 같은 방법으로 확인할 수 있다.

```
> #가장 많이 쓰인 대문자는?
> mytable[mytable == max(mytable)]
 A
71
```

그렇다면 26개의 알파벳 중에서 `mysentences`라는 텍스트 데이터에서 등장한 알파벳은 몇 개일까? 또한 알파벳의 총 등장 빈도는 몇 번일까? 아래와 같이 `length()` 함수와 `sum()` 함수를 이용하면 쉽게 그 결과를 계산할 수 있다.

```
> #몇 개의 알파벳이 쓰였을까?
> length(mytable)
[1] 22
> #총 몇 개의 알파벳이 쓰였을까?
> sum(mytable)
[1] 622
```

그렇다면 위에서 얻은 빈도표를 어떻게 그래프로 시각화할 수 있을까? `ggplot2` 패키지를 활용하여 각 알파벳별 등장 빈도를 막대그래프로 시각화해 보자. 우선 X축에는 알파벳 이름을, Y축에는 각 알파벳의 빈도수를 표시하도록 했다. 또한 의미에 맞게 X축의 라벨은 '알파벳(대문자와 소문자 구분 없음)'으로, Y축의 라벨은 '빈도수'로 입력했다. 또한 `geom_hline()` 함수를 이용해서 각 알파벳의 빈돗값들의 중앙값을 Y축에 그려 어떤 알파벳이 중앙값보다 높은 빈도를 보이고, 어떤 알파벳이 낮은 빈도를 보이는지를 쉽게 알 수 있도록 표시했다. `ggplot2` 패키지를 이용하여 그래프를 그리는 구체적인 방법은 『R기반 데이터과학: `tidyverse` 접근』을 참조하기 바란다.

```
> #다음과 같이 하면 각 알파벳의 등장 빈도를 시각화할 수 있다.
> library('ggplot2') # 혹은 library('tidyverse')
> mydata <- data.frame(mytable)
> ggplot(data=mydata, aes(x=Var1, y=Freq, fill=Var1)) +
+   geom_bar(stat="identity")+guides(fill=FALSE)+
+   geom_hline(aes(yintercept=median(mytable)))+
+   labs(x="알파벳(대문자와 소문자 구분 없음)", y="빈도수")+
+   theme_bw()
```

결과

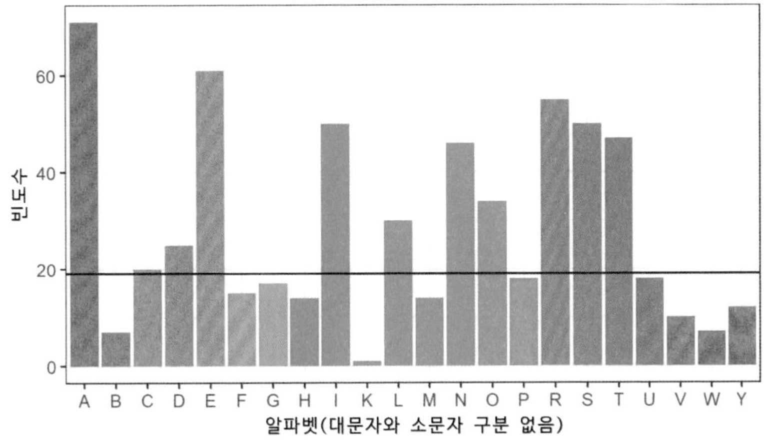

이번 장에서는 텍스트 데이터를 처리할 수 있는 R의 베이스 함수들을 설명했다. 다음 장에서는 stringr 패키지를 소개하고 해당 함수들을 설명할 것이다.

03
텍스트 분석을 위한 stringr 패키지 함수

이전 장에서 텍스트 데이터를 처리할 수 있는 R의 베이스 함수들을 살펴보았다. 소개했던 R의 베이스 함수들은 매우 유용하지만, 효율성은 떨어지는 편이다. 예를 들어 지정된 표현의 위치를 찾는 regexpr() 함수의 경우 해당 표현이 시작하는 위치와 종료될 때까지의 바이트 수를 표현해 준다. 그러나 텍스트를 분석하는 사람의 입장에서 중요한 정보는 해당 표현의 시작 위치와 종료 위치인 경우가 대부분이다. 또한 지정된 표현을 추출하는 함수로 사용한 regmatches() 함수의 경우도 regexpr() 함수와 병행하여 써야 유용한 경우가 대부분이기 때문에 이용자 입장에서는 베이스 함수들이 불편하고 번거롭게 느껴질 수 있다. 이러한 이유로 뛰어난 R 프로그래머들이 텍스트 데이터를 직관적이고 효율적으로 처리할 수 있는 패키지들을 속속 개발하고 있다. 이 책에서는 이들 중 가장 효율적인 패키지라고 생각하는 stringr 패키지(개발자: Hadley Wickham)를 소개하고자 한다. 이번 장에서는 stringr 패키지의 함수들을 이용해 어떻게 텍스트 데이터들을 처리할 수 있는지 설명할 것이다.

stringr 패키지 함수들의 종류, 역할, R 베이스 함수들과의 유사점과 차이점을

〈표 4〉에 요약했다.

〈표 4〉 텍스트 데이터 사전처리를 위한 **stringr** 패키지 함수 (※ R 베이스 함수와의 비교)

함수	함수의 의미	출력 결과
지정된 표현 탐색		
str_extract()	텍스트 데이터에서 지정된 표현과 일치하는 표현들 중 첫 번째 표현을 출력 ※ regexpr() 함수와 regmatches() 함수를 같이 사용했을 경우와 유사	벡터
str_extract_all()	텍스트 데이터에서 지정된 표현과 일치하는 표현들을 모두 출력 ※ gregexpr() 함수와 regmatches() 함수를 같이 사용했을 경우와 유사	벡터들의 리스트
str_match()	str_extract() 함수와 유사하지만, 복잡한 정규표현을 찾는 경우 더 유용	행렬
str_match_all()	str_extract_all() 함수와 유사하지만, 복잡한 정규표현을 찾는 경우 더 유용	행렬들의 리스트
str_locate()	텍스트 데이터에서 처음으로 등장한 지정된 표현의 시작 위치와 종료 위치를 출력 ※ regexpr() 함수와 유사	행렬
str_locate_all()	텍스트 데이터에서 지정된 표현의 시작 위치와 종료 위치 모두를 출력 ※ gregexpr() 함수와 유사	행렬들의 리스트
str_split()	텍스트 데이터에서 지정된 표현을 전후로 텍스트를 분해한 결과를 출력 ※ strsplit() 함수와 유사	벡터들의 리스트
str_split_fixed()	텍스트 데이터에서 지정된 표현을 전후로 분해하되 지정된 숫자(fixed number)에 맞게 분해한 결과를 출력	벡터들의 행렬
str_detect()	텍스트 데이터에서 지정된 표현의 등장 여부를 출력 ※ grepl() 함수와 유사	벡터
str_subset()	텍스트 데이터에서 지정된 표현이 등장한 표현을 출력 ※ grep() 함수와 유사	벡터
str_which()	텍스트 데이터에서 지정된 표현이 등장한 위치가 어디인지 알려주는 결과 출력 ※ grep() 함수와 유사	벡터
str_starts()	텍스트 데이터에서 지정된 표현으로 시작되는 표현이 등장하는지 여부를 출력	벡터
str_ends()	텍스트 데이터에서 지정된 표현으로 종료되는 표현이 등장하는지 여부를 출력	벡터
str_count()	텍스트 데이터에서 지정된 표현이 몇 회나 등장하는지 세어준 결과를 출력	벡터
str_sub()	텍스트 데이터에서 지정된 위치에 해당되는 문자를 추출하여 출력 ※ substr() 함수와 유사	벡터

지정된 표현 교체 및 삭제		
str_replace()	텍스트 데이터에서 처음으로 등장한 지정된 표현을 다른 표현으로 교체한 결과를 출력 ※ sub() 함수와 유사	벡터
str_replace_all()	텍스트 데이터에서 지정된 표현을 다른 표현으로 모두 교체한 결과를 출력 ※ gsub() 함수와 유사	벡터
str_remove()	텍스트 데이터에서 처음으로 등장한 지정된 표현을 제거	벡터
str_remove_all()	텍스트 데이터에서 지정된 표현을 모두 제거	벡터
텍스트 표현들 연결		
str_c()	지정된 텍스트를 연결시킨 결과를 출력 ※ paste() 함수와 유사	벡터
str_flatten()	벡터로 구성된 텍스트 데이터를 연결시킨 결과를 출력 [입력값이 벡터라는 점에서 str_c() 함수와 다름]	벡터
기타 유용한 함수들		
str_length()	문자 수를 계산한 결과를 출력 ※ nchar() 함수와 유사	벡터
str_dup()	해당 표현을 반복한 결과를 출력	벡터
str_pad()	텍스트 데이터에 속한 오브젝트들의 길이가 동일하도록 공란을 추가한 결과 출력	벡터
str_trunc()	텍스트 데이터에서 지정된 만큼의 왼쪽, 오른쪽, 혹은 중앙부의 문자를 절단한 후 출력	벡터
str_trim()	텍스트 데이터의 공란(스페이스 공란, 탭 공란, 줄바꿈 등)을 제거한 후 출력	벡터
str_squish()	텍스트 데이터의 2회 이상 반복된 스페이스 공란을 제거한 후 출력	벡터
str_glue()	고정된 형태의 텍스트에 변숫값을 삽입한 결과 출력	벡터
str_glue_data()	고정된 형태의 텍스트에 데이터 프레임의 변숫값을 삽입한 결과 출력	벡터
str_order()	벡터 형식의 텍스트 데이터를 알파벳 순서로 정렬했을 때의 순위 결과를 출력	벡터
str_sort()	벡터 형식의 텍스트 데이터를 알파벳 순서로 정렬한 결과를 출력	벡터

알림: str_conv() 함수나 str_view() 함수 등의 경우 유용성과 활용도가 높지 않은 듯하여 별도 설명하지 않았음.

찾거나 추출하고자 하는 지정표현(함수 내에 pattern이라는 옵션 이름을 가짐)의 경우 R 베이스 함수를 설명할 때 도표로 정리했던 정규표현들이 그대로 적용된다.

str_extract()와 str_extract_all(): 지정된 표현을 추출하는 함수

str_extract() 함수와 str_extract_all() 함수는 앞서 설명했던 R 베이스 함수들 중 regmatches() 함수와 유사하다. 분석 대상이 되는 텍스트 데이터에서 지정된 표현을 추출한다. stringr 패키지 함수의 경우 '_all'이라는 표현이 붙지 않으면 처음에 등장한 표현만 발견하거나 추출하며, '_all'이라는 표현이 붙으면 해당 텍스트에서 등장한 모든 표현들을 발견하거나 추출한다. 즉, str_extract() 함수의 경우 지정된 표현이 처음으로 등장할 경우의 표현을, str_extract_all() 함수의 경우 지정된 표현이 등장한 모든 표현들을 찾아 출력해 준다.

앞에서 소개한 R에 대한 위키피디아의 문장을 대상 텍스트 데이터로 삼아 stringr 패키지의 함수들을 실습해 보자. 우선 "software environment"라는 표현을 str_extract() 함수와 str_extract_all() 함수를 이용해 추출해 보자.

```
> #stringr 패키지 구동
> library('stringr')  # 혹은 다음을 구동 library('tidyverse')
> #위키피디아에서 R를 설명하는 첫 두 단락의 텍스트 데이터
> R_wiki <- "R is a programming language and software environment for statistical
computing and graphics supported by the R Foundation for Statistical Computing. T
he R language is widely used among statisticians and data miners for developing s
tatistical software and data analysis. Polls, surveys of data miners, and studies
of scholarly literature databases show that R's popularity has increased substant
ially in recent years.
+ R is a GNU package. The source code for the R software environment is written p
rimarily in C, Fortran, and R. R is freely available under the GNU General Public
License, and pre-compiled binary versions are provided for various operating syst
ems. While R has a command line interface, there are several graphical front-ends
available."

> #str_extract(), str_extract_all() 함수
> #software environment 표현을 추출해 보자.
> str_extract(R_wiki, "software environment")
[1] "software environment"
> #software environment 표현들을 모두 추출해 보자.
> str_extract_all(R_wiki, "software environment")
[[1]]
[1] "software environment" "software environment"
> #simplify 옵션을 사용하면, 행렬 형태로 표현된 출력 결과를 얻을 수 있다.
> str_extract_all(R_wiki, "software environment",simplify=TRUE)
```

```
      [,1]                   [,2]
[1,] "software environment" "software environment"
```

앞에서 사례로 소개했던 regexpr() 함수와 regmatches() 함수를 같이 사용한 경우와 비교해 보자. 아마 독자들은 R의 베이스 함수를 이용한 출력 결과에 비해 stringr 패키지의 함수들의 출력 결과가 상대적으로 더 간단하고 효율적이라고 느낄 것이다.

조금 복잡한 사례를 살펴보자. 해당 텍스트 데이터에서 첫 문자가 대문자로 시작되는 단어들을 추출해 보자. 주어진 텍스트 데이터의 경우 'R'이 프로그램 이름이기 때문에 별도의 단어라고 규정하는 것이 타당하다. 이에 '첫 문자가 대문자로 시작되는 단어'의 조건을 다음과 같이 설정했다.

- **조건** 1: 첫 번째로 등장하는 문자는 반드시 알파벳 대문자로 표현되어야만 한다.
- **조건** 2: 두 번째로 등장하는 문자가 공란이거나 숫자일 수는 없으며, 반드시 알파벳 문자여야 한다.
- **조건** 3: 두 번째로 등장하는 문자는 소문자일 수도 있고, 대문자일 수도 있다.

우선 조건 1을 충족시키는 정규표현은 [[:upper:]]{1}과 같다. 앞 장에서 설명했듯 [[:upper:]]는 대문자임을, {1}은 해당 문자가 1회만 등장한다는 것을 의미한다. 다음으로 조건 2를 충족시키는 정규표현은 [[:alpha:]]로 사용하면 된다. [[:upper:]]{1}[[:alpha:]] 은 [[:upper:]]{1} 다음에 공란이거나 숫자가 아닌 소문자나 대문자의 알파벳이 연이어 등장한다는 것을 의미한다. 그러나 아직은 끝이 아니다. [[:upper:]]{1}[[:alpha:]]라는 표현에는 다음의 두 가지 잠재적 문제가 있다. 첫째, R라는 단 하나의 문자로 구성된 단어가 배제된다. 둘째, 단 하나의 알파벳 대문자나 소문자를 의미하기 때문에, 세 번째부터 나타나게 될 알파벳 표현을 추출할 수 없다. 이에 [[:upper:]]{1}[[:alpha:]] 다음에 {0,}이라는 정규표현을 추가했다. 이러한 과정을 거쳐 첫 문자가 대문자로 시작되는 단어들을 추출한 결과는 다음과 같다.

```
> #정규표현을 이용해 첫 문자가 대문자로 시작되는 단어들을 찾아보자.
> myextract <- str_extract_all(R_wiki, "[[:upper:]]{1}[[:alpha:]]{0,}")
> myextract
[[1]]
 [1]  "R"         "R"       "Foundation"   "Statistical"   "Computing"  "The"
 [7]  "R"         "Polls"   "R"            "R"             "GNU"        "The"
 [13] "R"         "C"       "Fortran"      "R"             "R"          "GNU"
 [19] "General"   "Public"  "License"      "While"         "R"
```

위에서 추출된 결과를 활용해 기술통계분석을 실시할 수도 있다.

```
> #해당되는 단어 빈도는 다음과 같다.
> table(myextract)
myextract
    C       Computing   Fortran       Foundation   General   GNU   License   Polls
    1       1           1             1            1         2     1         1
    Public  R           Statistical   The          While
    1       9           1             2            1
```

str_match()와 str_match_all(): 복잡하게 지정된 표현을 분해하여 추출하는 함수

str_match() 함수와 str_match_all() 함수는 앞서 소개한 str_extract() 함수와 str_extract_all() 함수와 상당히 유사하지만 상황에 따라 매우 유용하게 사용할 수 있다. str_match() 함수와 str_match_all() 함수가 str_extract() 함수와 str_extract_all() 함수와 다른 점은 크게 두 가지다. 첫째, str_extract() 함수와 str_extract_all() 함수가 지정된 표현만 추출하는 반면, str_match() 함수와 str_match_all() 함수는 지정된 표현을 추출한 후 해당 표현을 다시 세분화된 형태로 재차 추출한다. 둘째, str_extract() 함수와 str_extract_all() 함수의 출력 결과가 벡터나 벡터의 리스트 형태인 반면 str_match() 함수와 str_match_all() 함수의 출력 결과는 행렬이나 행렬의 리스트 형태다. 독자에게는 아마 이러한 설명이 잘 와닿지 않을 것이다.

실제 사례를 살펴보면 다음과 같다. 우선 앞서 제시한 사례에서와 같이 str_match() 함수와 str_match_all() 함수를 이용해 'software environment'라는 표현을 추출해 보자.

```
> #str_match(), str_match_all() 함수
> #아래는 str_extract(), str_extract_all() 함수와 크게 다르지 않은 결과를 보인다.
> str_match(R_wiki, "software environment")
     [,1]
[1,] "software environment"
> #software environment 표현들을 모두 추출해 보자.
> str_match_all(R_wiki, "software environment")
[[1]]
     [,1]
[1,] "software environment"
[2,] "software environment"
```

위의 결과에서 잘 드러나듯 출력 결과가 행렬이나 행렬의 리스트 형태인 것을 빼고는 str_extract() 함수와 str_extract_all() 함수의 출력 결과가 동일함을 발견할 수 있다.

그러나 다음과 같은 상황을 가정해 보자. 어떤 주어진 텍스트에서 A and B와 같은 표현을 추출한 후 A와 B를 분류하여 정리한 데이터를 얻고자 한다. 이때 str_extract() 함수와 str_extract_all() 함수를 사용할 경우 추출한 표현을 별도의 오브젝트로 저장한 후, ' and '라는 표현을 중심으로 A와 B를 분리한 후[이를테면 strsplit() 함수나 나중에 소개할 str_split() 함수를 이용하여] 이 결과를 별도의 데이터로 정리해야 할 것이다. 그러나 str_match() 함수와 str_match_all() 함수를 사용하면 이를 단 한 줄의 코드로 실행할 수 있다. 아래의 사례를 살펴보자.

```
> #그러나 아래와 같이 정규표현을 사용한 복잡한 표현의 결과는 매우 흥미롭다.
> str_match(R_wiki, "([[:alpha:]]{1,}) and ([[:alpha:]]{1,})")
     [,1]                   [,2]       [,3]
[1,] "language and software" "language" "software"
> str_match_all(R_wiki, "([[:alpha:]]{1,}) and ([[:alpha:]]{1,})")
[[1]]
     [,1]                     [,2]            [,3]
[1,] "language and software"  "language"      "software"
[2,] "computing and graphics" "computing"     "graphics"
[3,] "statisticians and data" "statisticians" "data"
[4,] "software and data"      "software"      "data"
```

즉, 특정한 조건을 따르는 표현에서 원하는 단어나 표현을 별도로 정리하여 분리할 경우 str_match() 함수와 str_match_all() 함수는 상당히 유용하게 사용할 수 있다. 특히 텍스트에서 날짜나 전화번호나 주소 등과 같이 규정된 형식을 따르는 표현을 추출한 후 이를 별도의 데이터로 변환할 때 str_match() 함수와 str_match_all() 함수는 매우 효과적이다. 예를 들어 다음과 같이 "ㅇㅇ시 ㅇㅇ구 ㅇㅇ로 ㅇㅇ번지"와 같이 주소 정보가 담긴 텍스트에서 주소를 추출한 후, '시', '구', '로', '번지' 단위로 변수를 생성한다고 가정해 보자.

```
> #주소, 전화번호, 날짜 표현 텍스트의 경우 상당히 유용할 수 있다.
> university_address <- c("연세대학교 주소는 서울시 서대문구 연세로 50번지다",
+                         "서울대 주소: 서울시 관악구 관악로 1번지다",
+                         "고려대는 서울시 성북구 안암로 145번지에 있다",
+                         "카이스트 주소, 대전시 유성구 대학로 291번지",
+                         "포항시 남구 청암로 77번지는 포항공과 대학교 주소임")
> style_address <- "([[:alpha:]]{1,}시) ([[:alpha:]]{1,}구) ([[:alpha:]]{1,}로)
([[:digit:]]{1,}번지)"
> str_match(university_address, style_address)
     [,1]                               [,2]      [,3]       [,4]      [,5]
[1,] "서울시 서대문구 연세로 50번지"    "서울시"  "서대문구" "연세로"  "50번지"
[2,] "서울시 관악구 관악로 1번지"       "서울시"  "관악구"   "관악로"  "1번지"
[3,] "서울시 성북구 안암로 145번지"     "서울시"  "성북구"   "안암로"  "145번지"
[4,] "대전시 유성구 대학로 291번지"     "대전시"  "유성구"   "대학로"  "291번지"
[5,] "포항시 남구 청암로 77번지"        "포항시"  "남구"     "청암로"  "77번지"
```

위와 같은 경우 str_match() 함수와 str_match_all() 함수는 상당히 유용하다. 특히 최종 결과를 아래와 같이 데이터 프레임으로 변환시키면 좀 더 효율적인 텍스트 분석이 가능하다.

```
> # 다음과 같이 하면 향후 분석에 매우 유용하다.
> myaddress <- data.frame(str_match(university_address, style_address))
> names(myaddress) <- c("full_address","city","district","road","street")
> myaddress
                  full_address   city district   road  street
1 서울시 서대문구 연세로 50번지 서울시 서대문구 연세로  50번지
2    서울시 관악구 관악로 1번지 서울시   관악구 관악로   1번지
3  서울시 성북구 안암로 145번지 서울시   성북구 안암로 145번지
4  대전시 유성구 대학로 291번지 대전시   유성구 대학로 291번지
5     포항시 남구 청암로 77번지 포항시     남구 청암로  77번지
```

```
> table(myaddress$city)

대전시 서울시 포항시
     1      3      1
```

str_locate()와 str_locate_all() 함수: 지정된 표현의 위치를 출력하는 함수

str_locate() 함수와 str_locate_all() 함수는 지정된 표현이 텍스트 데이터 중 어느 위치에서 시작해 어느 위치에서 끝나는지를 출력해 주는 함수다. R의 베이스 함수들 중 regexpr() 함수와 gregexpr() 함수와 유사하지만, str_locate() 함수와 str_locate_all() 함수가 훨씬 더 효율적이고 사용이 간편하다. 우선 지정된 표현이 간단한 사례부터 살펴보자. 앞에서 사용했던 software environment라는 표현의 시작 위치와 종료 위치를 알아보자. str_locate() 함수는 첫 번째 등장한 지정된 표현의 시작 위치와 종료 위치를, str_locate_all() 함수는 모든 지정된 표현들의 시작 위치와 종료 위치를 출력해 준다.

```
> #software environment 표현이 등장하는 위치를 추출해 보자.
> str_locate(R_wiki, "software environment")
     start end
[1,]    33  52
> #software environment 표현들이 등장하는 위치를 추출해 보자.
> str_locate_all(R_wiki, "software environment")
[[1]]
     start end
[1,]    33  52
[2,]   464 483
```

다음으로 str_extract_all() 함수를 소개하면서 예로 든 '대문자로 시작하는 단어'들의 시작 위치와 종료 위치를 추출해 보자.

```
> #정규표현을 이용해 첫 문자가 대문자로 시작되는 단어들의 위치를 알아보자.
> mylocate <- str_locate_all(R_wiki, "[[:upper:]]{1}[[:alpha:]]{0,}")
> head(mylocate)
[[1]]
```

```
      start end
 [1,]     1   1
 [2,]   110 110
 [3,]   112 121
 [4,]   127 137
 [5,]   139 147
 [6,]   150 152
 [7,]   154 154
 [8,]   271 275
 [9,]   358 358
[10,]   418 418
[11,]   425 427
[12,]   438 440
[13,]   462 462
[14,]   509 509
[15,]   512 518
[16,]   525 525
[17,]   528 528
[18,]   560 562
[19,]   564 570
[20,]   572 577
[21,]   579 585
[22,]   665 669
[23,]   671 671

> dim(mylocate[[1]])
[1] 23  2
```

위치 정보를 추출하여 저장된 `mylocate`는 '해당 표현($i=1, 2, 3, \ldots I$)×위치 유형($j=start, end$)' 형식으로 표현된 행렬들의 리스트 형식 오브젝트다. `dim()` 함수 결과에서 잘 드러나듯 `R_wiki` 텍스트 데이터에는 '대문자로 시작하는 단어'가 총 23개 존재한다. 해당 출력 결과를 데이터로 정리한 후, `str_extract_all()` 함수를 이용해 추출된 단어들을 표기하고, 해당 단어의 길이(즉, 몇 개의 알파벳으로 이루어져 있는지)도 계산한 데이터 프레임을 만들어보자.

```
> #해당되는 단어들의 시작 위치/종료 위치를 데이터로 정리해 보자.
> mydata <- data.frame(mylocate[[1]])
> myextract <- str_extract_all(R_wiki, "[[:upper:]]{1}[[:alpha:]]{0,}")
> #앞서 추출한 단어들 리스트인 myextract을 변수화하여 데이터에 포함시키자.
> mydata$myword <- myextract[[1]]
> #다음과 같이 해당 단어의 문자 수를 계산할 수도 있다.
> mydata$myword.length <- mydata$end - mydata$start + 1
```

```
> #아래와 같은 형식의 데이터를 얻었다.
> head(mydata)
  start end      myword myword.length
1     1   1           R             1
2   110 110           R             1
3   112 121  Foundation            10
4   127 137 Statistical            11
5   139 147   Computing             9
6   150 152         The             3
```

최종적으로 얻은 mydata라는 데이터 프레임 결과 중 세 번째 단어인 Foundation을 예로 들어보자. R_wiki라는 이름의 텍스트 데이터에서 세 번째로 등장하는 대문자로 시작하는 단어는 Foundation인데, 이 단어는 해당 텍스트에서 112번째 문자로 시작해 121번째 문자로 종료되며, 해당 단어의 문자 수는 총 10개다.

str_split()와 str_split_fixed(): 지정된 표현을 이용하여 텍스트 데이터를 분해하기

이름에서 쉽게 유추할 수 있듯 str_split() 함수는 R 베이스 함수 중 strsplit() 함수와 유사하다. 지정된 표현을 기준으로 텍스트 데이터를 분해한다. 한편str_split_fixed() 함수는 지정된 표현을 기준으로 텍스트 데이터를 분해할 때, 데이터 분석자가 지정하는 단어 수가 되도록 텍스트 데이터를 분해한다는 점에서 str_split() 함수와 구별된다. 먼저 str_split() 함수를 이용해 하나의 문서를 2개의 단락으로 나누어보자. strsplit() 함수에서 살펴보았듯, 문단과 문단은 줄바꿈(\n)을 기준으로 구분된다.

```
> #str_split 함수는 strsplit와 유사하다.
> #우선 텍스트 데이터의 문단을 구분해 보자.
> R_wiki_para <- str_split(R_wiki, "\n")
> R_wiki_para
[[1]]
[1] "R is a programming language and software environment for statistical computi
ng and graphics supported by the R Foundation for Statistical Computing. The R la
```

```
nguage is widely used among statisticians and data miners for developing statisti
cal software and data analysis. Polls, surveys of data miners, and studies of sch
olarly literature databases show that R's popularity has increased substantially
in recent years."
[2] "R is a GNU package. The source code for the R software environment is writte
n primarily in C, Fortran, and R. R is freely available under the GNU General Pub
lic License, and pre-compiled binary versions are provided for various operating
systems. While R has a command line interface, there are several graphical front-
ends available."
```

다음으로 위에서 새로 생성한 R_wiki_para 오브젝트를 문장 단위로 구분해 보자. 문장과 문장은 '마침표와 공란'으로 구분되었기 때문에 '. '을 기준으로 R_wiki_para 오브젝트를 분해했다. 이때 마침표('.')는 R에서 '모든 문자'를 의미하는 특수 기호이기 때문에 \\.을 이용해서 '모든 문자'가 아닌 자연어에서 사용하는 마침표라는 것을 명시해 주어야 한다. 이에 대해서는 strsplit() 함수를 설명할 때 이미 설명했다.

```
> #다음으로 문단별로 문장을 구분해 보자.
> R_wiki_sent <- str_split(R_wiki_para[[1]], "\\. ")
> R_wiki_sent
[[1]]
[1] "R is a programming language and software environment for statistical computi
ng and graphics supported by the R Foundation for Statistical Computing"
[2] "The R language is widely used among statisticians and data miners for develo
ping statistical software and data analysis"
[3] "Polls, surveys of data miners, and studies of scholarly literature databases
show that R's popularity has increased substantially in recent years."

[[2]]
[1] "R is a GNU package"
[2] "The source code for the R software environment is written primarily in C, Fo
rtran, and R"
[3] "R is freely available under the GNU General Public License, and pre-compiled
binary versions are provided for various operating systems"
[4] "While R has a command line interface, there are several graphical front-ends
available."
```

다음으로 str_split_fixed() 함수의 기능을 살펴보자. 해당 함수를 이용한 분석 사례를 위해 위에서 문장 단위로 분해한 텍스트 데이터인 R_wiki_sent 오브젝트 중 네 번째 문장("R is a GNU package")과 일곱 번째 문장("While R has a command line interface, there are several graphical front-ends available.")만 추출해 보자. 이후 str_split() 함수를 이용해 각 문장을 단어들로 분해해 보자. 단어와 단어는 띄어쓰기로 구분되어 있기 때문에 공란(" ")을 이용했다.

```
> #str_split_fixed 함수를 설명하기 위해 네 번째와 일곱 번째 문장을 추출해 보자.
> my2sentences <- unlist(R_wiki_sent)[c(4,7)]
> #각 문장의 단어 수를 세어보자.
> mylength1 <- length(unlist(str_split(my2sentences[1], " ")))
> mylength2 <- length(unlist(str_split(my2sentences[2], " ")))
> mylength1; mylength2
[1] 5
[1] 13
```

각 문장의 단어 수를 계산한 결과 네 번째 문장은 5개의 단어를, 일곱 번째 문장은 13개의 단어를 가진 것을 알 수 있다. 이제 str_split_fixed() 함수를 적용해 각 문장에 공란(" ") 기준을 적용해 단어 단위로 구분해 보자. 먼저 네 번째 문장의 길이인 5를 옵션으로 하여 str_split_fixed() 함수를 적용한 결과는 아래와 같다.

```
> myfixed.short <- str_split_fixed(my2sentences, " ", 5)
> myfixed.short
     [,1]    [,2] [,3]  [,4]
[1,] "R"     "is" "a"   "GNU"
[2,] "While" "R"  "has" "a"
     [,5]
[1,] "package"
[2,] "command line interface, there are several graphical front-ends available."
```

네 번째 문장은 5개의 단어들로 깔끔하게 구분된 반면, 일곱 번째 문장은 네 번째 단어들까지는 깔끔하게 분리되었지만, 다섯 번째로 분해된 텍스트는 전혀 단어 단위로 구분되어 있지 않은 것을 발견할 수 있다. 이제 str_split_fixed() 함수의 옵션을 5에서 13으로 바꾼 결과를 살펴보자.

```
> #이제 긴 단어 수에 맞도록 옵션을 정한 후 str_split_fixed 함수를 적용한 예를 살펴보자.
> myfixed.long <- str_split_fixed(my2sentences, " ", 13)
> myfixed.long
```

```
      [,1]    [,2] [,3] [,4] [,5]      [,6]   [,7]          [,8]    [,9]  [,10]
[1,] "R"     "is" "a"  "GNU" "package" ""     ""            ""      ""    ""
[2,] "While" "R"  "has" "a"  "command" "line" "interface," "there" "are" "several"
     [,11]       [,12]        [,13]
[1,] ""          ""           ""
[2,] "graphical" "front-ends" "available."
```

이제는 일곱 번째 문장의 13개의 단어들이 아무런 문제없이 잘 분해되었다. 흥미로운 것은 네 번째 문장을 나타내는 첫 번째 가로줄 결과다. [,6]부터 [,13]까지는 ""로 나타나 어떠한 단어도 발견되지 않은 것으로 표현되었다. 즉, str_split_fixed() 함수를 이용해 상위 단위(이를테면 '문단')의 텍스트 데이터를 하위 단위(이를테면 '단어')로 바꾸는 경우, 가로줄은 상위 단위를, 세로줄은 하위 단위를 나타내는 행렬 형태의 출력값을 얻을 수 있다.

흥미롭지만 조금만 더 복잡한 사례를 살펴보자. R_wiki_sent 텍스트 데이터에는 총 7개의 문장이 있다. 여기서 어떤 데이터 분석자가 이 텍스트 데이터를 "문장×단어"의 행렬 형태 데이터로 정리하고자 한다고 가정해 보자. 즉, 가로줄에는 텍스트 데이터에서 나타난 문장을 각각 배치하고, 세로줄에는 각 문장에서 등장하는 단어를 발현 순서에 맞게 배치한 데이터를 생성해 보자. 이를 위해 필자는 다음과 같은 순서로 언급한 행렬 형태 데이터를 구축했다.

① 텍스트 데이터의 문장 수를 계산했다.
② 각 문장별로 단어 수를 계산한 후 그중 최댓값을 선정했다.
③ ②번 과정을 통해 계산된 최댓값을 str_split_fixed() 함수의 옵션으로 선정한 후 텍스트 데이터를 단어 단위로 분해한 결과를 도출했다.
④ ③번 과정을 통해 얻은 결과를 데이터 프레임으로 만들고, 세로줄에는 $sentence_i$를 가로줄에는 $word_j$을 표시했다(여기서 i와 j는 모두 등장 순서를 의미함).

```
> #이제 7개의 문장 모두를 이용해 문장 순서와 각 문장의 제시 단어 순서 정보가 표시된
> #행렬을 만들어보자.
> #먼저 각 문장의 단어 수를 먼저 계산해 보았다.
> #반복 계산을 위해 각 문장의 단어 수를 계산해서 투입할 수 있는 빈 오브젝트를 만들었다.
> length.sentences <- rep(NA,length(unlist(R_wiki_sent)))
```

```
> length.sentences
[1] NA NA NA NA NA NA NA
> #반복 계산을 통해 해당 문장 순서에 맞는 단어 수를 계산해 투입했다.
> for (i in 1:length(length.sentences)) {
+     length.sentences[i] <- length(unlist(str_split(unlist(R_wiki_sent)[i], " ")))
+ }
> #이제 각 문장의 단어 수가 어떤지는 다음과 같다.
> length.sentences
[1] 21 18 21  5 16 20 13
> #최대 단어 수가 얼마인지 추출하여 오브젝트로 만들었다.
> max.length.sentences <- max(length.sentences)
> #최대 단어 수를 기준으로 문장×단어 행렬을 구성했다.
> sent.word.matrix <- str_split_fixed(unlist(R_wiki_sent), " ", max.length.sentences)
> mydata <- data.frame(sent.word.matrix)
> rownames(mydata) <- paste('sent',1:length(unlist(R_wiki_sent)),sep='.')
> colnames(mydata) <- paste('word',1:max.length.sentences,sep='.')
> mydata
        word.1  word.2   word.3      word.4    word.5  word.6    word.7        word.8
sent.1       R      is        a programming  language     and  software   environment
sent.2     The       R language          is    widely    used     among statisticians
sent.3  Polls, surveys       of        data   miners,     and   studies            of
sent.4       R      is        a         GNU   package
sent.5     The  source     code         for       the       R  software   environment
sent.6       R      is   freely   available     under     the       GNU       General
sent.7   While       R      has           a   command    line interface,        there
          word.9     word.10   word.11     word.12     word.13     word.14     word.15
sent.1       for statistical computing         and    graphics    supporte          by
sent.2       and        data    miners         for  developing statistical    software
sent.3 scholarly  literature databases        show        that         R's  popularity
sent.4
sent.5        is     written primarily          in          C,    Fortran,         and
sent.6    Public    License,        and pre-compiled    binary    versions         are
sent.7       are     several graphical  front-ends  available.
          word.16    word.17        word.18     word.19      word.20       word.21
sent.1        the          R     Foundation         for  Statistical     Computing
sent.2        and       data       analysis
sent.3        has  increased  substantially          in       recent        years.
sent.4
sent.5          R
sent.6   provided        for        various   operating      systems
sent.7
```

이렇게 구축된 텍스트 데이터를 이용하면 몇 번째 문장에서 몇 번째로 등장한 단어가 어떤 단어인지 쉽게 알 수 있다. 예를 들어 각 문장의 첫 번째 단어가 궁금하다면 `mydata[ ,1]`, 세 번째 문장에서 첫 번째부터 열 번째까지의 단어가 궁금하다면

mydata[3, 1:10]과 같은 방식의 인덱싱을 적용하면 된다. 실제 결과는 아래와 같다.

```
> #인덱싱을 통해 원하는 문장의 단어, 단어들을 쉽게 알 수 있다.
> mydata[,1]
[1] R       The     Polls, R       The     R       While
Levels: Polls, R The While
> mydata[3,1:10]
    word.1  word.2 word.3 word.4  word.5 word.6  word.7 word.8    word.9    word.10
sent.3 Polls, surveys   of   data miners,   and studies     of scholarly literature
```

str_detect(): 지정된 표현 등장 여부 확인

R 베이스의 grepl() 함수와 유사하다. 지정된 표현이 텍스트에 등장하면 TRUE를, 등장하지 않으면 FALSE를 출력해 준다. str_detect() 함수는 리스트 형식의 텍스트에도 적용 가능하다. 단 str_detect() 함수를 리스트 형식의 텍스트에 적용할 경우 경고 메시지가 등장하기 때문에 이 부분은 유념할 필요가 있다. str_detect() 함수를 어떻게 사용하며, grepl() 함수와는 어떻게 다른지 아래의 사례를 살펴보자.

```
> #특정 표현이 등장하는지 여부를 확인한다.
> grepl("software",R_wiki_sent)
[1] TRUE TRUE
> str_detect(R_wiki_sent, "software")
[1] TRUE TRUE
Warning message:
In stri_detect_regex(string, pattern, negate = negate, opts_regex = opts(pattern)) :
  argument is not an atomic vector; coercing
```

두 함수의 출력 결과는 동일하다. 물론 차이점도 있다. 즉, str_detect() 함수 출력 결과에서는 투입된 텍스트 데이터가 벡터가 아니었다는 것(not an atomic vector)이 경고 메시지로 출력되었다. 만약 리스트 단위에서 지정된 표현의 등장 여부를 확인하는 것이 목적이라면 이러한 경고 메시지는 그냥 무시하면 된다. 하지만 벡터 단위에서 지정된 표현을 확인하는 것이었다면 이 경고 메시지를 무시하면 안 된다. 리스트 형식을 따르는 텍스트의 경우 리스트 단위에서 지정된 표현이 최소 1회 이상 등장하면

TRUE를, 등장하지 않으면 FALSE를 출력해 준다. 따라서 만약 리스트 형식의 텍스트 데이터(위의 사례에서는 '문단')의 개별 벡터 단위의 텍스트(위의 사례에서는 '문장')에서 지정된 표현이 등장하는지를 살펴보기 위해서는 unlist() 함수를 이용해 전체 텍스트를 벡터로 바꾼 후 str_detect() 함수를 적용하거나, lapply() 함수를 활용하거나 for 루프를 이용하면 된다.

```
> #각 문장에 대해 적용하고 싶다면 리스트를 해제하면 된다.
> str_detect(unlist(R_wiki_sent), "software")
[1]  TRUE  TRUE FALSE FALSE  TRUE FALSE FALSE
> #lappy() 함수 이용
> fun_software_detection = function(x){str_detect(x, "software")}
> lapply(R_wiki_sent, fun_software_detection)
[[1]]
[1]  TRUE  TRUE FALSE

[[2]]
[1] FALSE  TRUE FALSE FALSE
> #아니면 for 루프를 사용한다.
> whether_pattern <- R_wiki_sent
> for (i in 1:2){
+   whether_pattern[[i]] <- str_detect(R_wiki_sent[[i]], "software")
+ }
> whether_pattern
[[1]]
[1]  TRUE  TRUE FALSE

[[2]]
[1] FALSE  TRUE FALSE FALSE
```

str_subset()와 str_which(): 지정된 표현이 등장하는 텍스트 추출 및 위치 확인

str_subset() 함수는 R 베이스의 grep() 함수와 유사하며, str_which() 함수는 str_subset() 함수의 출력 결과에 R 베이스의 which() 함수를 적용한 것으로 grep() 함수와 동일하다. 그러나 R 베이스의 grep() 함수가 지정된 표현이 등장하는 위치를 출력하는 반면, str_subset() 함수는 지정된 표현이 등장한 텍스트를 출력해 준다. 아래의 사례를 통해 grep() 함수와 str_subset() 함수를 비교해 보자.

```
> #특정 표현이 등장하는 텍스트를 출력한다.
> str_subset(R_wiki_sent[[1]], "software")
[1] "R is a programming language and software environment for statistical computi
ng and graphics supported by the R Foundation for Statistical Computing"
[2] "The R language is widely used among statisticians and data miners for develo
ping statistical software and data analysis"
> grep("software", R_wiki_sent[[1]])
[1] 1 2
> #아래와 같이 하면 str_subset() 함수 출력 결과와 동일
> R_wiki_sent[[1]][grep("software", R_wiki_sent[[1]])]
[1] "R is a programming language and software environment for statistical computi
ng and graphics supported by the R Foundation for Statistical Computing"
[2] "The R language is widely used among statisticians and data miners for develo
ping statistical software and data analysis"
```

또한 다음 사례에서 볼 수 있듯 str_which() 함수는 grep() 함수와 동일하다. 즉, 예시 텍스트의 두 번째 문단의 경우 두 번째 문장에서 software라는 표현이 등장한 것을 확인할 수 있다.

```
> #str_which() 함수는 grep() 함수와 본질적으로 동일
> str_which(R_wiki_sent[[2]], "software")
[1] 2
> grep("software",R_wiki_sent[[2]])
[1] 2
```

str_starts()와 str_ends(): 지정된 표현으로 시작 혹은 종료된 표현 추출

str_starts() 함수와 str_ends() 함수는 텍스트의 특정한 표현으로 시작하거나 끝나는 텍스트를 찾아 조건에 부합하면 TRUE, 부합하지 않으면 FALSE를 출력해 준다. 연구자가 원하는 조건을 충족하는 시작 표현이나 종료 표현이 있을 경우, 해당 조건을 충족하는 텍스트를 추출할 때 매우 유용하게 사용할 수 있다. 예를 들어 예시 텍스트 데이터 R_wiki_sent의 첫 번째 단락에서 관사(A, An, The)로 시작하는 문장을 찾고자 한다면 아래와 같이 str_starts() 함수를 사용하면 편리하다.

```
> #특정 표현으로 시작하는 텍스트 추출
```

```
> str_starts(R_wiki_sent[[1]], "A|An|The")
[1] FALSE  TRUE FALSE
> R_wiki_sent[[1]][str_starts(R_wiki_sent[[1]], "A|An|The")]
[1] "The R language is widely used among statisticians and data miners for develo
ping statistical software and data analysis"
```

지정된 표현으로 종료되는 표현을 찾을 때는 아래와 같이 str_ends() 함수를 사용하면 편하다. 여기서는 예시 데이터의 문장이 '모음으로 시작하는 단어로 종료'된 경우를 찾아보았다.

```
> #특정 표현으로 종료되는 텍스트 추출
> str_ends(R_wiki_sent[[2]], " [aeiou][[:graph:]]{1,}")
[1] FALSE FALSE FALSE  TRUE
> R_wiki_sent[[2]][str_ends(R_wiki_sent[[2]], " [aeiou][[:graph:]]{1,}")]
[1] "While R has a command line interface, there are several graphical front-ends
available."
```

str_count(): 텍스트 데이터에서 지정된 표현의 빈도 계산

R 베이스에서는 찾을 수 없는 함수다. 특정한 표현이 등장하는 빈도를 계산하는 함수다. 텍스트 데이터를 지정하고, 지정된 표현을 지정하면 해당 표현의 발현 빈도를 쉽게 계산할 수 있다. R_wiki, R_wiki_para, R_wiki_sent 오브젝트에서 'R'이라는 표현이 각각 몇 회나 등장하는지 다음과 같이 계산해 보자.

```
> #'R'라는 표현이 등장하는지 살펴보자.
> str_count(R_wiki, "R")
[1] 9
> str_count(R_wiki_para[[1]], "R")
[1] 4 5
> str_count(unlist(R_wiki_sent),"R")
[1] 2 1 1 1 2 1 1
```

정규표현을 이용해 지정된 형식에 부합하는 표현이 몇 회나 등장하는지도 계산할 수 있다. 예를 들어 문장 단위로 구분된 R_wiki_sent 오브젝트에서 R라는 표현이 등장한 후 stat로 시작하는 단어(이를테면 statistician, statistical 등)가 몇 회나 등장하는지 계산해 보자. 이를 위해 R와 stat로 시작하는 단어를 의미하는 'stat[[:lower:]]{1,}' 사이에 모든 표현이 용납되도록 '.{1,}'이라는 표현을 투입했다. 아래의 결과를 살펴보자.

```
> #R라는 단어가 등장한 후에 stat로 시작하는 단어가 등장하는 빈도는 어떨까?
> str_count(unlist(R_wiki_sent), "R.{1,}stat[[:lower:]]{1,}")
[1] 1 1 0 0 0 0 0
```

위의 결과를 보면 알 수 있듯, 지정된 표현이 등장하는 문장은 첫 번째와 두 번째 문장이다. 하지만 아래를 살펴보자.

```
> #각 문장을 살펴보자.
> unlist(R_wiki_sent)[1:2]
[1] "R is a programming language and software environment for statistical computi
ng and graphics supported by the R Foundation for Statistical Computing"
[2] "The R language is widely used among statisticians and data miners for develo
ping statistical software and data analysis"
```

우리가 원하는 단어들을 각 문장에서 추출해 보자. 첫 번째 문장의 경우 {'R', 'statistical', 'R', 'Statistical'}이, 두 번째 문장의 경우 {'R', 'statistician', 'statistical'}이 여기에 해당된다. 두 번째 문장은 별 문제가 없지만, 첫 번째 문장은 1회가 아니라 2회로 계산되어야 맞지 않을까? 이를 위해 stat로 시작하는 표현(소문자 표현)과 Stat로 시작하는 표현(대문자 표현)을 구분하지 말자. 이를 위해 '(s|S)tat[[:alpha:]]{1,}'을 사용했다.

```
> #일단 s와 S를 구분할 필요는 없다고 가정해 보자.
> str_count(unlist(R_wiki_sent), "R.{1,}(s|S)tat[[:alpha:]]{1,}")
[1] 1 1 0 0 0 0 0
```

하지만 아직도 결과가 바뀌지 않았다. 그 이유는 무엇일까? str_extract_all() 함수를 이용해 해당 표현이 어떻게 추출되는지를 살펴보자.

```
> #어떻게 추출되었기에 풀리지 않는 것일까?
> str_extract_all(unlist(R_wiki_sent)[1], "R.{1,}(s|S)tat[[:alpha:]]{1,}")
[[1]]
[1] "R is a programming language and software environment for statistical computi
ng and graphics supported by the R Foundation for Statistical"
```

위의 결과에서 알 수 있듯, 해당 정규표현으로는 첫 번째로 등장하는 R라는 표현과 가장 마지막에 등장하는 stat나 Stat로 시작하는 표현까지 추출되었기 때문에 지정된 표현이 2회가 아닌 1회로 계산된 것이다. 이를 어떻게 해결할 수 있을까? 다음과 같은 조건을 추가하면 해결할 수 있다고 생각한다. 'R'와 '(s|S)tat[[:alpha:]]{1,}' 사이에 R라는 표현이 단 한 번도 등장하지 않는 표현을 계산하면 된다. 이를 위해 'R'와 '(s|S)tat[[:alpha:]]{1,}' 사이에 수치가 등장하거나(즉, [[:digit:]]), 공란이 등장하거나(즉, [[:space:]]), 모든 알파벳 소문자(즉, [[:lower:]]), R를 제외한 모든 알파벳 대문자(즉, A부터 Q까지, S부터 Z까지, [A-Q][S-Z])의 조건을 추가로 설정했다.

```
> #또한 R와 stat 사이에는 'R'라는 표현이 절대 들어가면 안 된다.
> str_count(unlist(R_wiki_sent), "R[[:lower:][A-Q][S-Z][:digit:][:space:]]{1,}(s|
S)tat[[:alpha:]]{1,}")
[1] 2 1 0 0 0 0 0
```

이제 타당한 결과를 얻을 수 있게 되었다. 하지만 위의 표현은 좀 번거롭다고 필자는 생각한다. 사실 다음과 같이 ^(캐럿, caret) 표시를 이용하면 더 간단한 프로그래밍이 가능하다. [^R]는 R가 아닌 어떠한 표시를 뜻한다. 즉, '.'라는 표현에서 R만 제외한다는 뜻이다.

```
> #더 간단하게는 다음과 같이 할 수 있다.
> str_count(unlist(R_wiki_sent), "R{1}[^R]{1,}(s|S)tat[[:alpha:]]{1,}")
[1] 2 1 0 0 0 0 0
```

정규표현은 매우 유용하다. 하지만 위의 사례에서 알 수 있듯, 데이터 분석자가 생각하지도 못했던 표현이 얼마든지 가능하며, 따라서 분석자의 의도와 상관없이 의도치 않은 실수는 얼마든지 발생할 수 있다. 따라서 정규표현을 이용할 때는 str_ count() 함수를 적용하기 전에 가능하면 str_extract_all() 함수를 이용해서 자신이 지정한 표현이 과연 자신이 의도했던 표현을 타당하게 추출하는지를 꼭 점검해 보기 바란다.

str_sub(): 지정된 위치의 텍스트 출력

R 베이스의 substr() 함수와 구성과 사용 방법이 동일하다. 즉, 연구자가 지정한 시작 위치부터 종료 위치까지의 문자를 출력한다. 벡터 단위 텍스트 데이터에 적용되는 함수이며, 만약 리스트 단위의 텍스트 데이터에 적용된 경우 각 리스트의 첫 번째 벡터를 대상으로 시작 위치부터 종료 위치까지의 문자를 출력해 준다. 좀 더 정확하게 말하자면 각 리스트별 벡터들을 하나의 벡터로 합친 후, 시작 위치부터 종료 위치까지의 문자를 출력하며, 이 과정에서 c(\" 혹은 \")"과 같은 표현들이 덧붙여진다. 예를 들어 예시 텍스트 데이터인 R_wiki_sent에서 첫 번째부터 열 번째의 문자를 추출한 결과는 아래와 같다.

```
> #리스트 형식 텍스트 데이터
> str_sub(R_wiki_sent, 1, 10)
[1] "c(\"R is a " "c(\"R is a "
Warning message:
In stri_sub(string, from = start, to = end) :
  argument is not an atomic vector; coercing
```

따라서 각 리스트별 벡터 형식 텍스트에 str_sub() 함수를 적용할 경우 for 구문을 사용하거나 unlist() 함수를 이용하여 리스트를 해제한 후 str_sub() 함수를 적용하는 것이 적절할 것이다.

```
> #벡터 단위이기 때문에 리스트 데이터에는 가급적 lapply() 함수나 for 구문
> fun_substring10 <- function(x){str_sub(x,1,10)}
> lapply(R_wiki_sent, fun_substring10)
[[1]]
[1] "R is a pro" "The R lang" "Polls, sur"
```

```
[[2]]
[1] "R is a GNU" "The source" "R is freel" "While R ha"
> first10chars <- R_wiki_sent
> for (i in 1:2){
+   first10chars[[i]] <- str_sub(R_wiki_sent[[i]], 1, 10)
+ }
> first10chars
[[1]]
[1] "R is a pro" "The R lang" "Polls, sur"

[[2]]
[1] "R is a GNU" "The source" "R is freel" "While R ha"
```

str_replace()와 str_replace_all(): 지정된 표현을 다른 표현으로 교체

R 베이스 함수들 중 sub() 함수와 gsub() 함수와 비슷한 기능을 수행하는 stringr 패키지 함수로는 str_replace() 함수와 str_replace_all() 함수를 언급할 수 있다. 이 두 함수를 사용하면 어떤 지정된 표현을 데이터 분석자가 원하는 다른 형태의 표현들로 바꾼 출력 결과를 얻을 수 있다. _all이 붙지 않은 str_replace() 함수는 처음으로 등장한 지정된 표현만 다른 형태의 표현으로 바꾸어주며, str_replace_all() 함수는 등장한 모든 표현들을 바꾸고자 하는 다른 표현들로 일괄 교체해 준다. 예를 들어 software environment라는 두 단어를 하나의 단어처럼 처리하기 위해 두 단어 사이의 공란을 밑줄('_')로 바꾸어 software_environment로 교체한 사례는 아래와 같다.

```
> #software environment 표현을 software_environment로 바꾸어보자.
> str_replace(R_wiki, "software environment", "software_environment")
[1] "R is a programming language and software_environment for statistical computi
ng and graphics supported by the R Foundation for Statistical Computing. The R la
nguage is widely used among statisticians and data miners for developing statisti
cal software and data analysis. Polls, surveys of data miners, and studies of sch
olarly literature databases show that R's popularity has increased substantially
in recent years.\nR is a GNU package. The source code for the R software environm
ent is written primarily in C, Fortran, and R. R is freely available under the GN
U General Public License, and pre-compiled binary versions are provided for vario
us operating systems. While R has a command line interface, there are several gra
```

```
phical front-ends available."
> #software environment 표현들을 software_environment로 일괄 교체해 보자.
> str_replace_all(R_wiki, "software environment", "software_environment")
[1] "R is a programming language and software_environment for statistical computi
ng and graphics supported by the R Foundation for Statistical Computing. The R la
nguage is widely used among statisticians and data miners for developing statisti
cal software and data analysis. Polls, surveys of data miners, and studies of sch
olarly literature databases show that R's popularity has increased substantially
in recent years.\nR is a GNU package. The source code for the R software_environm
ent is written primarily in C, Fortran, and R. R is freely available under the GN
U General Public License, and pre-compiled binary versions are provided for vario
us operating systems. While R has a command line interface, there are several gra
phical front-ends available."
```

위의 사례에서 잘 드러나듯, str_replace() 함수를 사용한 출력 결과에서는 첫 번째의 software environment라는 표현이 software_environment로 바뀐 반면, 두 번째 software environment는 바뀌지 않은 채로 남아 있다. 반면 str_replace_all() 함수를 사용할 경우 2개의 software environment 표현 모두 software_environment로 바뀌었다.

다음의 결과를 살펴보면 str_replace_all() 함수 적용으로 텍스트 데이터 분석 결과가 어떻게 달라지는지를 쉽게 알 수 있다. R_wiki 데이터와 str_replace_all(R_wiki, "software environment", "software_environment")이 적용된 데이터를 대상으로 software_environment, software, environment 세 표현이 각각 어떻게 나타나는지를 살펴본 빈도표를 비교해 보면 str_replace_all() 함수가 텍스트 데이터를 어떻게 바꾸어놓았는지 쉽게 이해할 수 있을 것이다.

```
> #다음을 살펴보면 str_replace_all 함수가 어떤 역할을 했는지 알 수 있을 것이다.
> temp <- str_replace_all(R_wiki, "software environment", "software_environment")
> table(str_extract_all(R_wiki,"software_environment|software|environment"))

environment    software
          2           3
> table(str_extract_all(temp,"software_environment|software|environment"))

            software software_environment
                   1                    2
```

str_replace_all() 함수를 적용한 사례를 하나만 더 살펴보자. 필자가 알고 있는 프로그래밍 언어들로는 C, Fortran, R, S, Ruby, Perl 등이 있다. 해당 텍스트 데이터에는 R와 C라는 두 가지의 컴퓨터 언어가 등장한다. R나 C가 컴퓨터 언어라는 점을 강조하기 위해 R만, 혹은 C만 단독으로 등장한 경우 각 언어의 이름 뒤에 '_computer.language_'라는 표현을 붙여보자. 이후 텍스트 데이터에서 _computer.language_라는 표현만 선택하면 각각 컴퓨터 언어를 의미하는 R와 C가 각각 몇 번씩 등장했는지를 확인할 수 있다. 아래의 사례를 살펴보자.

```
> #특별한 의미를 부여하고 싶은 부분을 표시할 때 다음과 같이 해보자.
> #R, C는 프로그램 이름이기 때문에 뒤에 _computer.language_라는 표현을 붙여보자.
> temp <- str_replace_all(R_wiki, "R\\b", "R_computer.language_")
> temp <- str_replace_all(temp, "C\\b", "C_computer.language_")
> #_computer.language_라는 표현이 붙은 부분에는 어떤 단어들이 있고, 빈도는 어떤지 살펴보자.
> table(str_extract_all(temp, "[[:alnum:]]{1}_computer.language_"))

C_computer.language_ R_computer.language_
                   1                    9
```

str_remove()와 str_remove_all(): 지정된 표현 제거

텍스트 데이터는 일반적인 수치형 데이터에 비해 복잡한 데이터다. 따라서 거의 대부분의 텍스트 분석에서는 의미상 중요하지 않은 단어나 표현 등을 제거하는 것이 보통이다[예를 들어 뒤에서 다룰 '불용단어(stopword) 제거' 혹은 '특수문자 제거' 과정]. 1판 서술 당시 필자는 바로 앞에서 소개한 str_replace() 함수와 str_replace_all() 함수를 응용하여 지정된 표현을 제거하는 데 사용했다. 그러나 stringr 패키지가 업데이트되면서 str_remove() 함수와 str_remove_all() 함수가 등장해 연구자가 지정한 표현을 좀 더 간단하게 제거할 수 있게 되었다[물론 1판에서처럼 str_replace() 함수와 str_replace_all() 함수에서 교체될 표현을 ""으로 지정하는 방식을 사용해도 무방하다]. str_replace() 함수와 str_replace_all() 함수와 마찬가지로 _all이 없으면 첫 번째 등장한 표현만 제거하고, _all이 붙어 있으면 텍스트 전체에서 지정된 표현을 모두 제거한다.

예를 들어 예시 텍스트 데이터인 R_wiki_sent의 첫 단락에서 관사(a, an, the)를 제거해 보자. 필자의 경우 관사 단어의 첫 글자는 소문자나 대문자일 수도 있는 것으로 정의했다. 예시 사례에서는 str_replace_all() 함수 출력 결과만 제시했다.

```
> #관사를 지워보자.
> str_remove_all(R_wiki_sent[[1]],"(\\b(a|A) )|(\\b(a|A)n )|(\\b(t|T)he )")
[1] "R is programming language and software environment for statistical computing
and graphics supported by R Foundation for Statistical Computing"
[2] "R language is widely used among statisticians and data miners for developing
statistical software and data analysis"
[3] "Polls, surveys of data miners, and studies of scholarly literature databases
show that R's popularity has increased substantially in recent years."
> #str_replace_all() 함수를 응용해도 된다.
> str_replace_all(R_wiki_sent[[1]],"((a|A) )|((a|A)n )|((t|T)he )","")
[1] "R is programming language and software environment for statistical computing
and graphics supported by R Foundation for Statistical Computing"
[2] "R language is widely used among statisticians and datminers for developing s
tatistical software and datanalysis"
[3] "Polls, surveys of datminers, and studies of scholarly literature databases s
how that R's popularity has increased substantially in recent years."
```

str_c()와 str_flatten(): 지정한 표현들 연결

str_c() 함수는 거의 대부분의 R 소개 책자에 소개된 기본 함수들 중 하나인 paste() 함수와 동일하며, str_flatten() 함수는 collapse 옵션을 빈칸("")으로 정의한 paste() 함수나 str_c() 함수와 동일하다. paste() 함수에 익숙하다면 이해하기 어렵지 않을 것이다.

예를 들어 R_wiki_sent의 7개 문장들을 다시 하나로 연결해 보자.

```
> #R_wiki_sent 오브젝트의 문장들을 다시 다 연결하자.
> str_c(unlist(R_wiki_sent),collapse='. ')
[1] "R is a programming language and software environment for statistical computi
ng and graphics supported by the R Foundation for Statistical Computing. The R la
nguage is widely used among statisticians and data miners for developing statisti
```

```
cal software and data analysis. Polls, surveys of data miners, and studies of sch
olarly literature databases show that R's popularity has increased substantially
in recent years.. R is a GNU package. The source code for the R software environm
ent is written primarily in C, Fortran, and R. R is freely available under the GN
U General Public License, and pre-compiled binary versions are provided for vario
us operating systems. While R has a command line interface, there are several gra
phical front-ends available."
```

아래의 결과를 보면 알 수 있듯 str_c() 함수를 사용한 결과와 paste() 함수를 사용한 결과는 동일하다.

```
> str_c(unlist(R_wiki_sent),collapse='. ') == paste(unlist(R_wiki_sent),collapse='. ')
[1] TRUE
```

str_flatten() 함수와 str_c() 함수, paste() 함수의 경우 collapse 옵션을 사용할 때 크게 다르지 않다. 예를 들어 아래를 살펴보자.

```
> #str_c()/paste()와 str_flatten()의 차이는 그다지 크지 않다.
> str_c(R_wiki_sent[[1]],collapse='. ')  == str_flatten(R_wiki_sent[[1]],collapse='. ')
[1] TRUE
```

그러나 collapse 옵션을 사용하지 않는 경우는 조금 다르다. 아래의 결과를 비교해 보자. 즉, str_flatten() 함수는 collapse 옵션을 사용하든 사용하지 않든 요소가 하나인 벡터를 출력해 준다.

```
> #그러나 collapse 옵션을 빼면
> str_c(R_wiki_sent[[1]])  == str_flatten(R_wiki_sent[[1]])
[1] FALSE FALSE FALSE
> str_flatten(R_wiki_sent[[1]])
[1] "R is a programming language and software environment for statistical computi
ng and graphics supported by the R Foundation for Statistical ComputingThe R lang
uage is widely used among statisticians and data miners for developing statistica
l software and data analysisPolls, surveys of data miners, and studies of scholar
ly literature databases show that R's popularity has increased substantially in r
ecent years."
> str_c(R_wiki_sent[[1]])
[1] "R is a programming language and software environment for statistical computi
```

```
ng and graphics supported by the R Foundation for Statistical Computing"
[2] "The R language is widely used among statisticians and data miners for develo
ping statistical software and data analysis"
[3] "Polls, surveys of data miners, and studies of scholarly literature databases
show that R's popularity has increased substantially in recent years."
```

str_length(): 지정된 표현의 글자 수 계산

R 베이스 함수들 중 nchar() 함수와 유사하다. 지정된 표현이 몇 개의 문자로 구성되어 있는지를 계산해 준다. 예를 들어 R_wiki_sent의 7개 문장의 글자 수를 str_length() 함수와 nchar() 함수를 이용해 각각 계산해 보자.

```
> #지정된 표현의 글자 수(공란 포함)를 계산한다.
> str_length(unlist(R_wiki_sent))
[1] 147 119 146  18  88 135  87
> nchar(unlist(R_wiki_sent))
[1] 147 119 146  18  88 135  87
```

두 함수를 적용한 출력 결과는 동일하다.

str_dup(): 지정된 표현을 반복하기

앞에서 소개한 R 베이스 함수들 중에는 str_dup() 함수와 유사한 함수가 없다. str_dup() 함수의 _dup이라는 표현은 duplicate를 의미하며, 지정된 표현을 입력된 수치만큼 반복한다. str_dup() 함수는 지정된 표현을 rep() 함수를 이용해 반복하는 것과 비슷해 보이지만, 결과는 사뭇 다르다. 예를 들어 'software'라는 표현을 세 번 반복한다고 가정해 보자. 아래의 사례에서 잘 드러나지만 str_dup() 함수와 rep() 함수는 출력 결과가 매우 다르다.

```
> #지정된 표현을 지정된 횟수만큼 반복 입력한다.
```

```
> str_dup("software",3)
[1] "softwaresoftwaresoftware"
> rep("software",3)
[1] "software" "software" "software"
```

즉, str_dup() 함수는 지정된 표현을 반복한 1개의 표현이 출력되는 반면, rep() 함수를 사용할 경우 지정된 표현이 반복된 3개의 표현이 출력된다. 만약 rep() 함수 출력 결과와 str_dup() 함수 출력 결과를 동일하게 하려면 paste() 함수에서 collapse 옵션을 사용하면 된다. 아래를 참고하기 바란다.

```
> paste(rep("software",3),collapse='')
[1] "softwaresoftwaresoftware"
> str_dup("software",3) == paste(rep("software",3),collapse='')
[1] TRUE
```

str_pad()와 str_trunc(): 지정된 문자 수에 맞도록 공란 투입 혹은 잘라내기

str_pad() 함수와 str_trunc() 함수와 유사한 기능을 갖는 R 베이스 함수는 찾을 수 없다. 이 두 함수는 텍스트 데이터 분석에는 유용한 함수는 아니지만, 최종 정리된 텍스트 데이터를 제시할 때 보기 좋게 만들 수 있다는 점에서는 유용한 함수다. 먼저 str_pad() 함수는 짧은 텍스트를 지정된 문자 수에 맞도록 완충재(padding) 역할을 하는 표현을 추가해 주는 함수이며, str_trunc() 함수는 긴 텍스트를 지정된 문자 수에 맞도록 가지치기(truncating)해 주는 함수다.

우선 간단한 예를 통해 str_pad() 함수가 어떻게 작동하는지 살펴보자. 우선 아래와 같은 형태의 데이터가 있다고 가정해 보자.

```
> #다음과 같은 사례가 있다고 가정해 보자.
> name <- c("Joe","Jack","Jackie","Jefferson")
> donation <- c("$1","$111","$11111","$1111111")
> mydata <- data.frame(name,donation)
> mydata
       name       donation
```

```
1         Joe          $1
2        Jack        $111
3      Jackie      $11111
4   Jefferson    $1111111
```

현재 이름(name)과 기부금(donation) 모두 오른쪽 정렬되어 있다. 만약 어떤 분석자가 이름은 왼쪽 정렬을, 기부금은 오른쪽 정렬을 하고 싶어 한다고 가정해 보자. 또한 단순히 정렬 방식만 바꾸는 것이 아니라, 어떠한 이름을 갖든 혹은 얼마의 기부금을 내었든 15개의 문자를 보유하여 모두 동일한 글자 수를 갖도록 만들고 싶어 한다고 가정해 보자. 이때 str_pad() 함수를 사용하면 유용하다. 텍스트 데이터 다음 width 옵션에 원하는 문자 수를 지정할 수 있으며, 맨 마지막 pad 옵션의 경우 완충재 역할을 할 수 있는 문자를 지정하면 된다. 보통의 경우 공란(' ')을 사용하지만, 필요에 따라 하이픈(-)이나 밑줄(_) 등도 사용할 수 있다. 또한 side 옵션에는 pad 옵션으로 지적한 완충재를 어느 쪽에 투입할지를 결정할 수 있다. 왼쪽 정렬을 원할 경우는 오른쪽(즉, 'right')에 완충재를 두어야 하며, 오른쪽 정렬을 원하면 왼쪽(즉, 'left')에 완충재를 두어야 한다. 만약 가운데 정렬을 원한다면 양쪽(즉, 'both')에 완충재를 두면 된다. 여기서는 width는 15로, 이름의 경우 완충재는 공란(' ')으로, 기부금의 경우는 물결 표시('~')를 완충재로 택했고, 이름은 오른쪽('right')에 완충재를, 기부금은 양쪽('both')에 완충재를 넣는 방식을 택했다.

```
> #총 글자 수 15를 기준으로 이름은 왼쪽 정렬을, 기부금은 가운데 정렬을 했다.
> name2 <- str_pad(mydata$name,width=15,side='right',pad=' ')
> donation2 <- str_pad(mydata$donation,width=15,side='both',pad='~')
> mydata2 <- data.frame(name2,donation2)
> mydata2
            name2       donation2
1 Joe             ~~~~~~$1~~~~~~~
2 Jack            ~~~~~$111~~~~~~
3 Jackie          ~~~~$11111~~~~~
4 Jefferson       ~~~$1111111~~~~
```

원데이터인 mydata와 완충재를 넣은 데이터인 mydata2의 첫 번째 등장 이름은 모두 Joe로 동일해 보인다. 그러나 사실은 다르다. mydata의 Joe는 3개의 문자를 갖는 반면, mydata2의 Joe는 15개의 문자를 갖는다(왜냐하면 str_pad() 함수의 width 옵션을 15로 규정했기 때문이다). 아래 결과를 참조하라.

```
> #Joe의 글자 수가 어떻게 달라졌는지 살펴보자.
> str_length(mydata$name[1])
[1] 3
> str_length(mydata2$name2[1])
[1] 15
```

이제 str_trunc() 함수를 이용해 정해진 문자 수에 맞도록 가지 치는 작업을 진행해 보자. 앞서 분석한 위키피디아 텍스트의 첫 단락 문장들을 대상으로 ① 왼쪽을 쳐낸 후 20글자를 남기기, ② 오른쪽을 쳐낸 후 20글자 남기기, ③ 중간을 쳐낸 후 좌우에 20글자를 남기기를 실시해 보자.

```
> #긴 텍스트의 경우 요약된 표현을 제시하고자 한다면
> str_trunc(R_wiki_sent[[1]],width=20,side="left")
[1] "...istical Computing" "...and data analysis" "... in recent years."
> str_trunc(R_wiki_sent[[1]],width=20,side="right")
[1] "R is a programmin..." "The R language is..." "Polls, surveys of..."
> str_trunc(R_wiki_sent[[1]],width=20,side="center")
[1] "R is a pr...omputing" "The R lan...analysis" "Polls, su...t years."
```

str_trim()와 str_squish(): 불필요 공란 제거

텍스트 데이터에는 종종 인간의 눈으로는 구분하기 어려운 공란들이 많다. 물론 스페이스 바(space bar)를 이용해 구분된 스페이스 공란이 대부분이지만, 탭(tab) 공란(\t로 표현)이나 줄바꿈 공란(\n으로 표현)을 포함한 텍스트가 적지 않다. 또한 스페이스 공란이라도 한 번이 아닌 두 번 이상 구분된 텍스트도 종종 발견된다. 텍스트 분석에서 공란은 단어와 단어를 구분해 주는 주요 지표라는 점에서 '2회 혹은 그 이상 반복 사용된 공란'은 '1회 사용된 공란'으로 바꾸어주는 것이 보통이다. 뒤에서 다시 설명하겠지만 불필요 공란(whitespace)을 사전처리하는 과정을 '공란 처리 과정(stripping whitespace)'이라고 부른다. 여기서 소개할 str_trim() 함수와 str_squish() 함수는 벡

터 형식의 텍스트 데이터에 등장하는 불필요 공란을 처리하는 함수다.

먼저 str_trim() 함수는 벡터 형식 텍스트의 처음과 끝에 등장하는 불필요 공란을 제거할 때 사용하며, str_squish() 함수는 벡터 형식 텍스트의 처음과 끝은 물론 중간 부분에 등장하는 불필요 공란을 제거할 때 사용한다. 예를 들어 다음과 같이 입력된 텍스트를 가정해 보자.

```
> #불필요 공란 처리
> mywhitespaces <- "\n\t  In this text, there are too many unnecessary    whitespaces. \n\t"
> mywhitespaces
[1] "\n\t  In this text, there are too many unnecessary    whitespaces. \n\t"
```

위의 텍스트에는 문장의 앞뒤에 줄바꿈, 탭 공란, 스페이스 공란이 섞여 있으며, unnecessary와 whitespaces 사이에는 스페이스 공란이 반복적으로 입력되어 있다. 먼저 str_trim() 함수를 실습해 보자. str_trim() 함수의 경우 side 옵션을 별도로 지정할 수 있으며, 디폴트값은 "both"이다. 만약 side 옵션을 "left"로 하면 텍스트 시작부분의 불필요 공란을 처리하며, "right"로 하면 텍스트 종료 부분의 불필요 공란을 처리한다.

```
> str_trim(mywhitespaces,side="both")    #"both"를 지정하지 않아도 동일한 결과
[1] "In this text, there are too many unnecessary    whitespaces."
> str_trim(mywhitespaces,side="left")
[1] "In this text, there are too many unnecessary    whitespaces. \n\t"
> str_trim(mywhitespaces,side="right")
[1] "\n\t  In this text, there are too many unnecessary    whitespaces."
```

그러나 위의 예시 사례에서 알 수 있듯 unnecessary와 whitespaces 사이에 있는 반복된 스페이스 공란은 여전히 처리되지 않은 채로 남아 있다. 텍스트 문자열들 내부의 불필요 공란을 처리하고자 할 때 쓰는 함수가 바로 str_squish() 함수다. 아래를 살펴보자.

```
> str_squish(mywhitespaces)
[1] "In this text, there are too many unnecessary whitespaces."
```

참고로 불필요 공란을 제대로 처리하지 않았을 때, 단일(즉, 1회만 등장) 스페이스 공란을 중심으로 단어를 분리하면 어떤 문제가 발생하는지 간단히 살펴보자. ① 불필요 공란을 전혀 처리하지 않았을 때, ② `str_trim()` 함수를 적용했을 때, ③ `str_squish()` 함수를 적용했을 때의 세 사례들에서 추출된 단어 수가 어떻게 달라지는지 살펴보자.

```
> #불필요 공란 처리 여부는 단어 단위로 텍스트를 분해할 때 중요하다.
> length(str_split(mywhitespaces," ")[[1]])
[1] 15
> length(str_split(str_trim(mywhitespaces)," ")[[1]])
[1] 12
> length(str_split(str_squish(mywhitespaces)," ")[[1]])
[1] 9
```

위의 결과에서 알 수 있듯 첫 번째의 경우 총 15개의 단어, `str_trim()` 함수를 사용한 경우는 12개 단어, `str_squish()` 함수를 적용한 경우는 9개 단어가 추출되었다. 독자들이 직접 눈으로 보고 확인할 수 있듯 `mywhitespaces`라는 텍스트에는 총 9개의 단어가 들어 있으며, 이는 `str_squish()` 함수를 적용한 결과와 일치한다.

str_glue()와 str_glue_data(): 지정된 양식의 텍스트에 원하는 텍스트 삽입

상당히 많은 텍스트들은 어떤 지정된 양식, 흔히 템플릿(template)이라고 부르는 형태를 따른다. 예를 들어 연말에 100만 명의 고객들에게 전자메일로 감사 편지를 보내는 경우를 한번 가정해 보자. 아마도 이때 감사 편지의 내용은 동일하고 바뀌는 것은 고객의 이름 정도일 것이다. 즉, 고객이 받는 감사 편지는 '고정된 텍스트'인 감사편지 템플릿 부분과 '변하는 텍스트', 고객의 이름을 담은 데이터베이스 부분으로 구성되어 있다. 이러한 상황에서 유용하게 사용할 수 있는 함수가 바로 `str_glue()` 함수와 `str_glue_data()` 함수다.

더 구체적으로 어떤 회사가 특정 상품을 특정일에 구매한 고객에게 구매 확인 메시지를 다음과 같은 양식으로 자동 발송한다고 가정해 보자.

안녕하세요, ○○○ 고객님! 고객님께서는 △년△월△일 ㅁㅁㅁ를 구매하셨습니다. 좋은 상품 빠른 배송으로 고객님의 삶에 도움이 되겠습니다. 감사합니다.

위와 같은 템플릿의 메시지에는 '고객의 이름', '구매 일자', '구매 상품명'의 총 3개의 변수가 필요하다. 예를 들어 '김철수'라는 이름의 고객이 '2019년 10월 30일'에 '세탁 세제'를 구매했고, '이영희'라는 이름의 고객이 '2019년 11월 3일'에 '도자기 세트'를 구매했다고 가정해 보자. 우선 '김철수'와 '이영희'의 구매일과 구매 상품 관련 데이터베이스는 다음과 같은 데이터 프레임 형태를 띨 것이다. 먼저 '김철수' 고객의 구매 내역을 위의 템플릿에 맞게 str_glue() 함수를 이용하여 자동 완성한다고 가정해 보자. str_glue() 함수에 '변하는 텍스트'(○, △, ㅁ에 해당되는 부분)는 중괄호({})를 이용해 삽입하면 된다. 아래의 예시 사례를 살펴보자(밑줄 그은 부분은 독자들의 편의를 위해 필자가 별도로 그어놓은 것이다). 날짜 표현 방식에 대해서는 필자의 『R기반 데이터과학: tidyverse 접근』이나 『R를 이용한 사회과학데이터 분석: 기초편』 등의 기타 R 입문서들을 참조하기 바란다.

```
> #간단한 예시 사례
> Name <- "김철수"
> Date <- as.Date("2019-10-30")
> Product <- "세탁 세제"
> str_glue("안녕하세요, {Name} 고객님! 고객님께서는 {format(Date,'%Y년 %m월 %d일')}
{Product} 구매하셨습니다. 좋은 상품 빠른 배송으로 고객님의 삶에 도움이 되겠습니다. 감사
합니다.")
안녕하세요, 김철수 고객님! 고객님께서는 2019년 10월 30일 세탁 세제 구매하셨습니다. 좋은
상품 빠른 배송으로 고객님의 삶에 도움이 되겠습니다. 감사합니다.
```

위의 사례에서 볼 수 있듯 name, Date, Product 오브젝트의 내용이 템플릿의 해당 위치에 그대로 삽입되었다. 만약 삽입되는 텍스트 표현이 데이터 프레임을 기반으로 하는 경우는 str_glue_data() 함수를 쓰면 된다. 아래의 사례를 보자(밑줄은 비교를 위해 필자가 그어 놓은 것이다).

```
> #데이터 프레임
> Name <- c("김철수","이영희")
> Date <- as.Date(c("2019-10-30","2019-11-3"))
> Product <- c("세탁세제","도자기 세트")
> myDB <- data.frame(Name,Date,Product)
> str_glue("안녕하세요, {myDB$Name} 고객님! 고객님께서는 {format(myDB$Date,'%Y년 %m
월 %d일')} {myDB$Product} 구매하셨습니다. 좋은 상품 빠른 배송으로 고객님의 삶에 도움이
되겠습니다. 감사합니다.")
안녕하세요, 김철수 고객님! 고객님께서는 2019년 10월 30일 세탁 세제 구매하셨습니다. 좋은
상품 빠른 배송으로 고객님의 삶에 도움이 되겠습니다. 감사합니다.
안녕하세요, 이영희 고객님! 고객님께서는 2019년 11월 3일 도자기 세트 구매하셨습니다. 좋은
상품 빠른 배송으로 고객님의 삶에 도움이 되겠습니다. 감사합니다.
```

이 책에서 다루는 내용은 아니지만 만약 R shiny 패키지를 이용한 반응형 웹 애플리케이션에 관심 있는 독자라면 str_glue_data() 함수가 매우 매력적이라고 느낄 것이다.

str_order()와 str_sort(): 벡터 형식 텍스트를 알파벳 순서대로 정렬

str_order() 함수는 벡터 형식의 텍스트를 알파벳 순서로 정렬했을 때의 순서를 출력해 주는 함수이며, str_sort() 함수는 벡터 형식의 텍스트를 알파벳 순서로 정렬한 결과를 출력해 주는 함수다. 텍스트 분석에는 그다지 유용한 함수는 아닐 수 있지만, 텍스트 분석 결과를 최종 정리하여 제시하는 경우에는 매우 유용하게 사용할 수 있다. 앞서 살펴본 R_wiki_sent 오브젝트의 7개 문장을 알파벳 순서로 정렬했을 때의 순서를 살펴보고자 한다면 str_order() 함수를 사용하면 된다.

```
> #텍스트를 알파벳 순서대로 정렬했을 때의 순서
> str_order(unlist(R_wiki_sent))
[1] 3 4 1 6 2 5 7
```

7개 문장들을 알파벳 순서대로 정렬한 후 출력한 결과를 원한다면 str_sort() 함수를 사용하면 된다.

```
> #텍스트를 알파벳 순서대로 정렬한 결과
> str_sort(unlist(R_wiki_sent))
[1] "Polls, surveys of data miners, and studies of scholarly literature databases
show that R's popularity has increased substantially in recent years."
[2] "R is a GNU package"
[3] "R is a programming language and software environment for statistical computi
ng and graphics supported by the R Foundation for Statistical Computing"
[4] "R is freely available under the GNU General Public License, and pre-compiled
binary versions are provided for various operating systems"
[5] "The R language is widely used among statisticians and data miners for develo
ping statistical software and data analysis"
[6] "The source code for the R software environment is written primarily in C, Fo
rtran, and R"
[7] "While R has a command line interface, there are several graphical front-ends
available."
```

이번 장에서는 텍스트 데이터의 문자 표현 등장 여부를 확인하고 교체하는 등의 작업을 수행하도록 특화된 stringr 패키지의 함수들을 살펴보았다. 독자에 따라 R 베이스 함수들을 더 편하게 느낄 수도 있다. 사실 어떤 함수들을 사용해도 상관없지만, 필자의 경험상 텍스트 데이터의 분석 시 R 베이스 함수들보다 stringr 패키지의 함수들이 더 이용하기가 편하며 광범위하게 사용되는 것으로 알고 있다. 따라서 독자들은 되도록 R 베이스 함수들과 stringr 패키지의 함수들 모두를 어느 정도는 이해할 수 있는 능력을 갖추는 것이 좋을 듯하다.

04
말뭉치 텍스트 데이터 사전처리

이번 장에서는 tm 패키지의 함수들을 소개한다. 앞의 두 장에서 소개한 R 베이스 함수들이나 stringr 패키지의 함수들은 벡터나 리스트 형식을 따르는 개별 텍스트 데이터를 처리하는 것을 목적으로 한다. 그러나 대부분의 텍스트 데이터 분석은 많은 양의 텍스트 데이터들, 구체적으로는 여러 문서들(documents)을 일괄적·체계적으로 처리한다. 1장에서 소개했듯, 여러 문서들을 한꺼번에 처리하는 통계적 텍스트 처리 기법들(statistical text processing techniques)을 흔히 통칭하여 텍스트 마이닝(text-mining)이라고 부른다. 텍스트 마이닝의 첫 글자를 따서 만든 tm 패키지는 방대한 양의 텍스트를 효과적이고 효율적으로 처리하기에 적합한 패키지다.

먼저 텍스트 마이닝 과정에서 등장하는 개념들과 해당 개념들의 의미를 소개한 후, 다음으로 영문 텍스트 데이터에 대한 기초적 텍스트 마이닝 과정을 실제 사례를 기반으로 살펴보도록 하자.

텍스트 마이닝 과정의 기본 개념들

텍스트 마이닝이 적용되는 전체 텍스트 데이터를 '말뭉치' 혹은 '텍스트 말뭉치(text corpus)'라고 부른다. 말뭉치는 "대용량의 정형화된 텍스트 집합(large and structured set of texts)"으로 정의된다(Miner, Elder and Hill, 2012: 1018). 그렇다면 어느 정도가 되어야 '대용량'이라고 이야기할 수 있을까? 또 '정형화'란 어떤 뜻인가? '대용량'과 '정형화'의 의미를 각각 살펴보자.

첫째, '대용량'은 철저하게 주관적인 기준이다. 인공지능의 일종으로 기계 번역(machine translation)을 떠올리는 사람에게 대용량은 테라바이트나 제타바이트 수준의 텍스트 데이터가 '대용량'이라고 여겨질지 모른다. 그러나 미국의 역대 대통령의 취임 연설을 분석하는 연구자에게 대용량 텍스트는 기껏해야 1MB를 넘지 않을지도 모른다. 즉, 연구의 목적과 연구 범위에 따라 말뭉치의 크기는 다르게 인식될 수밖에 없다. 아마도 '대용량'의 가장 적절한 의미는 '분석 대상이 되는 텍스트의 모집단에 근접하는(near-population) 분량'이 아닐까 싶다.

둘째, '정형화'의 의미도 지극히 주관적이다. 음운(音韻, phoneme)을 연구하는 사람에게 정형화된 데이터는 소리를 형성하는 최소 단위로 잘게 자른 후 모아놓아야 정형화된 텍스트일 것이다. 하지만 대부분의 사회과학자들은 '단어'를 의미의 최소 기준으로 생각하는 것이 보통이다. 따라서 단어 단위로 구분하여 수집한 텍스트 데이터를 정형화된 텍스트로 받아들이는 것이 보통이다. 혹은 단어의 문법적 변용 여부(영어의 경우 is와 are가 동일한 'be'라는 단어에서 파생되었지만, 상이한 주어에 따라 달라지기 때문에 완벽하게 동일하게 보기는 어렵다)도 분석 대상에 포함시킨 텍스트 데이터를 정형화된 데이터라고 생각할지도 모른다. 반면 문법적 변용 여부보다 어근(語根)을 중시하는 입장에서는 문법적 변용을 무시하고 같은 어근을 통합하여 처리한 텍스트 데이터를 정형화된 데이터라고 볼 수도 있다. 또한 어떤 학자들은 단어들은 물론 단어들의 순서[이를 테면 어순(word sequence) 정보]가 포함된 텍스트 데이터가 정형화된 데이터라고 보는 반면, 다른 학자들은 단어들의 배치 순서를 고려해서 얻는 이득보다 불편함이 더 크기 때문에 어순을 무시한 텍스트 데이터를 정형화된 데이터라고 생각할 수도 있다. 참고로 후자를 주장하는 학자들은 텍스트를 '단어주머니(bag-of-words, BOW)'로 간주하기 때문에 이들의 텍스트 데이터 접근법을 '단어주머니 접근법'이라고 부른다. 이 책에서도 단어주머니 접근법을 주로 설명하고 있다. 즉, 텍스트의 '정형화' 역시도 연구의 목적과 연구 환경, 연구 범위 등에 따라 다르다.

필자는 말뭉치를 연구 대상이 되는 텍스트의 모집단이나 텍스트의 모집단 특성을 추론하기에 충분한 텍스트 표본이라고 정의하고 싶다(비슷한 정의로는 Krippendorff, 2013 참조). 예를 들어 '갑돌이'라는 사람의 일기장을 기반으로 '갑돌이'의 심리 상태를 연구하려는 학자에게 '갑돌이'의 일기장은 말뭉치라고 이야기할 수 있다. 또 '독립신문'을 연구하는 언론학자들은 데이터베이스화된 온라인 독립신문 텍스트를 말뭉치로 간주할 수 있다.

또한 '텍스트 정형화'의 유형과 수준 역시도 연구 목적과 연구 환경, 연구 범위에 따라 상이하게 적용될 수 있을 것이다. 정형화되지 않은(unstructured) 원(源)텍스트를 정형화시키는 과정을 흔히 텍스트 사전처리(preprocessing) 혹은 정제화 작업(cleansing)이라고 부른다. 텍스트 사전처리 과정은 추리통계기법을 적용하기 전에 통계모형에 투입되는 변수들을 리코딩하고, 분석 단위에 맞게 변환하는 과정과 본질적으로 동일하다. 일반적으로 언급되는 텍스트 사전처리 과정으로는 ① 공란 처리, ② 대·소문자 통일, ③ 숫자표현 제거, ④ 문장부호(punctuation) 및 특수문자 제거, ⑤ 불용단어 제거, ⑥ 어근 동일화 처리, 여섯 가지를 언급할 수 있다.[1] 또한 연구 목적 및 상황에 따라 추가로 ⑦ 엔그램을 추출한 후 텍스트 분석을 실시하기도 한다.

각각의 과정에 대한 설명에 앞서, 독자들은 텍스트의 특성을 무시하고 무차별적으로 해당 사전처리 과정을 적용하면 매우 위험하다는 것을 유념해 주기 바란다. 독자들은 어떤 사전처리 과정을 적용하기에 앞서, 해당 사전처리 과정이 텍스트의 성격과 연구 목적에 맞는지 여부와 해당 사전처리 과정을 통해 무엇을 잃고 얻을 수 있는지를 비판적으로 검토해야 할 것이다.

1 독자들은 여기 제시된 여섯 가지 과정들을 반드시 제시된 순서대로 밟지 않아도 된다. 예를 들어 숫자 표현을 제거한 후 불필요 공란 처리를 진행할 수 있으며, 연구 목적에 따라 수치 표현이나 특수문자는 제거하지 않아도 무방하다.

공란 처리 과정

영어나 한국어로 작성된 텍스트의 경우 공란은 단어와 단어를 구분하는 기능을 수행한다. 하지만 문자 입력의 실수, 온라인 텍스트 수집 과정의 오류 등과 같은 이유로 공란이 2회 이상 연달아 나타나는 경우도 적지 않다. 앞서 `str_trim()` 함수나 `str_squish()` 함수를 소개하면서 간략하게 설명했듯, 공란 처리 과정은 2개 이상의 공란이 연달아 발견될 경우 해당 공란을 1개로 변환시키는 과정을 의미한다. 공란 처리 과정의 사례를 통해 그것이 왜 중요한 의미를 갖는지 살펴보자. 아래의 사례에는 `software`와 `environment` 두 단어가 다른 방식으로 연결되어 있다. 첫 번째 오브젝트는 '`software environment`'로 두 단어는 1개의 공란으로 구분되어 있다. 두 번째 오브젝트는 '`software  environment`'로 두 단어는 연속된 2개의 공란으로 구분되어 있다. 세 번째 오브젝트는 '`software\tenvironment`'로 하나의 탭(tab) 공란('`\t`'에 주목하라)으로 구분되어 있다.

```
> #공란 처리(stripping whitespace) 과정
> mytext <- c("software environment","software  environment","software\tenvironment")
> mytext
[1] "software environment"   "software  environment"  "software\tenvironment"
```

만약 공란 처리 과정을 거치지 않은 상태에서 " "을 이용하여 단어와 단어가 구분되었다고 가정한 후 단어와 단어를 구분했다고 가정해 보자. 그 결과는 아래와 같다.

```
> #단어를 ' '으로 구분해 보자.
> str_split(mytext,' ')
[[1]]
[1] "software"    "environment"

[[2]]
[1] "software"    ""            "environment"

[[3]]
[1] "software\tenvironment"
```

결과에서 쉽게 드러나듯 두 번째와 세 번째 오브젝트는 단어와 단어가 제대로 구분되지 못한 상태다. 만약 이러한 상황을 모르는 상태에서 텍스트 데이터에 대한 기술통계분석을 실시했다고 가정해 보자. 구체적으로 언급된 세 가지 텍스트의 단어 수와 문자 수를 각각 계산해 보자.

```
> #각 오브젝트별 단어 수와 문자 수를 세어보자.
> sapply(str_split(mytext, " "),length)
[1] 2 3 1
> sapply(str_split(mytext, " "),str_length)
[[1]]
[1]  8 11

[[2]]
[1]  8  0 11

[[3]]
[1] 20
```

분명히 동일한 표현인데, 단어 수도 다르고 심지어 문자 수도 제각각이다. 독자들은 위의 사례를 통해 자연어의 관점에서 볼 때는 공란이 하나든 둘이든, 스페이스 바(space bar) 키로 띄우든 탭 키로 띄우든 큰 차이를 느끼지는 못하지만, 기계어의 관점에서는 엄연히 다르다는 것을 느꼈을 것이다.

이제 불필요 공란 처리 과정을 거쳐보자. tm 패키지의 stripWhitespace() 함수를 이용하면 불필요 공란 처리를 효율적이고 효과적으로 할 수 있지만, 여기서는 앞에서 소개한 stringr 패키지 함수들을 이용해 보자(복습의 효과도 있을 것이다). tm 패키지의 stripWhitespace() 함수는 조금 더 나중에 설명할 예정이다. 지정된 표현으로는 [[:space:]]{1,}을 설정했고, 1번의 스페이스 공란을 바꿀 표현으로 지정했다. str_replace_all() 함수를 이용하여 스페이스나 탭을 이용한 공란이 최소 1회 혹은 그 이상 반복되는 표현이 나올 경우, 스페이스 공란(" ")으로 교체했다. 이렇게 공란 처리 과정을 거친 텍스트에 대해 단어 수와 문자 수를 세어본 결과는 다음과 같이 동일한 것을 알 수 있다.

```
> #공란 처리 과정을 거친 후에 어떻게 되는지 살펴보자.
```

```
> mytext.nowhitespace <- str_replace_all(mytext,"[[:space:]]{1,}"," ")
> mytext.nowhitespace
[1] "software environment" "software environment" "software environment"
> #각 오브젝트별 단어 수와 문자 수를 세어보자.
> sapply(str_split(mytext.nowhitespace,' '),length)
[1] 2 2 2
> sapply(str_split(mytext.nowhitespace,' '),str_length)
     [,1] [,2] [,3]
[1,]    8    8    8
[2,]   11   11   11
```

물론 위의 과정은 앞서 소개했던 stringr 패키지의 str_squish() 함수를 이용하면 더욱 편하다.

```
> #str_squish() 함수
> sapply(str_split(str_squish(mytext),' '),length)
[1] 2 2 2
> sapply(str_split(str_squish(mytext),' '),str_length)
     [,1] [,2] [,3]
[1,]    8    8    8
[2,]   11   11   11
```

공란 처리 과정은 거의 모든 텍스트 마이닝에서 거의 예외 없이 적용된다. 그러나 공란 처리 과정이 반드시 실시되어야 하는 것은 아닐 수 있다. 예를 들어 텍스트의 목적에 따라 탭(\t) 공란을 기준으로 구분된 단어와 스페이스 공란을 기준으로 구분된 단어가 다른 의미를 가질 가능성도 배제할 수 없다. 예를 들어 탭(\t) 공란을 기준으로 변수와 변수를 나누고, 텍스트 형식의 변수 내부의 단어를 스페이스 공란으로 나눈 경우, 공란 처리 과정을 거치면 스페이스 공란과 탭 공란이 텍스트 속에서 어떤 기능을 하는지에 대한 의미를 놓칠 수 있다. 독자들은 자신이 다루는 텍스트가 어떤 성격의 텍스트이며, 여러 종류의 공란이 섞여 있는 경우 각 공란이 텍스트 속에서 고유한 의미를 갖는지 여부를 꼼꼼하게 점검해 보기 바란다.

대·소문자 통일 과정

한국어 텍스트에는 해당 사항이 없지만, 영문의 경우 대·소문자를 구분한다. 영어의 경우 문장의 첫 단어의 첫 문자, 고유명사의 첫 문자, 축약어(abbreviation)인 경우 대문자를 사용하며 다른 경우는 소문자를 사용한다. 그러나 대문자는 문장의 특정 부분을 강조하는 경우에도 종종 사용된다(예를 들어 "I can NOT agree with you"라는 표현은 "I can not agree with you"라는 표현보다 부정의 의미가 강하게 해석되는 것이 보통이다).

그렇다면 대·소문자 통일 과정을 거치면 장점은 무엇이고 단점은 무엇일까? 간단한 사례를 통해 대·소문자 통일 과정의 장단점을 살펴보자. 다음과 같은 영어 문장을 단어를 기준으로 나눈 후, 단어들의 빈도표를 계산해 보자. 참고로 str_extract_all() 함수의 boundary("word") 옵션은 단어 단위의 텍스트를 추출한다는 의미다.

```
> #대·소문자 통일 과정
> mytext <- "The 45th President of the United States, Donald Trump, states that h
e knows how to play trump with the former president"
> myword <- unlist(str_extract_all(mytext,boundary("word")))
> table(myword)
myword
     45th    Donald    former        he       how     knows        of
        1         1         1         1         1         1         1
     play president President    states    States      that       the
        1         1         1         1         1         1         2
      The        to     trump     Trump    United      with
        1         1         1         1         1         1
```

결과들 중 president와 President, states와 States, the와 The, trump와 Trump 등 네 쌍의 단어들에 주목하자.

먼저 the와 The는 같은 단어라고 보는 것이 타당할 듯하다. 왜냐하면 단어의 의미는 물론 문법적 역할도 동일하기 때문이다. 또한 president와 President도 같은 단어라고 보는 것이 타당할 듯하다. 물론 엄밀히 말해 45대 대통령을 뜻하는 President와 전직 대통령을 뜻하는 president는 완전히 동일한 의미를 갖는다고는 보기 어렵다. 그러나 대통령 직책을 의미한다는 점에서 두 단어는 크게 다르지 않다. 즉, 두 쌍의 단어들은 대·소문자 통일 과정을 거치는 것이 더 합당하다.

그러나 trump와 Trump, states와 States는 너무도 다른 의미를 갖기 때문에 동일한 단어로 취급될 수 없다. trump는 트럼프 카드를 의미하지만, Trump는 특정인의 성(姓)을 의미하기 때문이다. 또한 states는 '말하다'라는 뜻의 동사(state)에 3인칭 주어를 표시하는 s가 덧붙은 것이지만, States는 미국의 행정 구역인 주(州)를 뜻하는 명사이며 복수를 의미하는 s가 덧붙은 것이기 때문이다. 즉, 두 쌍의 단어들은 대·소문자 통일 과정을 거치지 않는 것이 더 합당하다. 가장 합당한 방법은 the와 The, president와 President는 대·소문자 통일 과정을 밟고, trump와 Trump, states와 States는 대·소문자 통일 과정에서 제외시키는 것이다. 그렇다면 아래와 같은 방법으로 대·소문자 통일 과정을 밟아보면 어떨까?

```
> #Trump와 States가 고유명사임이 드러나게 _unique_표현을 덧붙였다.
> myword <- str_replace(myword,"Trump","Trump_unique_")
> myword <- str_replace(myword,"States","States_unique_")
> #대문자를 소문자로 전환한 후 빈도표를 도출했다.
> table(tolower(myword))

           45th          donald          former              he             how
              1               1               1               1               1
          knows              of            play       president          states
              1               1               1               2               1
 states_unique_            that             the              to           trump
              1               1               3               1               1
  trump_unique_          united            with
              1               1               1
```

그러나 실제 텍스트 데이터에서 일부의 단어들에 대해서만 대·소문자 통일 과정을 적용하는 것은 매우 번거로운 일이다. 위에서 소개한 사례는 매우 간단하기 때문에 일부의 표현에 대해서만 대·소문자 통일 과정을 적용하는 것이 어렵지 않지만, 방대한 양의 텍스트 데이터가 주어졌을 경우 특수한 의미를 갖는 고유명사들을 하나하나 살펴본 후 특정(特定)하여 대·소문자 통일 과정에서 제외시키는 것은 현실적으로 매우 번잡하고, 어쩌면 불가능에 가까운 일이다. 하지만 독자들은 대·소문자 통일 과정을 적용하기 이전에 자신이 분석하는 텍스트 데이터에서 빈번하게 등장하며 분석에 치명적인 오류를 안겨줄 수 있는 고유명사나 특수 표현은 어떤 것이 있는지 꼼꼼하게 살펴봐야 할 것이다.

숫자표현 제거 과정

텍스트 데이터에는 숫자가 아닌 문자로 표현된 자료는 물론 숫자로 표현된 자료도 포함된다. 그렇다면 텍스트 데이터에서 숫자가 갖는 의미와 숫자가 아닌 문자가 갖는 의미는 과연 다르다고 보아야 할까? 솔직히 말해 이 문제에 대한 쉬운 답은 없다. 숫자 자료는 분명한 의미를 갖고 있다. '10명의 사람'과 '90명의 사람'은 '○ 명의 사람'이라는 표현으로 통합될 수도 있지만(표현의 기능적 측면에 초점을 맞출 경우), 후자가 전자에 비해 9배나 많은 사람을 포함하고 있기 때문에 통합 처리하면 안 된다고 간주할 수도 있다(표현의 의미적 측면에 초점을 맞출 경우). 다시 말해 데이터 분석자가 어떠한 이론적 관점을 갖고 텍스트 데이터를 처리하려 하는지, 또한 분석 대상이 되는 텍스트의 성격이 어떠한지에 따라 텍스트 데이터 내의 숫자는 고유한 의미를 갖는다고 가정될 수도 있고, 숫자가 포함된 표현이라는 의미만 갖는 경우도 있고, 또 있으나 없으나 텍스트 데이터의 의미에는 별 영향을 미치지 않는다고 가정될 수 있는 경우도 있다. 여기서는 텍스트 데이터 내의 숫자에 대한 세 가지 가정들에 입각해 숫자표현을 어떻게 처리할 수 있는지 살펴보자.

아래와 같은 2개의 문장을 상정해 보자. 두 문장 모두 최고를 뜻하는 표현들(즉, 'No. 1'인지 아니면 'No. one'인지)을 제외하고 모든 표현이 동일하다. 우선 두 문장은 의미론적 측면에서 완전히 동일하다. 물론 문자 수는 상이하지만(1은 1바이트이지만, one은 3바이트), 단어 수 역시도 동일하다. 일단 1이라는 숫자를 별개의 단어라고 가정한다면 `mytext`라는 텍스트 데이터를 그냥 사용하면 된다.

```
> mytext <- c("He is one of statisticians agreeing that R is the No. 1 statistica
l software.","He is one of statisticians agreeing that R is the No. one statistic
al software.")
> str_split(mytext," ")
[[1]]
 [1] "He"             "is"             "one"            "of"
```

```
 [5] "statisticians" "agreeing"      "that"          "R"
 [9] "is"            "the"           "No."           "1"
[13] "statistical"   "software."

[[2]]
 [1] "He"            "is"            "one"           "of"
 [5] "statisticians" "agreeing"      "that"          "R"
 [9] "is"            "the"           "No."           "one"
[13] "statistical"   "software."
```

이제 해당 텍스트 데이터에서 숫자표현을 제거해 보자. 이 경우 1이라는 숫자는 제거해도 텍스트의 기능과 의미에 영향을 미치지 않는다고 가정된다. 이를 위해 `[[:digit:]]{1,}[[:space:]]{1,}`이라는 정규표현을 사용했다. 즉, 숫자가 최소 1회 이상 연달아 등장하고 그 다음 공란이 1회 이상 등장한 경우 이 표현은 삭제했다. 이때 'No. ○'이라는 표현에 숫자가 아닌 표현이 들어갔는지 아니면 숫자표현이 들어갔는지에 따라 상당히 다른 결과가 초래된다. 첫째, 단어 수가 역시 달라졌다. 1이라는 숫자를 단어에서 제거하면서 생긴 당연한 결과다. 둘째, 숫자 자료 제거 과정을 거친 후 `mytext` 오브젝트의 첫 번째 문장의 단어들과 두 번째 문장의 단어들을 `str_c()` 함수를 사용해 다시 재조합해 보자. 두 번째 문장의 의미는 온전히 보존되었지만, 첫 번째 문장의 의미는 불투명해졌다. 원래의 문장은 R가 최고의 통계소프트웨어라는 뜻이었는데, 숫자표현을 제거하자 R는 통계소프트웨어가 아니라는 것처럼 인식될 가능성마저 내포하고 있다. 즉, 숫자표현을 제거하면서 뜻이 왜곡될 가능성이 높다.

```
> #숫자 자료를 제거하는 방법
> mytext2 <- str_split(str_replace_all(mytext,"[[:digit:]]{1,}[[:space:]]{1,}",""),"  ")
> str_c(mytext2[[1]],collapse=" ")
[1] "He is one of statisticians agreeing that R is the No. statistical software."
> str_c(mytext2[[2]],collapse=" ")
[1] "He is one of statisticians agreeing that R is the No. one statistical software."
```

그렇다면 숫자표현을 보존하되 숫자표현이 사용되었다는 의미만 남기는 방법은 어떨까? 예를 들자면 모든 숫자표현들을 하나의 표현으로 리코딩해보는 것은 어떨까? 일단 다음과 같이 해보자. 앞에서는 `[[:digit:]]{1,}[[:space:]]{1,}`이라는 정규표현이 등장하면 삭제하는 명령문을 구성했지만, 여기서는 `_number_`라는 표현을 사용했다. 즉, 모든 숫자표현들은 _number_라고 통합된다. 이 과정을 거치면 숫자표현을 제거한 경우와 비슷하게, 하지만 다른 방식으로 원 텍스트 데이터의 의미가 바뀐다. 우선 단어 수는 동일하게 유지된다. 또한 숫자표현이 사용되었다는 의미도 유지된다. 하지만 'No. _number_'라는 표현으로 인해 문장의 의미가 상당히 모호해졌다.

```
> #숫자 자료임을 표시하고 수치의 구체적인 내용은 고려하지 않는 방법
> mytext3 <- str_split(str_replace_all(mytext,"[[:digit:]]{1,}[[:space:]]{1,}","_
number_ ")," ")
> str_c(mytext3[[1]],collapse=" ")
[1] "He is one of statisticians agreeing that R is the No. _number_ statistical software."
> str_c(mytext3[[2]],collapse=" ")
[1] "He is one of statisticians agreeing that R is the No. one statistical software."
```

텍스트 마이닝을 적용한 상당수의 연구들은 숫자를 제거하거나 모든 숫자를 하나로 통합하는 방식으로 처리하는 텍스트 사전처리를 적용한다. 그러나 위의 사례가 보여주듯, 연구 목적이나 텍스트의 특성을 고려하지 않고 숫자 자료를 제거하거나 대치하는 처리 과정을 맹목적으로 적용하는 것은 위험할 수도 있다. 독자들은 숫자 자료 제거 과정을 적용하기 전에 과연 이 사전처리 과정을 통해 얻는 것들과 잃는 것들이 무엇인지에 대해 비판적으로 검토하기 바란다.

문장부호 제거 과정

텍스트 데이터에는 많은 문장부호들이 사용되며, 각 문장부호는 문법적으로나 의미론적으로나 고유하고 중요한 역할을 맡고 있다. 예를 들어 마침표(.)는 문장의 종결을 의미하며, 콤마(,)는 단어와 단어를 구분하거나 절(節)과 절을 구분하는 역할을 한다. 이외에도 ?, !, $, @, & 등의 특수문자, 하이픈(가운뎃줄)이나 밑줄, 괄호 등은 모두 고유한 의미를 갖거나 문장의 의미를 명확하게 만드는 기능을 한다. 그렇다면 이러한 문장부호를 어떻게 처리해야 할까? 텍스트 마이닝 기법을 적용한 상당수의 연구들에서는 문장부호를 제거하는 과정을 밟는다. 타당성이 없는 것은 아니지만, 반복적으로 강조

하듯 텍스트 데이터의 특징이나 연구 맥락에 따라 별 생각 없이 문장부호를 제거하는 것은 현명하지 않을 수 있다.

아래의 사례를 살펴보자. 해당 사례에서는 마침표(.), 여는 괄호[(]와 닫는 괄호[)], 하이픈(-), 총 4개의 문장부호가 사용되었다. 또한 두 번 사용된 마침표의 문법적 기능이 상이하다. 텍스트 데이터 맨 뒤에 오는 마침표는 문장의 종결을 의미하는 마침표인 반면, 'et al.'의 마침표는 문장의 종결을 의미하지 않는다. 만약 이러한 차이를 모르는 상태에서 마침표를 기준으로 텍스트 데이터를 분해할 경우, 출력 결과의 측정 단위는 문장이 아닐 수도 있다.

```
> mytext <- "Baek et al. (2014) argued that the state of default-setting is criti
cal for people to protect their own personal privacy on the Internet."
> #사례로 든 문장에서 al.의 .는 문장 구분 표시가 아니다.
> str_split(mytext,"\\. ")
[[1]]
[1] "Baek et al"
[2] "(2014) argued that the state of default-setting is critical for people to pr
otect their own personal privacy on the Internet."
```

위의 결과는 마침표의 역할을 주의 깊게 살피지 않을 경우 초래할 수 있는 위험성이 무엇인지 잘 보여준다. 일단 해당 텍스트의 단어를 살펴보자.

```
> #단어들을 살펴보면 다음과 같다.
> str_split(mytext," ")
[[1]]
 [1] "Baek"             "et"              "al."              "(2014)"
 [5] "argued"           "that"            "the"              "state"
 [9] "of"               "default-setting" "is"               "critical"
[13] "for"              "people"          "to"               "protect"
[17] "their"            "own"             "personal"         "privacy"
[21] "on"               "the"             "Internet."
```

특수문자가 포함된 단어는 `al.`, `(2014)`, `default-setting`, `Internet.`의 네 단어다. 우선 `Internet.`의 마침표는 문장의 종결을 의미하는 마침표이며, 위의 텍스트 데이터의 경우 단 하나의 문장밖에 없기 때문에 삭제해도 무방할 것이다.

둘째, `default-setting`의 하이픈의 경우 두 단어를 연결해 주는 역할을 한다. 만약 하이픈을 없애버리면 defaultsetting이라는 하나의 단어가 될 것이고, 하이픈을 공란으로 교체한다면 default 그리고 setting이라는 2개의 단어가 될 것이다. 과연 default-setting에서 하이픈 좌우에 있는 두 단어를 어떻게 처리하는 것이 좋을까? 필자는 2개의 단어라고 간주하는 것이 타당하다고 생각한다. 몇몇 독자들의 생각은 다를 수 있지만, 일단 여기서는 필자의 생각이 맞는다는 가정을 받아들여 주기 바란다.

셋째, (2014)의 괄호는 어떻게 처리할 수 있을까? 만약 학술논문과 같은 형식의 텍스트 데이터를 분석하려는 독자라면 (2014)와 같은 표현(즉, 출간 연도)이 매우 빈번하게 등장한다는 것을 알 수 있을 것이다. 일단 이 부분은 et al.을 설명하면서 다시 언급하기로 하고 일단은 판단을 유보하자.

넷째, al.의 마침표는 상당히 중요한 의미를 갖는다. 학술논문의 경우 3인 이상 저자들의 연구를 본문에 보고할 때, '주 저자의 성(姓)' 다음에 '공란'을 두고 'et al.'을 쓴 후 '공란'을 두고 '(출간 연도)'와 같은 형식을 따른다. 이 책에서는 이러한 형식을 따르는 모든 표현들을 _reference_라는 표현으로 교체하고자 한다. 즉, 'et al.'의 마침표와 '(출간 연도)'의 여는 괄호와 닫는 괄호가 규칙적 형식으로 반복되는 경우 해당 특수문자들을 단순하게 제거하는 대신 특별한 의미를 갖는 표현임을 알 수 있는 다른 표현(여기서는 _reference_라는 표현)으로 교체했다.

이에 다음과 같은 순서를 따랐다. 첫째, 하이픈은 공란으로 바꾸었다. 따라서 하이픈으로 연결된 단어들은 별개의 단어들로 바뀐다. 둘째, Baek et al. (2014)와 같은 표현은 _reference_라는 표현으로 교체했다. 셋째, 문장의 종료를 의미하는 마침표는 삭제했다. 이 과정은 아래와 같은 과정들을 통해 처리되었다.

```
> #default-setting을 두 단어로? 아니면 한 단어로? 개인적으로 두 단어가 맞다고 봄.
> #"성 다음의 et al. (연도)"의 형식을 띨 경우 하나의 단어로 교체.
> #단어를 기준으로 분석하기 때문에, 마침표는 없어도 될 듯.
> mytext2 <- str_replace_all(mytext,"-"," ")
> mytext2 <- str_replace_all(mytext2,
+        "[[:upper:]]{1}[[:alpha:]]{1,}[[:space:]](et al\\.)[[:space:]]\\([[:digit:]]{4}\\)",
+         "_reference_")
> mytext2 <- str_replace_all(mytext2,"\\.[[:space:]]{0,}","")
> mytext2
[1] "_reference_ argued that the state of default setting is critical for people
to protect their own personal privacy on the Internet"
```

다시 강조하지만, 연구 목적이나 텍스트의 특성을 고려하지 않고 특수문자를 무분별하게 제거하는 것은 현명하지 않다. 자신이 분석하려는 텍스트의 특성이 무엇인지 잘 인식하고, 연구 목적 등을 고려할 때 자신의 특수문자 처리 과정을 적용할 때 어떤 결과가 초래될지에 대해 비판적으로 검토하기 바란다.

불용단어 제거 과정

과도하게 단순화시켜 이야기하자면 모든 인간의 자연어에는 외부 세계 대상에 대한 지시어와 이 지시어들을 연결하는 기능어가 존재한다. 예를 들어 "I am a boy."와 같은 문장에서 a라는 단어(관사, article)는 boy라는 명사가 셀 수 있는 명사(가산명사, countable noun)임을 알려주는 역할을 한다(물론 맥락에 따라 a에는 '한 명의'라는 뜻이 포함되기도 한다). 흔히 boy라는 명사는 구체적인 의미를 전달하는 경우가 많지만, a라는 부정관사에서는 구체적인 의미를 찾기 쉽지 않다. 한국어 역시 마찬가지다. "나는 남자다."라는 문장에서 '남자'라는 명사 형태의 어근은 의미를 갖지만, '다'라는 서술격 조사에서는 의미론적으로 특별한 의미를 찾기 쉽지 않다.

영어의 경우 a, an, the 등과 같이 빈번하게 사용되나 구체적인 의미를 찾기 어려운 단어를 불용단어(不用單語, stopword, 혹은 정지단어)라고 부른다. 텍스트 마이닝 기법을 적용한 연구들에서는 보통 말뭉치에서 불용단어들을 삭제한다. 그러나 텍스트의 성격에 따라 불용단어라고 지정된 단어라도 특별한 의미를 갖는 경우가 적지 않다. 예를 들어 "`She is an actor`"라는 문장과 "`She is the actor`"라는 두 문장을 비교해 보자. 두 번째 문장이 첫 번째 문장보다 더 특별한 맥락을 강조하는 뉘앙스가 있다. `an`과 `the` 모두를 불용단어로 취급하여 두 단어를 삭제한다면 두 번째 문장에서 느껴지는 특별한 느낌은 사라진다.

아래는 두 문장을 사례로 불용단어를 제거하는 과정을 제시한 것이다. a, an, the의 세 단어를 불용단어 목록으로 설정했다(앞서 설명했듯 '|'은 '언급된 표현 중 하나라도 등장하면'이라는 뜻의 불리언 기호다). 결과에서 알 수 있듯 불용단어들을 제거하면 두 문장은 동일하게 바뀐다.

```
> mytext <- c("She is an actor","She is the actor")
> #다음과 같이 불용단어 목록을 오브젝트로 만들어 사용하면 편하다.
> mystopwords <- "(\\ba )|(\\ban )|(\\bthe )"
> str_remove_all(mytext,mystopwords)
[1] "She is actor" "She is actor"
```

불용단어 목록은 위와 같은 방법으로 분석자가 직접 구축할 수도 있고, 다른 연구자가 이미 모아놓은 목록을 사용할 수도 있다. 예를 들어 다음에 소개한 tm 패키지의 경우 2개의 불용단어 목록들("en"과 "SMART")을 제시하고 있다. "en"이라는 이름의 불용단어 목록에는 총 174개의 불용단어가, "SMART"라는 이름의 불용단어 목록에는 총 571개의 불용단어가 존재한다. 독자들은 tm 패키지(혹은 다른 텍스트 마이닝 패키지라도 상관없다)의 불용단어들을 사용하기 전에 어떤 단어가 불용단어로 분류되었는지, 그리고 자신이 분석하려는 텍스트 데이터에 적용했을 때 문제가 발생하지는 않을지 비판적으로 되돌아보기 바란다. 아래는 tm 패키지의 en과 SMART 불용단어 목록에 포함된 단어 수와 단어 목록이다.

```
> #tm 패키지에 포함된 영어 불용단어 목록은 두 가지다.
> library('tm')
> #짧은 불용단어 목록에는 총 174개의 단어가 포함되어 있다.
> length(stopwords("en"))
[1] 174
> #긴 불용단어 목록에는 총 571개의 단어가 포함되어 있다.
> length(stopwords("SMART"))
[1] 571
> #length() 함수 표현을 없애면 어떤 단어들이 불용단어 목록에 포함되었는지 알 수 있다.
> stopwords("en")
  [1] "i"          "me"         "my"         "myself"     "we"         "our"
  [7] "ours"       "ourselves"  "you"        "your"       "yours"      "yourself"
[분량 문제로 중간 부분 출력 결과를 제시하지 않음]
[163] "some"       "such"       "no"         "nor"        "not"        "only"
[169] "own"        "same"       "so"         "than"       "too"        "very"
> stopwords("SMART")
  [1] "a"             "a's"           "able"          "about"         "above"
  [6] "according"     "accordingly"   "across"        "actually"      "after"
[분량 문제로 중간 부분 출력 결과를 제시하지 않음]
[561] "you"           "you'd"         "you'll"        "you're"        "you've"
[566] "your"          "yours"         "yourself"      "yourselves"    "z"
[571] "zero"
```

어근 동일화 처리 과정

영어와 한국어 모두 동일한 단어라고 하더라도 문법적 기능에 따라 표현이 바뀌는 경우가 적지 않다. 영어의 경우 3인칭 주어가 등장할 경우 동사의 형태가 바뀌며, 또한 동사의 시제가 과거인지 아니면 현재인지에 따라 모습이 바뀐다. 또한 명사의 경우도 단수 형태에서 복수 형태로 바뀌면 s 혹은 es가 붙는 패턴을 보인다. 한국어의 경우도 '가다'라는 동사는 '가고', '가니', '간' 등 맥락에 따라 패턴이 바뀐다. 어근 동일화(stemming) 처리 과정은 파생된 형태의 단어를 동일하게 처리할 수 있도록 체계적인 방식으로 표현을 변환시키는 텍스트 데이터 처리 과정을 의미한다. tm 패키지를 비롯한 대부분의 텍스트 마이닝 도구의 경우 마틴 포터(Martin Porter)의 어근 동일화 알고리즘[흔히 '포터의 스테머(Porter's Stemmer)'라고 불림]을 제공해 주고 있다.

하지만 여기서는 어근 동일화 과정을 이해하기 위해 간단한 어근 동일화 프로그램을 만들어보도록 하자. 아래와 같이 개인맞춤형 함수를 설정해 보자. 개인맞춤형 함수 내부에 str_replace_all() 함수를 이용했으며, be 동사의 파생 형태 am, are, is, was, were, be 등이 단어로 사용되었을 경우, 이들을 모두 be라는 단어로 교체했다. 즉, mystemmer.func 함수는 be 동사의 파생 형태들을 어근인 be로 전환시키는 함수다(앞서 정규표현을 정리한 표에서 제시했듯 \\b는 해당 표현으로 시작된다는 것을 표현하는 프로그래밍 명령어다).

```
> #다음과 같은 약식 어근 동일화 프로그램을 만들어보자.
> various_be <- "(\\b(a|A)m )|(\\b(a|A)re )|(\\b(i|I)s )|(\\b(w|W)as )|(\\b(w|W)
ere )|(\\b(w|W)e )"
> mystemmer.func <- function(mytextobject){
+   mytext <- str_replace_all(mytext,various_be,"be ")
+   mytext
+ }
```

위와 같은 어근 동일화 프로그램을 이용하여 다음의 텍스트 데이터를 처리해 보자. 여기에는 am, are, be, Is의 네 단어가 등장한다. 이들 텍스트 데이터를 mystemmer.func 함수를 이용해 어근 동일화 처리 이전과 이후를 비교한 결과는 아래와 같다. 어근 동일화 처리 과정을 밟기 이전에는 am, are, be, Is가 각각 1회의 발현 빈도를 가졌으나, 처리 과정을 거친 후에는 be가 4회의 발현 빈도를 갖는 것으로 바뀐 것을 확인할 수 있다.

```
> #예시 텍스트 데이터
> mytext <- c("I am a boy. You are a boy. The person might be a boy. Is Jane a boy?")
> mytext.stem <- mystemmer.func(mytext)
> #어근 동일화 이전과 이후의 텍스트 데이터의 단어들이 어떻게 다른 빈도표를 갖고 있는지 살펴보자.
> table(str_split(mytext," "))

   a    am    are    be    boy.   boy?    I    Is    Jane    might    person
   4     1      1     1       3      1    1     1       1        1         1
 The   You
   1     1
> table(str_split(mytext.stem," "))

   a    be   boy.   boy?      I   Jane      might  person      The       You
   4     4      3      1      1      1          1       1        1         1
```

어근 동일화 처리 과정을 거치면 텍스트 데이터가 한결 간결해진다는 장점이 있다. 그러나 어근 동일화 처리 과정에서 잃는 것도 있다. 예를 들어 A라는 사람과 B라는 사람이 동일한 단어들을 사용했지만, A는 과거형으로 B는 현재형으로 자신을 묘사했다고 가정해 보자. 어근 동일화 과정을 거칠 경우 두 사람의 자기 묘사는 동일하게 바뀐다. 그러나 자신을 묘사할 때 과거형을 썼는지 아니면 현재형을 썼는지는 나름의 중요한 의미를 발견할 수도 있다. 다시 말해 연구의 목적에 따라 어근 동일화 과정을 적용하지 말아야 할 경우도 충분히 예상할 수 있다.

엔그램 적용 과정

엔그램(*n*-gram)이란 *n*회 연이어 등장하는 단어들의 연쇄를 의미한다. 예를 들어 필자가 관심 있는 사회현상 중 하나는 여론인데, 여론의 영문 표현은 public opinion이다. 여론과 관련된 연구 문헌들의 경우 어쩔 수 없이 public이라는 단어와 opinion이라는 단어가 매우 자주 연이어 등장하기 마련이다. public opinion과 같은 단어를 흔히 2-

그램(2-gram) 혹은 바이그램(bigram)이라고 부른다. 또한 Republic of Korea와 같이 3개 단어가 연쇄적으로 나타나는 경우 3-그램(3-gram) 혹은 트라이그램(trigram)이라고 부른다.

이렇듯 2개 혹은 그 이상의 단어들이 연이어 등장하며, 그러한 단어의 연쇄를 특정한 의미를 갖는 하나의 단어로 처리하는 과정을 엔그램 적용 과정이라고 부른다. 그렇다면 어떤 단어들의 연쇄를 엔그램으로 보아야 할까? 언급한 public opinion, Republic of Korea와 같은 단어들을 하나의 단어로 처리하는 것은 당연해 보인다. 하지만 대용량의 텍스트 데이터를 처리할 경우 이해할 수는 있지만 자연스럽게 보이지는 않는 엔그램도 적지 않다. 예를 들어 Thank you라는 표현을 2-그램이라고 보는 것은 타당할까? turn on, turn off와 같은 단어들의 연쇄를 2-그램이라고 보아야 할까? 또한 학술논문들에서는 "my dependent variable is ～～"이라는 표현이 매우 빈번하게 등장하는데 이런 경우 앞의 네 단어들을 4-그램으로 처리하는 것이 타당할까? 아마도 확정된 답은 없을 것이다. 그때그때 상황에 따라 n회 연이어 등장하는 단어들의 연쇄를 엔그램으로 간주할 수도 있고 그렇지 않을 수도 있다는 모호한 대답이 최선이라고 필자는 생각한다. 즉, 텍스트 데이터 분석자 스스로 자신의 연구 목적을 명확히 밝히고, 텍스트 데이터의 특성이 무엇인지 확실히 파악한 후 엔그램을 적용하는 것이 타당하다.

상당수의 텍스트 마이닝 프로그램에서는 엔그램을 계산해 주는 알고리즘이 탑재되어 있다. 한 가지 조심할 점은 해당 알고리즘을 통해 산출된 엔그램이 정말로 타당한, 즉 자연어를 사용하는 사람의 측면에서 타당한 엔그램인지는 완전히 확신할 수 없다는 사실이다. 아무튼 엔그램 처리 과정을 간단한 텍스트 데이터에 적용해 보자. 아래의 텍스트 데이터에는 `United`, `States`라는 2개의 단어, 혹은 `t/The United States`라는 3개의 단어가 매 문장마다 반복적으로 등장한다. 이 텍스트에 2-그램, 3-그램을 적용한 후, 텍스트에서 최소 1회 이상 사용된 단어 수와 총 단어 수가 어떻게 변하는지 살펴보자.

```
> #아래의 텍스트 데이터에서는 the/The, United, States가 3회 같은 순서로 제시되고 있다.
> mytext <- "The United States comprises fifty states. In the United States, each
state has its own laws. However, federal law overrides state law in the United St
```

```
ates."
> myword <- unlist(str_extract_all(mytext,boundary("word")))
> length(table(myword))
[1] 19
> sum(table(myword))
[1] 26
> #United, States를 붙어 있는 단어, 즉 2-gram, 혹은 bigram이라고 가정하자.
> mytext.2gram <- str_replace_all(mytext,"\\bUnited States","United_States")
> myword2 <- unlist(str_extract_all(mytext.2gram,boundary("word")))
> length(table(myword2))
[1] 18
> sum(table(myword2))
[1] 23
> #the/The. United, States를 붙어 있는 단어, 즉 3-gram, 혹은 trigram이라고 가정하자.
> mytext.3gram <- str_replace_all(mytext,"\\b(t|T)he United States","The_United_States")
> myword3 <- unlist(str_extract_all(mytext.3gram,boundary("word")))
> length(table(myword3))
[1] 16
> sum(table(myword3))
[1] 20
```

소규모 텍스트 데이터나 엔그램 처리를 하지 않았을 때 텍스트 의미가 달라질 수 있는 경우라면, 엔그램 처리는 매우 유용할 수 있다. 그러나 방대한 텍스트 데이터를 처리할 경우, 엔그램을 적용하는 것이 오히려 텍스트 데이터의 복잡성을 늘릴 수도 있다. 예를 들어 "'Public,' the first word in the public opinion, implies that the public opinion is not a personal view on an issue. 'Opinion,' the second word in the public opinion, indicates that the public opinion is not a matter of fact about the phenomenon."이라는 텍스트를 생각해 보자. 논의를 단순하게 만들기 위해 public, opinion의 두 표현만 고려해 보자. 엔그램을 처리하지 않을 경우, 이 텍스트에는 public과 opinion 두 단어만 등장한다. 그러나 바이그램을 고려한 경우, 이 텍스트에는 public, opinion, public_opinion 세 단어가 등장한다. 이 데이터의 경우 데이터 복잡성이라는 측면에서 엔그램 처리를 하지 않는 것이 훨씬 더 텍스트 데이터를 간소하게 만든다. 텍스트 마이닝을 적용하는 텍스트는 대개 엄청나게 많은 텍스트를 처리한다. 다시 말해 엔그램 처리 과정을 거칠 경우 텍스트 데이터의 복잡성은 줄어들기보다 늘어날 가능성이 더 높다.

다시 강조하지만, 과연 엔그램 처리 과정을 거치는 것이 연구 목적에 부합하는지,

그리고 다루고 있는 텍스트 데이터의 특성과 부합하는지는 비판적으로 되새길 필요가 있다.

tm 패키지 함수들 이용하여 텍스트 데이터 사전처리

앞에서는 텍스트 마이닝 과정에서 자주 언급되는 텍스트 데이터에 대한 사전처리 과정들의 의미와 간단한 사례들을 통해 각각의 처리 과정이 어떻게 작동하는지 소개했다. 그러나 이 책에서 분석 사례로 본문에 소개된 텍스트 마이닝 처리 과정에서 사용된 간단한 텍스트가 아닌 상대적으로 대용량의 텍스트를 처리하려면 어떻게 해야 할까? 흔히 언급되는 '텍스트 마이닝 도구(text-mining tools)'란 대용량의 텍스트 데이터를 체계적으로 관리하고 처리하기 위한 알고리즘의 집합을 의미한다. R의 경우 `tm` 패키지가 텍스트 마이닝 도구로 가장 널리 사용된다. 여기서는 `tm` 패키지의 함수들을 이용해 말뭉치를 구성하고, 앞서 소개한 텍스트 데이터 처리 과정을 어떻게 적용할 수 있는지 살펴볼 것이다.

`tm` 패키지의 함수들을 설명하기 위해 필자가 2009년부터 2019년까지 출간한 영문 학술논문의 초록(abstract)을 예시 텍스트 데이터로 설정했다. 이를 통해 필자의 학문적 관심사가 어떠하며 시간에 따라 어떻게 학문적 관심이 변화하고 있는지를 정량적 텍스트 데이터 분석을 통해 살펴보고자 한다.

예시 사례로 총 33개의 영문 초록이 포함되어 있다. 물론 여기서 예시로 소개될 텍스트 데이터는 대용량이라고 불리기 부끄러울 정도로 작다. 필자가 해당 데이터를 이 책의 소개 사례로 이용한 데는 다음과 같은 이유가 있다. 첫째, 해당 텍스트 데이터들은 모두 필자, 혹은 필자의 공저자들과 함께 작성한 것이다. 즉, 텍스트 데이터에 대해 필자는 다른 누구보다 더 잘 알고 있다. 둘째, 이 책의 독자 입장에서 총 33개의 영문 초록을 읽는 것이 그렇게 어렵지는 않다고 생각하기 때문이다. 독자들은 이 부분을 읽기 전에 영문 초록을 읽어보기 바란다. 아마 아무리 길어도 한 시간 정도면 33개의 영문 초록을 읽고 이해하는 데 충분할 것으로 생각한다. 보통의 텍스트 마이닝 관련 도서에서는 '필자가 보았을 때' 과도할 정도로 많은 텍스트 데이터를 예시 데이터로 활용하기 때문에 자연어로서의 텍스트 데이터의 의미와 텍스트 분석을 통해 얻은 텍스트 데이터의 의미의 관계를 파악하기가 쉽지 않은 것 같다. 작은 규모의 데이터를 분석해 보면서 텍스트 마이닝 기법들이 익숙해지면, 큰 규모의 데이터 분석도 쉽게 느껴질 것이다. 셋째, 작은 규모의 텍스트이기 때문에 텍스트 데이터 분석에 긴 시간이 소요되지 않는다. 다시 말해 독자들의 실습 결과를 빨리빨리 확인할 수 있다. 일반적 사회과학데이터 분석과 비교해 텍스트 데이터 분석에는 긴 시간이 소요되는 것이 보통이다. 이 책의 예시 데이터는 텍스트 마이닝 기법을 학습하기 위한 것이 목적이기 때문에 빠르게 결과를 확인하는 것이 더 중요하다고 생각했다.

텍스트 데이터 분석의 목적이 무엇이고, 텍스트 데이터의 의미가 어느 정도 이해되었다면, 먼저 말뭉치를 구성하고, 다음으로 말뭉치에 대해 사전처리 과정을 적용해 보자.

말뭉치의 구성

우선 33개의 영문 초록을 다운로드한 후 독자가 원하는 폴더에 해당 텍스트 파일들을 저장해 두자. 다음으로 해당 폴더의 이름을 별도의 오브젝트로 저장한 후, `tm` 패키지의 `VCorpus()` 함수를 이용하면 해당 폴더에 들어 있는 텍스트 데이터들을 말뭉치로 구성할 수 있다. `VCorpus()` 함수의 경우 `DirSource()` 함수에 말뭉치를 구성하고자 하는 텍스트 데이터들이 저장된 폴더 위치를 지정하면 된다. 이렇게 처리된 말뭉치는 `mypaper`라는 이름의 오브젝트로 저장했다.

```
> #tm 패키지 구동
> library('tm')
> #모아놓은 텍스트 자료의 파일 위치를 설정
> #2009년부터 2019년까지 백영민의 출간 논문 초록의 말뭉치 구성
> my.text.location <- "D:/data/ymbaek_papers"
> mypaper  <- VCorpus(DirSource(my.text.location))
```

이렇게 저장된 말뭉치 오브젝트를 살펴보자. 우선 `mypaper` 오브젝드를 그대로 R

에 입력하면 다음과 같은 정보를 확인할 수 있다. 우선 Content: documents: 33이라는 정보는 말뭉치에 포함된 문서들의 수가 33인 것을 의미한다. Metadata: 로 시작하는 부분은 메타데이터에 대한 정보를 보여준다. 결과에서 쉽게 알 수 있듯, 말뭉치에도 말뭉치를 구성하는 문서에도 특별하게 부여된 메타데이터 정보는 존재하지 않는다. 만약 메타데이터 정보를 입력하고 확인하고 싶다면 meta()라는 함수를 사용하면 된다. meta() 함수는 나중에 다시 살펴보기로 한다.

```
> #말뭉치를 검토해 보자.
> mypaper
<<VCorpus>>
Metadata:  corpus specific: 0, document level (indexed): 0
Content:  documents: 33
```

R의 tm 패키지는 리스트 형식으로 구성되어 있다. 아래의 summary() 함수를 적용한 결과를 살펴보자.

```
> summary(mypaper)
           Length Class            Mode
p2009a.txt 2      PlainTextDocument list
p2009b.txt 2      PlainTextDocument list
p2010a.txt 2      PlainTextDocument list
p2010b.txt 2      PlainTextDocument list
p2010c.txt 2      PlainTextDocument list
[분량 문제로 중간 부분 출력 결과를 제시하지 않음]
p2019a.txt 2      PlainTextDocument list
p2019b.txt 2      PlainTextDocument list
p2019c.txt 2      PlainTextDocument list
p2019d.txt 2      PlainTextDocument list
p2019e.txt 2      PlainTextDocument list
```

만약 말뭉치를 구성하는 특정 문서를 지정하고 싶다면 mypaper라는 말뭉치 오브젝트에 인덱싱을 적용하면 된다. tm 패키지의 말뭉치는 리스트 형식을 따른다. 예를 들어 mypaper라는 말뭉치에서 두 번째 문서를 찾고 싶다면 mypaper[[2]]를 입력하면 된다. 즉, mypaper[[2]] 오브젝트에는 1개의 텍스트 내용과 7개의 메타데이터가 들어 있다.

```
> #말뭉치를 구성하는 두 번째 문서는?
> mypaper[[2]]
<<PlainTextDocument>>
Metadata:  7
Content:  chars: 990
```

우선 두 번째 문서의 내용은 어떤지 살펴보자. 다음과 같이 mypaper[[2]]$content를 입력하면 된다.

```
> #말뭉치를 구성하는 두 번째 문서의 내용은?
> mypaper[[2]]$content
[1] "The debate on late night comedy has been inconclusive, with some scholars ar
guing that this genre increases political knowledge, and others seeing late night
comedy as harmful to effective citizenry. We add to the debate and to the researc
h on media effects more generally, by proposing a model that measures political k
nowledge. The model utilizes item response theory (IRT) to account for individual
characteristics, knowledge item difficulty, and response format that influences t
he likelihood of providing a correct response. Drawing on the 2004 National Annen
berg Election Study, we employ this model to test knowledge gain from late night
comedy. Using a meta-analysis across 35 political knowledge items, we show that l
ate night comedy increases knowledge, but primarily on easy political items that
have fewer correct response options, and mainly among the inattentive citizens. W
e discuss theoretical implications and provide practical suggestions for scholars
hip on media effects."
```

다음으로 해당 문서의 메타데이터는 어떤지 살펴보자. mypaper[[2]]$meta 결과에서 나타나듯 총 7개의 정보가 입력되어 있고, 이들 중 datetimestamp, id, language 세 가지가 입력되어 있다.

```
> #말뭉치를 구성하는 두 번째 문서의 메타데이터는?
> mypaper[[2]]$meta
  author       : character(0)
  datetimestamp: 2019-11-17 02:20:13
  description  : character(0)
  heading      : character(0)
  id           : p2009b.txt
  language     : en
  origin       : character(0)
```

만약 해당 오브젝트의 저자 정보를 author라는 이름으로 입력하고 싶다면 앞에서 소개했던 meta() 함수를 사용하면 된다. 메타데이터를 입력하는 방법은 다음과 같다.

```
> #메타데이터 입력
> meta(mypaper[[2]],tag='author') <- 'Y. M. Baek'
> meta(mypaper[[2]])
  author       : Y. M. Baek
  datetimestamp: 2019-11-17 02:20:13
  description  : character(0)
  heading      : character(0)
  id           : p2009b.txt
  language     : en
  origin       : character(0)
```

말뭉치 사전처리

이제 본격적으로 tm 패키지를 이용해 구성한 말뭉치에 대한 데이터 사전처리를 진행해 보자. 이와 관련된 가장 중요한 tm 패키지 함수는 tm_map() 함수다. 기본적으로 tm_map() 함수는 lapply() 함수와 비슷하게 작동한다. tm_map(말뭉치, 사전처리 과정)과 같은 방식을 적용하면 지정된 사전처리 과정이 말뭉치에 적용된다. tm_map() 함수에서 사용 가능한 사전처리 과정들은 다음과 같다. 이 6개의 함수들과 각 함수가 설명하는 사전처리 과정의 의미와 간단한 벡터 단위의 텍스트 데이터에 적용한 예시 사례들은 이미 앞에서 설명한 바 있다.

- removeNumbers(): 말뭉치에 사용된 숫자표현을 모두 제거함.
- removePunctuation(): 말뭉치에 사용된 특수문자를 모두 제거함.
- stripWhitespace(): 2회 이상 연이어 등장하는 공란이나 탭 공란 등을 1개의 공란으로 치환함.
- removeWords(): 말뭉치에서 사전에 지정된 단어들을 삭제함.
- stemDocument(): 어근 동일화 알고리즘을 적용함.
- content_transformer(): 이용자가 지정한 함수를 적용함. 예를 들어 content_transformer(tolower)를 사용하면 말뭉치의 모든 대문자를 소문자로 치환함.

tm 패키지의 tm_map() 함수를 위의 함수들과 같이 사용하면 매우 효율적이고 유용하다. 그러나 다시 반복하지만, 독자들은 텍스트 데이터 사전처리를 실시할 때 자신이 무엇을 하고 있는지에 대해서 언제나 주의를 기울여야 한다. 예를 들어, tm_map(말뭉치, removeNumbers)를 이용해 텍스트 데이터에서 숫자표현을 모두 제거하는 것이 과연 타당할까? 만약 분석자의 텍스트 데이터 분석 목표가 '특정 문서가 경제 기사인지 아니면 문화 기사인지를 구분하는 것'이라고 가정해 보자. 이 경우 경제 기사와 문화 기사가 섞여 있는 말뭉치에서 숫자표현을 모두 제거하는 것은 현명하지 않을 수 있다(일반적으로 경제 기사는 문화 기사에 비해 숫자가 더 많이 사용되기 때문이다). 즉, 이와 같은 연구 목적에 더 적합한 사전처리 방법은 숫자표현을 제거하는 것보다 숫자표현을 _number_와 같은 방식으로 치환하는 방식을 택하는 것이 더 나을지도 모른다. 마찬가지로 특수문자 제거 과정, 공란 처리 과정, 불용단어 삭제 여부 등도 데이터 분석자의 연구 목적과 텍스트의 성격에 맞게 설정하는 것이 필수적이다. 따라서 tm_map() 함수를 적용하기 전에 말뭉치를 구성하는 단어들을 먼저 살펴볼 것을 권하고 싶다. 특히 텍스트 데이터를 분석하기 전에 다음의 세 가지를 살펴보라고 권하고 싶다.

첫째, 특수문자를 중심으로 연결된 단어들을 살펴보기 바란다. 예를 들어보자. 앞에서 살펴본 default-setting이라는 표현의 특수문자 '-'를 단순히 제거하는 것은 현명하지 못하다. 맥락에 따라 다를 수 있지만, 적어도 필자가 보았을 때 default와 setting은 별개의 두 단어로 취급되는 것이 적절하다. 반면 co-exist와 같은 표현에서는 '-'를 제거하여 하나의 단어로 처리하는 것이 더 합리적이라고 생각한다.

둘째, 수치로 표시된 단어들을 살펴보기 바란다. 맥락에 따라서는 모든 숫자표현들을 삭제하는 것이 나을 수도, 어떤 맥락에서는 숫자표현을 _number_와 같이 통합하여 처리하는 것이 나을 수도, 특수한 의미의 숫자표현은 남기되 일반적인 숫자표현은 삭제하는 것이 나을 수도 있다. 숫자표현을 사전처리하기 전에 말뭉치의 숫자표현이 어떠한지를 살펴보는 것은 분석자의 연구 목적이 타당한지, 그리고 텍스트의 성격이 분석자가 가정한 성격과 부합하는지를 평가하는 데 상당히 유용하다.

셋째, 대문자로 시작하는 단어들의 목록을 살펴보기 바란다. 문장이 시작하면서 사용된 대문자인지, 아니면 고유명사를 표현하는 대문자인지, 아니면 UN(United Nations)과 같은 약자인지를 판별하는 것은 매우 중요하기 때문이다.

tm 패키지를 통해 구축한 mypaper라는 이름의 말뭉치를 대상으로 언급한 세 가지 단어들은 어떠한지 살펴보자. 언급했듯 tm 패키지의 말뭉치는 리스트 형식의 오브젝트다. 좋은 방법은 아니지만, lapply() 함수를 적용하면 위에서 언급한 세 종류의 단어들을 쉽게 추출할 수 있다. 우선은 특수문자 전후에 등장하는 단어들이 무엇인지를 살펴보자. 아래와 같이 정규표현을 이용해 특수문자 전후에 등장하는 알파벳이나 숫자표현은 어떠한지를 추출할 수 있는 개인맞춤형 함수를 설정한 후 myfunc라는 이름으로 저장했다. 표현의 추출을 위해서는 stringr 패키지의 str_extract_all() 함수를 활용했다. 이렇게 설정된 개인맞춤형 함수인 myfunc() 함수를 lapply() 함수를 통해 말뭉치에 적용한 결과는 다음과 같다.

```
> #다음과 같은 방식을 사용하면 특수문자 사용 전후의 단어들이 무엇인지 살펴볼 수 있다.
> myfunc <- function(x) {
+   str_extract_all(x$content,
+                 "[[:alnum:]]{1,}[[:punct:]]{1}?[[:alnum:]]{1,}")
+ }
> mypuncts <- lapply(mypaper, myfunc)
> table(unlist(mypuncts))

              2,379               6,262       ability-based
                  1                   1                   1
     agenda-setting              and/or  andmediation-effect
                  1                   2                   1
anxious-ambivalent       co-activation      co-constraint
                  1                   1                   1
       co-emergence        co-existence    comparison-based
                  1                   1                   2
    content-analyze      cross-cultural      Cross-cultural
                  1                   6                   1
  cross-culturally         cross-party    culture-specific
                  1                   1                   1
        data-driven dismissive-avoidant                 e.g
                  1                   1                  14
     export/import        eye-oriented             face-to
                  1                   1                   6
   fearful-avoidant   five-dimensional           follow-up
                  1                   1                   3
       gender-equal        government’s         Gudykunst's
                  1                   1                   1
   health-promoting            high-and             his/her
                  1                   1                   1
```

```
            Hofstede's            Hofstede’s                  i.e
                     1                     1                    7
                 ICD-9   ideology-dependent     insti-tutional
                     1                     1                    1
  inter-disciplinary                 ISP's                K-pop
                     1                     1                    3
             lab-based           large-scale        less-educated
                     1                     3                    1
   lifestyle-oriented               low-SES          main-effect
                     1                     1                    3
     mediation-effect          MERS-related          message’s
                     3                     1                    1
         meta-analysis         more-educated      mouth-oriented
                     1                     1                    1
          multi-author          news/opinion      news/opinions
                     1                     2                    1
                non-US            notice-and           one-sided
                     1                     1                    1
                one’s            open-ended       opinion-based
                     1                     3                    1
                opt-in               opt-out     orga-nizations
                     2                     1                    1
            other?self              other’s    over-represents
                     1                     1                    1
              people's             people’s           PME3?PME1
                     3                     2                    1
        policy-making politico-psychological        post-material
                     1                     1                    1
   privacy-protective           sci-entific        self-efficacy
                     2                     1                    1
           self-esteem     self-presentation            SEM)show
                     3                     2                    1
       settings.Second           SNS-related      socio-political
                     1                     1                    1
              study’s         third-person        topic-journal
                     2                     2                    1
              US-based         Video-sharing           well-being
                     1                     1                    5
     well-functioning            well-known          within-bloc
                     1                     1                    1
        within-subject             YouTube's
                     1                     1
```

독자들은 이 단어 목록을 잘 살펴보기 바란다. 과연 특수문자들을 어떻게 처리하는 것이 좋을까? 필자 개인의 견해이지만 일괄 생략은 적절하지 않다고 생각한다. 즉,

tm_map() 함수에 removePunctuation() 함수를 적용하는 것은 적절하지 않아 보인다. 나중에 content_transformer() 함수를 설명하면서 더 자세한 사례를 들겠지만, 간단하게나마 몇 가지만 예를 들어보자.

첫째, 소유격을 나타내는 's라는 표현은 어떻게 처리하는 것이 좋을까? 필자의 견해로는 특수문자만 삭제할 것이 아니라 's를 모두 삭제하는 것이 타당해 보인다. 흥미롭게도 s 앞의 아포스트로피 표현이 미묘하게 다르다. 예를 들어 Hofstede라는 사람 이름 다음에 등장하는 아포스트로피의 경우 Hofstede's와 Hofstede's가 언뜻 보면 동일해 보이지만 컴퓨터는 두 가지를 다르게 구분하고 있다는 것을 알 수 있다.

둘째, and/or의 경우는 어떤가? / 기호를 공란으로 처리하여 별개의 두 단어로 처리하는 것이 타당할 듯하다(아니면 andor와 같이 하나의 단어로 처리하여, and나 or와 다른 단어로 간주하는 것도 꼭 나쁘다고 할 수는 없을지 모른다). co-activation과 같은 경우는 '–'을 그냥 삭제하는 것이 더 합리적일 듯하다.

셋째, 숫자의 천 단위를 구분하기 위해 사용한 콤마의 경우 그대로 삭제하는 것이 더 타당할 듯하다. 그러나 여기서는 나타나지 않았지만 만약 소수점이 나타났다면 어떻게 처리하는 것이 타당할까? 단순히 제거하는 것은 적절하지 않을 것이다(예를 들어 15.5에서 소수점을 표기하는 마침표를 그냥 삭제하면 155가 되어버린다).

독자들이 꼭 필자의 판단에 동의할 필요는 없지만 아마 위에서 나온 특수문자들을 일괄 생략하는 것은 적절하지 않다는 데에는 모두 동의할 것이라고 본다.

다음으로 숫자표현에는 어떤 것이 있으며, 독특한 패턴이 있는지 살펴보자. 아래와 같은 방식으로 최소 1자리 이상의 숫자가 포함된 표현에는 어떤 것이 있는지 살펴보았다.

```
> #다음과 방식을 사용하면 수치가 포함된 자료가 어떤 것인지 살펴볼 수 있다.
> myfunc <- function(x) {
+   str_extract_all(x$content,
+                   "[[:graph:]]{0,}[[:digit:]]{1,}[[:graph:]]{0,}")
+ }
> mydigits <- lapply(mypaper, myfunc)
> table(unlist(mydigits))

        (1)        (2)     (2003),        (3)        (4)    (PFNE1),
         10         10           1          8          2          1
```

```
     (PFNE3)        (PME1).        (PME3)          1036)            11%           1997
           1              1             1              1              1              1
       2,379           2002         2003)           2004           2005           2007
           1              1             1              1              1              1
        2008           2012          2015          2017.         2028),             35
           2              3             1              1              1              1
          45             58        6,262)            712          756).             78
           1              1             1              1              1              1
        82).          ICD-9         PFNE1          PFNE3           PME1          PME3;
           1              1             1              1              1              1
PME3?PME1),
           1
```

괄호 속의 숫자들의 빈도가 꽤 높게 나타난 것을 발견할 수 있다. 또한 영문 대문자 다음에 1이나 3이 붙어 있는 경우, 이를테면 PME1이나 PME3와 같은 표현들이 빈번한 것을 알 수 있다. 일반 독자에게는 별로 중요하지 않은 것처럼 보일 수 있지만 여론 현상 연구자에게는 두 가지는 그 의미가 서로 미묘하게 서로 다르다(과도하게 단순화시켜 이야기하면 PME1은 내가 바라본 나의 모습을, PME3는 내가 바라본 제3자, 즉 일반인의 모습을 의미한다). 그러나 두 가지 표현들은 모두 '나(데이터에 포함된 응답자)의 인식'을 다룬다는 점에서 숫자 1이나 3은 그리 큰 의미를 갖지 않는다고도 볼 수 있다.

또한 **2002**, **2012** 등과 같이 네 번 연달아 등장하는 숫자의 경우 '연도'일 가능성이 높다고 추정할 수 있다(물론 2019년도까지의 출판물이라는 점에서 2028이라는 숫자가 '연도'일지 한번 의심해 보는 것이 좋을 것이다). 특별한 의미나 패턴을 갖는 숫자표현은 없다고 보아도 무방할 것이다.

숫자 혹은 숫자가 포함된 표현의 경우, 적어도 필자가 보았을 때 일괄 생략해도 큰 문제는 없을 듯하다.

다음으로 첫 글자가 대문자로 시작하는 단어들의 목록을 살펴보았다.

```
> #다음과 방식을 사용하면 대문자로 시작하는 단어를 확인할 수 있다(고유명사 확인에 유용함).
> myfunc <- function(x) {
+   str_extract_all(x$content,
+                   "[[:upper:]]{1}[[:alnum:]]{1,}")
+ }
> myuppers <- lapply(mypaper, myfunc)
> table(unlist(myuppers))
```

```
       Action  Additionally     Affective   Affirmative       African
            1             2             3             1             1
         AIMS      Although   Ambivalence      American     Americans
            1             3             1             1             2
           An           AND         Anger    Annenberg   Application
            2             1             1             2             1
Approximately           Are            As        Asians            At
            1             1             1             1             1
   BACKGROUND          Bank        Barack         Based        Benoit
            1             1             1             6             1
        Black          Both            By      Citizens Communication
            4             2             6             1             1
  CONCLUSIONS         Cross           CVC          Data    Democratic
            1             1             1             1             1
    Democrats    Depression       Despite          Does         Doing
            4             2             2             1             1
      Drawing          East     Education      Election   Expenditure
            7             1             1             3             1
     Extended      Facebook       Finally      Findings         First
            2             3             1             3             3
     Focusing           For   Furthermore         Garry       General
            1             1             1             1             1
        Given     Gudykunst       Gunther           HDB        Health
            1             1             1             9             1
    Hispanics           HLC          HLOC     Hofstede       However
            1             9             7             2             4
          ICD            If  Implications            In  Independents
            1             1             5             3             1
      Instead Interestingly     Interface      Internet    Intonation
            1             1             1             6             3
          IPI           IRT           ISP          ISPs            It
            4             1             2             1             1
         John         Korea        Korean         Laver        Little
            1             3            11             1             1
       McCain       Medical          MEPS          MERS       METHODS
            1             1             1             3             1
       Middle          Most      National    Networking      Numerous
            1             1             3             1             1
        Obama            On           Our         Panel         Party
            1             2             6             1             1
        PFNE1         PFNE3          PHOs          PME1          PME3
            2             2             4             3             3
    Political           Pop  Presidential         Prior   Programming
            2             1             1             1             1
       Public        Racial        Rather        Recent     Regarding
            1             2             1             1             1
     Relative       Relying      Research   Respiratory       Results
            1             5             1             1             3
```

```
    RESULTS      Sadness       Second          SEM          SES
          1            1            1            3            6
       SESs        Sewol        Sites          SNA          SNS
          1            1            1            1           29
       SNSs       Social         Some        South       States
         13            1            1            6            1
        STM       Storey      Studies        Study       Survey
          1            1            2            1            2
   Syndrome          The  Theoretical        These         This
          1           18            5            4           19
      Three           To      Twitter       United       Unlike
          1            2            1            1            1
         US        Using        Video       Voting           We
          2            6            1            1           17
       Weak          Web        While        White         With
          1            1            2            6            4
 Wordscores        World      YouTube
          3            1            4
```

빈도표를 살펴본 결과 앞서 예시 사례로 언급했던 일반명사인 trump와 혼동 가능한 고유명사인 Trump와 같은 사례는 없는 듯하다. 따라서 모든 대문자 표현들을 소문자로 통합해도 큰 문제가 없을 듯하다.

위의 결과를 바탕으로 필자는 mypaper라는 말뭉치 텍스트 데이터를 아래와 같은 순서와 규칙에 따라 사전처리했다.

① 말뭉치에 등장한 숫자표현들은 모두 삭제했다.
② 말뭉치에 사용된 특수문자들의 경우 두 단계를 통해 사전처리했다.
  ㉠ 〈표 5〉에 따라 몇몇 표현들을 교체했다.
  ㉡ ②-㉠에 해당되지 않는 특수문자들은 일괄 생략했다.
③ 2번 이상 연이어 나타난 공란들은 하나의 스페이스 공란(" ")으로 바꾸었다.
④ 대문자로 나타난 텍스트는 모두 소문자로 전환했다.
⑤ tm 패키지에 탑재된 SMART 불용문자 목록에 포함된 단어들을 모두 삭제했다.
⑥ 어근이 동일하지만 문법적으로 변용된 단어들을 통합하는 어근 동일화 알고리즘을 적용했다.
⑦ 엔그램 처리 과정은 실시하지 않았다(엔그램을 찾는 방법은 나중에 다시 소개하기로 한다).

〈표 5〉

지정된 표현	교체된 표현
andmediation-effect	and mediation-effect
-collar	collar
co- 혹은 Co-	co
cross- 혹은 Cross-	cross
e.g.	for example
i.e.	that is
’s 혹은 's	삭제
’, ' “, "	삭제
ICD-	ICD
inter- 혹은 Inter-	inter
orga-nizations	organizations
K-pop	Kpop
meta- 혹은 Meta-	meta
opt- 혹은 Opt-	opt
sci-entific	scientific
post- 혹은 Post-	post
-end	end
within- 혹은 Within-	within
=	is equal to
and/or	and or
his/her	his her
well-being	wellbeing
나머지 -, /, ?,)의 경우	스페이스 공란(' ')

첫째, ①의 과정에 부합하도록 말뭉치에 등장하는 숫자표현을 일괄 생략했다. 다음과 같은 방법으로 tm_map() 함수를 사용하면 매우 간편하게 숫자표현을 일괄 생략할 수 있다.

```
> #우선 숫자표현들을 모두 삭제했다.
> mycorpus <- tm_map(mypaper, removeNumbers)
```

둘째, ②-㉠에 제시된 표에 정의된 방식을 따라 특수문자가 들어 있는 지정된 표현들을 새로운 표현들로 교체했다. 필자가 원하는 표현교체 방식은 tm 패키지에서 지원되지 않기 때문에, tm 패키지에 있는 content_transformer() 함수를 사용해야 한다. content_transformer() 함수에는 텍스트 데이터 사전처리를 위한 함수가 들어가야 한다. ②-㉠에 제시된 방식에 맞게 표현들을 교체하기 위해서는 '말뭉치 오브젝트', '지정된 표현', '교체된 표현' 세 가지의 오브젝트들이 필요하다. 여기서는 문자표현 교체를 위해 stringr 패키지 부속함수인 str_replace_all() 함수를 content_transformer() 함수에 적용했다. 또한 tm_map() 함수를 적용하여 my object라는 이름의 말뭉치 오브젝트, oldexp라는 이름의 지정된 표현 오브젝트, newexp라는 이름의 교체된 표현 오브젝트를 지정하여 말뭉치 속의 표현들이 교체되는 개인맞춤형 함수를 만들고 mytempfunc라는 이름을 부여했다. mytempfunc 함수를 이용해 ②-㉠의 사전처리 과정을 실시한 결과는 다음과 같다.

```
> #우선 숫자표현들을 모두 삭제했다.
> mycorpus <- tm_map(mypaper, removeNumbers)
> #다음으로 특수문자가 들어간 표현들 중 하나의 단어로 취급되어야 하는 것들을 처리했다.
> #removePunctuation의 경우 텍스트 성격을 고려한 아래의 사항들을 반영하지 못한다.
> mytempfunc <- function(myobject,oldexp,newexp){
+   newobject <- tm_map(myobject,
+             content_transformer(function(x,pattern){str_replace_all(x,pattern,newexp)}),
+              oldexp)
+   newobject
+ }
> mycorpus <- mytempfunc(mycorpus,"andmediation-effect","and mediation effect")
> mycorpus <- mytempfunc(mycorpus,"-collar","collar")
> mycorpus <- mytempfunc(mycorpus,"\\b((c|C)o-)","co")
> mycorpus <- mytempfunc(mycorpus,"\\b((c|C)ross-)","cross")
> mycorpus <- mytempfunc(mycorpus,"e\\.g\\.","for example")
> mycorpus <- mytempfunc(mycorpus,"i\\.e\\.","that is")
> mycorpus <- mytempfunc(mycorpus,"\\'s|\\’s","")
> mycorpus <- mytempfunc(mycorpus,"‘|’","")
> mycorpus <- mytempfunc(mycorpus,"“|”","")
> mycorpus <- mytempfunc(mycorpus,"ICD-","ICD")
> mycorpus <- mytempfunc(mycorpus,"\\b((i|I)nter-)","inter")
> mycorpus <- mytempfunc(mycorpus,"K-pop","Kpop")
> mycorpus <- mytempfunc(mycorpus,"\\b((m|M)eta-)","meta")
> mycorpus <- mytempfunc(mycorpus,"\\b((o|O)pt-)","opt")
> mycorpus <- mytempfunc(mycorpus,"orga-nizations","organizations")
> mycorpus <- mytempfunc(mycorpus,"sci-entific","scientific")
> mycorpus <- mytempfunc(mycorpus,"\\b((p|P)ost-)","post")
```

```
> mycorpus <- mytempfunc(mycorpus,"-end","end")
> mycorpus <- mytempfunc(mycorpus,"\\b((w|W)ithin-)","within")
> mycorpus <- mytempfunc(mycorpus,"=","is equal to")
> mycorpus <- mytempfunc(mycorpus,"and/or","and or")
> mycorpus <- mytempfunc(mycorpus,"his/her","his her")
> mycorpus <- mytempfunc(mycorpus,"well-being","wellbeing")
> mycorpus <- mytempfunc(mycorpus,"settings\\.","settings ")
> mycorpus <- mytempfunc(mycorpus,"-|/|\\?|\\)"," ")
```

다음으로 ②-㉡에서 밝혔듯 모든 특수문자들을 일괄적으로 생략했다. removePunctuation() 함수는 'and/or'와 같은 표현 내부의 사선(슬래시) 기호를 'andor'와 같은 표현으로 바꾸어준다. 독자들은 tm_map() 함수에 removePunctuation 함수를 적용할 때 이 점을 주의하기 바란다. 숫자표현을 일괄 삭제할 경우와 마찬가지로 특수문자를 제거하는 과정도 다음과 같이 매우 간단하다.

```
> #나머지 특수문자들은 공란으로 처리하여 제거했다.
> #removePunctuation의 경우 and/oR를 and or로 바꾸지 않고, andor로 바꾸는 등 여기서는 문제가 적지 않다.
> mycorpus <- tm_map(mycorpus, removePunctuation)
```

셋째, ③에서 밝혔듯 2회 이상 연이어 발생한 공란들을 하나의 스페이스 공란으로 처리했다. tm_map() 함수에 stripWhitespace() 함수를 적용하면 매우 손쉽게 공란 사전처리를 할 수 있다.

```
> #공란 처리 과정
> mycorpus <- tm_map(mycorpus, stripWhitespace)
```

넷째, ④에서 명시했듯 말뭉치에 등장하는 모든 대문자 표현을 소문자 표현으로 교체했다. 이를 위해 content_transformer() 함수에 tolower() 함수를 지정한 후 tm_map() 함수에 사용했다. 이 역시 아래와 같이 매우 간단하다.

```
> #대·소문자를 통합했다.
> mycorpus <- tm_map(mycorpus, content_transformer(tolower))
```

다섯째, ⑤번에서 언급했듯 말뭉치에 등장하는 단어들이 SMART라는 이름의 불용단어 목록에 포함될 경우 모두 삭제했다. tm_map() 함수에 removeWords() 함수를 지정한 후 word 옵션에 제거될 단어를 지정하면 된다. 만약 en이라는 이름의 불용단어 목록을 사용하고 싶다면 아래 word 옵션을 word=stopwords("en")으로 바꾸면 된다. 만약 연구자가 스스로 구축한 불용단어 목록이 있다면, stopwords("")의 "" 사이에 연구자가 지정한 불용단어 목록 오브젝트 이름을 입력하면 된다.

```
> #불용단어들 삭제(SMART 목록 사용)
> mycorpus <- tm_map(mycorpus, removeWords, words=stopwords("SMART"))
```

여섯째, ⑥번에서 언급한 것처럼 어근 동일화 알고리즘을 적용했다. tm_map() 함수에 stemDocument() 함수를 적용하고, 말뭉치가 어떤 언어로 작성되었는지를 language 옵션에 밝혀주면 된다.

```
> #스테밍(어근 동일화) 처리했다.
> mycorpus <- tm_map(mycorpus, stemDocument, language="en")
```

이제 위와 같은 텍스트 데이터 사전처리 과정을 거쳐서 얻은 mycorpus 말뭉치와 사전처리가 적용되기 이전의 mypaper 말뭉치를 비교해 보자. 말뭉치에 최소 1회 이상 등장한 문자 수(즉, 고유문자 수), 총 문자 수, 최소 1회 이상 등장한 단어들의 수(즉, 고유 단어 수), 총 단어 수 네 가지 기술통계치를 비교해 보자. 그 과정은 아래와 같다.

```
> #우선 문자 수와 단어 수를 계산하기 위한 개인맞춤형 함수 설정
> mycharfunc <- function(x) {str_extract_all(x$content,".")}
> mywordfunc <- function(x) {str_extract_all(x$content,boundary("word"))}
> #사전처리 과정 적용 이전
> mychar <- lapply(mypaper, mycharfunc)
> myuniquechar0 <- length(table(unlist(mychar)))
> mytotalchar0 <- sum(table(unlist(mychar)))
> myword <- lapply(mypaper, mywordfunc)
> myuniqueword0 <- length(table(unlist(myword)))
> mytotalword0 <- sum(table(unlist(myword)))
> #사전처리 과정 적용 이후
> mychar <- lapply(mycorpus, mycharfunc)
> myuniquechar1 <- length(table(unlist(mychar)))
> mytotalchar1 <- sum(table(unlist(mychar)))
```

```
> myword <- lapply(mycorpus, mywordfunc)
> myuniqueword1 <- length(table(unlist(myword)))
> mytotalword1 <- sum(table(unlist(myword)))
> #사전처리로 인해 어떻게 변화했는지를 살펴보자.
> results.comparing <- rbind(
+   c(myuniquechar0,myuniquechar1),
+   c(mytotalchar0,mytotalchar1),
+   c(myuniqueword0,myuniqueword1),
+   c(mytotalword0,mytotalword1))
> colnames(results.comparing) <- c("before","after")
> rownames(results.comparing) <- c("고유문자 수","총 문자 수","고유단어 수","총 단어 수")
> results.comparing
                   before      after
고유문자 수          79          27
총 문자 수           35990       20888
고유단어 수          1444        841
총 단어 수           5096        2970
```

위의 결과는 사전처리를 통해 말뭉치가 어떠한 변화를 겪었는지 매우 잘 보여주고 있다. 특히 거의 대부분의 텍스트 데이터 분석에서 주목하고 있는 단어 수의 변화에 집중해 보자. 사전처리를 통해 고유단어 수는 약 40%가량 줄어들었고(=100×(1,444-841)/1,449), 총 단어 수 역시 40%가량 감소했다(=100×(5,096-2,970)/5,096). 다시 말해 사전처리를 통해 텍스트 데이터의 복잡성[고차원성(high-dimensionality)]이 감소했다.

텍스트 데이터 사전처리 과정을 돌이켜보면 단어 수가 감소한 이유를 쉽게 짐작할 수 있다. 주요 이유는 다음과 같다. 첫째, 숫자표현을 삭제하면서 숫자로 표현된 단어들이 말뭉치에서 사라졌다. 둘째, 불용단어에 해당되는 단어들이 삭제되었다. 셋째, 어근 동일화 과정을 거치면서 파생된 형태의 단어들이 동일한 어근의 단어들로 통합되었다. 넷째, 그러나 특수문자들로 연결된 단어들 중 몇몇은 정규표현이 공란으로 교체되면서 어느 정도의 단어 수가 증가했을 것(예를 들어 mediation-effect의 1단어가 mediation effect의 2단어로 변환됨)으로 기대할 수 있다.

텍스트 마이닝 연구들은 말뭉치에 대한 사전처리 과정을 거친 후 '문서×단어 행렬' 혹은 '단어×문서 행렬'을 구축한 후 추가적인 통계적 분석을 실시한다. 흔히 '문서×단어 행렬'을 DTM이라고, '단어×문서 행렬'을 TDM(term-document matrix)이라고 약칭한다. DTM과 TDM 모두 특정 문서에 등장하는 특정 단어의 등장 빈도를 행렬로 나타낸 것이다. DTM은 가로줄에 문서가, 세로줄에 단어가 배치된 행렬이며, TDM은 가로줄에는 단어가 세로줄에는 문서가 배치된 행렬이다. 즉, DTM과 TDM은 서로에 대해 전치행렬로 표현된다. `tm` 패키지에서 말뭉치를 DTM으로 구성하려면 `DocumentTermMatrix()` 함수를, TDM으로 구성하려면 `TermDocumentMatrix()` 함수를 이용하면 된다. 먼저 말뭉치를 DTM으로 구성하는 과정은 아래와 같다.

```
> #이제 문서×단어 행렬을 구축하자.
> #TermDocumentMatrix를 사용하면 가로줄에는 단어가, 세로줄에는 문서가 배치된다.
> dtm.e <- DocumentTermMatrix(mycorpus)
> dtm.e
<<DocumentTermMatrix (documents: 33, terms: 839)>>
Non-/sparse entries: 1899/25788
Sparsity           : 93%
Maximal term length: 17
Weighting          : term frequency (tf)
```

위의 결과에서 잘 나타나듯 `mycorpus`라는 이름의 말뭉치로 구성한 `dtm.e`이라는 DTM은 총 33개의 문서와 839개의 단어들로 구성되어 있다. 즉, DTM은 총 27,687 (=33×839)의 칸(cell)들로 구성되어 있다. 첫 번째 줄의 '`Non-/sparse entries : 1899/25788`'은 DTM 행렬에서 빈도 정보가 제공된 칸과 빈도 정보가 제공되지 않은 칸의 수다. 즉, 전체 27,687개의 칸 중 1,899개의 칸에는 최소 1회 이상의 빈도수가 발견되었지만, 25,788개의 칸에는 0회의 빈도수가 발견되었다는 뜻이다. 즉, 두 번째 줄의 '`Sparsity : 93%`'의 의미는 전체 칸들 중 약 93%의 칸이 0의 빈도수를 갖는다는 의미다(93≈100×25,788/27,687). '`Maximal term length : 17`'은 가장 긴 문자 수를 갖는 단어의 문자 수가 17이라는 의미다.[2] 마지막 줄의 '`Weighting : term frequency (tf)`'는 DTM의 칸에 투입된 수치가 단어 빈도임을 나타낸다. 연구 목적에 따라 단어

---

2 아마도 대부분의 독자들은 17개의 알파벳으로 구성된 단어를 일반적 영어 단어라고 생각하지 않을 수도 있다. 이 단어가 어떤 단어인지는 다음과 같은 방식으로 확인해 볼 수 있다. 아래 결과에서 나타난 두 단어들은 큰 문제가 없는 단어임을 알 수 있다.

```
> #17개 알파벳으로 구성된 단어는?
> colnames(dtm.e)[nchar(colnames(dtm.e))==17]
[1] "interdisciplinari" "interrelationship"
```

빈도가 아닌 다른 값(가장 많이 사용되는 값은 TF-IDF 값인데, 이에 대해서는 조금 후에 소개하겠다)이 투입되기도 한다.

그렇다면 DTM은 어떻게 구성되어 있을까? `DocumentMatrixMatrix()` 함수로 처리된 오브젝트에 인덱싱 기호(`[,]`)를 사용하면 DTM의 행렬식 표현을 살펴볼 수 있다. 예를 들어 DTM의 가로줄 이름(즉, 문서 이름)과 세로줄 이름(즉, 단어 이름)을 추출하는 방법은 다음과 같다.

```
> #행렬식으로 표현
> rownames(dtm.e[,])
 [1] "p2009a.txt" "p2009b.txt" "p2010a.txt" "p2010b.txt" "p2010c.txt"
 [6] "p2011a.txt" "p2011b.txt" "p2012a.txt" "p2012b.txt" "p2013a.txt"
[11] "p2014a.txt" "p2014b.txt" "p2014c.txt" "p2014d.txt" "p2014e.txt"
[16] "p2014f.txt" "p2014g.txt" "p2015a.txt" "p2015b.txt" "p2015c.txt"
[21] "p2015d.txt" "p2015e.txt" "p2015f.txt" "p2016a.txt" "p2017a.txt"
[26] "p2018a.txt" "p2018b.txt" "p2018c.txt" "p2019a.txt" "p2019b.txt"
[31] "p2019c.txt" "p2019d.txt" "p2019e.txt"
> colnames(dtm.e[,])
  [1] "abil"          "abstract"        "academ"
  [4] "access"        "accid"           "account"
  [7] "achiev"        "acquir"          "action"
 [10] "activ"         "actor"           "adapt"
 [13] "add"           "addict"          "addit"
 [16] "administ"      "adopt"           "adult"
 [19] "advanc"        "advent"          "advic"
 [22] "affect"        "affili"          "affirm"
[분량 문제로 중간 부분 출력 결과를 제시하지 않음]
[817] "vote"          "voter"           "vulner"
[820] "warn"          "watch"           "way"
[823] "weak"          "weaken"          "web"
[826] "wellb"         "white"           "wide"
[829] "winner"        "withinbloc"      "withinsubject"
[832] "woman"         "wordscor"        "work"
[835] "world"         "worri"           "young"
[838] "younger"       "youtub
```

`[,]`을 이용해 범위를 지정한 후 `inspect()` 함수를 사용하면 DTM의 일부만 확인하는 것도 가능하다. 예를 들어 1번 가로줄부터 3번 가로줄까지의 문서들과 260번 세로줄부터 265번 세로줄까지의 단어들로 구성된 DTM은 다음과 같다.

```
> #행렬의 일부만 살펴보고 싶다면
> inspect(dtm.e[1:3,260:265])
<<DocumentTermMatrix (documents: 3, terms: 6)>>
Non-/sparse entries: 2/16
Sparsity           : 89%
Maximal term length: 7
Weighting          : term frequency (tf)
Sample             :
            Terms
Docs          engag enhanc enjoy ensur envi environ
  p2009a.txt     0      1     0     0    0       0
  p2009b.txt     0      0     0     0    0       0
  p2010a.txt     3      0     0     0    0       0
```

사전처리한 필자의 영문 학술논문 말뭉치와 이를 기반으로 만들어낸 DTM 데이터는 차후 분석에서 계속 사용할 예정이다. 이에 `saveRDS()` 함수를 이용해 이 두 R 오브젝트를 별도의 파일들(`CorpusE_preprocess.RData, dtmE.RData`)로 저장했다.

```
> #사전처리한 말뭉치와 DTM을 저장한 후 나중에 다시 호출한 후 사용하겠다.
> saveRDS(mycorpus, "CorpusE_preprocess.RData")
> saveRDS(dtm.e, "dtmE.RData")
```

DTM이나 TDM의 칸에 단어 빈도(term frequency)가 아닌 다른 값을 넣는 것도 가능하다. 텍스트 마이닝이나 기계학습에서는 단어 빈도 대신 '단어 빈도-역(逆)문서 빈도(term frequency-inverse document frequency, TF-IDF)'를 사용하기도 한다. 그렇다면 TF-IDF는 무엇이며, 어떠한 특징을 갖고 있을까? 수학적으로 TF-IDF는 앞에서 소개했던 단어 빈도와 아래와 같은 공식을 따르는 역문서 빈도(IDF)의 곱(product)으로 정의된다.

$$IDF(t,D) = \log_{10} \frac{|N|}{|\{d \in D : t \in d\}|}$$ [3]

$$\mathrm{TF-IDF} = \mathrm{TF} \times \mathrm{IDF}$$

3 상황에 따라 상용로그가 아닌 밑(base)이 2인 로그를 쓰거나 로그의 분모에 $|\{d \in D : t \in d\}|$가 아닌 $1+|\{d \in D : t \in d\}|$의 값이 들어가기도 한다. 예를 들어 특정한 단어가 말뭉치에서 전혀 사용되지 않

여기서 N은 말뭉치에 포함된 문서들의 수를 의미하며, t는 특정 단어를, d는 특정 문서를, D는 전체 문서를 의미한다. $|\{d \in D : t \in d\}|$는 말뭉치 내에서 특정 단어 t가 포함된 문서의 수를 의미한다.

일단 TF의 의미는 직관적으로 이해할 수 있다. 이를테면 politics라는 단어가 어떤 문서에 빈번하게 등장했다면 해당 문서는 '정치'와 관련된 주제를 이야기하고 있을 것이라고 추정할 수 있다. 그렇다면 IDF는 어떤 의미를 가질까? 위의 공식을 잘 따져 보자. 동일한 말뭉치에서 N은 상숫값이기 때문에, 높은 IDF 값을 갖기 위해서는 분모, 즉, $|\{d \in D : t \in d\}|$의 값이 작아야 한다. 이 값이 작아지기 위해서는 특정 단어(t)가 특정한 문서(d)에서만 집중적으로 등장해야만 한다.

설명이 추상적일 수 있으니 구체적인 사례를 들어보자. 정치란 주제를 언급하는 수많은 문서들로 구성된 말뭉치를 가정해 보자. 이 경우 politics라는 단어는 거의 모든 문서에서 높은 TF 값을 가지기 때문에, TF 값이 높다는 정보로는 어떤 문서가 다른 문서들과 어떻게 구별되는지를 알기 어렵다. 즉, 어떤 단어가 사용되었을 때 어떤 주제의(혹은 어떤 특성을 갖는) 문서인지를 알기 위해서는 높은 TF 값을 갖는 것은 물론 동시에 높은 IDF 값을 가져야만 한다. TF-IDF를 이해할 수 있도록 아래와 같은 간단한 사례를 들어보자. 아래는 가상적인 TDM이다. 〈표 6〉, 〈표 7〉과 같은 TDM 정보를 기반으로 TF-IDF를 계산해 보자.

〈표 6〉 단어 빈도(TF) TDM

	d_1	d_2	d_3
t_1 = politics	30	30	30
t_2 = president	15	0	0
t_3 = congress	0	15	0
t_4 = court	0	0	15

앖을 경우 $|\{d \in D : t \in d\}|$가 0이 되기 때문에 계산이 불가능한 경우가 발생한다. 그러나 $1+|\{d \in D : t \in d\}|$를 사용하면 분모의 최솟값이 1이라는 상수가 되기 때문에 계산이 가능해진다.

〈표 7〉 단어 빈도-역문서 빈도(TF-IDF) TDM

	d_1	d_2	d_3
t_1 = politics	$30\times\log\frac{3}{3}=0$	$30\times\log\frac{3}{3}=0$	$30\times\log\frac{3}{3}=0$
t_2 = president	$15\times\log\frac{3}{1}\approx 7.16$	$0\times\log\frac{3}{1}=0$	$0\times\log\frac{3}{1}=0$
t_3 = congress	$0\times\log\frac{3}{1}=0$	$15\times\log\frac{3}{1}\approx 7.16$	$0\times\log\frac{3}{1}=0$
t_4 = court	$0\times\log\frac{3}{1}=0$	$0\times\log\frac{3}{1}=0$	$15\times\log\frac{3}{1}\approx 7.16$

TF를 이용한 TDM과 TF-IDF를 이용한 TDM은 비슷한 듯하지만 사뭇 다르다. 우선 t_2, t_3, t_4의 값의 경우 두 TDM 사이에 별 차이가 없다(물론 15와 7.16은 서로 다른 값이지만, 문서를 분류하는 역할이라는 점에서 큰 차이가 없다). 반면 t_1의 값은 큰 차이를 보인다. TF를 이용한 TDM의 경우 t_1이 다른 단어들에 비해 2배의 빈도수를 갖기 때문에 더 중요한 단어인 듯 보이지만, 실제로 해당 단어는 모든 문서에서 동일한 빈도로 등장하기 때문에 특정 문서와 다른 문서를 구분하는 기능을 수행하지 못한다. 즉, TF-IDF는 말뭉치의 문서들에서 매번 등장하는 단어들[일종의 '상수(constant)'에 가까운 모습으로 등장하는 단어들]을 걸러내는 역할을 담당한다.

`tm` 패키지에서는 DTM이나 TDM의 칸에 TF-IDF 함수를 적용한 가중치를 입력할 수 있다. TF-IDF 함수가 적용된 가중치로 DTM이나 TDM을 구성하는 방법은 아래와 같다. 앞서 소개한 가상사례에서는 상용로그, 즉 밑(base)이 '10'인 로그를 사용했으나, 아래 예시에서 소개하는 `weightTfIdf()` 함수에서는 밑이 '2'인 로그를 사용한다. 참고로 `weightTfIdf()` 함수의 `normalize` 옵션을 `TRUE`로 바꾸면 표준화된 가중치의 값이 계산된다.

```
> #아래와 같이 하면 tf-idf 함수를 적용해 가중치가 부여된 행렬이 계산된다.
> dtm.e.tfidf <- DocumentTermMatrix(mycorpus,
+               control=list(weighting=function(x) weightTfIdf(x, normalize=FALSE)))
> dtm.e.tfidf
<<DocumentTermMatrix (documents: 33, terms: 839)>>
Non-/sparse entries: 1899/25788
Sparsity           : 93%
```

```
Maximal term length: 17
Weighting          : term frequency - inverse document frequency (tf-idf)
```

이제 TF를 이용해 구성된 DTM과 TF-IDF를 이용해 구성된 DTM을 비교해 보자. 두 DTM 행렬들의 값을 추출한 후 특정 문서에 등장하는 특정 단어의 TF와 TF-IDF의 값이 각각 어떠한지를 알아볼 수 있는 데이터 프레임을 아래와 같이 구성해 보자.

```
> #mycorpus 말뭉치에서 TF는 크지만 TF-IDF는 상대적으로 작은 단어들을 살펴보자.
> #아래와 같이 TF 값과 TF-IDF 값을 벡터로 추출했다.
> value.tf.dtm <- as.vector(as.matrix(dtm.e[,]))
> value.tfidf.dtm <- as.vector(as.matrix(dtm.e.tfidf[,]))
> #단어명과 문서명을 추출했다.
> word.label.dtm <- rep(colnames(dtm.e[,]),each=dim(dtm.e[,])[1])
> doc.label.dtm <- rep(rownames(dtm.e[,]),dim(dtm.e[,])[2])
> #단어, 문서, TF, TF-IDF의 값을 하나로 모아 데이터 프레임을 만들었다.
> mydata <- data.frame(word.label.dtm,doc.label.dtm,value.tf.dtm,value.tfidf.dtm)
> colnames(mydata) <- c('word','doc','tf','tfidf')
> mydata[150:160,]
     word         doc tf    tfidf
150 accid p2015a.txt  0 0.000000
151 accid p2015b.txt  0 0.000000
152 accid p2015c.txt  0 0.000000
153 accid p2015d.txt  1 5.044394
154 accid p2015e.txt  0 0.000000
155 accid p2015f.txt  0 0.000000
156 accid p2016a.txt  0 0.000000
157 accid p2017a.txt  0 0.000000
158 accid p2018a.txt  0 0.000000
159 accid p2018b.txt  0 0.000000
160 accid p2018c.txt  0 0.000000
```

위와 같이 구성된 데이터 프레임의 TF와 TF-IDF의 사이의 상관계수를 계산해 보자. DTM의 Sparsity에서도 알 수 있듯 두 DTM들은 모두 0의 값들을 많이 갖고 있기 때문에 피어슨 상관계수를 사용하는 것은 적절치 않다. 이에 켄달의 순위상관계수 값을 살펴보았다. 또한 TF 혹은 TF-IDF의 값이 최소 0의 값보다 큰 경우의 켄달의 순위상관계수 값도 살펴보았다. 결과는 아래와 같다.

```
> #상관계수는 다음과 같다.
> cor.test(mydata$tf,mydata$tfidf,method="kendall")
```

```
Kendall's rank correlation tau

data:  mydata$tf and mydata$tfidf
z = 168.08, p-value < 2.2e-16
alternative hypothesis: true tau is not equal to 0
sample estimates:
      tau
0.9868863

> cor.test(mydata$tf[mydata$tf>0&mydata$tfidf>0],
+          mydata$tfidf[mydata$tf>0&mydata$tfidf>0],method="kendall")

Kendall's rank correlation tau

data:  mydata$tf[mydata$tf > 0 & mydata$tfidf > 0] and mydata$tfidf[mydata$tf > 0
& mydata$tfidf > 0]
z = 26.658, p-value < 2.2e-16
alternative hypothesis: true tau is not equal to 0
sample estimates:
      tau
0.4944961
```

위의 결과에서 잘 나타나듯, 최소 0보다 큰 TF와 TF-IDF를 솎아낸 후 계산된 켄달의 순위상관계수 값은 τ=.44로 그리 높지 않다. 다시 말해 TF 값의 순위가 높아도 TF-IDF 값의 순위가 높지 않은 경우도 적지 않다는 것을 알 수 있다. 이를 알아보기 위해 최소 0보다 큰 TF와 TF-IDF의 값을 갖는 사례들을 골라낸 후, 이들 중 TF의 값은 중윗값보다 높지만 TF-IDF의 값은 중윗값보다 낮은 단어들을 살펴본 결과는 다음과 같다.

```
> #그렇다면 어떤 단어들이 TF는 높지만 TF-IDF는 낮을까?
> mydata2 <- subset(mydata, tf>0&tfidf>0)
> mydata3 <- subset(mydata2, tf>median(mydata2$tf) & tfidf<median(mydata2$tfidf))
> sort(table(mydata3$word)[table(mydata3$word)>0],decreasing=TRUE)

   studi   effect     find  increas influenc   examin    onlin    peopl   social
      17        9        8        5        4        3        3        3        3
  differ    negat    polit research     show     data    found   nation  network
       2        2        2        2        2        1        1        1        1
  result   survey  theoret     user
       1        1        1        1
```

위의 결과에서 가장 높은 빈도를 기록한 단어들은 studi(17회), effect(9회), find(8회) 등이다. 이와 같은 단어들은 학술논문에서 빈번하게 사용된다는 공통점이 있다. 다시 말해 해당 단어들은 보통 논문에서 자주 등장하지만, 특정 논문에서만 독특하게 사용되는 단어라고 보기 어렵다.

엔그램 계산 및 처리 과정

끝으로 엔그램 계산 과정을 살펴보자. 엔그램을 계산하기 위해서는 RWeka라는 이름의 패키지를 설치해야 한다. 이름에서 잘 드러나듯, RWeka는 Weka('메카'라고 발음함)라는 이름을 갖는 소프트웨어의 R 버전이다. Weka는 Waikato Environment for Knowledge Analysis의 약자이며, 뉴질랜드의 바이카토 대학에서 개발된 기계학습 소프트웨어다. Weka는 Java를 기반으로 작성된 소프트웨어이며 이를 R 환경에 맞게 변형시킨 패키지가 바로 RWeka다.

엔그램은 RWeka의 NgramTokenizer() 함수를 활용하면 된다. 만약 바이그램을 살펴보고 싶다면 NgramTokenizer() 함수의 Weka_control의 값에 2를 부여하면 되고, 트라이그램을 확인하고 싶으면 Weka_control의 값에 3을 부여하면 된다.

우선 간단한 사례를 통해 엔그램이 어떻게 추출되는지 살펴보자. 아래는 앞에서 살펴본 "The United States comprises fifty states. In the United States, each state has its own laws. However, federal law overrides state law in the United States."를 문장 단위로 구분하여 mytext라는 벡터 형태의 변수로 저장한 후, mytemp라는 이름의 말뭉치를 구성했다. 이때 사용한 VectorSource() 함수는 텍스트 입력된 텍스트를 벡터 형태로 변환해 주는 함수다. 즉, mytext에 입력된 세 문장을 3개의 벡터로 변환해 주는 함수가 바로 VectorSource() 함수다. 이와 같은 과정을 거친 후 해당 말뭉치에서 바이그램과 트라이그램을 살펴본 결과는 아래와 같다.

```
> #엔그램 도출 과정
```

```
> library('RWeka')
> bigramTokenizer <- function(x) NGramTokenizer(x, Weka_control(min=2, max=3))
> #앞에서 사용한 The United States 사례를 살펴보자.
> mytext <- c("The United States comprises fifty states.","In the United States,
each state has its own laws.","However, federal law overrides state law in the Un
ited States.")
> mytemp <- VCorpus(VectorSource(mytext))
> ngram.tdm <- TermDocumentMatrix(mytemp, control=list(tokenize=bigramTokenizer))
> bigramlist <- apply(ngram.tdm[,],1,sum)
> #빈도수가 높은 바이그램부터 살펴보자.
> sort(bigramlist,decreasing=TRUE)
        the united   the united states       united states
                 3                   3                   3
            in the      in the united     comprises fifty
                 2                   2                   1
[분량 문제로 중간 부분 출력 결과를 제시하지 않음]
```

결과에서 잘 드러나듯 the, united, states의 세 단어는 상대적으로 매우 잦은 빈도로 같이 등장하는 단어임을 알 수 있다. 흥미롭게도 in과 the 역시 바이그램으로 인식되고 있다. 그러나 in, the 등의 단어는 흔히 불용문자 목록에 포함되어 있다는 점에서 사전처리를 거치면 united, states라는 두 단어가 엔그램으로 인식될 것이라고 추론할 수 있다. 독자들은 이 간단한 사례를 통해 엔그램 계산 결과가 어떤 방식을 따르는지를 쉽게 이해할 수 있을 것이다.

이제 mycorpus 말뭉치를 이용해 바이그램 및 트라이그램을 계산해 보자. 결과는 아래와 같다. 앞서 TF-IDF를 적용하는 경우와 마찬가지로 DocumentTermMatrix() 함수의 control 옵션을 control=list(tokenize=bigramTokenizer)와 같은 형태로 지정하여 투입하면 된다.

```
> #mycorpus에 적용한 결과는 아래와 같다.
> ngram.tdm <- TermDocumentMatrix(mycorpus, control=list(tokenize=bigramTokenizer))
> bigramlist <- apply(ngram.tdm[,],1,sum)
> #최상위 10개의 바이그램들을 살펴보자.
> sort(bigramlist,decreasing=TRUE)[1:10]
    mediat effect  privaci infring social comparison      studi examin
                9                8                 8                 8
     effect model      hloc belief    polit particip    social network
                7                7                 7                 7
   studi investig  theoret practic
                7                7
```

필자가 쓴 논문의 초록이기 때문에, 필자는 아래의 엔그램들이 무엇을 의미하는지 쉽게 추정할 수 있다(텍스트들을 하나하나 읽어본 독자들도 이해하는 데 어렵지는 않을 것이다). 먼저 'mediat effect'는 'media effect'를, 'privaci infring'는 'privacy infringement'를, 'social comparison'은 그대로 받아들이면 되며, 'hloc belief'는 'HLOC(Health Locus of Control) belief'를 의미한다(나머지에 대해서는 별도 언급하지 않음). 이들은 자연스러운 엔그램으로 받아들여도 무방하다. 그러나 'this study examines ...'에서 비롯된 'studi examin'과 같은 표현은 자연스러운 엔그램이라고 받아들이기 어려울 듯하다(이는 'this study investigates ...'라는 표현에서 비롯한 studi investig 그리고 'theoretical and practical ...'에서 비롯한 theoret practic에도 마찬가지로 적용된다).

즉, 엔그램의 계산과 처리 과정과 관련하여 독자들에게 당부하고 싶은 말은 다음과 같다. 첫째, 엔그램 계산 결과를 맹목적으로 받아들이지 않는 것이 좋다. 예를 들어 위의 결과의 'studi examin'과 같은 표현은 말뭉치의 특성, 즉 학술논문에서 자주 등장하는 관용적 표현법을 반영한 것이지 자연어에서의 엔그램을 나타낸 것이라고 보기 어렵다. 물론 연구자의 목적이 학술 문헌에서 빈번하게 등장하는 표현을 찾는 것이 목적이라면 이야기가 다를 수 있다. 둘째, 자신이 분석하고 있는 텍스트의 성격을 파악하지 못하면 엔그램을 해석하는 것이 쉽지 않다는 점이다. 예를 들어 'compar optim'이라는 표현은 사회심리학에서 자주 등장하는 상대적 낙관주의(comparative optimism, "다른 사람은 몰라도 나는 괜찮을 거야")에 대한 지식이 없다면 이것이 타당한 바이그램인지 아닌지를 판단하기 어렵다. 다시 말해 분석 대상이 되는 텍스트에 대한 지식 없이는 엔그램이 타당한지 여부를 제대로 판단하기 어렵다. 셋째, 독자들은 계산된 엔그램 결과 중 어떤 엔그램을 자연스러운 엔그램으로 처리해야 할지, 또 어떤 엔그램을 자연스럽지 않은 엔그램이라고 배제해야 할지에 대한 기준을 마련해야 한다. 만약 말뭉치의 크기가 작다면 계산된 엔그램들의 목록을 직접 확인하는 것이 가장 적절하다. 그러나 만약 말뭉치의 크기가 엄청나게 크다면 계산된 엔그램들을 직접 확인한 후 자연스러운 엔그램으로 받아들일지를 결정하는 것은 번거로울 뿐만 아니라 어쩌면 현실적으로 불가능한 일일지도 모른다. 대용량 말뭉치의 경우 상위 몇 %에 속하는 엔그램을 자연스러운 엔그램으로 자동처리하는 경우도 있는데,[4] 이것의 타당성 여부는 연구 목적과 말뭉치 텍스트의 특징에 따라 매우 크게 다를 것이다.

지금까지 말뭉치를 어떻게 구성하는지, 그리고 텍스트 마이닝 연구에서 자주 등장하는 텍스트 데이터에 대한 사전처리들은 무엇이며 tm 패키지를 통해 R에서 어떻게 사전처리 과정을 밟을 수 있는지 소개했다. 다음에는 영문 텍스트가 아닌 한국어 텍스트에 대한 말뭉치 구성과 사전처리 작업을 소개한 후, 영어와 한국어 텍스트에 대한 품사분석 과정을 간략하게 소개할 것이다. 3부부터는 사전처리된 텍스트 데이터에 대한 기술통계분석과 토픽모형을 어떻게 적용할 수 있는지 살펴보도록 하자.

4 인공지능의 급속한 발전으로 이런 문제는 차츰 해소되고 있지만, 여전히 연구 목적과 연구 맥락에 따라 인공지능의 적용 가능성의 범위와 타당성은 다를 것이다.

05
한국어 텍스트 데이터 처리

지금까지는 영어 텍스트 데이터를 처리하는 방법을 살펴보았다. 그렇다면 한국어 텍스트 데이터를 처리하는 방법은 어떨까? 한국어 텍스트 데이터를 처리하는 과정은 본질적으로 영문 텍스트 데이터 처리 과정과 동일하다. 물론 차이점도 있다. 그러나 그 차이점은 '자연어'라는 텍스트 데이터를 처리하는 측면에서의 차이라기보다 한국어와 영어의 언어적 차이 때문으로 보는 것이 타당할 것이다.

만약 그렇다면 한국어와 영어는 어떤 언어적 차이를 갖고 있을까? 우선 가장 큰 차이는 텍스트 데이터의 기본 분석 단위, 즉 일반적으로 텍스트 분석에서 가장 흔히 사용되는 토큰(token)인 단어를 정의하는 방식이 다르다는 점이다. 앞서 살펴보았듯 영어의 경우 띄어쓰기를 이용해 단어와 단어를 쉽게 구분할 수 있다. 그러나 한국어의 경우 띄어쓰기를 이용해 단어를 추출할 수 없다. 한국어에는 영어에서는 발견하기 어려운 '조사(助詞)'가 있으며, 영어에 비해 '어미(語尾)'의 변화가 매우 다양하다. 예를 들어 "I am a boy"라는 영문 문장의 경우 띄어쓰기를 전후로 4개의 단어를 구분할 수 있다. 그러나 "나는 소년입니다"라는 한국어 문장의 경우 띄어쓰기와 상관없이 '나',

'는', '소년', '입니다'와 같은 방식, 즉 품사를 기준으로 단어를 구분하는 것이 더 타당할 것이다.

이러한 영어와 한국어의 언어적 차이 때문에 한국어 텍스트 데이터 처리는 영어 텍스트 데이터 처리와 다소 다르다. 영어 텍스트 데이터의 사전처리 과정을 다시 떠올려보자. 불필요 공란, 문장부호, 숫자, 불용단어 등을 삭제할지, 알파벳의 대·소문자를 통일할지, 어근 동일화 작업을 실시할지, 그리고 엔그램을 고려할지 등을 결정한다. 한국어 텍스트 데이터의 경우 다음과 같은 점들이 다르다. 첫째, 불필요 공란, 문장부호, 숫자 등을 삭제할지 여부는 두 언어에서 동일하지만, 한국어의 경우 불용단어를 정리한 널리 받아들여지는 목록은, 적어도 필자가 알고 있는 범위에서 존재하지 않는다. 둘째, 한국어의 경우 대·소문자 구분이 존재하지 않기 때문에, 한국어 텍스트 데이터의 사전처리에서는 대·소문자 통일 여부를 고려할 이유가 없다. 셋째, 포터의 스테머와 같이 어근 동일화 작업에 사용되는 널리 받아들여지는 알고리즘은 적어도 필자가 알고 있는 범위에서 한국어 텍스트 데이터 사전처리에는 존재하지 않는다.

대신 한국어 텍스트 데이터의 경우 텍스트 데이터 분석을 위해 명사를 추출하는 방법을 택한다. 즉, 한국어 텍스트 데이터에 존재하는 명사를 추출한 후, 추출된 명사를 텍스트 데이터 분석에 사용하는 것이 일반적이다. 추상적인 설명 대신 구체적인 사례를 통해 한국어 텍스트 데이터에 대한 사전처리 작업을 어떻게 진행하는지 살펴보자. 영어 텍스트 데이터의 경우 필자의 영문 논문 초록을 예시 데이터로 사용했다. 한국어 텍스트 데이터는 필자의 한국어 논문 초록을 예시 데이터로 사용해 보자.

KoNLP 패키지[1]

한국어 텍스트 데이터 처리를 위해서는 KoNLP 패키지를 먼저 설치해야 한다. KoNLP

---

1 KoNLP 패키지 외에도 한국어 텍스트 분석이 가능한 패키지들이 적지 않다. 몇 가지 예를 들면 RmecabKo, RKOMORAN, RHINO, rkma, NLP4kec 패키지 등을 언급할 수 있다. RmecabKo 패키지는 Java가 아닌 C++를 기반으로 하기 때문에 실행 속도가 비교적 빠른 편이다. RmecabKo 패키지의 경우 CRAN에 등록된 반면 나머지 패키지들은 깃허브(GitHub)를 통해 패키지를 설치해야 한다.

패키지의 경우 독자의 PC 사양에 맞는 자바(Java) 프로그램을 미리 설치해야 하니 유념하기 바란다. KoNLP 패키지 구동 과정에서 자바 프로그램 설치나 자바 프로그램 경로 설정에 어려움이 있다면 이 책의 '별첨 자료-1'을 참조하기 바란다.

앞에서 서술했듯 텍스트 데이터를 처리하는 측면에서는 영어와 한국어가 서로 다르지 않기 때문에 앞 장에서 소개했던 tm 패키지와 stringr 패키지 역시 R 공간에 구동시켰다. 이 과정은 아래와 같다.

```
> #R를 이용한 한국어 자연어 처리
> #자바의 문제가 있을 수 있다.
> #문제 발생 시 자신의 PC 사양에 맞는 자바를 재설치한 후 재실행해야 한다(별첨 자료-1 참조).
> library('KoNLP')
Checking user defined dictionary!

> library('tm')
Loading required package: NLP
> library('stringr')
```

필요한 패키지들을 구동했으니, 필자의 한국어 논문 초록들로 구성된 말뭉치를 tm 패키지의 VCorpus() 함수를 이용해 구성해 보자. 영문 텍스트 데이터의 사전처리를 설명하면서 말뭉치 구성 과정에 대해 소개한 바 있다. 아래의 결과에서 알 수 있듯 말뭉치에는 총 34개의 문서가 존재한다.

```
> #2019년까지 출간된 필자의 한국어 논문들의 말뭉치를 구성했다.
> mytextlocation <- "D:/data/ymbaek_논문"
> mypaper <- VCorpus(DirSource(mytextlocation))
> mypaper
<<VCorpus>>
Metadata:  corpus specific: 0, document level (indexed): 0
Content:  documents: 34
```

개별 문서 텍스트 데이터 사전처리

문서들의 집합인 말뭉치 데이터 중 하나의 문서만 우선 선택하여 한국어 텍스트 데이터 사전처리 과정이 어떻게 진행되는지를 살펴보자. 앞에서 살펴보았듯 하나의 문서 텍스트 데이터에 대한 사전처리를 어떻게 진행해야 하는지를 파악하면, 유사한 과정을 말뭉치의 다른 문서들에도 체계적으로 적용할 수 있다. 이를 위해 말뭉치 오브젝트인 `mypaper`의 19번째 문서 텍스트 데이터를 추출하여 `mykorean`이라는 이름으로 저장했다.

```
> #예를 들어 19번째 논문 초록을 대상으로 한국어 자연어 처리를 진행해 보자.
> mykorean <- mypaper[[19]]$content
> mykorean
[1] "본 논문의 목적은 언론학 교육과정(curriculum) 개선논의의 등장배경과 역사를 서술하고
그 필요성과 방향성을 제시하는 것이다. 본 논문에서는 컴퓨터 프로그래밍 언어와 데이터 수집
· 관리 · 분석 · 재현과 같은 데이터 과학관련 지식과 기술의 필요성을 강조하며 이를 언론학
의 교과과정에 첨가 · 융합해야 한다는 주장의 등장배경과 필요성을 전반적으로 개괄 · 소개했
다. 또한 제도주의(institutionalism) 이론에 근거하여 언론학 교과과정을 '제도(institutio
n)'로 파악했으며, 제도를 둘러싼 이해관계자들로 '교수진', '학생', '학부모를 비롯한 일반
인', '다른 학문분과들'을 논의했다. 이를 통해 기존의 교과과정과 새로운 교과과정이 특정 집
단내부 혹은 집단 간 갈등을 일으킬 수 있으며, 이러한 갈등을 최소화시키고 협력가능성을 증대
시킬 수 있는 방안을 추상적 수준에서나마 제안해 보았다."
```

영문 텍스트 데이터와 마찬가지로 한국어 텍스트 데이터의 경우도 "어떻게 사전처리를 할 것인가?"와 관련한 분석자의 주관적 판단이 필요하다. 일단 필자는 위와 같은 텍스트 데이터에 대해 다음과 같은 사전처리를 적용하려고 한다(물론 독자에 따라 다음과 같은 필자의 판단에 동의하지 않을 수도 있다).

- 알파벳으로 표현된 영문자를 모두 제거한다. 적어도 위의 문서에서 사용된 영문 표기는 한국어로 표기된 개념을 명확하게 밝혀주는 보조적 역할에 머물기 때문이다.
- 괄호 표현을 지운다. 즉, '('와 ')'을 제거한다.
- 작은따옴표를 지운다. 즉, '''과 '''을 제거한다.
- 가운뎃점, '·'을 쉼표로 교체한다.

위와 같은 텍스트 데이터 사전처리는 아래와 같다. 독자들은 영어와 한국어의 텍스트 데이터의 사전처리가 본질적으로 동일하다는 것을 느낄 수 있을 것이다.

```
> #간단한 사전처리를 실시하자.
> #영문 표현들은 모두 삭제했다(한국어 분석이기 때문에).
> mytext <- str_remove_all(mykorean, "[[:lower:]]")
> #괄호를 삭제했다.
> mytext <- str_remove_all(mytext, "\\(")
> mytext <- str_remove_all(mytext, "\\)")
> #따옴표를 삭제했다.
> mytext <- str_remove_all(mytext, "'")
> mytext <- str_remove_all(mytext, "'")
> #가운뎃점을 쉼표로 교체했다.
> mytext <- str_replace_all(mytext, " · ", ", ")
> mytext
[1] "본 논문의 목적은 언론학 교육과정 개선논의의 등장배경과 역사를 서술하고 그 필요성과 방향성을 제시하는 것이다. 본 논문에서는 컴퓨터 프로그래밍 언어와 데이터 수집, 관리, 분석, 재현과 같은 데이터 과학관련 지식과 기술의 필요성을 강조하며 이를 언론학의 교과과정에 첨가, 융합해야 한다는 주장의 등장배경과 필요성을 전반적으로 개괄, 소개했다. 또한 제도주의 이론에 근거하여 언론학 교과과정을 제도로 파악했으며, 제도를 둘러싼 이해관계자들로 교수진, 학생, 학부모를 비롯한 일반인, 다른 학문분과들을 논의했다. 이를 통해 기존의 교과과정과 새로운 교과과정이 특정 집단내부 혹은 집단 간 갈등을 일으킬 수 있으며, 이러한 갈등을 최소화시키고 협력가능성을 증대시킬 수 있는 방안을 추상적 수준에서나마 제안해 보았다."
```

이렇게 사전처리된 한국어 텍스트 데이터에서 명사만을 추출해 보자. KoNLP 패키지의 extractNoun() 함수를 사용하면, 해당 텍스트를 구성하는 명사를 추출할 수 있다. 참고로 extractNoun() 함수에서 autoSpacing 옵션을 TRUE로 지정하면 띄어쓰기가 되어 있지 않은 한국어 텍스트에서 명사를 추출할 때 띄어쓰기를 해준다(사례는 각주를 참조[2]).

```
> #의미의 핵심이라고 할 수 있는 명사를 추출했다.
> noun.mytext <- extractNoun(mytext)
> noun.mytext
 [1] "논문"         "목적"    "언론학"     "교육과정"     "개선"      "논의"
 [7] "등장"         "배경"    "역사"       "서술"         "필요"      "성"
[13] "방향"         "성"      "시하"       "것"           "논문"      "컴퓨터"
[19] "프로그래밍"   "언어"    "데이터"     "수집"         "관리"      "분석"
```

---

2 아래의 사례를 비교해 보자.

```
> #띄어쓰기 옵션을 사용할 수도 있다(하지만 완벽하지는 않으며, 개인적으로는 선호하지 않는다).
> extractNoun("이문장에는띄어쓰기가없습니다",autoSpacing=FALSE) #디폴트옵션
[1] "이문장에는띄어쓰기가없습니"
> extractNoun("이문장은띄어쓰기가없습니다",autoSpacing=TRUE)
[1] "문장"     "띄어쓰기" "없습니"
```

```
[25] "재현"        "데이터"  "과학"          "관련"          "지식"          "기술"
[31] "필요"        "성"      "강조"          "이"            "언론학"        "교과과정"
[37] "첨"          "융합"    "주장"          "등장"          "배경"          "필요"
[43] "성"          "전반"    "적"            "개괄"          "소개"          "제도"
[49] "주의"        "이론"    "근거"          "언론학"        "교과과정"      "제도"
[55] "파악"        "제도"    "이해관계자"    "들"            "교수진"        "학생
[61] "학부모"      "비롯"    "한"            "일반"          "학문분과"      "들"
[67] "논의"        "이"      "기존"          "교과과정"      "교과과정"      "특정"
[73] "집단"        "내부"    "집단"          "등"            "수"            "등"
[79] "최소"        "화시"    "키"            "협력가능성"    "증대"          "수"
[85] "방안"        "추상"    "적"            "수준"          "제안"          "해"
```

명사 추출 결과 19번째 한국어 논문 초록에서는 총 90개의 명사를 추출할 수 있었다. 추출된 결과를 훑어보자. 적어도 필자가 보기에 타당한 부분도 있고 그렇지 않은 부분도 있다. 예를 들어 11번째 명사인 "필요"와 12번째 명사인 "성"은 '필요성'을 2개의 명사로 구분해 놓은 결과다. '필요성'이라는 하나의 단어가 타당할까? 아니면 '필요'+'성'이라는 2개의 단어로 보는 것이 타당할까? 또한 '제도주의'라는 표현의 경우 `extractNoun()` 함수를 적용한 결과 "제도"와 "주의"로 구분했는데, 제도주의 이론을 조금이라도 알고 있는 독자라면 타당하지 않은 방식의 단어 구분이라고 생각할 것이다. 또한 79~81번째 단어들은 '최소화시키고'라는 표현에서 "최소", "화시", "키"라는 세 명사를 추출했는데, 한국어 이용자라면 이 결과의 타당성을 받아들이지 않을 것이다.

텍스트 데이터에서의 명사 추출 방식의 타당성에 대한 논의는 차치하고, 이러한 사전처리 결과가 타당하다고 가정해 보자. 이때 우리는 추출된 명사들을 이용해 기술통계치를 구할 수 있으며, 앞으로 다루게 될 위계적 군집분석, 토픽모형, 지도 기계학습 등의 기법들을 적용할 수 있다. 예를 들어 한국어 논문 초록 말뭉치의 19번째 문서의 텍스트 데이터를 대상으로 추출된 명사들의 빈도표를 다음과 같이 단어의 등장 빈도에 따라 정렬하여 제시해 보자.

```
> #명사들의 빈도 분석을 해보자.
> sort(table(noun.mytext),decreasing=TRUE)
noun.mytext
  교과과정        성    언론학      제도      필요      논문      논의
         4         4         3         3         3         2         2
```

```
데이터          들          등        등장        배경          수          이
     2           2           2           2           2           2           2
    적        집단        강조        개괄        개선          것        과학
     2           2           1           1           1           1           1
  관련        관리      교수진    교육과정        근거        기술        기존
     1           1           1           1           1           1           1
  내부        목적        방안        방향        분석        비롯        서술
     1           1           1           1           1           1           1
  소개        수준        수집        시하        언어        역사        융합
     1           1           1           1           1           1           1
  이론  이해관계자        일반        재현        전반        제안        주의
     1           1           1           1           1           1           1
  주장        증대        지식        첨가        최소        추상      컴퓨터
     1           1           1           1           1           1           1
    키        특정        파악  프로그래밍    학문분과      학부모        학생
     1           1           1           1           1           1           1
    한          해  협력가능성        화시
     1           1           1           1
```

19번째 논문 초록의 내용을 읽어본 후 위의 빈도분석 결과와 비교해 보자. 비록 빈도표 결과를 통해 대상 텍스트의 자세한 내용을 추정하는 것을 불가능하지만, 상위 빈도를 갖는 단어들을 통해 19번째 논문 초록의 '대체적 주제'는 어느 정도 추정할 수 있을 것이다.

말뭉치 텍스트 데이터 사전처리

이제는 개별 문서 텍스트 데이터에 대한 사전처리를 넘어 말뭉치 텍스트 데이터(즉, `mypaper` 오브젝트)에 대해 사전처리 작업을 진행해 보자. 우선 말뭉치에 등장한 숫자표현과 정규표현들은 무엇이 있는지 대략적으로나마 먼저 살펴보자. 우선 숫자표현을 살펴보자. `[[:graph:]]{0,}[[:digit:]]{1,}[[:graph:]]{0,}`라는 정규표현을 이용해 하나 혹은 그 이상의 연이어 등장한 숫자표현과 숫자표현이 포함된 표현들을 모두 추출했다.

```
> #한국어 말뭉치 텍스트 데이터 분석
> #숫자표현은 어떤 것들이 사용되었는지 확인
```

```
> fun_number <- function(x) {
+   str_extract_all(x$content,"[[:graph:]]{0,}[[:digit:]]{1,}[[:graph:]]{0,}")
+ }
> mydigits <- lapply(mypaper, fun_number)
> table(unlist(mydigits))

          (1)           (2)          (3)          (4)           (5)
            5             5            4            2             2
          (6)           (7)        '제3자   1,080건의          10월
            1             1            3            1             2
     120명씩       127명의         12월     16일부터      18일부터
            1             1            1            1             1
     1954)을         1977,        1981,         19대           1월
            1             1            1            1             1
 1인·2인·3인      1일부터   2000년대를      2001)에  2001～2006년
            1             1            1            1             1
     2004)과        2006년       2010년       2013년        2015년
            1             1            1            1             2
     2016)을        2017년   21일까지     23일까지          25개
            1             2            1            1             1
   25일까지           2월       2차례  2차분석하였으며,     300명을
            1             1            1            1             1
     30초의     31일까지          3개    3단계로    3원분산분
            1             1            1            1             1
          4개     5가지의          7개          7월       863명을
            2             1            1            1             1
          8월      9일부터  남성(n=499)과   여성(n=501)  응답자(N=1063)의
            1             1            1            1             1
  인식(제1자   인식(제3자        제1자        제3자
            1             1            4            8
            8
```

특별한 의미를 갖는 숫자는 없어 보인다. 단 "1인·2인·3인"이라는 표현의 경우 가운뎃점을 콤마로 교체해 주는 것이 타당해 보인다(즉, '1인·2인·3인'에서 '1인, 2인, 3인'으로). 또한 (1)과 같은 표현이나 "응답자(N=1063)의"에서 (N=1063)와 같이 표본 크기와 관련된 정보는 삭제하는 것이 나을 듯하다.

다음으로는 특수문자는 어떤 것이 사용되었는지 살펴보자. 특수문자가 사용된 전후의 표현을 살펴보기 위해 [[:alnum:]]{1,}[[:punct:]]{1,}[[:alnum:]]{1,}를 이용했다. 다시 말해 최소 하나 혹은 그 이상의 연이어 등장하는 특수문자 전후의 한 글자 이상의 모든 한국어 혹은 영어 표현을 모두 추출했다. 그 결과는 아래와 같다.

```
> #특수문자는 어떤 것들이 사용되었고, 그 전후의 표현은 어떤가?
> fun_spe_char <- function(x) {
+   str_extract_all(x$content,"[[:alnum:]]{1,}[[:punct:]]{1,}[[:alnum:]]{1,}")
+ }
> mypuncts <- lapply(mypaper, fun_spe_char)
> table(unlist(mypuncts))

          1,080건의            1063)의              1954)을
                  1                  1                    1
            1인·2인            2001)에              2004)과
                  1                  1                    1
            2016)을             499)과           account)을
                  1                  1                    1
     action)이론들을        Consumer)의   consumption)하는
                  1                  1                    1
          effect)를      features)으로     invasion)'으로
                  1                  1                    1
           model)을      movement)으로      Performing-arts
                  1                  1                    1
      PR이론적·실천적            가설'을           가치지향'은
                  1                  1                    2
      감시견'으로서의          감염자'라는            거짓'으로
                  1                  1                    1
         거짓반'으로            경우)의         관계유지'(기존
                  2                  1                    1
   관계형성'(SNS에서    관계회복'(끊어졌던      광고·기업태도를
                  1                  1                    1
      광고·기업태도에  교육과정(curriculum              국민'을
                  1                  1                    1
          기업－공익         기타후보')를              남성(n
                  6                  1                    1
             노출'이            단계'는              단계'와
                  1                  1                    1
       대등적－일방적       대등적-협력적  대리소비(vicarious
                  1                  1                    1
         대인절도)에  동원(mobilization              만족'을
                  1                  1                    3
           모형(STM            모형'을            문화'에는
                  1                  1                    3
 문화소비자들(Active     미투운동(#MeToo          민주주의'의
                  1                  1                    1
        방안(이를테면       변명(excuse       부인(denial
                  1                  1                    1
         부착?미부착   불신하지만(시스템에     사회요망성가설'들
                  1                  1                    1
사회인지이론(Bandura   설득과정모형(McGuire          성별'이라는
                  1                  1                    1
         성별·연령별       성별·연령별로  소통행위(communicative
```

1	1	1
신뢰하는(생활세계에	양가감정(兩價感情	없음(no
1	1	1
엘리트'와	여성(n	영-포화
1	1	1
온/오프라인	완전매개되었다(매개효과	우려'를
1	1	1
유지·형성하는	유형(침입	응답자(N
1	1	1
이념성향'도	이론적?실무적	이론적·실제적
1	1	2
이론적·실천적	이방인'들을	인사청문회'를
1	1	1
인식(제1자	인식(제3자	인식)과
1	1	1
인식)을	인식')를	일방적-상호적
1	1	1
있었다(조절효과	저널리즘'과	전?후로
1	1	1
전·후	전략'을	접촉경험'에
1	1	1
접촉이론'(Allport	정당화(justification	정당화'와
1	1	1
정치·경제적	정치신뢰'를	정치운동(non
1	1	1
정치적·사회적	제기상황('문재인	제도(institution
1	1	1
제도주의(institutionalism	젠더(gender	종류'는
1	1	1
종류'였다	주재국-대사관	지지후보('문재인
1	1	1
직접·간접	직접효과(direct	진보-보수
1	1	1
집합(a	참여'를	참회(confession
1	1	1
창조매개?소비의	추정오류가설'이	침략(cultural
1	1	1
침략'으로	침입?대인절도	타입-I
1	1	1
판정방식('사	편향(negativity	평가('자신의
1	1	1
표지)과	학문분과들'을	학술적?실천적
1	1	1
허위합의지각'을	현실적·실천적	협력적–상호적
1	1	1
협력적–일방적	회귀모형(zero	효과'가
1	1	1

특별하게 고려할 필요가 있는 특수문자가 없어 보이나, 따옴표는 지우는 것이 적절하다고 본다. 또한 한국어 표현 뒤의 괄호 속 영문 표현이 들어간 경우는 삭제했다.

끝으로 어떤 영문 표현이 사용되었는지 살펴보았다. 앞서의 결과에서처럼 한국어 표현 뒤의 괄호 속 영문 표현은 삭제하는 것이 나을 수 있지만 "SNS 사용자"와 같이 한국어 표현에 녹아 있는 영문 표현의 경우 삭제하지 않는 것이 더 타당할 것이기 때문이다. 한국어 말뭉치에 등장한 영문 표현들을 살펴본 결과는 아래와 같다.

```
> #영문 표현들은 어떤 것들이 사용되었고, 그 전후의 표현은 어떤가?
> fun_english <- function(x) {
+   str_extract_all(x$content,
+           "[[:graph:]]{0,}([[:upper:]]{1}|[[:lower:]]{1})[[:lower:]]{0,}[[:graph:]]{0,}")
+ }
> myEnglish <- lapply(mypaper, fun_english)
> table(unlist(myEnglish))

                  'CCTV          '관계형성'(SNS에서     '접촉이론'(Allport,
                      2                       1                       1
  '제도(institution)'로              account)을          action)이론들을
                      1                       1                       1
                   al.,                  bias)'                binomial
                      1                       1                       1
                   CCTV                  CCTV가                  CCTV는
                     18                       2                       1
                 CCTV를              CCTV설치              CCTV설치를
                      2                       5                       3
                 CCTV와                  CCTV의             Consumer)의
                      1                       7                       1
      consumption)하는                     CSR               effect)를
                      1                       8                       1
                     et            features)으로                     HLC
                      1                       1                       3
                   HLC,                   HLC의          invasion)'으로
                      2                       1                       1
                   LIWC               model)을                  model;
                      1                       1                       1
              movement)           movement)으로                negative
                      1                       1                       1
                     of         Performing-arts               political
                      1                       1                       1
                     PR        PR이론적·실천적              Python이나
                      1                       1                       1
             regression                 Roberts                     R과
                      1                       1                       1
```

```
                    set                           SNS                      SNS로
                      1                             3                          1
                  SNS를                    structural                    textual
                      1                             1                          1
                  topic                            TV     교육과정(curriculum)
                      1                             2                          1
          남성(n=499)과          대리소비(vicarious       동원(mobilization)
                      1                             1                          1
              모형(STM,          문화소비자들(Active          미투운동(#MeToo
                      1                             1                          1
        변명(excuse),                부인(denial),   사회인지이론(Bandura,
                      1                             1                          1
  설득과정모형(McGuire,       소통행위(communicative                      없음(no
                      1                             1                          1
            여성(n=501)             응답자(N=1063)의 정당화(justification),
                      1                             1                          1
정치운동(non-institutional 제도주의(institutionalism)             젠더(gender)
                      1                             1                          1
        직접효과(direct                        집합(a        참회(confession)로
                      1                             1                          1
          침략(cultural                        타입-I           편향(negativity
                      1                             1                          1
  회귀모형(zero-inflated
                      1
```

이제 한국어 말뭉치 텍스트 데이터를 사전처리해 보자. 필자는 다음과 같은 순서로 사전처리를 진행했다.

① 특수문자들 중에서 마침표와 콤마, 괄호를 제외한 다른 특수문자들을 모두 제거했다. 구체적으로 따옴표(' '과 ' ', " "과 " "은 서로 다르다), 다양한 방식의 가운뎃점, 슬래시, 하이픈 등을 삭제했다.

② ?표 표현의 경우 공란으로 대체했다. ?표는 글자 깨짐 현상으로 나타난 것으로 보인다.

③ 괄호 속 표현은 모두 삭제했다. 즉, 괄호 속의 수치(이를테면 표본수를 나타내는 정보), 괄호 속 영문표현, 혹은 병기된 한자들은 모두 삭제했다.

④ 불필요 공란을 제거하는 공란 처리 작업을 실시했다.

⑤ 이후 `extractNoun()` 함수를 이용하여 명사만을 추출했다.

먼저 첫 번째 단계로 따옴표, 가운뎃점, 슬래시, 하이픈 등을 삭제하는 과정은 다음과 같이 진행했다.

```
> #지정표현을 교체하는 함수는 영문 말뭉치 처리 과정에서 제시한 바 있다.
> #여기서는 교체 대상 표현을 아무것도 지정하지 않는 방식으로 원치 않는 표현을 삭제했다.
> mytempfunc <- function(myobject,oldexp,newexp){
+   newobject <- tm_map(myobject,
+            content_transformer(function(x,pattern){str_replace_all(x,pattern,newexp)}),
+             oldexp)
+   newobject
+ }
>
> mycorpus <- mypaper
> #특수문자들 제거
> mycorpus <- mytempfunc(mycorpus, "‘","")
> mycorpus <- mytempfunc(mycorpus, "’","")
> mycorpus <- mytempfunc(mycorpus, "“","")
> mycorpus <- mytempfunc(mycorpus, "”","")
> mycorpus <- mytempfunc(mycorpus, "'","")
> mycorpus <- mytempfunc(mycorpus, '"',"")
> mycorpus <- mytempfunc(mycorpus, "/","")
> mycorpus <- mytempfunc(mycorpus, " · ",", ")
> mycorpus <- mytempfunc(mycorpus, "·",", ")
> mycorpus <- mytempfunc(mycorpus, "ㆍ",", ")
> mycorpus <- mytempfunc(mycorpus, "-","")
> mycorpus <- mytempfunc(mycorpus, "―","")
```

다음으로 글자 깨짐으로 인한 ?의 경우 공란으로 대체했다. 그 과정은 아래와 같다.

```
> #?의 경우 공란 대체
> mycorpus <- mytempfunc(mycorpus, "\\?"," ")
```

다음으로는 괄호 속의 표현을 모두 삭제했다. 여는 괄호와 닫는 괄호 속에 배치된 영어 단어, 특수문자(예를 들어 =), 수치, 한자 표기 등의 모든 정보들 "\\([[:print:]]{1,}\\)"과 같은 정규표현으로 표현한 후 이를 삭제했다.

```
> #괄호 속의 표현은 모두 삭제
> mycorpus <- mytempfunc(mycorpus, "\\([[:print:]]{1,}\\)","")
```

이제 다음으로 tm 패키지 tm_map() 함수에 stripWhitespace() 함수를 적용하는 방식으로 불필요 공란들을 모두 제거했다.

```
> #공란 처리
> mycorpus <- tm_map(mycorpus, stripWhitespace)
```

끝으로 extractNoun() 함수를 이용해 명사들을 추출하기 전에 한국어 말뭉치 데이터의 한국어 논문 초록 몇 개를 직접 살펴보자. 여기서는 1번과 33번 문서를 살펴보았다.

```
> #사전처리 수준을 점검해 보자.
> mycorpus[[1]]$content
[1] "여론조사환경의 변화로 기존의 전화조사를 이용한 대표성 확보는 점차 어려워지고 있다. 이에 따라 기존 표본조사방법에 대한 대안으로 인터넷, 휴대전화와 같은 새로운 미디어를 이용한 대안적 여론조사 도입이 시도되고 있으며, 몇몇 사례들에서 성공을 거두었다. 그러나 시간과 비용을 절약하고 기존 표본조사방법의 한계를 극복할 수 있는 잠재력을 활용하기 위해서는 대안적 여론조사방법이 갖고 있는 표본편파의 문제점이 극복되어 야 한다. 따라서 이 글은 전통적인 조사방법과 대안적 조사방법을 실제 여론조사와의 비교와 이론적 분석을 토대로 대안적 조사방법의 특징과 문제점을 살펴보았다. 아울러 대안적 조사방법이 갖는 비확률적 표집방법에 따른 문제점을 해결하는 방안으로 최근 제기되는 새로운 가중치 부여방법인성향가중방법과 반복비례가중법을 살펴보았다. 이들은 인구통계학적 특성만을 고려한 가중치 부여방법보다 비확률적 표집방법에 의한 편차를 줄이는 데 효과적 방법으로 평가받고 있다. 그러나 통계학적 문제점들과 적용사례가 충분치 않다는 점, 그리고 몇몇 치명적인 실패사례들은 대안적 여론조사방법이 활용되기 위한 보정방법에 관한 지속적인 추후연구가 필요함을 보여주고 있다."
> mycorpus[[33]]$content
[1] "본 연구는 기업 루머 상황에서 등장하는 토픽이 채널종류에 따라, 그리고 위기 커뮤니케이션 단계별로 어떻게 변화하는지 살펴보았다. 이를 위해 2017년 8월 9일부터 2017년 12월 31일까지 실제 기업 위기 사례인 깨끗한나라 생리대 유해성 논란 이슈와 관련된 보도기사 및 트위터 게시물에 대해 텍스트 마이닝 기법, 구체적으로 예측변수 효과를 통계적으로 테스트할 수 있는 구조적 토픽 모형을 적용했다. 분석에 사용한 예측변수는 사건의 진행 단계와 채널의 종류였다. 사건의 진행 단계는 이슈 흐름 변화에 영향을 미친 특정 사건을 기준으로 급성, 만성, 해결 등 3단계로 나누었으며 채널의 종류는 언론사와 트위터로 구분했다. 연구 결과, 토픽들은 각 시기별 주요 사건과 이슈를 잘 반영한 것으로 나타났다. 이슈 확산 초기인 급성 단계는 깨끗한나라 생리대 유해성에 대한 불안감에 초점이 맞춰진 토픽들이 주로 등장한 반면, 만성 단계는 여성환경연대 실험 공정성에 의문을 제기한 이슈 흐름 변화가 반영된 토픽이 주로 등장했다. 깨끗한나라의 공격적 위기 커뮤니케이션이 시작된 해결 단계에는 새로운 토픽들이 추가 등장하면서 급성 단계 커뮤니케이션 상황과 다른 토픽들이 등장했다. 또한 언론사와 트위터 등 채널의 종류에 따라 등장하는 토픽 변화도 발견할 수 있었다. 연구 결과를 토대로 PR 커뮤니케이션 관점에서 바라본 기업 위기 커뮤니케이션에 대한 이론적, 실천적 함의를 논의했다."
```

적어도 위에서 살펴본 두 문서의 경우 일반적 한국인이 읽었을 때 별 무리 없는 한국어 표현임을 알 수 있다. 이제 말뭉치 내의 각 문서별로 명사들을 추출해 보자. 한 가지 주의할 것은 extractNoun() 함수는 단일 오브젝트인 문서를 구분된 단어들로 구성된 여러 개의 오브젝트로 변환한다는 점이다. 이는 tm 패키지에서의 tm_map() 함수의 형식과 맞지 않는다(왜냐하면 여기서는 사전처리 후에도 단일 오브젝트의 문서가 그대로 유지되기 때문이다). 이에 extractNoun() 함수를 적용한 결과가 단일 오브젝트 문서 형태를 갖도록 변환하는 개인맞춤형 함수를 새로 설정했다. 아래의 예에서 나타나듯 paste() 함수에 collapse 옵션을 이용하여 추출된 명사들을 공란으로 구분해 둔 문서로 전환하는 myNounFun()이라는 이름의 함수를 새로 설정했다. 이후 말뭉치를 구성하는 각각의 문서 텍스트 데이터에서 명사를 추출한 후 그 결과를 myNounCorpus 오브젝트로 저장했다. 그 과정은 다음과 같다.

```
> #명사 추출 후 문서를 명사들의 나열로 바꾸어주는 개인맞춤 함수
> myNounFun <- function(mytext){
+   myNounList <- paste(extractNoun(mytext),collapse=' ')
+   myNounList
+ }
> #말뭉치의 각 문서들에서 명사들만이 나열된 텍스트 추출
> myNounCorpus <- mycorpus
> for (i in 1:length(mycorpus)) {
+   myNounCorpus[[i]]$content <- myNounFun(mycorpus[[i]]$content)
+ }
```

우선 말뭉치 텍스트 데이터에서 추출된 명사들이 어떤지 살펴보자.

```
> #전체 말뭉치 단어를 확인해 보자.
> words_nouns <- lapply(myNounCorpus,
+                       function(x){str_extract_all(x$content,boundary("word"))}
+ )
> table(unlist(words_nouns))

                    1               1,080                  12
                    7                   1                   1
                  120                 127                  16
                    1                   1                   1
                   19                   2                2000
```

```
      1            3            1
   2001         2006         2010
      1            2            1
   2015         2017           21
      2            2            1
     25            3           30
      2           14            1
     31            4            5
      1            2            1
      7            8          863
      2            1            1
      9         CCTV          CSR
      1           33            8
    HLC            I         LIWC
      6            1            1
     PR       Python            R
      2            1            1
    SNS           TV         가구
      3            1            4
   가능       가능성     가부장적
      1            5            1
   가상         가설         가정
      3            8            3
   가중       가중치         가지
      1            2           13
   가짜         가치       가치관
      3            8            5
```
[분량 문제로 이후의 출력 결과들은 제시하지 않음]

출력 결과가 너무 길어 모두 제시하지는 않았다. 그러나 필자가 보았을 때, 다음의 두 가지 추가적 텍스트 데이터 사전처리가 필요해 보인다. 첫째, 개별 수치들은 큰 의미가 없어 보이기 때문에 제거하는 것이 좋을 듯하다. 둘째, KoNLP 패키지의 형태소 분석기는 '포퓰리즘'이라는 명사가 들어간 표현들을 제대로 처리하지 못하는 모습을 보인다. 예를 들어 '포퓰리즘'이라는 단어의 경우 '포퓰리즘과', '포퓰리즘에' 등이 별도의 명사로 언급되어 있다. 이에 '포퓰리즘'이라는 표현 다음에 어떤 문자가 추가되었을 경우 그 추가된 문자를 제거했다. 또한 '참여'와 '참가'의 경우 동일한 단어로 보는 것이 타당할 듯하여 두 명사 모두 '참가'로 통일했으며, 그 뒤에 덧붙은 문자표현 역시 모두 삭제했다. '위키리크스', '설치알림판', '콘텐트', '미투' 등의 단어들도 뒤에 어떤 다른 문자표현이 붙었을 경우 모두 삭제했다. 그 과정은 아래와 같다.

```
> #개별 숫자들의 경우 추가 삭제했다.
> myNounCorpus <- mytempfunc(myNounCorpus,"[[:digit:]]{1,}\\,{0,1}[[:digit:]]{0,}","")
> #추출된 단어들 중 몇몇은 문제들을 발견할 수 있다.
> #예를 들면 포퓰리즘, 포퓰리즘과, 포퓰리즘에 등이 모두 개별 단어로 처리되어 있다.
> #추가적인 작업을 통해 이런 표현들을 정리하는 것도 괜찮지만,
> #양이 많을 경우 노력이 많이 소요된다. 몇 개만 실시해 보자.
> myNounCorpus <- mytempfunc(myNounCorpus,"포퓰리즘[[:alpha:]]{1,}","포퓰리즘")
> myNounCorpus <- mytempfunc(myNounCorpus,"커뮤니케이션[[:alpha:]]{1,}","커뮤니케이션")
> myNounCorpus <- mytempfunc(myNounCorpus,"참여[[:alpha:]]{1,}","참가")
> myNounCorpus <- mytempfunc(myNounCorpus,"참가[[:alpha:]]{1,}","참가")
> myNounCorpus <- mytempfunc(myNounCorpus,"위키리크스[[:alpha:]]{1,}","위키리크스")
> myNounCorpus <- mytempfunc(myNounCorpus,"설치알림판[[:alpha:]]{1,}","설치알림판")
> myNounCorpus <- mytempfunc(myNounCorpus,"콘텐트[[:alpha:]]{1,}","콘텐트")
> myNounCorpus <- mytempfunc(myNounCorpus,"미투[[:alpha:]]{1,}","미투")
```

필자가 보았을 때 이제는 사전처리 작업이 모두 끝난 듯하다. 영어 텍스트 데이터 사전처리에서 소개했던 것과 마찬가지로, 이렇게 사전처리가 끝난 한국어 말뭉치 텍스트 데이터를 대상으로 `DocumentTermMatrix()` 함수를 적용하면 문서×단어 행렬을 생성할 수 있다. 사전처리한 한국어 말뭉치와 이를 기반으로 얻은 DTM은 향후 분석에서 다시 사용할 것이기 때문에 `saveRDS()` 함수를 이용해 별도의 데이터로 저장했다. 이 과정은 아래와 같다.

```
> #DTM 구축
> dtm.k <- DocumentTermMatrix(myNounCorpus)
> dtm.k
<<DocumentTermMatrix (documents: 34, terms: 315)>>
Non-/sparse entries: 448/10262
Sparsity           : 96%
Maximal term length: 12
Weighting          : term frequency (tf)
> #사전처리한 말뭉치와 DTM을 저장한 후 나중에 다시 호출한 후 사용하겠다.
> saveRDS(myNounCorpus, "CorpusK_preprocess.RData")
> saveRDS(dtm.k, "dtmK.RData")
```

`DocumentTermMatrix()` 함수를 한국어 말뭉치에 적용한 출력 결과는 앞서 영어 말뭉치에 `DocumentTermMatrix()` 함수를 적용해 얻은 DTM 출력 결과와 동일하다. 즉, 한국어 말뭉치를 변환시킨 DTM은 총 34개의 문서의 가로줄과 총 315개의 단어(여기서는 명사)의 세로줄로 구성되어 있다. 전체 DTM 행렬의 빈칸 중 96%는 0의 빈도를

가지며, 가장 긴 단어는 12글자로 구성되어 있다.[3] 또한 말뭉치 데이터 오브젝트인 myNounCorpus 역시 앞서 소개했던 TF-IDF 계산이나 엔그램 계산 등도 가능하니, 관심 있는 독자들은 직접 실습해 보는 것도 좋을 것이다(한국어 말뭉치를 대상으로 TF-IDF를 계산하는 것은 타당할 수 있지만, 한국어 단어의 엔그램을 계산하는 것이 적절한지는 한번 고민해 볼 필요가 있을 듯하다).

이번 장을 마무리하기 전에 이 책 1판 출간 후 한국어 텍스트 분석과 관련하여 필자에게 문의된 이슈들 중 ① '한국어 띄어쓰기' 사전처리 과정, ② KoNLP 패키지의 사전(dictionary) 업데이트, 두 이슈들에 대해 간략히 언급하고자 한다.

첫째, 효과적이고 효율적인 한국어 형태소 분석을 위해 텍스트의 '띄어쓰기'를 수정해야하는 경우가 많다. 우선 KoNLP 패키지의 경우 extractNoun() 함수의 autoSpacing 옵션을 이용해 띄어쓰기를 적용할 수 있다. 또한 extractNoun() 함수와 같은 방식이 아니라 띄어쓰기가 필요해 보이는 한국어 텍스트에 자동 띄어쓰기를 실시할 수 있는 함수로는 KoSpacing 패키지[4]의 spacing() 함수를 고려해 볼 수도 있다. 그러나 지극히 주관적 인상에 불과하지만 필자는 이들 함수들의 띄어쓰기 사전처리 기능을 별로 좋아하지 않는다(다시 강조하지만 이는 개인의 주관적 판단이다). 여기에는 두 가지 이유가 있다. 우선 KoSpacing 패키지의 spacing() 함수의 경우 텍스트가 긴 경우 적용하기 어렵다(200글자가 넘을 경우 적용이 어려움). 더 중요한 이유는 이들 함수들의 띄어쓰기 방식이 타당하지 않은 경우가 매우 빈번하게 나타난다는 점이다. 성능이 어떤지 알고자 하는 독자들은 앞서 extractNoun() 함수를 적용할 때, autoSpacing 옵션을 적용해 띄어쓰기를 적용한 후 명사를 추출한 다음 DTM을 구성해 보기 바란다. 아마도 우리가 앞에서 얻은 dtm.k의 결과에 비해 이상하면 이상하지 더 낫다고 느끼지는 않을 것이다. 물론 한국어 텍스트 데이터가 축적되고 더 성능이 좋은

---

3 문장에서 명사를 추출하는 함수가 완벽하지 않은 것은 DTM을 구성하는 단어들만 살펴보아도 알 수 있다.

4 해당 패키지는 CRAN에 등록된 패키지가 아니라 깃허브에서 다운로드하여 설치해야 하는 패키지다. 아래를 실행하면 된다.

```
> devtools::install_github('haven-jeon/KoSpacing')
```

패키지와 함수가 개발되면 상황이 달라질지 모르지만, 일단 2019년 11월을 기준으로 R 패키지를 이용한 자동 띄어쓰기의 기능은 그다지 만족스럽지 못해 보인다.

둘째, KoNLP 패키지의 사전(dictionary)을 업데이트하면 한국어 텍스트 분석이 좀 더 개선될 수 있다. 앞에서 살펴본 한국어 텍스트 분석 결과 중 '포퓰리즘'이라는 표현을 떠올려보자. 앞서 독자들은 extractNoun() 함수를 사용한 결과 '포퓰리즘'과 그 다음에 오는 조사들이 하나의 명사로 취급되고 있었다는 것을 기억할 것이다(이를테면 '포퓰리즘이'를 하나의 명사로 취급). 이러한 결과가 나타난 이유는 KoNLP 패키지에서 사용하는 사전이 '포퓰리즘'이라는 단어를 명사로 저장하고 있지 않기 때문이다. 다시 말해, 이전 사전에 '포퓰리즘'이라는 단어를 새로 입력하면 형태소 분석 결과, 즉 extractNoun() 함수를 사용한 결과가 더 타당해진다는 의미다. 아래와 같이 간단한 사례를 살펴보자. 여기서 필자는 KoNLP 패키지 부속함수인 useSejongDic() 함수를 이용하여 세종사전(Sejong Dictionary)을 사용했다(세종사전 외에도 woorimalsam, insighter의 두 종류의 사전이 지원된다).

```
> #사전을 정의하기 이전
> useSejongDic()
Backup was just finished!
370957 words dictionary was built.
> populism_text <- "포퓰리즘이 등장하면 사회적 커뮤니케이션의 모습이 왜곡된다. ."
> extractNoun(populism_text)
[1] "포퓰리즘이"  "등장"       "사회"       "적"         "커뮤니케이션"
[6] "모습"        "왜곡"
```

세종사전을 기반으로 예시 텍스트에서 명사를 추출했을 때, "포퓰리즘이"를 하나의 명사로 추출한다는 것을 알 수 있다. 그러나 아래와 같이 세종사전을 업데이트하면 '포퓰리즘'이라는 명사를 제대로 추출하는 것을 알 수 있다. 참고로 buildDictionary() 함수의 user_dic 옵션에는 사용자가 지정하는 단어(여기서는 '포퓰리즘')와 해당 단어의 품사(여기서는 '비서술성 명사'를 의미하는 ncn)[5]를 데이터 프레임 오브젝트 형식

5 KoNLP 패키지의 한 나눔 형태소 분석기에서 지정한 한국어 품사 표현은 다음 장에서 좀 더 자세히 다룰 예정이다.

으로 지정해 주면 된다. 새로 사전을 업데이트하면 '포퓰리즘'을 명사의 형태로 제대로 추출하는 것을 알 수 있다.

```
> #새로 사전을 정의한 후 업데이트
> buildDictionary(ext_dic = "sejong",
+                 category_dic_nms = "political", #추가되는 영역
+                user_dic = data.frame(c("포퓰리즘"),c("ncn")),  #ncn은 비서술성 명사임
+                 replace_usr_dic=FALSE)
372160 words dictionary was built.
> extractNoun(populism_text)
[1] "포퓰리즘"     "등장"      "사회"      "적"         "커뮤니케이션"
[6] "모습"        "왜곡"
```

만약 연구자가 신조어나 사전에 등록되지 않은 전문용어들이 많이 포함된 텍스트를 분석하는 경우 **buildDictionary()** 함수를 이용하여 사전을 업데이트하는 방법은 매우 유용할 것이다. 이 책에서는 새로운 단어나 표현을 업데이트하지는 않았지만, 독자가 접하는 분야의 특성에 맞도록 사전을 업데이트하는 것은 매우 유용하며 분석 결과의 타당성을 높이는 데 기여할 것이다.

지금까지 한국어 텍스트 데이터의 사전처리 과정을 살펴보았다. 영어 텍스트 데이터 사전처리 과정과 본질적으로 다른 점이 없기 때문에 사전처리 과정을 따라가는 것이 어렵지는 않을 것이다. 그러나 한국어가 영어와 다른 언어적 특성을 갖고 있다는 점에서 영어 텍스트 데이터와는 다른 방식의 사전처리 과정이 필요하다. 이러한 차이만 이해한다면 한국어 텍스트 데이터에 대한 사전처리도 그렇게 어렵게 느껴지지는 않을 것이다.

06
품사분석

문장을 구성하는 개별 단어는 고유한 문법적 기능을 수행하며, 이는 모든 언어에 공통적으로 적용된다. 영어권 국가에서 태어나지 않은 한국인의 경우 영문법(English grammar)을 통해 영어를 학습하는 것이 보통이다. 영어 문장을 영어를 학습할 때 배우는 영어의 문장구조, 이를테면 "I ate an apple"을 {대명사, 동사, 부정관사, 명사}로 파악하는 것이 여기서 소개할 품사분석이다. 자연어 처리 문헌의 경우 흔히 품사(Part-Of-Speech)의 첫 글자를 따 POS 분석, POS 표지(標識, tagging), POS 주석(注釋, annotation) 등으로 불린다. 한국어 역시 마찬가지다. "나는 과일을 먹었다"라는 문장을 {대명사, 주격조사, 명사, 목적격 조사, 동사} 등과 같이 분류할 수 있다.

품사분석은 전산언어학(computational linguistics)에서 주로 수행되는데, 아쉽게도 필자는 언어학을 잘 모른다. 또한 필자의 경우 문서 텍스트 데이터에 대해 '단어주머니' 접근법을 취하는 텍스트 데이터 처리기법을 주로 접하고 배워왔기 때문에 품사분석에 대해서도 기초적인 수준의 지식밖에 없다. 만약 전산언어학적 관점에서 품사분석 결과를 어떻게 활용해야 할지 궁금하다면, 이 책에 소개된 내용에 만족하지 말고 다른 문헌들을 스스로 학습하기 바란다.

본질적으로 언어는 의미와 기능의 혼합체다. 단순화의 위험성이 있지만, 문장의 의미는 문장을 구성하는 단어의 의미와 문장에서의 해당 단어가 갖는 기능으로 결정된다. 예를 들어 "John loves Jane"이라는 문장과 "Jane loves John"이라는 문장은 동일한 단어들로 구성되어 있지만 그 의미가 상당히 다르다. John이라는 사람이 주어로 사용되는지, 아니면 목적어로 사용되는지에 따라 두 남녀의 애정 관계에 대한 묘사는 전혀 다른 의미를 갖기 때문이다. 필자가 앞에서 주로 소개했던 '단어주머니' 접근법에서는 두 문장을 동등하게 취급한다. 만약 여기에 각 단어의 문법적 기능에 대한 정보를 변수로 추가한다면 어떤 장단점이 있을지 한번 생각해 보자. 우선 장점은 좀 더 완전한 문장의 의미를 데이터의 형태로 제시하는 것이 가능하다는 점이다. '단어주머니' 접근법을 택할 경우 누구누구가 애정 관계로 연결되는지에 대한 정보만 제시하는 반면, 품사분석 결과가 추가로 고려되는 경우 애정 관계의 방향성(directionality, 누가 주체이고 누가 대상인지)에 대한 정보도 얻을 수 있다. 다시 말해 문장의 의미를 더 풍부하게 반영할 수 있다. 반면 단점으로는 데이터가 복잡해진다. 즉, 데이터의 차원이 증가하여 계산이 복잡해진다. 앞에서 다루었던 엔그램을 떠올려보기 바란다. 텍스트에 대한 더 세밀한 정보를 얻기 위해서는 복잡한 데이터를 처리해야 하는 비용을 치러야 한다.

사실 필자가 '단어주머니' 접근을 택하는 이유도 데이터 처리에 들어가는 비용을 아끼기 위한 것이다. 복잡한 데이터를 처리하기 위해서는 더 많은 컴퓨팅 자원을 동원해야 하며(이를테면 성능이 좋은 컴퓨터, 더 긴 컴퓨팅 시간), 텍스트 데이터를 사전처리하는 작업도 복잡해져야 하며, 또한 텍스트 데이터에 적용되는 모형 또한 정교해져야 한다. 그렇다면 "이러한 비용 증가와 복잡한 과정을 상회하는 충분한 이득이 있는가?"라는 질문을 던져보자. 텍스트 데이터에 대한 관점, 아니 학문에 대한 관점과도 연관되어 있겠지만, 한정된 자원과 텍스트의 복잡성을 다루기에는 프로그래밍 실력이 턱없이 부족할 수밖에 없는 필자 같은 독립적 사회과학자에게는 '단어주머니' 접근법으로도 완벽하지 않을 수는 있어도 충분히 의미 있는 텍스트 데이터 분석 결과를 얻을 수 있다고 생각한다. 물론 컴퓨팅 기술은 급속히 발달할 것이고, 조만간 텍스트의 복잡미묘한 의미도 파악할 수 있는 기법들이 속속 개발될 것으로 믿는다. 아무튼 필자는 프로그래밍 실력이 충분하지 못하고 제한적 컴퓨팅 자원을 가졌을 뿐이기 때문에 품사분석을 이 책에서 아주 간략하게만 소개했다.

영어 품사분석

영어 텍스트 데이터에 대한 품사분석을 위해서는 NLP 패키지와 openNLP 패키지가, 한국어 텍스트 데이터에 대한 품사분석을 위해서는 앞서 소개했던 KoNLP 패키지가 필요하다. 먼저 영어 텍스트 데이터에 대한 품사분석 사례를 살펴보자. 앞서 텍스트 데이터 분석에서 사용한 위키피디아에서 R에 대해 설명한 첫 두 문단 텍스트를 대상으로 품사분석을 실시해 보자. 우선은 NLP 패키지와 openNLP 패키지를 구동한 후 분석 대상이 된 텍스트를 실행했다. 또한 텍스트 데이터의 처리를 위해 tm 패키지와 stringr 패키지도 추가로 구동했다.

```
> #POS 분석을 위한 패키지들 구동
> library ('NLP')
> library ('openNLP')
> library ('tm')
> library ('stringr')
>
> #예시로 R를 소개하는 위키피디아 두 문단의 텍스트에 대해 POS 분석을 실시하자
> R.wiki <- "R is a programming language and software environment for statistical
computing and graphics supported by the R Foundation for Statistical Computing. T
he R language is widely used among statisticians and data miners for developing s
tatistical software and data analysis. Polls, surveys of data miners, and studies
of scholarly literature databases show that R's popularity has increased substant
ially in recent years.
+ R is a GNU package. The source code for the R software environment is written p
rimarily in C, Fortran, and R. R is freely available under the GNU General Public
License, and pre-compiled binary versions are provided for various operating syst
ems. While R has a command line interface, there are several graphical front-ends
available."
```

R.wiki 텍스트 오브젝트에 대해 우선 문장 단위 주석작업을 실시한 후, 해당 문장에서 각 단어가 어떤 문법적 기능을 수행하는지 품사분석을 실시하는 과정은 아래와 같다. 우선 annotate() 함수는 텍스트 데이터 오브젝트에 대해 주석작업을 실시한다

는 의미이며, 주석작업의 내용은 Maxent_Sent_Token_Annotator() 함수로 설정한다. 함수의 이름에서 잘 나타나듯 Maxent_Sent_Token_Annotator() 함수는 주어진 텍스트에 대한 문장 단위(_Sent_라는 표현은 sentence를 의미한다는 점에 주목하라)의 주석작업을 실시하는 함수다. 이렇게 주석작업을 실시한 결과를 R.wiki.sent라는 이름의 오브젝트로 저장한 후, 이렇게 저장된 오브젝트가 어떠한지 살펴보았다.

```
> #위의 예시 텍스트를 문장 단위로 주석(annotation) 처리
> R.wiki.sent <- annotate(R.wiki,Maxent_Sent_Token_Annotator())
> R.wiki.sent
 id type     start end features
  1 sentence     1 148
  2 sentence   150 269
  3 sentence   271 416
  4 sentence   418 436
  5 sentence   438 663
  6 sentence   665 751
```

결과는 R.wiki 텍스트 오브젝트에 총 6개의 오브젝트가 존재한다는 것을 보여준다. 일례로 위의 결과는 6번 문장의 경우 텍스트의 665번째 자리에서 시작해 751번째 자리에서 종료된다는 것을 보여준다. 이제 문장 단위로 주석작업을 실시한 결과를 이용해 R.wiki 텍스트 오브젝트에 대한 단어 단위 주석작업을 실시해 보자. annotate() 함수에 Maxent_Word_token_Annotator() 함수를 지정하고 분석 대상이 되는 텍스트 오브젝트(R.wiki)와 해당 오브젝트의 문장 단위가 어떻게 구분되는지 주석작업을 마친 오브젝트(R.wiki.sent)를 이용하면 문장별 단어에 대한 주석작업을 실시할 수 있다. 그 결과는 아래와 같다.

```
> #위의 문장 단위로 주석처리된 것에 추가적으로 단어 단위로 주석처리
> R.wiki.word <- annotate(R.wiki,Maxent_Word_Token_Annotator(),
+                         R.wiki.sent)
> R.wiki.word
 id  type     start end features
   1 sentence     1 148 constituents=<<integer,22>>
   2 sentence   150 269 constituents=<<integer,19>>
   3 sentence   271 416 constituents=<<integer,25>>
   4 sentence   418 436 constituents=<<integer,6>>
   5 sentence   438 663 constituents=<<integer,40>>
```

```
  6 sentence   665 751 constituents=<<integer,15>>
  7 word         1   1
  8 word         3   4
  9 word         6   6
 10 word         8  18
[분량 문제로 중간 부분 출력 결과를 제시하지 않음]
130 word       721 729
131 word       731 740
132 word       742 750
133 word       751 751
```

첫 번째 줄부터 여섯 번째 줄까지는 `R.wiki` 텍스트 오브젝트를 구성하는 문장에 대한 주석작업 결과다. 즉, `R.wiki` 텍스트 오브젝트는 총 6개의 문장을 갖고 있으며, 다섯 번째 문장은 `R.wiki` 텍스트 오브젝트의 438번째 위치부터 663번째 위치까지를 차지하고 있다. 또한 일곱 번째 줄부터 133번째 줄까지는 단어에 대한 주석작업 결과를 의미한다. 예를 들어 첫 문장의 세 번째 단어는 `R.wiki` 텍스트의 여섯 번째에 위치하며 한 글자로 구성된 단어라는 것을 알 수 있다[실제 데이터를 읽어보면 알겠지만, 그 단어는 바로 한정사(부정관사) 'a'다]. 이제 각 단어별 품사분석을 실시하자. 이 과정은 흔히 POS 표지작업(POS-tagging)이라고 불린다. 간단한 텍스트일 경우는 금세 분석이 되지만, 텍스트의 양이 많을 경우 상당한 시간이 걸릴 수 있으니 유념하기 바란다. POS 표지작업을 마친 오브젝트를 `POStag`로 저장했다.

```
> #각 단어별 품사분석을 실시(POS-tagging)
> POStag <- annotate(R.wiki,Maxent_POS_Tag_Annotator(),R.wiki.word)
> POStag
 id  type     start end features
  1 sentence     1 148 constituents=<<integer,22>>
  2 sentence   150 269 constituents=<<integer,19>>
  3 sentence   271 416 constituents=<<integer,25>>
  4 sentence   418 436 constituents=<<integer,6>>
  5 sentence   438 663 constituents=<<integer,40>>
  6 sentence   665 751 constituents=<<integer,15>>
  7 word         1   1 POS=NN
  8 word         3   4 POS=VBZ
  9 word         6   6 POS=DT
 10 word         8  18 POS=NN
[분량 문제로 중간 부분 출력 결과를 제시하지 않음]
130 word       721 729 POS=JJ
131 word       731 740 POS=NNS
```

```
132 word        742 750 POS=JJ
133 word        751 751 POS=.
```

POStag 오브젝트의 features라는 이름의 세로줄이 바로 POS 표지작업 결과다. 예를 들어 'POS=NN'은 명사(noun)로 품사가 분석되었다는 것을 의미한다. POS 표지작업 결과의 약어(略語)가 무엇을 의미하는지는 〈표 8〉과 같다. 이 책은 영문법을 소개하는 것이 목적이 아니기 때문에, 문법 용어에 대한 자세한 설명은 제시하지 않았다. 문법 용어에 대한 자세한 설명은 영문법 문헌을 참조하기 바란다.

〈표 8〉 POS 주석의 의미

POS 주석	의미	POS 주석	의미
CC	등위접속사 (Coordinating conjunction)	PRP$	소유대명사(Possessive pronoun)
CD	기수(基數, Cardinal number)	RB	부사(Adverb)
DT	한정사(Determiner)	RBR	비교급부사(Adverb, comparative)
EX	허사(虛辭, Existential there)	RBS	최상급부사(Adverb, superlative)
FW	외래어(Foreign Word)	RP	소사(小辭, particule)
IN	전치사(preposition) 혹은 종속접속사 (subordinating conjunction)	SYM	기호(Symbol)
JJ	형용사(Adjective)	TO	to
JJR	비교급 형용사 (Adjective, comparative)	UH	감탄사(Interjection)
JJS	최상급 형용사(Adjective, superlative)	VB	기본형 동사(Verb, base form)
LS	순서표식(List item marker)	VBD	과거형 동사(Verb, past tense)
MD	조동사(Modal)	VBG	동명사(gerund) 혹은 현재진행형(present particle)
NN	단수명사(Noun, singular)	VBN	과거 진행형(past particle)
NNS	복수명사(Noun, plural)	VBP	3인칭이 아닌 현재형 단수 동사(Verb, non-3rd person singular present)
NNP	단수대명사(Proper noun, singular)	VBZ	3인칭 현재형 단수 동사 (Verb, 3rd person singular present)
NNPS	복수대명사(Proper noun, plural)	WDT	의문한정사(Wh-determiner)
PDT	전치한정사(Predeterminer)	WP	의문대명사(Wh-pronoun)
POS	소유격어미(Possessive ending)	WP$	의문소유대명사 (Possessive wh-pronoun)
PRP	인칭대명사(Personal pronoun)	WRB	의문부사(Wh-adverb)

위의 결과를 대상으로 R.wiki 텍스트 오브젝트에는 어떤 품사들이 사용되었는지 살펴보자. 우선 POStag 오브젝트의 경우 문장과 단어가 같이 출력된 결과이기 때문에 단어에 해당되는 결과만을 선택할 필요가 있다. POStag 오브젝트의 경우 '문장 → 단어'의 순서를 따르기 때문에, 문장의 개수에서 1을 더한 가로줄부터 POStag 오브젝트의 마지막 가로줄까지를 선택하면 단어에 해당되는 결과만 추출할 수 있다. 또한 POStag 오브젝트의 features는 리스트 형식의 데이터이기 때문에 분석을 위해 unlist() 함수를 사용하여 벡터 형식으로 전환했다. 그 과정은 다음과 같다.

```
> #여기서 POS-tagging 된 단어의 개수를 구해보자.
> word.start <- 1 + length(R.wiki.sent)
> word.end <- length(R.wiki.word)
> all.POS.tagged <- unlist(POStag$features[word.start:word.end])
> all.POS.tagged
   POS    POS    POS    POS    POS    POS    POS    POS    POS    POS
  "NN"  "VBZ"   "DT"   "NN"   "NN"   "CC"   "NN"   "NN"   "IN"   "JJ"
   POS    POS    POS    POS    POS    POS    POS    POS    POS    POS
  "NN"   "CC"  "NNS"  "VBN"   "IN"   "DT"   "NN"  "NNP"   "IN"  "NNP"
   POS    POS    POS    POS    POS    POS    POS    POS    POS    POS
 "NNP"    "."   "DT"   "NN"   "NN"  "VBZ"   "RB"  "VBN"   "IN"  "NNS"
   POS    POS    POS    POS    POS    POS    POS    POS    POS    POS
  "CC"  "NNS"  "NNS"   "IN"  "VBG"   "JJ"   "NN"   "CC"  "NNS"   "NN"
   POS    POS    POS    POS    POS    POS    POS    POS    POS    POS
   "."  "NNS"    ","  "NNS"   "IN"  "NNS"  "NNS"    ","   "CC"  "NNS"
   POS    POS    POS    POS    POS    POS    POS    POS    POS    POS
  "IN"   "JJ"   "NN"  "NNS"  "VBP"   "IN"   "NN"  "POS"   "NN"  "VBZ"
   POS    POS    POS    POS    POS    POS    POS    POS    POS    POS
 "VBN"   "RB"   "IN"   "JJ"  "NNS"    "."   "NN"  "VBZ"   "DT"  "NNP"
   POS    POS    POS    POS    POS    POS    POS    POS    POS    POS
  "NN"    "."   "DT"   "NN"   "NN"   "IN"   "DT"   "NN"   "NN"   "NN"
   POS    POS    POS    POS    POS    POS    POS    POS    POS    POS
 "VBZ"  "VBN"   "RB"   "IN"  "NNP"    ","  "NNP"    ","   "CC"  "NNP"
   POS    POS    POS    POS    POS    POS    POS    POS    POS    POS
  "NN"  "VBZ"   "RB"   "JJ"   "IN"   "DT"  "NNP"  "NNP"  "NNP"  "NNP"
   POS    POS    POS    POS    POS    POS    POS    POS    POS    POS
   ","   "CC"   "JJ"   "JJ"  "NNS"  "VBP"  "VBN"   "IN"   "JJ"  "VBG"
   POS    POS    POS    POS    POS    POS    POS    POS    POS    POS
 "NNS"    "."   "IN"   "NN"  "VBZ"   "DT"   "NN"   "NN"   "NN"    ","
   POS    POS    POS    POS    POS    POS    POS
  "EX"  "VBP"   "JJ"   "JJ"  "NNS"   "JJ"    "."
```

위의 결과를 이용해 자신이 원하는 추가 분석을 실시할 수 있다. 예를 들어 POS 표지작업 결과와 전체 단어를 구해보자. 아래의 결과에서 나타나듯 총 127개의 단어에 대해 POS 표지작업이 실시되었다.

```
> #POS 분석된 단어
> table(all.POS.tagged)
all.POS.tagged
  ,   .  CC  DT  EX  IN  JJ  NN NNP NNS POS  RB VBG VBN VBP VBZ
  6   6   7   8   1  14  11  26  11  15   1   4   2   5   3   7
> sum(table(all.POS.tagged))
[1] 127
```

그렇다면 쉼표(,)나 마침표(.)와 같은 문장부호는 몇 번이나 등장했을까? 아래와 같이 `str_detect()` 함수에 `[[:punct:]]`를 지정하면, 해당 표현에서 문장부호가 몇 번 등장했는지 셀 수 있다.

```
> #문장부호는 몇 개가 사용되었나?
> my.PUNCT <- str_detect(all.POS.tagged,'[[:punct:]]')
> sum(my.PUNCT)
[1] 12
```

단수명사의 개수를 구하는 것도 가능하다. NN이라는 POS 표지작업 결과를 세어보면 총 26개의 명사가 사용된 것을 알 수 있다.

```
> #여기서 NN이라고 표지된 단어의 개수를 구해보자.
> my.NN <- str_detect(all.POS.tagged,"NN$")
> sum(my.NN)
[1] 26
```

조금 더 응용하면 단수명사, 복수명사, 단수대명사, 복수대명사 전체의 개수를 구할 수 있다. 해당 표현에는 NN이 모두 들어 있다는 점을 응용해 NN을 사용하면 된다. 총 52개의 단수명사, 복수명사, 단수대명사, 복수대명사가 사용된 것을 알 수 있다.

```
> #다음과 같이 표현하면 NN, NNS, NNP, NNPS로 표지된 단어 개수를 구할 수 있다.
```

```
> my.NNs <- str_detect(all.POS.tagged,"NN")
> sum(my.NNs)
[1] 52
```

개별 텍스트 데이터가 아닌 말뭉치 텍스트 데이터의 경우에도 POS 분석이 가능하다. 그러나 한 가지 유념할 것은 텍스트 데이터의 양이 증가할수록 POS 분석에 소요되는 시간이 매우 길어진다는 점이다. 앞서 소개했던 필자의 영문 논문들 중 첫 번째 영문 논문에 대한 POS 표지작업 결과를 도출해 보자. 이를 위해 앞에서 소개했던 모든 과정을 **my.POStag.func()**라는 이름의 개인맞춤형 함수로 설정했다. 앞의 과정을 이해한 독자라면 개인맞춤형 함수가 어떻게 구성되었는지 이해하는 것이 어렵지 않을 것이다.

```
> #개인맞춤함수 설정
> my.POStag.func <- function(mytext){
+   sent.annotate <- annotate(mytext,Maxent_Sent_Token_Annotator())
+   word.annotate <- annotate(mytext,Maxent_Word_Token_Annotator(),sent.annotate)
+   POStag <- annotate(mytext,Maxent_POS_Tag_Annotator(),word.annotate)
+   myrange <- (1 + length(sent.annotate)):length(word.annotate)
+   my.POStag <- unlist(POStag$features[myrange])
+   my.POStag
+ }
```

이제 필자의 영문 논문 초록의 말뭉치 텍스트 데이터를 구성한 후, 첫 번째 영문 논문 초록을 대상으로 **my.POStag.func()** 함수를 이용해 POS 표지작업을 실행해 보자.

```
> #말뭉치 텍스트 데이터를 불러오기
> my.text.location <- "D:/data/ymbaek_papers"
> mypaper  <- VCorpus(DirSource(my.text.location))
> #예를 들어 첫 번째 논문 초록의 경우
> mypaper1.POStag <- my.POStag.func(mypaper[[1]]$content)
> mypaper1.POStag
  POS    POS    POS    POS    POS    POS    POS    POS    POS    POS
"VBZ"   "JJ"   "NN"    ","   "JJ"   "NN"   "RB"    ","   "NN"  "NNS"
  POS    POS    POS    POS    POS    POS    POS    POS    POS    POS
 "''"  "NNS"    "."  "VBP"   "JJ"  "NNS"   "RB"   "JJ"   "IN"   "CD"
  POS    POS    POS    POS    POS    POS    POS    POS    POS    POS
```

```
   "NN"    "IN"    "IN"    "DT"    "JJ"    "."     "PRP"   "VBP"   "IN"    "DT"
    POS     POS     POS     POS     POS     POS     POS     POS     POS     POS
   "RB"    "JJ"    "NN"    "CC"    "VB"    "NNS"   "WP"    "VBD"   "IN"    "DT"
    POS     POS     POS     POS     POS     POS     POS     POS     POS     POS
  "NNP"    "CC"    "JJ"   "NNS"  "-LRB-"   "RB"    "SYM"   "CD"  "-RRB-"   "."
    POS     POS     POS     POS     POS     POS     POS     POS     POS     POS
  "PRP"   "VBP"    "JJ"    "NN"   "VBG"    "TO"    "RB"    "VB"    "DT"   "NNS"
    POS     POS     POS     POS     POS     POS     POS     POS     POS     POS
  "WDT"    "NN"    "NN"   "VBZ"    "IN"    "DT"    "NN"    "IN"    "JJ"    "JJ"
    POS     POS     POS     POS     POS     POS     POS     POS     POS     POS
  "NNS"    "IN"   "NNS"    "TO"    "VB"    ","    "VBN"    "NN"    ","    "VBN"
    POS     POS     POS     POS     POS     POS     POS     POS     POS     POS
  "NNS"    ","     "JJ"    "NN"    ","     "CC"    "NN"    "NN"    "."    "PRP"
    POS     POS     POS     POS     POS     POS     POS     POS     POS     POS
   "RB"   "VBP"    "NN"    "NN"    "TO"    "VB"   "WDT"    "NN"    "CC"   "WDT"
    POS     POS     POS     POS     POS     POS     POS     POS     POS     POS
   "NN"    "IN"   "NNS"   "VBZ"   "RBR"    "JJ"    "TO"    "DT"    "JJ"    "NN"
    POS     POS     POS     POS     POS     POS     POS     POS     POS     POS
   "IN"   "WDT"    "NN"    "."    "VBG"    "IN"   "NNS"    "WP"   "VBD"    "IN"
    POS     POS     POS     POS     POS     POS     POS     POS     POS     POS
   "DT"   "NNS"    "CC"   "VBG"    "JJ"   "NNS"    ","    "PRP"   "VBP"    "IN"
    POS     POS     POS     POS     POS     POS     POS     POS     POS     POS
   "DT"    "RB"    "JJ"   "NNS"   "VBP"    "JJ"    "TO"    "DT"    "NN"    "IN"
    POS     POS     POS     POS     POS     POS     POS     POS     POS     POS
   "NN"    "RB"    "IN"    "TO"    "JJ"   "NNS"    "."    "PRP"   "VBP"    "DT"
    POS     POS     POS     POS     POS     POS     POS
   "JJ"    ","     "JJ"    "CC"    "JJ"   "NNS"    "."
```

R.wiki 텍스트 데이터와 마찬가지로 첫 번째 영문 논문 초록에서 사용된 명사 및 대명사의 개수를 구해볼 수도 있다.

```
> #첫 번째 논문 초록에서 사용된 명사+대명사 개수는?
> sum(str_detect(mypaper1.POStag,"NN"))
[1] 38
```

이와 같은 과정을 이해했다면, 예를 들어 다음과 같은 방식의 분석도 가능하다. 총 33개의 영문 논문 초록에서 등장한 단어들 중에서 명사와 대명사의 비율이 가장 높은 영문 논문과 가장 낮은 영문 논문을 찾아보자. 다음과 같은 반복문을 이용하면 33개 영문 논문 초록에서 등장한 명사 및 대명사의 비율을 계산할 수 있다.

```
> #전체 33개의 영문 논문 초록에서 등장한 명사+대명사의 비율을 계산해 보자.
> N_mypaper <- length(mypaper)
> compare.noun <- rep(NA,N_mypaper)
> for (i in 1:N_mypaper){
+   my.NN <- sum(str_detect(my.POStag.func(mypaper[[i]]$content),"NN"))
+   all.POS <- sum(table(my.POStag.func(mypaper[[i]]$content)))
+   compare.noun[i] <- my.NN/all.POS
+ }
> round(compare.noun,2)
 [1] 0.24 0.33 0.23 0.28 0.25 0.38 0.28 0.22 0.32 0.31 0.28 0.32 0.36 0.26 0.30
[16] 0.35 0.35 0.33 0.36 0.31 0.36 0.29 0.28 0.29 0.28 0.33 0.33 0.33 0.36 0.33
[31] 0.29 0.26 0.33
```

이 결과를 데이터 프레임으로 삼아 어떤 논문 초록에서 명사 및 대명사 비율이 가장 높은지 탐색해 보면 다음과 같다. 결과에서 알 수 있듯, 8번 영문 논문 초록에서 가장 낮은 비율의 명사 및 대명사가 사용되었으며(약 22%), 6번 영문 논문 초록에서 가장 높은 비율의 명사 및 대명사가 사용되었다(약 38%).

```
> #최고비율의, 최저비율의 명사+대명사 비율 논문 초록은?
> prop.noun <- data.frame(1:N_mypaper,compare.noun)
> colnames(prop.noun) <- c('abstract.no','prop.noun')
> head(prop.noun[order(prop.noun$prop.noun),],1)
  abstract.no prop.noun
8           8 0.2214765
> tail(prop.noun[order(prop.noun$prop.noun),],1)
  abstract.no prop.noun
6           6  0.382716
```

한국어 품사분석

다음으로 한국어 텍스트 데이터에 대한 POS 분석을 실시해 보자. 한 가지 고려할 점은 KoNLP 패키지의 함수를 사용할 경우 NLP 패키지나 openNLP 패키지보다 먼저 실행하는 것이 좋다. 따라서 R를 다시 실행한 후 다음과 같이 KoNLP 패키지와 tm 패키지, stringr 패키지를 실행하자.

```
> #한국어 텍스트의 POS 분석
```

```
> library ('KoNLP')
> library ('tm')
> library ('stringr')
```

먼저 개별 텍스트 데이터에 대한 한국어 POS 분석을 실시해 보자. 우선은 필자의 한국어 논문 초록 말뭉치를 구성한 후 이 중 33번 논문 초록을 분석 대상으로 삼아보자(mytext라는 이름의 오브젝트).

```
> #말뭉치 텍스트 데이터를 불러오기
> my.text.location <- "D:/data/ymbaek_논문"
> mypaper  <- VCorpus(DirSource(my.text.location))
> mytext <- mypaper[[33]]$content
> mytext
[1] "본 연구는 기업 루머 상황에서 등장하는 토픽이 채널종류에 따라, 그리고 위기 커뮤니케
이션 단계별로 어떻게 변화하는지 살펴보았다. 이를 위해 2017년 8월 9일부터 2017년 12월 31
일까지 실제 기업 위기 사례인 깨끗한나라 생리대 유해성 논란 이슈와 관련된 보도기사 및 트위
터 게시물에 대해 텍스트 마이닝 기법, 구체적으로 예측변수 효과를 통계적으로 테스트할 수 있
는 구조적 토픽 모형(STM, structural topic model; Roberts et al., 2016)을 적용했다.
분석에 사용한 예측변수는 '사건의 진행 단계'와 '채널의 종류'였다. '사건의 진행 단계'는 이
슈 흐름 변화에 영향을 미친 특정 사건을 기준으로 급성, 만성, 해결 등 3단계로 나누었으며
'채널의 종류'는 언론사와 트위터로 구분했다. 연구 결과, 토픽들은 각 시기별 주요 사건과 이
슈를 잘 반영한 것으로 나타났다. 이슈 확산 초기인 급성 단계는 깨끗한나라 생리대 유해성에
대한 불안감에 초점이 맞춰진 토픽들이 주로 등장한 반면, 만성 단계는 여성환경연대 실험 공정
성에 의문을 제기한 이슈 흐름 변화가 반영된 토픽이 주로 등장했다. 깨끗한나라의 공격적 위기
커뮤니케이션이 시작된 해결 단계에는 새로운 토픽들이 추가 등장하면서 급성 단계 커뮤니케이
션 상황과 다른 토픽들이 등장했다. 또한 언론사와 트위터 등 채널의 종류에 따라 등장하는 토
픽 변화도 발견할 수 있었다. 연구 결과를 토대로 PR 커뮤니케이션 관점에서 바라본 기업 위기
커뮤니케이션에 대한 이론적·실천적 함의를 논의했다."
```

KoNLP 패키지에서는 크게 두 가지 방식의 POS 표지결과를 제공한다. KoNLP 패키지에는 `SimplePos09()` 함수와 `SimplePos22()` 함수가 있다. 앞의 함수에서는 한국어 텍스트에 대한 품사분석을 9개의 품사분석 결과를 분석해 주며, 뒤의 함수에서는 22개의 품사분석 결과를 제시해 준다. 자세한 품사구분은 〈표 9〉를 참조하기 바란다.

먼저 9개 품사구분을 적용한 품사분석 결과를 살펴보자.

```
> #품사구분 9개
> mypaper33.pos09 <- SimplePos09(mytext)
> mypaper33.pos09
$본
```

〈표 9〉 **KoNLP 패키지의 품사 종류와 분류**

SimplePos09()	SimplePos22()	하위분류 1	하위분류 2
S 기호	sp 쉼표 sf 마침표 sl 여는 따옴표·묶음표 sr 닫는 따옴표·묶음표 sd 이음표 se 줄임표 su 단위기호 sy 기타 기호		
F 외국어	f 외국어		
N 체언	NC 보통명사	ncp 서술성 명사	ncpa 동작성 명사, ncps 상태성 명사
		ncn 비서술성 명사	ncn 비서술성 명사, ncr 비서술성-직위 명사
	NQ 고유명사	nqpa 성 nqpb 이름 nqpc 성+이름 nqq 기타-일반	
	NB 의존명사	nbu 단위성 의존명사 nbs 비단위성 의존명사 nbn 비단위성 의존명사, '-하다' 붙는 것	
	NP 대명사	npp 인칭대명사 npd 지시대명사	
	NN 수사	nnc 양수사 nno 서수사	
P 용언	PV 동사	pvd 지시동사 pvg 일반동사	
	PA 형용사	pad 지시형용사 paa 성상형용사	
	PX 보조용언	px 보조용언	
M 수식언	MM 관형사	mmd 지시관형사 mma 성상관형사	
	MA 부사	mad 지시부사 mag 일반부사 maj 접속부사	
I 독립언	II 감탄사	ii 감탄사	
J 관계언	JC 격조사	jcs 주격조사 jcc 보격조사 jcv 호격조사 jcj 접속격조사 jcr 인용격조사 jco 목적격조사 jcm 관형격조사 jca 부사격조사 jct 공동격조사	
	JX 보조사	jxc 통용보조사 jxf 종결보조사	
	JP 서술격조사	jp 서술격조사	
E 어미	EP 선어말어미	ep 선어말어미	
	EC 연결어미	ecc 대등적 연결어미 ecx 보조적 연결어미 ecs 종속적 연결어미	
	ET 전성어미	etn 명사형 전성어미 etm 관형사형 전성어미	
	EF 종결어미	ef 종결어미	
X 접사	XP 접두사	xp 접두사	
	XS 접미사	xsn 명사파생 접미사	xsnu 단위 뒤, xsnca 일반명사 뒤, xsncc 일반명사 뒤, xsna 동작성 뒤, xsns 상태성 뒤, xsnp 인명1·3 뒤, xsnx 모든 명사 뒤
		xsv 동사파생 접미사	xsvv 동사 뒤, xsvn 일반명사 뒤, xsva 동작명사 뒤
		xsm 형용사파생 접미사	xsms 상태명사 뒤, xsmn 일반명사 뒤
		xsa 부사파생 접미사	

자료: https://github.com/haven-jeon/KoNLP/blob/master/etcs/KoNLP-API.md.

```
[1] "보/P+ㄴ/E"

$연구는
[1] "연구/N+는/J"

$기업
[1] "기업/N"

$루머
[1] "루머/N"

$상황에서
[1] "상황/N+에서/J"

$등장하는
[1] "등장/N+하/X+는/E"

$토픽이
[1] "토픽/N+이/J"

$채널종류에
[1] "채널종류/N+에/J"

$`따라,`
[1] "따르/P+아/E+,/S"

[분량 문제로 중간 부분 출력 결과를 제시하지 않음]

$PR
[1] "PR/F"

$커뮤니케이션
[1] "커뮤니케이션/N"

$관점에서
[1] "관점/N+에서/J"

$바라본
[1] "바라보/P+ㄴ/E"

$기업
[1] "기업/N"

$위기
[1] "위/N+이/J+기/E"

$커뮤니케이션에
[1] "커뮤니케이션/N+에/J"
```

```
$대한
[1] "대하/P+ㄴ/E"

$`이론적·실천적`
[1] "이론적·실천적/N"

$함의를
[1] "함의/N+를/J"

$논의했다
[1] "논의/N+하/X+었다/E"

$.
[1] "./S"
```

다음으로 22개 품사구분을 적용한 품사분석 결과를 살펴보자.

```
> #품사구분 22개
> mypaper33.pos22 <- SimplePos22(mytext)
> mypaper33.pos22
$본
[1] "보/PX+ㄴ/ET"

$연구는
[1] "연구/NC+는/JX"

$기업
[1] "기업/NC"

$루머
[1] "루머/NC"

$상황에서
[1] "상황/NC+에서/JC"

$등장하는
[1] "등장/NC+하/XS+는/ET"

$토픽이
[1] "토픽/NC+이/JC"

$채널종류에
[1] "채널종류/NC+에/JC"

$`따라,`
```

```
[1] "따르/PV+아/EC+,/SP"

[분량 문제로 중간 부분 출력 결과를 제시하지 않음]

$PR
[1] "PR/F"

$커뮤니케이션
[1] "커뮤니케이션/NC"

$관점에서
[1] "관점/NC+에서/JC"

$바라본
[1] "바라보/PV+ㄴ/ET"

$기업
[1] "기업/NC"

$위기
[1] "위/NC+이/JP+기/ET"

$커뮤니케이션에
[1] "커뮤니케이션/NC+에/JC"

$대한
[1] "대하/PV+ㄴ/ET"

$`이론적·실천적`
[1] "이론적·실천적/NC"

$함의를
[1] "함의/NC+를/JC"

$논의했다
[1] "논의/NC+하/XS+었/EP+다/EF"

$.
[1] "./SF"
```

앞에서 소개한 영어 텍스트 데이터의 품사분석 결과와는 조금 다르지만, 결과를 이해하는 것이 어렵지는 않을 것이다. 이렇게 얻은 분석 결과에서 보통명사[KoNLP 패키지의 SimplePos22() 함수에서는 NC로 표현]를 추출해 보자. 복잡한 듯 보이지만, 앞서의 텍스트 데이터 사전처리 과정의 함수들을 응용한 것에 불과하다. 22개 품사구분을 적용한 품사분석 결과에서 /NC라는 표현이 붙은 위치를 찾은 후, 해당 위치를 중심으로 그 앞에 제시된 숫자나 문자형 표현을 추출한 결과를 저장했다.

```
> #아래와 같은 방식을 사용해 22개 품사구분에서 보통명사(NC)만 추출하자.
> mypaper33.pos22.pp <- mypaper33.pos22
> mytextlength <- length(mypaper33.pos22)
> for (i in 1:mytextlength) {
+   mylocation <- str_locate_all(mypaper33.pos22[i], pattern ='/NC')
+   mypaper33.pos22.pp[i] <- str_sub(mypaper33.pos22[i], 1, mylocation[[1]][1]-1)
+   mypaper33.pos22.pp[i] <- str_replace_all(mypaper33.pos22.pp[i],
+                                           "[[:alnum:]]/[[:upper:]]{1,}","")
+ }
> mypaper33.pos22.pp
$본
[1] NA

$연구는
[1] "연구"

$기업
[1] "기업"

$루머
[1] "루머"

$상황에서
[1] "상황"

$등장하는
[1] "등장"

$토픽이
[1] "토픽"

$채널종류에
[1] "채널종류"

$`따라,`
[1] NA

[분량 문제로 중간 부분 출력 결과를 제시하지 않음]

$PR
[1] NA

$커뮤니케이션
```

```
[1] "커뮤니케이션"

$관점에서
[1] "관점"

$바라본
[1] NA

$기업
[1] "기업"

$위기
[1] "위"

$커뮤니케이션에
[1] "커뮤니케이션"

$대한
[1] NA

$`이론적·실천적`
[1] "이론적·실천적"

$함의를
[1] "함의"

$논의했다
[1] "논의"

$.
[1] NA
```

이 결과를 벡터 형식으로 전환한 후, 보통명사(NC)가 아닌 표현들을 삭제하면 다음과 같다.

```
> mypaper33.pos22.pp <- unlist(mypaper33.pos22.pp)
> mypaper33.pos22.pp <- mypaper33.pos22.pp[!is.na(mypaper33.pos22.pp)]
> mypaper33.pos22.pp
          연구는          기업            루머          상황에서
          "연구"        "기업"          "루머"          "상황"
        등장하는        토픽이      채널종류에              위기
          "등장"        "토픽"      "채널종류"             "위"
    커뮤니케이션      단계별로      변화하는지              실제
  "커뮤니케이션"      "단계별"          "변화"          "실제"
            기업          위기          사례인      깨끗한나라
```

```
        "기업"           "위"           "사례"     "깨끗한나라"
        생리대          유해성            논란          이슈와
      "생리대"       "유해성"          "논란"          "이슈"
        관련된         보도기사          트위터         게시물에
        "관련"      "보도기사"        "트위터"        "게시물"
   텍스트마이닝           기법,       구체적으로        예측변수
 "텍스트마이닝"         "기법"        "구체적"      "예측변수"

[분량 문제로 이후의 출력 결과를 제시하지 않음]
```

결과에서 잘 드러나지만, 품사구분이 잘 된 것도 있지만, 다소 미흡한 부분도 적지 않다. 그러나 필자가 보았을 때 전반적으로 품사분석 결과가 아주 나쁘지는 않은 듯하다. 33번째 한국어 논문 초록에 사용된 보통명사(NC)의 개수를 구하면 아래와 같다.

```
> sum(table(mypaper33.pos22.pp))
[1] 128
```

개별 한국어 텍스트 데이터에 대한 품사분석을 실시할 수 있다면 말뭉치 텍스트 데이터에 대해서도 품사분석을 실시할 수 있다. 영어 텍스트 데이터에서와 마찬가지로, 위에서 실시한 결과를 개인맞춤형 함수로 설정해 보자. 필자는 아래와 같이 `my.NC.func()`라는 함수를 설정했다. 예를 들어 첫 번째 한국어 논문 초록에서 나타난 보통명사(NC)가 어떤지를 살펴보려면 `my.NC.func()` 함수를 이용해 다음의 과정을 밟으면 된다.

```
> #전체 논문 초록에서 등장한 보통명사의 수를 계산해 보자.
> #위의 과정을 개인맞춤형 함수로 설정하자.
> my.NC.func <- function(mytext) {
+   myobject <- SimplePos22(mytext)
+   new.myobject <- mytext
+   mytextlength <- length(myobject)
+   mylocation <-
+   for (i in 1:mytextlength) {
+     mylocation <- str_locate_all(myobject[i], pattern ='/NC')
+     new.myobject[i] <- str_sub(myobject[i], 1, mylocation[[1]][1]-1)
+     new.myobject[i] <- str_replace_all(new.myobject[i],
+                                   "[[:alnum:]]/[[:upper:]]{1,}","")
+   }
+   new.myobject <- unlist(new.myobject)
+   new.myobject <- new.myobject[!is.na(new.myobject)]
+   new.myobject
```

```
+ }
> #앞서 분석했던 33번 한국어 논문 초록 대상 분석 결과가 동일한 것을 확인할 수 있음.
> sum(table(my.NC.func(mypaper[[33]]$content)))
[1] 128
```

이제 전체 34개의 한국어 논문 초록별 보통명사(NC)의 개수를 구해보자. 또한 34개 한국어 논문 초록 중 어떤 논문 초록에서 보통명사가 가장 많이 사용되었으며, 또 가장 적게 사용된 논문 초록은 무엇인지도 살펴보자.

```
> #전체 한국어 논문 초록에 대해서 적용해 보자.
> size.noun <- rep(NA,length(mypaper))
> for (j in 1:length(mypaper)){
+   size.noun[j] <- sum(table(my.NC.func(mypaper[[j]]$content)))
+ }
> size.noun
 [1]  85  82  95 133  78  76  67 107  70 103 103  80 101  88  89 102  91 114  71
[20]  76 140  99  83 130 164  80 107 161 133  89 126 161 128  85

> #최고 빈도의, 최저 빈도의 보통명사 등장수를 갖는 논문 초록은?
> size.noun <- data.frame(1:length(mypaper),size.noun)
> colnames(size.noun) <- c('abstract.no','no.noun')
> size.noun[order(size.noun$no.noun),][c(1,length(mypaper)),]
   abstract.no no.noun
7            7      67
25          25     164
```

결과에서 잘 드러나듯 일곱 번째 한국어 논문 초록에서 보통명사가 가장 적게 등장했고, 25번째 한국어 논문 초록에서 가장 많이 등장했다.

지금까지 영어 텍스트와 한국어 텍스트에 대한 품사분석을 간략하게 살펴보았다. 이 책에서는 품사분석 결과를 포함하여 텍스트 데이터에 대한 분석이나 모형화 작업에 대해서는 설명하지 않았다. 또한 KoNLP 패키지의 한국어 형태소 분석기 외의 다른 형태소 분석기의 사례를 소개하지는 않았다.[1] 그러나 독자의 학문적 관심사에 따라

---

1 형태소 분석이 가능한 다른 한국어 텍스트 분석용 R 패키지들에 대해서는 앞장에서 간략하게나마 언급한 바 있다.

품사분석은 유용하게 응용될 수 있을 것이다. 품사분석을 더 심도 있게 학습하고자 한다면 품사분석과 관련된 전산 자연어 처리(computational natural language processing)나 전산언어학 관련 문헌들을 스스로 찾아 학습해 보아야 할 것이다.

3부

텍스트 데이터 분석 및 결과 제시

01 텍스트 데이터에 대한 기술통계분석

02 토픽모형

03 감정분석

01
텍스트 데이터에 대한 기술통계분석

텍스트 데이터에 대한 기술통계분석은 일반적인 사회과학 데이터에 대한 기술통계와 본질적으로 동일하다. 문자나 단어와 같은 오브젝트들은 일종의 명목변수이기 때문에, 빈도표를 계산할 수 있으며, 이 빈도표를 시각적으로 표현한 것이 텍스트 마이닝 관련 문헌에서 언제나 등장하는 말구름(word-cloud)이다.

좀 더 나아가 문서×단어 행렬의 경우 문서를 사례로, 단어를 변수로 가정하면 단어와 단어의 연관 관계를 추정할 수 있다(즉, $word_i$가 발견되었을 때 $word_j$가 발견될 확률). 마찬가지로 문서에서 발견된 단어들의 유사성을 바탕으로 문서와 문서의 연관 관계를 계산하는 것도 가능하다(즉, doc_i와 doc_j의 유사도). 또한 어떤 두 단어들의 공통등장[혹은 공기(共起, co-occurrence)] 빈도를 기반으로 단어들 사이의 연관 규칙을 탐색하는 방식으로 텍스트의 의미를 추정해 볼 수도 있다.

또한 문서와 문서나 단어와 단어의 유사도 행렬(similarity matrix)을 기반으로 위계적 군집분석(hierarchical cluster analysis)을 실시하여 문서집단(document cluster)이나 단어집단(word cluster)을 도출할 수도 있다. 더 나아가 최근 사용 빈도가 증가하는 잠재적 디리클레 할당 모형이나 상관토픽모형, 구조적 토픽모형, 혹은 감정분석도 R를 이용해 수행할 수 있다.

이번 장에서는 텍스트 내의 단어 빈도표와 이를 시각화한 말구름 분석, 단어와 단어 혹은 문서와 문서의 유사도 계산, 단어들 사이의 연관 규칙 탐색, 유사도 행렬을 기반으로 한 위계적 군집분석을 어떻게 실시할 수 있는지 살펴보았다. 이들 기법들은 다음의 두 장(章)에서 소개할 일련의 토픽모형들[잠재적 디리클레 할당(LDA) 모형, 상관토픽모형(CTM), 구조적 토픽모형(STM), 공통등장단어 토픽모형(BTM)]과 지도 기계학습을 이용한 감정분석 등의 사전 분석작업의 일환으로 실시되는 경우가 많다. 이제 R를 통해 대용량의 텍스트 데이터에 대한 기술통계분석을 어떻게 실시할 수 있는지 살펴보기로 한다.

빈도표 계산 및 말뭉치 등을 활용한 시각화

영어든 한국어든 DTM(혹은 TDM)만 구축되면 단어든 문서든 빈도표를 계산하거나 말뭉치를 그리는 것은 그리 어렵지 않다. 앞에서 필자의 영문 학술지 초록들을 사전처리한 말뭉치 텍스트 데이터를 사전처리한 후 구성한 DTM을 이용해 빈도표와 텍스트 데이터 시각화 작업을 실시해 보자.

먼저 DTM을 행렬 형식의 오브젝트로 전환한 후 전체 말뭉치에 각 단어가 총 몇 회나 등장했는지 빈도를 계산해 보자. `apply()` 함수를 이용하면 쉽게 그 결과를 얻을 수 있다. 이렇게 얻은 단어 빈도 목록의 형태와 총 단어의 길이를 계산하면 아래와 같다.

```
> #tm 패키지 함수를 설명했던 dtm.e 오브젝트를 사용할 것이다.
> #먼저 단어의 발현 빈도를 구해보자.
> library('tm')
> library('stringr')
> #앞서 작업했던 사전처리 영어 말뭉치와 한국어 말뭉치를 불러오자.
> corpus.e.pp <- readRDS("CorpusE_preprocess.RData")
> corpus.k.pp <- readRDS("CorpusK_preprocess.RData")
> #앞서 작업했던 영어 DTM과 한국어 DTM을 불러오자.
> dtm.e <- readRDS("dtmE.RData")
> dtm.k <- readRDS("dtmK.RData")
> word.freq <- apply(dtm.e[,],2,sum)
```

```
> #아래와 같은 형식의 벡터가 구성, 839개 단어가 총 2968번 등장했다.
> length(word.freq); sum(word.freq)
[1] 839
[1] 2968
```

그렇다면 가장 빈도가 높은 상위 20개 단어들은 어떤 단어들일까? 그 결과를 계산하면 다음과 같다.

```
> #빈도가 높은 것부터 낮은 것으로 정렬하자.
> sort.word.freq <- sort(word.freq,decreasing=TRUE)
> head(sort.word.freq,20)
      studi       effect        polit       social       cultur         find
         57           53           48           36           34           30
      onlin          sns        model     influenc         user relationship
         30           29           26           25           24           21
     examin       health      increas      privaci      discuss         base
         19           19           19           19           18           17
     implic       inform
         17           17
```

위의 빈도 데이터를 기반으로 누적 빈도와 누적 비율을 계산해 보자. 그 과정은 다음과 같다.

```
> #다음과 같이 하면 누적 빈도를 계산할 수 있다.
> cumsum.word.freq <- cumsum(sort.word.freq)
> head(cumsum.word.freq,20)
      studi       effect        polit       social       cultur         find
         57          110          158          194          228          258
      onlin          sns        model     influenc         user relationship
        288          317          343          368          392          413
     examin       health      increas      privaci      discuss         base
        432          451          470          489          507          524
     implic       inform
        541          558

> #다음과 같이 하면 최댓값이 1이 되는 누적 비율을 계산할 수 있다.
> prop.word.freq <- cumsum.word.freq/cumsum.word.freq[length(cumsum.word.freq)]
> head(prop.word.freq,20)
      studi       effect        polit       social       cultur         find
 0.01920485   0.03706199   0.05323450   0.06536388   0.07681941   0.08692722
      onlin          sns        model     influenc         user relationship
 0.09703504   0.10680593   0.11556604   0.12398922   0.13207547   0.13915094
```

```
   examin      health     increas     privaci     discuss        base
0.14555256  0.15195418  0.15835580  0.16475741  0.17082210  0.17654987
    implic      inform
0.18227763  0.18800539
```

위의 결과는 상당히 흥미롭다. 가장 발현 빈도가 높은 상위 20개의 단어들은 총 단어 수의 약 20%(정확하게는 18.8%)를 차지한다. 즉, 전체 839개의 고유단어 중 상위 20%를 차지하는 단어는 고작 2%(2 ≈ 100 × (20 / 839))에 불과하지만, 이 2%의 단어가 총 단어 수의 20%가량(20 ≈ 100 × (558 / 2968))을 차지하는 것이다. 더욱이 dtm.e 오브젝트가 불용단어를 제거한 후 생성되었다는 점을 감안한다면, 적어도 필자의 영문 학술논문의 글쓰기는 몇몇 소수의 단어들을 중심으로 전개되었으며, 각 논문의 특성에 맞는 몇몇 단어들이 문서에 따라 선택적으로 사용되고 있다는 것을 알 수 있다. 그렇다면 단어의 빈도수가 높은 것부터 낮은 것으로 정렬했을 때, 총 단어 수의 누적 비율은 어떻게 증가하는가?

이를 알아보기 위해 필자는 다음과 같은 그래프를 그려보았다. 우선 X축에는 발현 빈도수를 중심으로 정렬한 단어를, Y축에는 해당 단어들의 누적 비율을 배치했다. 그 결과는 아래의 그래프와 같다. 예를 들어 상위 10%까지의 단어들은 총 단어의 약 40% 이상을 차지하며, 상위 20%의 단어들은 총 단어의 약 60%가량을 차지한다. 단어 빈도의 순위에 따라 설명되는 총 단어의 비중 변화를 보여주는 아래의 그래프를 그리는 방법에 대한 자세한 설명은 필자의 『R기반 데이터과학: tidyverse 접근』을 참조하기 바란다.

```
> #단어 빈도에 대한 간단한 분석
> library('ggplot2')  #혹은 library('tidyverse')
> #선그래프용 데이터
> myfig <- data.frame(1:length(word.freq),prop.word.freq)
> colnames(myfig) <- c('loc','prop')
> #점그래프용 데이터
> myfig2 <- myfig[round(83.9*(0:10)),]
> myfig2$lblloc <- paste(10*(1:10),"%th\nposition",sep="")
> ggplot()+
+   geom_line(data=myfig,aes(x=loc,y=prop),color='red')+
+   geom_point(data=myfig2,aes(x=loc,y=prop),size=2,color='blue')+
+   scale_x_continuous(breaks=myfig2$loc,labels=myfig2$lblloc)+
+   scale_y_continuous(breaks=0.20*(0:5),labels=paste(20*(0:5),"%",sep=""))+
+   labs(x='\nOrder of word frequency',y='Cumulative proportion\n')+
```

```
+   theme_classic()
+ }
```

결과

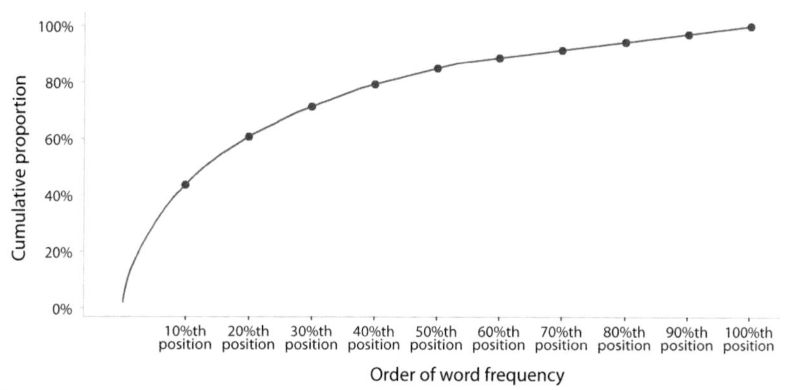

이제는 텍스트 마이닝 결과를 제시할 때 거의 언제나 등장하는 말구름을 그리기 위해서는 wordcloud2 패키지를 먼저 설치하고 구동해야 한다. 이 책 1판에서는 wordcloud 패키지를 사용했으나, wordcloud2 패키지를 이용해 그린 말구름이 훨씬 더 보기 좋다.

말구름을 그리려면 먼저 빈도표를 데이터 프레임으로 저장해 두어야 한다. 이때 단어를 첫 번째 변수가, 각 단어의 빈도를 두 번째 변수가 되도록, 데이터 프레임을 지정해 주면 된다.

```
> library('wordcloud2')
> WC_data <- data.frame(names(word.freq),word.freq)
> names(WC_data) <- c('word','freq')
> wordcloud2(WC_data,size=1,
+           fontFamily="Times New Roman",  #원하는 글자 폰트를 지정함
+           shuffle=FALSE,  #TRUE로 지정하면 그릴 때마다 단어 배치가 바뀜
+           rotateRatio=0.3)  #0이면 회전 없음, 1이면 완전 회전
```

210쪽의 말구름의 경우 모든 단어들을 시각화한 것이다. 사실 빈도수가 낮은 단어들은 말구름에서 잘 보이지 않기 때문에 차라리 제시하지 않는 것이 더 나을 수 있다. 예를 들어 단어의 빈도수가 10 이상인 단어들로만 말구름을 그리면 211쪽과 같다.

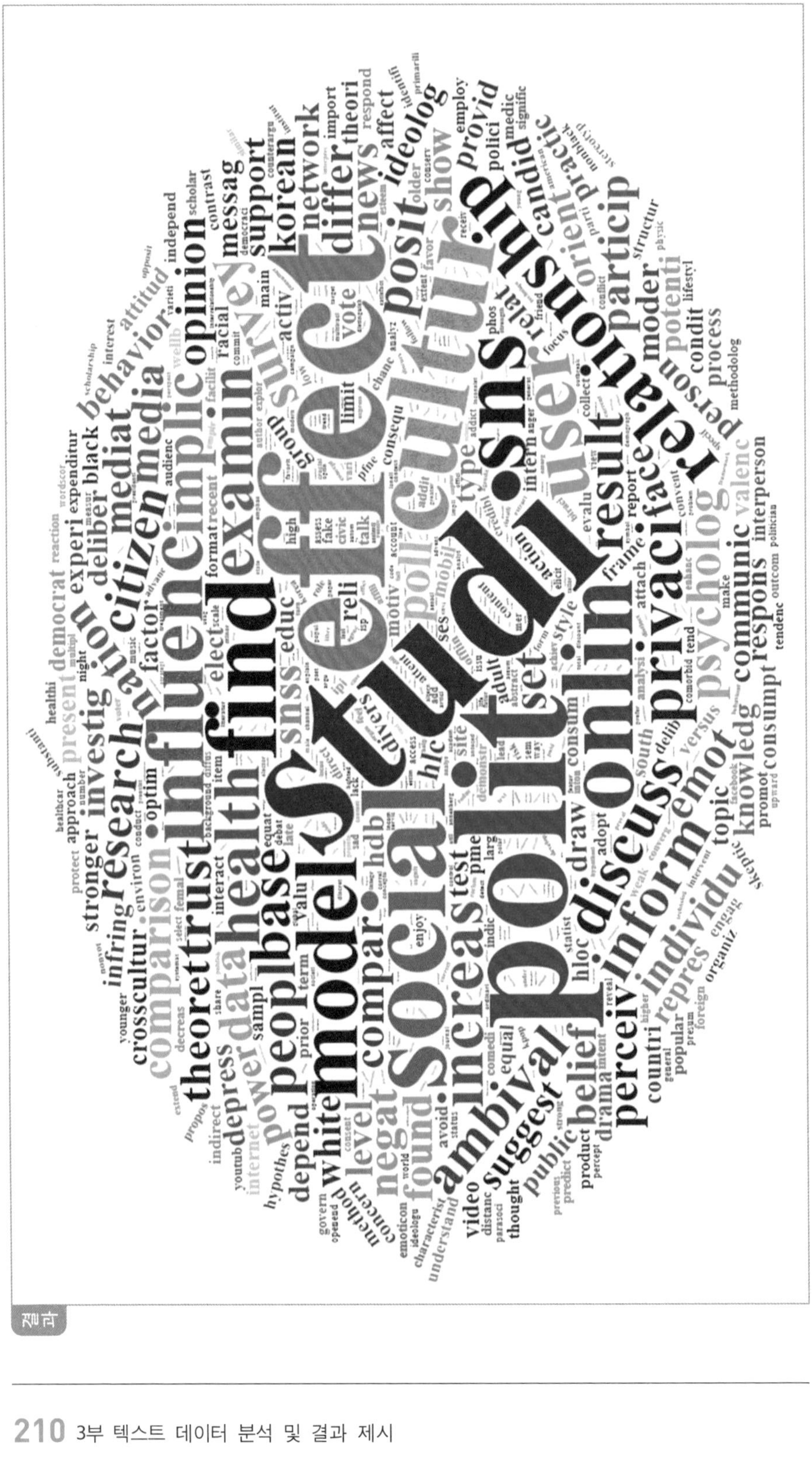
studi
polit
onlin
effect
social
model
cultur
sns
relationship
influenc
examin
find
health
priva
discuss
inform

결과

effect
studi
polit
social
find
cultur
onlin
influenc
model
relationship
sns
user
privaci
health
examin
peopl
inform
increas
result
discuss
research
survey
base
trust
implic
citizen
media
comparison
ambival
psycholog
nation
posit
data
poll
individu
belief
found
emot
news
moder
person
face
level
behavior
ideolog
investig
perceiv
communic
orient
white
differ
negat
network
snss
korean
power
opinion
mediat
show
particip
support
compar
suggest
theoret
candid
set

결과

```
> #빈도수 10 이상의 단어들로만 그림
> wordcloud2(WC_data[WC_data$freq>9,],
+           fontFamily="Times New Roman",
+           shuffle=FALSE,
+           rotateRatio=0.3,
+           shape="circle")
```

다음으로 필자의 한국어 학술논문들로 구성된 말뭉치를 사전처리하여 구축한 DTM을 이용해 위의 과정을 통해 얻은 그래프들을 구해보자. 우선 말뭉치에 등장한 고유단어들을 발현 빈도에 따라 정렬했을 때, 각 단어들의 누적 비율이 어떻게 변하는지를 살펴보자. 아래의 R 명령문은 영문 학술논문들을 구성했던 방식과 동일하다.

```
> #이제는 한국어 학술논문들의 말뭉치를 분석해 보자.
> #동일한 과정을 밟았다.
> word.freq <- apply(dtm.k[,],2,sum)
> sort.word.freq <- sort(word.freq,decreasing=TRUE)
> cumsum.word.freq <- cumsum(sort.word.freq)
> prop.word.freq <- cumsum.word.freq/cumsum.word.freq[length(cumsum.word.freq)]
> #선그래프용 데이터
> myfig <- data.frame(1:length(word.freq),prop.word.freq)
> colnames(myfig) <- c('loc','prop')
> #점그래프용 데이터
> myfig2 <- myfig[round(31.5*(0:10)),]
> myfig2$lblloc <- paste(10*(1:10),"%th\nposition",sep="")
> ggplot()+
+   geom_line(data=myfig,aes(x=loc,y=prop),color='red')+
+   geom_point(data=myfig2,aes(x=loc,y=prop),size=2,color='blue')+
+   scale_x_continuous(breaks=myfig2$loc,labels=myfig2$lblloc)+
+   scale_y_continuous(breaks=0.20*(0:5),labels=paste(20*(0:5),"%",sep=""))+
+   labs(x='\n단어 빈도 정렬 발생 위치',y='누적 비율\n')+
+   theme_classic()
```

결과

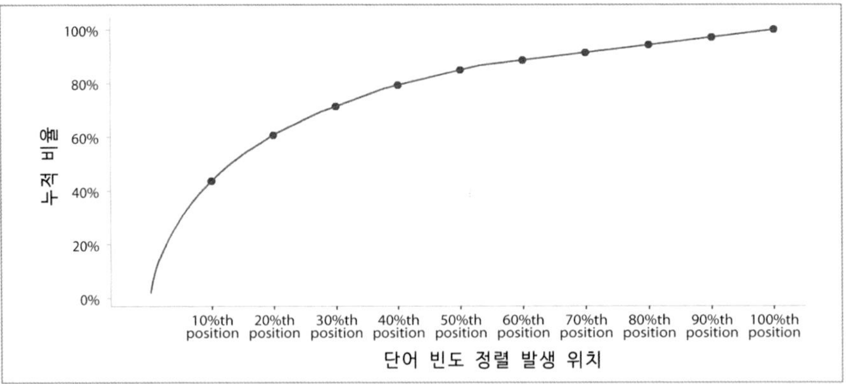

위의 결과를 영문 학술논문의 말뭉치를 대상으로 얻은 결과와 비교해 보자. 아주 미미한 차이가 있을 뿐 전반적으로 매우 유사한 그래프 모양을 발견할 수 있을 것이다. 비록 말뭉치를 2개밖에 분석하지 않았지만, 아마 사용 언어나 내용이 다름에도 단어 사용방식이 매우 유사하다고 독자들도 느꼈을 것이다. 필자의 경험상(또한 필자가 알고 있는 상당수의 텍스트 마이닝 연구 결과에 따르면) 일정 규모 이상의 텍스트 데이터의 경우 텍스트의 종류에 상관없이 위와 같은 패턴이 지속적으로 반복되는 경향이 있다 [이에 대한 자세한 논의와 사례들은 Manning, Raghavan and Schütze(2009: 81~83) 참조].

이제는 한국어 학술논문 말뭉치의 단어들을 이용해 말구름을 그려보자. 이 과정 또한 영문 학술논문 말뭉치의 단어들을 이용한 말구름을 그리는 과정과 동일하다.

```
> #단어 빈도수 5회 이상인 경우만 제시함
> WC_data <- data.frame(names(sort.word.freq),sort.word.freq)
> names(WC_data) <- c('word','freq')
> wordcloud2(WC_data[WC_data$freq>4,],
+            size=0.7, #글자 크기를 조금 줄임(디폴트값은 1)
+            shuffle=FALSE,  #TRUE로 지정하면 그릴 때마다 단어 배치가 바뀜
+            rotateRatio=0.3,  #0이면 회전 없음, 1이면 모두 회전
+            shape="circle")
```

영문 학술논문 말뭉치와 한국어 학술논문 말뭉치로 그린 2개의 말구름을 비교해 보면, 사용 언어나 출판 언어에 따른 연구 주제의 차이점은 무엇이며 공통점은 무엇인지 전체적 인상(impression)을 얻을 수 있다. 말구름을 통한 텍스트 데이터 결과 분석은 청중이나 독자의 시각에 호소하며 직관적으로 이해된다는 점에서 매력적이며, 바로 이 이유 때문에 말구름은 텍스트 데이터 분석 결과에 대한 프레젠테이션에서 매우 빈번하게 등장한다. 그러나 말구름은 전체적인 인상이 어떤지를 보여줄 뿐 텍스트 데이터에 대한 구체적인 정보를 제공하기는 어렵다. 즉, 말구름은 학술적 논증과 엄밀함을 보여주기에는 충분하지 못한 데이터 분석 결과 제시 방법으로, 말뭉치의 전반적인 모습을 보여주거나 다른 텍스트 분석 결과를 이해하기 위한 보조 자료로 이용하는 것이 타당할 것이다.

커뮤니케이션
미디어
cctv
공동체
이용자
수용자
프로그램
콘텐츠
텍스트
온라인
뉴스
데이터
범죄예방
설치
알림판
저널리즘
인식
라이프스타일
인터넷
정치참여
자율성
유의미
여론조사
정책연구
상호작용
경험적
가능성
통계학
범죄자
이념성향
한국의
선행연구
공정성
담론
플랫폼
실증적
csr
hlc
cctv설치
트위터
가치관
언론인
부정적
시청자
가치지향
설문조사

결과

단어 간 혹은 문서 간 상관관계

DTM이나 TDM은 가로줄과 세로줄로 구성된 행렬이라는 점에서 사회과학자들에게 익숙한 데이터와 동일한 구조를 갖는다. 문서가 가로줄에, 단어가 세로줄에 배치된 DTM을 예로 들어보자. 문서를 사례(case)로, 단어를 변수로 간주할 수 있다면, 특정 단어 $word_i$가 등장했을 때 다른 특정 단어 $word_j$가 동시에 등장하는지에 대한 연관 관계를 피어슨의 r, 스피어만의 ρ, 켄달의 τ 등을 이용해 계산할 수 있다. 마찬가지로 단어가 가로줄에, 문서가 세로줄에 배치된 TDM의 경우, 특정 문서 doc_i와 다른 특정 문서 doc_j 사이의 연관 관계를 계산할 수 있다.[1]

특정 단어가 다른 단어와 어떠한 연관 관계를 갖는지는 `tm` 패키지의 `findAssocs()` 함수를 이용해 쉽게 확인할 수 있다. `findAssocs()` 함수에는 DTM(혹은 TDM) 오브젝트, 분석자가 지정한 단어, 분석자가 설정한 피어슨 상관계수(Pearson's *r*)의 크기 기준이라는 세 가지 정보가 투입된다. 예를 들어 영문 학술논문 말뭉치로 구성한 DTM에서, '`polit`'라는 단어('political', 'politics' 등에 대한 어근 동일화 과정 처리 후 단어)와 r=.50 이상의 상관관계 크기를 갖는 단어들이 궁금할 경우 다음을 실행하면 된다.

```
> #findAssocs 함수를 사용하면 DTM, TDM에 등장하는 단어가
> #지정된 수치 이상인 값으로 연관된 단어들 목록을 알 수 있다.
> #즉, 아래는 dtm.e라는 DTM에 속한 polit라는 단어와 .50 이상의
> #상관관계를 갖는 단어들의 목록을 구하는 방법이다.
> findAssocs(dtm.e,"polit",0.50)
$polit
     academ     consist      discurs    efficaci      endors      larger
       0.85        0.68         0.68        0.68        0.68        0.68
      liber    mismatch         talk    interest       elect      offlin
       0.68        0.68         0.68        0.67        0.64        0.63
    conserv     elector  scholarship    particip      recent       mobil
       0.61        0.60         0.59        0.56        0.56        0.54
```

---

1 DTM 형태의 데이터를 이용해 단어와 단어의 연관 관계를 계산하는 것은 독립성 가정에 크게 배치되지는 않지만, TDM 형태의 데이터에서 문서와 문서의 연관 관계를 계산하는 것은 독립성 가정과 배치된다고 보는 것이 합당할 것이다. 왜냐하면 DTM 형태의 데이터를 구성하는 사례인 문서와 문서는 서로가 서로에 대해 독립적이라고 볼 수 있지만, TDM 형태의 데이터를 구성하는 사례인 단어와 단어는 서로가 서로에 대해서 독립적이라고 보기 어렵기 때문이다(예를 들어 '바이그램'을 생각해 보라).

```
 substanti      boycot     boycott      buycot     buycott    consumer
      0.53        0.51        0.51        0.51        0.51        0.51
 demograph  discredit     possess postmateri       socio   underscor
      0.51        0.51        0.51        0.51        0.51        0.51
```

방금 설명했지만, `findAssocs()` 함수는 피어슨의 r을 보고해 준다. 만약 분석자가 특정한 두 단어들 사이의 연관 관계를 분석하고 싶다면 다음과 같은 방식을 취하면 된다. 예를 들어 `polit`라는 단어와 `agenda`라는 단어의 연관 관계를 분석하는 방법은 다음과 같다. 독자들은 `findAssocs()` 함수를 이용해서 얻은 `polit` 단어와 `elect` 단어의 상관관계 .64와 동일한 것을 확인할 수 있을 것이다.

```
> #findAssocs는 사실 피어슨 상관계수다.
> #예를 들어 polit와 elect 두 단어의 상관계수를 구해보자.
> var1 <- as.vector(dtm.e[,"polit"])
> var2 <- as.vector(dtm.e[,"elect"])
> cor.test(var1,var2)

Pearson's product-moment correlation

data:  var1 and var2
t = 4.6877, df = 31, p-value = 5.247e-05
alternative hypothesis: true correlation is not equal to 0
95 percent confidence interval:
 0.3861306 0.8085830
sample estimates:
      cor
0.6440614
```

위와 같은 과정을 다음과 같이 개인맞춤형 함수로 설정한 후 사용하면 더 편하다. 먼저 개인맞춤형 함수를 설정한 후 위의 과정을 반복해 보자.

```
> #위와 같은 과정을 개인맞춤형 함수로 지정해 보자.
> my.assoc.func <- function(mydtm,term1,term2){
+   myvar1 <- as.vector(mydtm[,term1])
+   myvar2 <- as.vector(mydtm[,term2])
+   cor.test(myvar1,myvar2)
+ }
> #동일한 결과를 얻을 수 있다.
> my.assoc.func(dtm.e,"polit","elect")
```

```
	Pearson's product-moment correlation

data:  myvar1 and myvar2
t = 4.6877, df = 31, p-value = 5.247e-05
alternative hypothesis: true correlation is not equal to 0
95 percent confidence interval:
 0.3861306 0.8085830
sample estimates:
      cor
0.6440614
```

위의 함수를 이용하면 단어와 단어의 상관계수뿐만 아니라 문서와 문서의 상관계수도 얻을 수 있다. 예를 들어 p2014a.txt가 p2019a.txt와 p2014g.txt 두 문서와 각각 어느 정도 크기의 피어슨 상관계수를 갖고 있는지 알고 싶다면 DTM 행렬을 전치시킨 후 두 문서의 이름을 지정하면 된다.

```
> #DTM을 TDM으로 전치시키면 문서와 문서의 상관계수도 구할 수 있다.
> my.assoc.func(t(dtm.e),"p2014a.txt","p2019a.txt")

	Pearson's product-moment correlation

data:  myvar1 and myvar2
t = 1.1276, df = 837, p-value = 0.2598
alternative hypothesis: true correlation is not equal to 0
95 percent confidence interval:
 -0.0288141  0.1063478
sample estimates:
       cor
0.03894499

> my.assoc.func(t(dtm.e),"p2014a.txt","p2014g.txt")

	Pearson's product-moment correlation

data:  myvar1 and myvar2
t = 13.093, df = 837, p-value < 2.2e-16
alternative hypothesis: true correlation is not equal to 0
95 percent confidence interval:
 0.3545225 0.4669639
sample estimates:
      cor
0.4123122
```

위에서 설정한 my.assoc.func() 함수를 이용하면 말뭉치를 구성하는 전체 33개의 문서들 사이의 상관계수들의 행렬도 계산할 수 있다. 다음과 같이 반복문을 사용하여 33개 문서들 사이의 상관계수들의 행렬을 구성해 보자.

```
> #아래와 같이 문서와 문서의 상관계수 행렬을 계산할 수도 있다.
> length.doc <- length(rownames(dtm.e))
> my.doc.cor <- matrix(NA,nrow=length.doc,ncol=length.doc)
> for (i in 1:length.doc) {
+   for (j in 1:length.doc) {
+     my.doc.cor[i,j] <- my.assoc.func(t(dtm.e),rownames(dtm.e)[i],rownames(dtm.e)[j])$est
+   }
+ }
> rownames(my.doc.cor) <- colnames(my.doc.cor) <- rownames(dtm.e)
> diag(my.doc.cor) <- NA
> #상관계수 행렬의 일부만 살펴보자.
> round(my.doc.cor[1:4,1:4],2)
           p2009a.txt p2009b.txt p2010a.txt p2010b.txt
p2009a.txt         NA       0.09       0.21      -0.02
p2009b.txt       0.09         NA       0.13       0.05
p2010a.txt       0.21       0.13         NA       0.01
p2010b.txt      -0.02       0.05       0.01         NA
```

이렇게 구축한 문서 간 상관계수 행렬은 학술논문 초록에 등장하는 단어들의 빈도를 기반으로 학술논문 사이의 단어 발현 유사도가 어떤지를 보여주고 있다. 그렇다면 학술논문 초록들의 유사도는 어느 정도의 수준인지를 히스토그램으로 살펴보자. 위의 문서 간 상관계수 행렬에서 대각요소(diagonal elements)를 삭제하고(왜냐하면 r= 1.00이기 때문에), 행렬의 하단과 상단 중 하단 만을 선택한 후,[2] 히스토그램을 그려보았다.

이와 같은 데이터를 이용하면 엄밀하지는 않아도 문서와 문서가 얼마나 서로 유사한지를 탐색할 수 있다. 예를 들어 첫 번째 학술논문과 다른 학술논문들은 얼마나 서로 비슷하며, 가장 비슷한 학술논문은 무엇인지 다음과 같은 방식으로 추정할 수 있다. 다음 사례를 살펴보자. 본문에는 소개하지 않았지만 p2009a.txt와 p2012a.txt의

---

2 왜냐하면 상관관계 행렬은 대칭행렬(symmetric matrix)이기 때문이다. 필자는 lower.tri()를 사용하여 행렬 탈대각요소(off-diagonal elements)의 하단만을 선택했다

논문 초록을 한번 직접 읽어보기 바란다. 아마도 내용은 다르지만 비슷한 주제를 다루고 있다는 것을 쉽게 발견할 것이다.

```
> #예를 들어 첫 번째 문서, 즉 p2009a.txt는 다른 문서들과 어떤 상관관계를 보이며,
> #어느 문서와 가장 비슷하게 연관되어 있을까?
> round(my.doc.cor[,1],2)
p2009a.txt p2009b.txt p2010a.txt p2010b.txt p2010c.txt p2011a.txt p2011b.txt
        NA       0.09       0.21      -0.02       0.05       0.09      -0.03
p2012a.txt p2012b.txt p2013a.txt p2014a.txt p2014b.txt p2014c.txt p2014d.txt
      0.52       0.05       0.01       0.12       0.03       0.01       0.06
p2014e.txt p2014f.txt p2014g.txt p2015a.txt p2015b.txt p2015c.txt p2015d.txt
      0.09       0.06       0.05       0.13       0.02       0.05       0.07
p2015e.txt p2015f.txt p2016a.txt p2017a.txt p2018a.txt p2018b.txt p2018c.txt
      0.04       0.11       0.02       0.00       0.02       0.06       0.00
p2019a.txt p2019b.txt p2019c.txt p2019d.txt p2019e.txt
      0.02       0.05       0.10       0.07       0.04
> my.doc.cor[,1][which.max(my.doc.cor[,1])]
p2012a.txt
 0.5163275
```

위에서 얻은 상관계수 데이터들을 시각화해 볼 수도 있다. 예를 들어 상관계수들의 히스토그램을 그린 결과는 아래와 같다. 히스토그램을 그리는 방법에 대해서는 『R기반 데이터과학: tidyverse 접근』을 참조하기 바란다.

```
> #아래와 같은 방법으로 문서 간 상관계수의 히스토그램을 살펴보자.
> library('ggplot2') #혹은 tidyverse 패키지 구동
> df_cor <- data.frame(my.doc.cor[lower.tri(my.doc.cor)])
> names(df_cor) <- 'cor_coef'
> ggplot(df_cor, aes(x=cor_coef))+
+   geom_histogram(bins=40)+
+   labs(title="Correlations between English journal papers",
+        x="correlations", y="frrequency")+
+   theme_classic()
> summary(df_cor)
   cor_coef
 Min.   :-0.04041
 1st Qu.: 0.01241
 Median : 0.04041
 Mean   : 0.06427
 3rd Qu.: 0.08280
 Max.   : 0.59528
```

결과

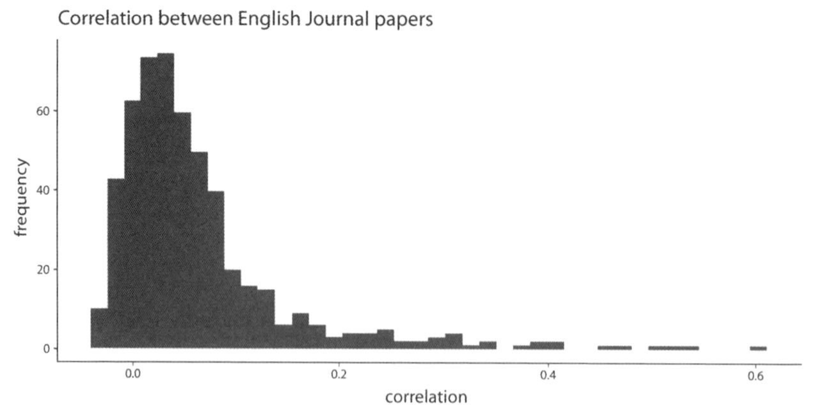

위의 결과에서 알 수 있듯 적어도 등장 단어 빈도를 기준으로 살펴보았을 때, 필자의 영문 학술논문들은 상관관계가 높지 않음을 알 수 있다(평균과 중윗값 모두 0에 근접한 값을 갖는다). 즉, 필자가 출판한 영문 학술논문 초록에 대한 텍스트 분석 결과에 따르면 필자의 학문적 스타일은 좋게 말하면 다양하고(여러 가지 연구 주제에 관심이 많음을 암시한다), 나쁘게 말하면 난잡하다(전문으로 삼고 있는 하나의 연구 주제를 깊이 탐구하지 않는다고 추론할 수 있음).3 즉, 위의 결과는 특정 저자의 여러 글을 말뭉치로 구성한 후 말뭉치를 구성하는 문서들 사이의 상관관계를 추론한 결과로 해당 저자의 학문 스타일이 어떻다는 것을 어느 정도 추정할 수 있다.

이제는 한국어 학술논문 말뭉치를 대상으로 동일한 분석을 실시해 보자. 34개의 한국어 학술논문 초록들 사이의 상관계수들의 분포를 나타내는 히스토그램과 기술통계치는 다음과 같다.

```
> #한국어 학술논문 말뭉치에 대해서도 문서 간 유사도를 계산해 보자.
> #영문 학술논문 말뭉치를 분석한 경우와 동일한 과정을 밟았다.
> length.doc <- length(rownames(dtm.k))
```

3 다양한 연구 주제에 도전하는 것을 좋아한다고 '변명(?)'하고 싶으나, 판단은 독자의 몫일 것이다.

```
> my.doc.cor <- matrix(NA,nrow=length.doc,ncol=length.doc)
> for (i in 1:length.doc) {
+   for (j in 1:length.doc) {
+     my.doc.cor[i,j] <- my.assoc.func(t(dtm.k),rownames(dtm.k)[i],rownames(dtm.k)[j])$est
+   }
+ }
> rownames(my.doc.cor) <- colnames(my.doc.cor) <- rownames(dtm.k)
> diag(my.doc.cor) <- NA
> #상관계수의 히스토그램은 다음과 같다.
> df_cor <- data.frame(my.doc.cor[lower.tri(my.doc.cor)])
> names(df_cor) <- 'cor_coef'
> ggplot(df_cor, aes(x=cor_coef))+
+   geom_histogram(bins=40)+
+   labs(title="한국어 논문 간 상관계수 분포",
+        x="상관계수", y="빈도")+
+   theme_classic()
> summary(df_cor)
    cor_coef
 Min.   :-0.0546870
 1st Qu.:-0.0248260
 Median :-0.0192773
 Mean   : 0.0097067
 3rd Qu.:-0.0002142
 Max.   : 0.7254795
```

결과

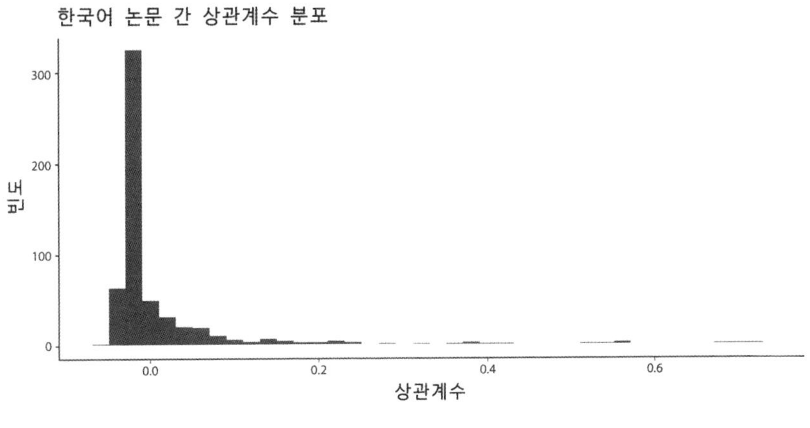

히스토그램 결과에서 잘 드러나듯 상관계수들의 분포는 한국어 학술논문 말뭉치와 영문 학술논문 말뭉치가 크게 다르지 않은 것을 알 수 있다. 즉, 단어 빈도수를 기준

으로 논문 초록들의 유사도는 매우 낮으며, 필자가 출간한 한국어 학술논문 초록에 대한 텍스트 분석 결과도 긍정적으로 평가하면 다양하고, 부정적으로 평가하면 난잡한 필자의 학문적 성향을 잘 보여준다. 다시 말해 위의 결과로 적어도 필자는 영어 논문과 한국어 논문 두 영역 모두에서 다양한 주제를 다루는 학문 스타일을 보인다고 할 수 있다.

연관 규칙 분석

앞에서는 DTM이나 TDM 데이터를 이용해 단어와 단어나 문서와 문서의 연관 관계를 살펴보았다. 상관관계분석은 어느 정도의 데이터 분석 경험이 있다면 누구나 적용할 수 있다는 장점이 있지만, 각 문서별 단어의 발생 빈도(혹은 단어별 문서의 발생 빈도) 분포가 피어슨 상관계수를 계산하는 것에 적절하지 않다는 문제점도 있다.

여기서 소개할 '연관 규칙(association rule)'은 말뭉치 내 각 문서의 단어들 사이의 공통 발생 여부를 근거로 어떤 단어가 어떤 단어(들)와 연관되는 패턴을 추출하는 데이터 마이닝 기법이다. 연관 규칙을 추출하는 가장 널리 알려진 데이터 마이닝 적용 사례는 고객의 물품 구매 내역을 분석하는 것으로, 흔히 '장바구니 분석(market basket analysis)'으로 불린다. 고객이 물건을 구매하면서 어떤 상품들을 동시에 구매했는지를 분석함으로써 어떤 상품이 어떤 상품(들)과 동시에 구매되는 경향이 있는지 파악한 후 매장 내 물건 배치를 바꾼다거나 어떤 물건을 판매 권유해야 하는지에 대한 기초 자료를 얻는 경영학이나 마케팅 기법을 흔히 '장바구니 분석'이라고 부른다.

사실 적용되는 데이터 영역이 다를 뿐 텍스트 마이닝에 적용되는 연관 규칙 분석 역시 장바구니 분석과 동일하다. 다시 말해 '단어'를 고객이 구매하는 개별 물품으로 간주하고, '문서'를 구매 내역으로 간주하면 장바구니 분석을 텍스트 마이닝에 적용할 수 있다. 실제로 의사의 진료 기록이나 경찰의 사건 발생 기록 등과 같은 텍스트 데이터를 대상으로 연관 규칙 분석을 적용한 연구들도 찾아볼 수 있다(이를테면 Liu et al., 2006; Mahgoub et al., 2008).

여기서는 연관 규칙을 추출하는 알고리즘 중의 하나인 '아프리오리 알고리즘'

(Agrawal et al., 1993)[4]을 이용하여 어떤 단어가 다른 단어(들)와 연관 규칙을 갖는지 추출해 보도록 하자. 이 책에서 예를 들고 있는 영문 논문 말뭉치 데이터에는 총 33개의 문서와 839개의 단어가 존재한다. 매우 규모가 작은 데이터임에도 불구하고, 839개의 단어들로 만들어지는 연관 규칙들은 적지 않다. 그렇다면 어떤 기준으로 연관 규칙들을 추출해야 할까? 아프리오리 알고리즘에서는 '지지도(support)', '확신도(confidence)', '향상도(lift)'라는 세 가지 지수를 기준으로 연관 규칙이 유용한 규칙인지 아닌지를 판단한다. 세 지수들을 간단하게 설명하면 다음과 같다.

우선 X를 전체 개별 항목들의 부분집합이라 하고 Y를 어떤 하나의 개별 항목으로 구성된 부분집합이라고 가정하자. 하나의 규칙은 X와 Y의 두 부분으로 구성된다. 이때 Y는 반드시 단일한 개별 항목을 가져야 한다. 영어 논문 말뭉치 데이터를 예로 들면 X는 {polit}가 될 수도 있고, {polit, elect} 혹은 {polit, elect, ..., agenda}가 될 수도 있다. 이때 Y는 {survey}와 같이 단일한 개별 항목을 갖는 부분집합이다.

첫째, 지지도는 전체 문서(장바구니 분석의 경우 거래 내역)들 중 부분집합 X와 부분집합 Y를 모두 포함하는 문서의 비율을 의미한다. 텍스트 마이닝에서 지지도 지수가 낮은 경우 부분집합 X에 등장하는 표현들과 부분집합 Y에 등장하는 표현이 그다지 빈번하게 같이 등장하지 않는다는 것을 의미한다. 즉, 지지도 지수가 높을수록 부분집합 X에 등장하는 표현들과 부분집합 Y에 등장하는 표현이 서로 연관 규칙을 갖고 있을 가능성이 높다.

둘째, 확신도는 부분집합 X가 포함된 전체 문서들 중 부분집합 X와 부분집합 Y를 모두 포함하는 문서의 비율을 의미한다. 확신도 지수는 지지도 지수와 개념이 완전히 동일하지는 않지만, 지지도 지수와 마찬가지로 확신도 지수가 높을수록 부분집합 X에 등장하는 표현들과 부분집합 Y에 등장하는 표현이 서로 연관 규칙을 갖고 있을 가능

4 아프리오리 알고리즘(Apriori algorithm)의 목적은 전체 개별 항목(텍스트 분석의 경우 단어)들의 가능한 부분집합 개수를 줄이는 방식으로 알고리즘의 효율성을 늘리는 것이다. 전체 개별 항목들의 부분집합의 개수 영역이 아닌 다른 영역에서의 복잡성을 감소시킴으로써 알고리즘의 효율성을 늘리려는 다른 연관 규칙 알고리즘들도 존재하지만, 여기서는 별도로 다루지 않았다. 왜냐하면, 이 책에서 예시로 소개하는 `arules` 패키지의 `apriori()` 함수가 아프리오리 알고리즘에 기반하고 있기 때문이며(Borgelt and Kruse, 2002), 다른 알고리즘들의 경우 필자의 능력 범위를 넘어서기 때문이다.

성이 높다.

셋째, 향상도는 부분집합 X를 고려하지 않은 채 부분집합 Y를 포함한 문서의 비율과 부분집합 X가 등장할 때 부분집합 X와 부분집합 Y가 모두 등장한 문서의 비율이다. 만약 부분집합 X가 존재하거나 말거나 부분집합 Y의 비율이 일정하다면 향상도의 값은 '1'이 된다. 만약 부분집합 X가 존재할 때 부분집합 Y가 존재할 비율이 크다면, 향상도는 1보다 큰 값이 되며, 그 반대의 경우 1보다 작은 값을 갖게 된다. 즉, 부분집합 Y의 발생 가능성에 부분집합 X의 존재 여부가 중요하면 중요할수록 1보다 큰 값이 된다. 텍스트 마이닝에서는 향상도 지수를 통해 부분집합 X에 등장하는 표현들이 얼마나 부분집합 Y에 등장하는 표현을 관측하는 데 중요한 정보인지 가늠할 수 있다.

위의 세 지수들을 좀 더 구체적으로 이해하기 위해 아래와 같은 간단한 사례를 살펴보자. 여기서 알파벳 대문자 A, B, C, D, E, F는 서로 구분되는 단어를 의미하며, d1, d2, d3, d4는 개별 문서를 의미한다(즉, 아래의 예시 데이터는 4개의 문서와 6개의 단어로 구성된 말뭉치다). 예를 들어 d3 문서에는 B, C, D, F의 네 단어가 들어 있으며, 여기에는 A, E의 두 단어는 등장하지 않는다.

```
> #간단한 예시 사례
> d1 <- c("A","B","C")
> d2 <- c("A","C","D","E")
> d3 <- c("B","C","D","F")
> d4 <- c("A","B","C","D")
> myDs <- list(d1,d2,d3,d4)
> myDs
[[1]]
[1] "A" "B" "C"

[[2]]
[1] "A" "C" "D" "E"

[[3]]
[1] "B" "C" "D" "F"

[[4]]
[1] "A" "B" "C" "D"
```

이제 위의 텍스트 데이터를 대상으로 두 부분집합 X = {A, E} 와 Y = {D} 의 연관 관계의 지지도, 확신도, 향상도를 각각 계산해 보자.

앞서 밝혔듯 지지도는 전체 문서들 중에서 부분집합 X와 부분집합 Y가 모두 등장한 문서의 비율이다. 위의 4개 문서들로 구성된 myDs에서 {A, D, E}가 모두 등장한 문서는 d2 1개뿐이다. 따라서 지지도는 1/4, 즉 0.25가 된다.

확신도는 부분집합 X가 등장한 문서와 부분집합 X와 부분집합 Y가 모두 등장한 문서의 비율이다. 우선 {A, E}가 등장한 문서는 d2 1개이며, {A, D, E}가 모두 등장한 문서 역시도 d2 1개다. 따라서 확신도는 1/1, 즉 1.00이 된다.

향상도는 부분집합 X를 고려하지 않은 채 부분집합 Y를 포함한 문서의 비율과 부분집합 X가 등장할 때 부분집합 X와 부분집합 Y가 모두 등장한 문서의 비율이다. 먼저 부분집합 X를 고려하지 않은 채 부분집합 Y를 포함한 문서의 비율을 구해보자. 전체 4개 문서들 중 {D}가 등장하는 문서는 총 d2, d3, d4의 3개이기 때문에 이 비율은 3/4, 즉 0.75다. 다음으로 부분집합 X가 등장할 때 부분집합 X와 부분집합 Y가 모두 등장한 문서의 비율을 구해보자(사실 이는 앞서 계산한 '확신도'다). {A, E}가 등장한 문서는 d2 1개이며, {A, D, E}가 모두 등장한 문서 역시도 d2 1개다. 따라서 이 비율은 1.00이다. 이제 1.00과 0.75의 비율을 계산하여 향상도를 계산하면 1/0.75로 약 1.33이 나온다.

우리가 수작업으로 계산한 지지도(0.25), 확신도(1.00), 향상도(약 1.33)는 연관 규칙 분석을 위한 arules 패키지의 apriori() 함수를 이용해 계산할 수 있다. apriori() 함수는 arules 패키지에서 요구하는 transactions[5] 형식의 데이터 오브젝트로 바꾸어야 한다. 이에 먼저 우리가 사용한 예시 데이터인 myDs의 데이터 오브젝트 형식을 as() 함수를 이용하여 변환했다.

```
> library("arules")
> #arules 패키지에 맞는 오브젝트 형태로 변환
> myDs <- as(myDs, "transactions")
> inspect(myDs)
    items
[1] {A,B,C}
[2] {A,C,D,E}
```

5 연관 규칙 분석이 가장 많이 적용된 분야가 장바구니 분석이라는 점이 '거래(transaction)'라는 이름에 잘 담겨 있다.

```
[3] {B,C,D,F}
[4] {A,B,C,D}
```

이제 `myDs` 데이터 오브젝트에서 가능한 모든 연관 관계를 추출한 후 지지도, 확신도, 향상도를 계산해 보자. 다음과 같이 `arules` 패키지의 `apriori()` 함수를 이용하면 된다. 우선 출력된 결과 중에서 필자가 밑줄을 그은 부분만 살펴보도록 하자. 앞서 우리가 계산했던 지지도, 확신도, 향상도 값이 그대로 출력된 것을 확인할 수 있다.

```
> #모든 가능한 연관 규칙 추출
> myresult <- apriori(myDs)
Apriori

Parameter specification:
 confidence minval smax arem  aval originalSupport maxtime support minlen maxlen target
        0.8    0.1    1 none FALSE            TRUE       5     0.1      1     10  rules
ext
FALSE

Algorithmic control:
 filter tree heap memopt load sort verbose
    0.1 TRUE TRUE  FALSE TRUE    2    TRUE

Absolute minimum support count: 0

set item appearances ...[0 item(s)] done [0.00s].
set transactions ...[6 item(s), 4 transaction(s)] done [0.00s].
sorting and recoding items ... [6 item(s)] done [0.00s].
creating transaction tree ... done [0.00s].
checking subsets of size 1 2 3 4 done [0.00s].
writing ... [32 rule(s)] done [0.00s].
creating S4 object  ... done [0.00s].
> #살펴보기
> inspect(myresult)
     lhs        rhs support confidence lift     count
[1]  {}      => {C} 1.00    1          1.000000 4
[2]  {E}     => {A} 0.25    1          1.333333 1
[3]  {E}     => {D} 0.25    1          1.333333 1
[4]  {E}     => {C} 0.25    1          1.000000 1
[5]  {F}     => {B} 0.25    1          1.333333 1
[6]  {F}     => {D} 0.25    1          1.333333 1
[7]  {F}     => {C} 0.25    1          1.000000 1
[8]  {B}     => {C} 0.75    1          1.000000 3
[9]  {A}     => {C} 0.75    1          1.000000 3
```

```
[10] {D}     => {C} 0.75    1          1.000000 3
[11] {A,E}   => {D} 0.25    1          1.333333 1
[12] {D,E}   => {A} 0.25    1          1.333333 1
[13] {A,E}   => {C} 0.25    1          1.000000 1
[14] {C,E}   => {A} 0.25    1          1.333333 1
[15] {D,E}   => {C} 0.25    1          1.000000 1
[16] {C,E}   => {D} 0.25    1          1.333333 1
[17] {B,F}   => {D} 0.25    1          1.333333 1
[18] {D,F}   => {B} 0.25    1          1.333333 1
[19] {B,F}   => {C} 0.25    1          1.000000 1
[20] {C,F}   => {B} 0.25    1          1.333333 1
[21] {D,F}   => {C} 0.25    1          1.000000 1
[22] {C,F}   => {D} 0.25    1          1.333333 1
[23] {A,B}   => {C} 0.50    1          1.000000 2
[24] {B,D}   => {C} 0.50    1          1.000000 2
[25] {A,D}   => {C} 0.50    1          1.000000 2
[26] {A,D,E} => {C} 0.25    1          1.000000 1
[27] {A,C,E} => {D} 0.25    1          1.333333 1
[28] {C,D,E} => {A} 0.25    1          1.333333 1
[29] {B,D,F} => {C} 0.25    1          1.000000 1
[30] {B,C,F} => {D} 0.25    1          1.333333 1
[31] {C,D,F} => {B} 0.25    1          1.333333 1
[32] {A,B,D} => {C} 0.25    1          1.000000 1
```

하지만 연관 규칙을 추출하는 과정에서 위와 같은 방식으로 apriori() 함수를 사용하는 경우는 거의 없으며, 독자들은 어느 정도 크기의 데이터에 대해서는 위와 같이 그냥 apriori() 함수를 사용하지 않는 것이 좋다. 그 이유는 추출되는 연관 규칙들이 너무 많기 때문이다. myDS와 같이 매우 단순한 데이터의 경우에도 총 32개의 연관 규칙을 추출했다는 점에서 알 수 있듯, 상당한 규모의 데이터에서는 상상을 초월하는 개수의 연관 규칙들이 존재한다. 따라서 대부분의 경우 연구자가 사전에 설정한 지지도와 확신도 수치를 기준으로 해당 기준보다 높은 연관 규칙을 추출하는 것이 보통이다. 이를 위해서는 apriori() 함수의 parameter 옵션을 지정해 주는 것이 보통이다. 위의 출력 결과 중 Parameter specification:라는 부분의 출력 결과가 바로 apriori() 함수의 디폴트 parameter 옵션을 뜻한다. 또한 추가로 부분집합 X 혹은 부분집합 Y에 해당되는 항목(텍스트 마이닝의 경우 단어)을 별도로 지정하여 연관 규칙 추출에 소요되는 시간을 되도록 줄일 필요가 있다.

이제 필자의 영문 학술논문 말뭉치 데이터를 대상으로 단어들의 연관 규칙을 추출해 보자. 먼저 arules 패키지에 맞는 transactions 오브젝트를 만들어보자. 필자는 다음과 같은 과정을 거쳐 문서별 단어들 집합을 생성했다.

```
> #문서의 개수만큼 벡터 생성
> words_appear <- rep(NA,length(corpus.e.pp))
> #각 문서별로 등장 단어 목록을 정리함
> for (i in 1:length(corpus.e.pp)){
+   my_appear_words <- names(table(unlist(str_split(corpus.e.pp[[i]]$content," "))))
+   words_appear[i] <- str_c(my_appear_words,collapse=" ")
+ }
> #정리된 등장 단어 목록들을 리스트로 묶음
> data_AR <- str_split(words_appear," ",length(colnames(dtm.e)))
> #transaction 형태 오브젝트로 변환
> data_AR <- as(data_AR, "transactions")
> inspect(head(data_AR))
    items
[1] {analys,
     analysi,
     assess,
     assur,
     attribut,
     central,
     characterist,
[분량 문제로 이후의 출력 결과를 제시하지 않음]
```

위의 과정을 통해 얻은 transactions 형태의 데이터 오브젝트를 대상으로 연관 규칙들을 추출해 보자. 필자는 지지도가 0.30 이상이고 확신도는 0.50 이상인 조건을 만족하는 연관 규칙들을 추출해 보았다.

```
> #지지도>=0.30이며 확신도>=0.50
> trial_01 <- apriori(data_AR,
+                     parameter=list(support=0.30,confidence=0.50))
Apriori

Parameter specification:
 confidence minval smax arem  aval originalSupport maxtime support minlen maxlen target   ext
        0.5    0.1    1 none FALSE            TRUE       5     0.3      1     10  rules FALSE

Algorithmic control:
 filter tree heap memopt load sort verbose
    0.1 TRUE TRUE  FALSE TRUE    2    TRUE
```

```
Absolute minimum support count: 9

set item appearances ...[0 item(s)] done [0.00s].
set transactions ...[841 item(s), 33 transaction(s)] done [0.00s].
sorting and recoding items ... [22 item(s)] done [0.00s].
creating transaction tree ... done [0.00s].
checking subsets of size 1 2 3 4 done [0.00s].
writing ... [103 rule(s)] done [0.00s].
creating S4 object  ... done [0.00s].
```

출력 결과 중 밑줄 그은 부분에서 잘 나타나듯 지정된 지지도와 확신도 기준을 충족시키는 연관 규칙의 개수는 103개나 된다. 물론 추출된 103개의 연관 규칙들을 모두 살펴보는 것도 가능하겠지만, 지지도, 확신도, 향상도 등을 기준으로 추출 결과를 정렬하면 좀 더 효율적으로 추출 결과를 확인할 수 있다. 먼저 지지도가 높은 연관 규칙들 중 상위 10개를 살펴보자.

```
> inspect(head(sort(trial_01, by="support"),10))  #지지도 순서대로
     lhs          rhs        support   confidence lift    count
[1]  {}        => {studi}   0.8181818 0.8181818  1.00000 27
[2]  {}        => {find}    0.6666667 0.6666667  1.00000 22
[3]  {}        => {effect}  0.6060606 0.6060606  1.00000 20
[4]  {}        => {discuss} 0.5454545 0.5454545  1.00000 18
[5]  {effect} => {studi}   0.5454545 0.9000000  1.10000 18
[6]  {studi}  => {effect}  0.5454545 0.6666667  1.10000 18
[7]  {find}   => {studi}   0.5454545 0.8181818  1.00000 18
[8]  {studi}  => {find}    0.5454545 0.6666667  1.00000 18
[9]  {}        => {implic}  0.5151515 0.5151515  1.00000 17
[10] {implic} => {discuss} 0.4848485 0.9411765  1.72549 16
```

우선 출력 결과에서 `lhs`는 부분집합 X를 `rhs`는 부분집합 Y를 의미한다. 1~4번째, 아홉 번째 출력 결과는 그다지 흥미로운 결과로 보기 어렵다. 왜냐하면 **studi**, **find**, **effect**, **discuss** 등의 단어들이 다른 단어(들)의 등장과 상관없이(즉, X가 '공집합'인 경우) 대부분의 문서에서 거의 언제나 등장한다는 의미이기 때문이다(예를 들어 **studi**라는 단어는 전체 33개 문서들 중 지지도의 값만큼, 다시 말해 81.81%인 27개에서 등장한다는 것을 의미한다). 5~8번째, 열 번째 출력 결과는 어떤 단어들이 주로 연관되어 나타나는지를 보여준다. 예를 들어 **implic**와 **discuss**는 전체 문서들 중 약 절반가량

의 문서들에서 동시에 등장하며(support, 0.4848485), implic가 사용된 문서들 중 약 95%에서 discuss가 등장하는 것을 알 수 있다(confidence, 0.9411765). 또한 implic가 등장할 경우 그렇지 않은 경우에 비해 discuss가 등장할 가능성은 대폭 증가한다(lift, 1.72549). 끝으로 이러한 연관 규칙은 총 16회 등장한다(count, 16).

지지도 순서로 정렬한 것과 마찬가지로 확신도나 향상도를 기준으로 정렬된 결과 역시 가능하다. 다음을 참조하라.

```
> inspect(head(sort(trial_01, by="confidence"),10))  #확신도 순서대로
     lhs                  rhs       support   confidence lift     count
[1]  {user}            => {studi}   0.3636364 1.0000000  1.222222 12
[2]  {increas}         => {studi}   0.3939394 1.0000000  1.222222 13
[3]  {implic,theoret} => {discuss} 0.3030303 1.0000000  1.833333 10
[4]  {data,examin}     => {studi}   0.3030303 1.0000000  1.222222 10
[5]  {effect,increas} => {studi}   0.3030303 1.0000000  1.222222 10
[6]  {effect,result}   => {studi}   0.3030303 1.0000000  1.222222 10
[7]  {examin,implic}   => {discuss} 0.3030303 1.0000000  1.833333 10
[8]  {effect,examin}   => {studi}   0.3030303 1.0000000  1.222222 10
[9]  {implic}          => {discuss} 0.4848485 0.9411765  1.725490 16
[10] {survey}          => {studi}   0.4242424 0.9333333  1.140741 14
> inspect(head(sort(trial_01, by="lift"),10))  #향상도 순서대로
     lhs                   rhs       support   confidence lift     count
[1]  {implic,theoret}  => {discuss} 0.3030303 1.0000000  1.833333 10
[2]  {examin,implic}   => {discuss} 0.3030303 1.0000000  1.833333 10
[3]  {examin,studi}    => {data}    0.3030303 0.7142857  1.813187 10
[4]  {discuss,theoret} => {implic}  0.3030303 0.9090909  1.764706 10
[5]  {discuss,examin}  => {implic}  0.3030303 0.9090909  1.764706 10
[6]  {implic}          => {discuss} 0.4848485 0.9411765  1.725490 16
[7]  {discuss}         => {implic}  0.4848485 0.8888889  1.725490 16
[8]  {discuss,implic}  => {theoret} 0.3030303 0.6250000  1.718750 10
[9]  {data,studi}      => {examin}  0.3030303 0.8333333  1.718750 10
[10] {implic,studi}    => {discuss} 0.3636364 0.9230769  1.692308 12
```

연구 목적과 상황에 따라 다를 수 있으나, 필자가 보았을 때 가장 흥미로운 출력 결과는 향상도를 중심으로 정렬한 결과일 듯하다. 독자들 중 영어 논문을 써본 분이라면 위의 결과를 이해하는 것이 별로 어렵지 않을 것이다. 예를 들어 맨 첫줄 출력 결과는 implicit (implic), theoretical (theret)의 두 단어가 같이 사용된 경우 discuss (discuss)라는 단어가 등장할 가능성이 매우 높아진다는 것을 의미한다.

위와 같은 결과도 유용하지만, 연구자가 특정한 표현이나 단어를 염두에 두고 있다

면 apriori() 함수의 appearance 옵션을 이용하여 추출되는 연관 규칙의 개수를 더욱 줄일 수 있다. 예를 들어 network라는 단어와 주로 같이 등장하는 단어(들)는 무엇일까? network라는 단어를 부분집합 Y로 가정한 후 부분집합 X에 해당되는 단어(들)를 찾고자 한다면 아래와 같이 rhs 옵션을 지정하면 된다. 특정한 단어를 포함했기 때문에 이번에는 확신도는 0.50 이상으로 설정하되, 지지도는 0.20 이상으로 설정을 변경했다.

```
> #지지도>=0.20이며 확신도>=0.50
> trial_02 <- apriori(data=data_AR,
+                     parameter=list(support=0.20,confidence=0.50),
+                     appearance=list(rhs="network"))
Apriori

Parameter specification:
 confidence minval smax arem  aval originalSupport maxtime support minlen maxlen target   ext
        0.5    0.1    1 none FALSE            TRUE       5     0.2      1     10  rules FALSE

Algorithmic control:
 filter tree heap memopt load sort verbose
    0.1 TRUE TRUE  FALSE TRUE    2    TRUE

Absolute minimum support count: 6

set item appearances ...[1 item(s)] done [0.00s].
set transactions ...[841 item(s), 33 transaction(s)] done [0.00s].
sorting and recoding items ... [49 item(s)] done [0.00s].
creating transaction tree ... done [0.00s].
checking subsets of size 1 2 3 4 5 done [0.00s].
writing ... [3 rule(s)] done [0.00s].
creating S4 object  ... done [0.00s].
> inspect(trial_02)
    lhs             rhs       support   confidence lift     count
[1] {sns}        => {network} 0.2121212 1.0        3.666667 7
[2] {social}     => {network} 0.2424242 0.5        1.833333 8
[3] {sns,social} => {network} 0.2121212 1.0        3.666667 7
```

결과를 이해하는 것은 어렵지 않다. SNS(sns) 혹은 social(social)이라는 표현이 같이 등장하거나 따로 등장하는 경우 문서에서 network(network)라는 표현이 같이 등장할 가능성이 높은 것으로 나타났다.

이번에는 부분집합 X쪽을 지정해 보자. 아래의 사례에서는 polit, elect, particip 세 단어들을 선정했다. 즉, 이 세 단어들의 조합으로 만들어질 수 있는 부분집합은 공집합(∅), {polit}, {elect}, {particip}, {polit, elect}, {polit, particip}, {elect, particip}, {polit, elect, particip} 등이다. 부분집합 X를 지정할 때는 lhs 옵션을 사용하면 된다. 추가적으로 none 옵션을 이용해 거의 모든 문서에서 등장하는 단어들로 studi, result, effect, examin의 네 단어들을 지정하여 연관 규칙을 추출할 때 배제했다. 연관 규칙을 적용할 때는 지지도는 0.10 이상, 확신도는 0.50 이상인 경우로 제한했다.

```
> #지지도>=0.10이며 확신도>=0.50
> #studi,result,effect,examin을 뺄 때, polit,elect,particip 표현 등장 시 등장 단어는?
> trial_03 <- apriori(data=data_AR,
+                   parameter=list(support=0.10,confidence=0.50),
+                   appearance=list(lhs=c("polit","elect","particip"),
+                                   none=c("studi","result","effect","examin")))
Apriori

Parameter specification:
 confidence minval smax arem  aval originalSupport maxtime support minlen maxlen target   ext
        0.5    0.1    1 none FALSE            TRUE       5     0.1      1     10  rules FALSE

Algorithmic control:
 filter tree heap memopt load sort verbose
    0.1 TRUE TRUE  FALSE TRUE    2    TRUE

Absolute minimum support count: 3

set item appearances ...[7 item(s)] done [0.00s].
set transactions ...[841 item(s), 33 transaction(s)] done [0.00s].
sorting and recoding items ... [126 item(s)] done [0.00s].
creating transaction tree ... done [0.00s].
checking subsets of size 1 2 3 done [0.00s].
writing ... [36 rule(s)] done [0.00s].
creating S4 object  ... done [0.00s].
> inspect(head(sort(trial_03, by="lift"),10))  #향상도 순서대로
     lhs                  rhs         support   confidence lift     count
[1]  {particip}        => {versus}  0.1212121 0.5000000  4.125000 4
[2]  {elect}           => {citizen} 0.1212121 0.8000000  3.771429 4
[3]  {elect,polit}     => {citizen} 0.1212121 0.8000000  3.771429 4
[4]  {particip,polit} => {sampl}   0.1212121 0.6666667  3.666667 4
[5]  {particip}        => {report}  0.1212121 0.5000000  3.300000 4
```

```
[6]  {particip}       => {sampl}    0.1212121 0.5000000  2.750000 4
[7]  {elect}          => {increas}  0.1515152 1.0000000  2.538462 5
[8]  {elect,polit}    => {increas}  0.1515152 1.0000000  2.538462 5
[9]  {particip,polit} => {repres}   0.1212121 0.6666667  2.444444 4
[10] {elect}          => {investig} 0.1212121 0.8000000  2.400000 4
```

위의 추정 결과 중 필자의 눈길을 끈 것은 여덟 번째 출력 결과였다. 필자는 영문 논문을 쓸 때, '정치(polit)'라는 단어와 '선거·당선(elect)'이라는 단어를 쓸 때 이와 관련된 현상을 설명하는 동사로 '증가하다(increas)'를 사용하고 있었다. 아마도 필자의 몇몇 영어 논문들에서 다루었던 주제가 선거캠페인이나 정치광고, 미디어보도 등의 효과였기 때문에 이런 결과가 나왔던 것 같다(즉, 어떻게 하면 정치와 관련된 행동을 더 증진·촉진할 수 있는지를 밝히는 연구). 만약 정치혐오나 정치무관심을 주제로 영문 논문을 쓰는 필자의 논문들을 대상으로 위와 같은 연관 규칙 분석을 실시했다면, 어쩌면 '정치(polit)'라는 단어와 '선거·당선(elect)'이라는 단어를 쓸 때 '감소하다(decrease)'라는 단어가 주로 등장했을지도 모른다.

이상으로 연관 규칙 분석을 간략하게 살펴보았다. 연관 규칙 분석을 마무리하기 전에 되도록 아래와 같이 inspect() 함수를 tm 패키지의 inspect() 함수로 재지정하기 바란다. 왜냐하면 arules 패키지를 구동하면 tm 패키지의 inspect() 함수가 덮어씌워지기(masked) 때문이다.

```
> #tm 패키지의 inspect 함수를 다시 디폴트로
> inspect <- tm::inspect
```

단어 혹은 문서 간 유사도 행렬을 이용한 위계적 군집분석

앞에서는 DTM이나 TDM 데이터를 이용해 단어와 단어나 문서와 문서의 연관 관계를 살펴보았다. 유사한 문서들을 묶어낼 때 가장 널리 사용되는 통계기법은 '위계적 군집분석'이다. 군집분석은 주어진 변수들을 기준으로 유사한(혹은 인접한) 사례들을 묶는, 즉 군집(群集)으로 묶는 탐색적 목적의 통계기법이며, 위계적 군집분석은 전체 사례들이 어떻게 위계적인 방식으로 묶어질 수 있는지를 보여주는 덴드로그램(dendrogram)

을 통해 몇 개의 군집들을 추출하는 것이 타당할지를 쉽게 한눈에 파악할 수 있다. 예를 들어 영문 학술논문 말뭉치를 사전처리해서 얻은 DTM을 기반으로 문서들을 군집화해 보자. 효율적인 군집분석 시각화를 위해 `factoextra` 패키지를 사용했다.

군집분석은 가장 먼저 사례들(DTM에서는 문서들) 사이의 유사도(similarity)를 계산하여 행렬로 구성한다. 유사도 행렬을 계산하기 위해서는 `dist()` 함수를 사용한다. `dist()` 함수를 사용하면 사례들 사이(즉, 문서와 문서 사이)의 유클리드 거리(Euclidean distance)를 계산할 수 있다. 다시 말해 숫자가 작으면 작을수록 문서들이 서로 유사하다고 볼 수 있다(즉, 문서들의 거리가 더 가깝다).

```
> library('factoextra')   #군집분석 시각
Welcome! Related Books: `Practical Guide To Cluster Analysis in R` at https://go.gl/13EFCZ
> #발현 단어 빈도에 기반해 문서들의 유사도/거리를 살펴보자.
> dist.dtm.e <- dist(dtm.e)
> as.matrix(dist.dtm.e)[1:4,1:4]
           p2009a.txt p2009b.txt p2010a.txt p2010b.txt
p2009a.txt    0.00000   17.26268   14.35270   16.46208
p2009b.txt   17.26268    0.00000   17.32051   18.13836
p2010a.txt   14.35270   17.32051    0.00000   16.64332
p2010b.txt   16.46208   18.13836   16.64332    0.00000
```

이렇게 계산하여 얻은 유사도 행렬(혹은 거리 행렬)을 이용해 위계적 군집분석을 실시하려면 `hclust()` 함수를 이용하면 된다. 위계적 군집분석의 경우 사례들을 군집화하기 위한 여러 가지 기법들이 있는데, 여기서는 워드의 방법(Ward's method)을 사용했다.[6] 탐색적 목적을 갖고 있는 대부분의 데이터 분석기법들과 마찬가지로 군집분석의 경우도 이론적인 과학적 근거보다 관례나 연구자의 주관적 판단에 따라 군집화 방법을 선택하는 경우가 대부분이다. 필자가 워드의 방법을 선택한 것 역시 마찬가지다. 기본적으로 워드의 방법은 분산분석의 관점에서 사례들을 군집화한다(사례들을 나누

---

6 이 책의 목적은 '군집분석'을 소개하는 것이 아니다. 그러나 군집분석은 일반적인 사회과학데이터에는 물론 데이터 마이닝, 기계학습(사실 군집분석은 비지도 기계학습의 한 기법이다)에서도 매우 광범위하게 사용되는 기법이다. 데이터 마이닝 관점에서 R를 활용한 군집분석에 대해서는 주멜 등(Zumel, Mount and Porzak, 2014)의 8장(Chapter 8. Unsupervised methods)이나 필자의 『R기반 데이터과학: `tidyverse` 접근』을 참고하기 바란다.

는 군집 내부의 분산에 비해 군집 간 분산이 큰 경우를 군집으로 묶고, 이를 개별 사례들에서 모든 개별 사례들이 1개의 군집을 이룰 때까지 반복하는 방식을 따른다). 워드의 방법을 이용해 위계적 군집분석을 실시한 결과를 덴드로그램으로 나타낸 결과는 아래와 같다.

```
> #Ward's method 사용 군집분석을 실시함.
> myclusters <- hclust(dist.dtm.e,method="ward.D2")
> #군집분석 결과를 그래프로 그리면 아래와 같다.
> fviz_dend(myclusters)
```

결과

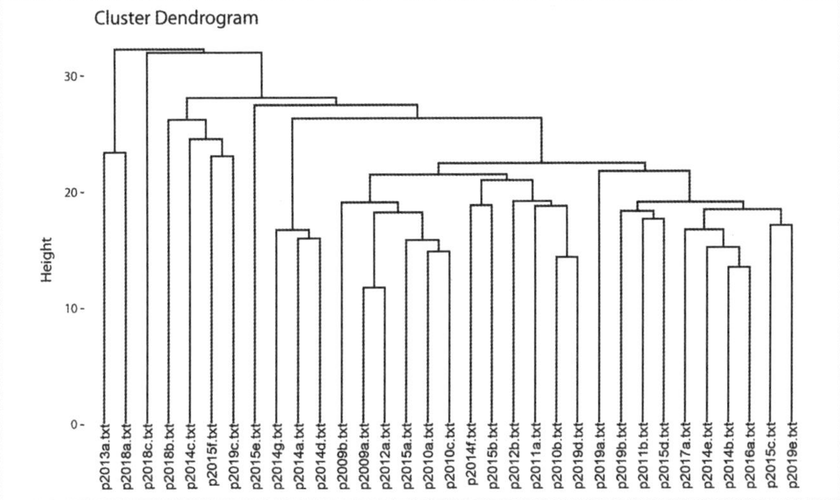

위의 결과는 개별 문서들이 어떻게 위계적으로 군집화되고 있는지 잘 보여주고 있다. 여기서 문서들의 이름이 보기 좋지 않으니 조금 다듬어보자. stringr 패키지의 str_extract() 함수를 이용해서 출판 연도와 같은 연도 출간 논문들을 구별해 주는 알파벳 소문자만 다음과 같이 추출해서 그림을 그리면 아래와 같다.

```
> #라벨이 별로 보기 좋지 않다. 연도와 연도 뒤의 ab..만 두고 나머지 텍스트는 지우자.
> myclusters$labels <- str_extract(myclusters$labels, "[[:digit:]]{4}[[:alpha:]]{1}")
> #군집분석 결과를 그래프로 다시 그렸다.
> fviz_dend(myclusters)
```

결과

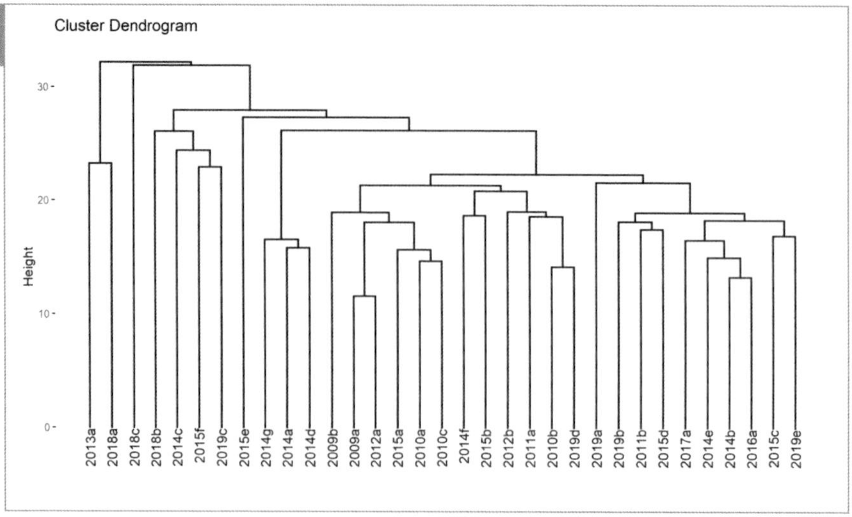

위의 덴드로그램을 바탕으로 최종 군집의 수를 결정해 보자. cutree() 함수에서 k 옵션에 원하는 군집의 수를 입력하면 된다. 필자의 경우 cutree() 함수의 k 옵션을 13으로 지정했다(좀 더 적당한 군집수가 있다면 얼마든지 바꾸어도 무방하다).

```
> #13개의 군집을 설정하자.
> mygroup <- cutree(myclusters,k=13)
> table(mygroup)
mygroup
 1  2  3  4  5  6  7  8  9 10 11 12 13
 6  6  9  1  3  1  1  1  1  1  1  1  1
```

위의 결과에서 알 수 있듯 1, 2, 3번 군집에 6개 이상의 문서들이 배치되어 있으며, 5번 군집에 3개의 문서들이, 그리고 나머지 군집들의 경우 1개의 문서들이 구성되어 있다. 그렇다면 각 문서는 몇 번 군집에 속해 있는지 살펴보자.

```
> #각 문서별 소속 군집은?
> mygroup
2009a 2009b 2010a 2010b 2010c 2011a 2011b 2012a 2012b 2013a 2014a 2014b 2014c
    1     1     1     2     1     2     3     1     2     4     5     3     6
2014d 2014e 2014f 2014g 2015a 2015b 2015c 2015d 2015e 2015f 2016a 2017a 2018a
    5     3     2     5     1     2     3     3     7     8     3     3     9
```

```
2018b 2018c 2019a 2019b 2019c 2019d 2019e
   10    11    12     3    13     2     3
```

위의 결과는 각 문서가 어떤 군집에 속하는지 보여주고 있다. 예를 들어 2009년에 출간된 2편의 논문은 모두 '1번 군집'으로 분류되었다.

덴드로그램에 색깔을 부여하여 군집화 결과를 더 잘 드러낼 수도 있다. fviz_dend() 함수에 군집의 개수를 지정하면 아래와 같이 군집별로 색깔이 구분된 덴드로그램을 얻을 수 있다.

```
> #군집분석 결과를 시각적으로 좀 더 보기 좋게 바꾸었다.
> fviz_dend(myclusters,k=13)
```

결과

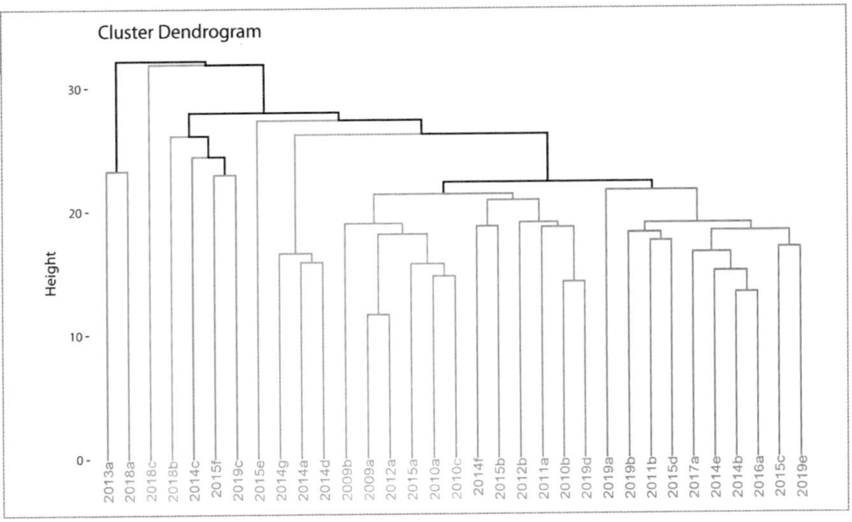

위의 덴드로그램은 말뭉치를 구성하는 문서들이 어떻게 군집화되었는지를 잘 보여주고 있다.

이번에는 영문 학술논문의 출간 연도를 기준으로 시간 흐름에 따라 문서의 군집 분포가 어떻게 변화하고 있는지 살펴보자. 우선 교차표를 그려보자. 학술논문의 출간 연도는 str_extract() 함수를 이용하면 쉽게 추출할 수 있다.

```
> #13개의 군집을 설정하고, 각 군집별로 출간 연도의 빈도를 구해보자.
> mytable <- table(str_extract(myclusters$labels,"[[:digit:]]*"),
+                  cutree(myclusters,k=13))
> mytable

       1 2 3 4 5 6 7 8 9 10 11 12 13
  2009 2 0 0 0 0 0 0 0 0  0  0  0  0
  2010 2 1 0 0 0 0 0 0 0  0  0  0  0
  2011 0 1 1 0 0 0 0 0 0  0  0  0  0
  2012 1 1 0 0 0 0 0 0 0  0  0  0  0
  2013 0 0 0 1 0 0 0 0 0  0  0  0  0
  2014 0 1 2 0 3 1 0 0 0  0  0  0  0
  2015 1 1 2 0 0 0 1 1 0  0  0  0  0
  2016 0 0 1 0 0 0 0 0 0  0  0  0  0
  2017 0 0 1 0 0 0 0 0 0  0  0  0  0
  2018 0 0 0 0 0 0 0 0 1  1  1  0  0
  2019 0 1 2 0 0 0 0 0 0  0  0  1  1
```

위에서 얻은 결과를 누적 막대그래프로 그리면 아래와 같다. ggplot2 패키지를 이용하여 막대그래프를 그리는 과정은 아래와 같다. ggplot2 패키지를 이용해 그래프를 그리는 과정은 『R기반 데이터과학: tidyverse 접근』이나 『R를 이용한 사회과학데이터 분석: 응용편』에서 이미 설명한 바 있다.

```
> #위의 결과를 막대그래프로 그리면 좀 더 효율적이다.
> #사전준비 작업을 합시다. 응용편을 참조하라.
> library('ggplot2')
> cluster.by.year <- data.frame(mytable)
> colnames(cluster.by.year) <- c('year','cluster','publish')
> cluster.by.year$cluster <- paste('cluster',cluster.by.year$cluster,sep='')
> cluster.by.year$year <- as.numeric(as.character(cluster.by.year$year))
> #시간에 따른 변화를 살펴보자.
> cluster.color <- c("red1","blue1","yellow1","brown1","grey1","hotpink1","tan1",
+                    "red4","blue4","yellow4","brown4","grey4","hotpink4")
> ggplot(data=cluster.by.year, aes(x=year, y=publish, fill=cluster)) +
+   geom_bar(stat="identity")+
+   scale_x_continuous(breaks=2009:2019,labels=2009:2019)+
+   scale_y_continuous(breaks=0:7,labels=0:7)+
+   scale_fill_manual(values=cluster.color,labels=paste('Cluster',1:13,sep=''))+
+   labs(x="Publication year",y="Number of published papers",fill='Cluster #')+
+   theme_classic()
```

결과

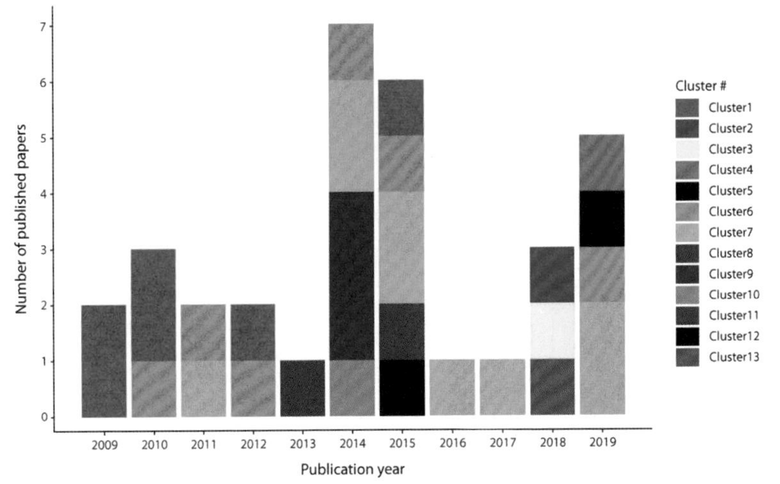

이제는 한국어 학술논문 말뭉치를 대상으로 동일한 분석을 반복해 보자. 위계적 군집분석을 실시한 후, 덴드로그램을 그려본 결과는 240쪽과 같다.

```
> #한국어 학술논문 말뭉치에 대한 분석 결과는 아래와 같다.
> #위에서 소개한 영문 학술논문 말뭉치에 대한 분석 결과에서의 설명을 참조하라.
> dist.dtm.k <- dist(dtm.k)
> myclusters <- hclust(dist.dtm.k,method="ward.D2")
> #연도와 연도 뒤의 ab..만 두고 나머지 텍스트는 지우자.
> myclusters$labels <- str_extract(myclusters$labels, "[[:digit:]]{4}[[:alpha:]]{1}")
> #군집분석 결과를 그래프로 그리면 240쪽과 같다.
> fviz_dend(myclusters)
```

240쪽의 덴드로그램을 바탕으로 군집의 수를 결정해 보자. 흥미롭게도 군집의 개수를 최대 18까지 늘려보아도 한국어 학술논문 말뭉치의 경우 하나의 거대 군집과 1~2개 문서로 구성된 작은 군집들로 구성되어 있는 것을 알 수 있다. 적어도 한국어 학술논문 말뭉치의 경우 적절한 군집 수를 정하는 것은 쉬운 일이 아니다. 일단 앞에서 영문 학술논문 말뭉치의 문서들을 군집화할 때 사용했던 '13'을 그대로 사용하도록 하자.

```
> #군집의 수를 5로 정하거나 8, 심지어 18까지 늘려도 군집이 잘 나누어지지 않는다.
```

결과

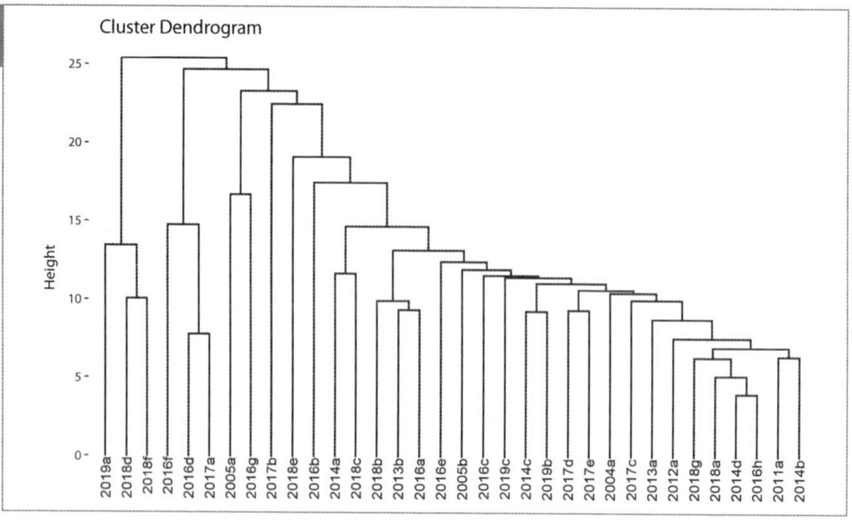


```
> #적어도 한국어 학술논문 말뭉치를 구성하는 문서들을 적절하게 군집화하는 것은 쉽지 않다.
> #여기서는 영문 학술논문 말뭉치에서 적용했던 13을 그대로 이용하자.
> mygroup <- cutree(myclusters,k=5)
> table(mygroup)
mygroup
 1  2  3  4  5
25  2  3  1  3
> mygroup <- cutree(myclusters,k=8)
> table(mygroup)
mygroup
 1  2  3  4  5  6  7  8
23  1  1  3  1  1  3  1
> mygroup <- cutree(myclusters,k=18)
> table(mygroup)
mygroup
 1  2  3  4  5  6  7  8  9 10 11 12 13 14 15 16 17 18
12  1  1  3  1  2  1  1  2  1  1  1  1  1  2  1  1  1
> mygroup <- cutree(myclusters,k=13)
> mygroup
2004a 2005a 2005b 2011a 2012a 2013a 2013b 2014a 2014b 2014c 2014d 2016a 2016b
    1     2     1     1     1     1     3     4     1     1     1     3     5
2016c 2016d 2016e 2016f 2016g 2016h 2017a 2017b 2017c 2017d 2017e 2018a 2018b
    1     6     7     8     9     1     6    10     1     1     1     1     3
2018c 2018d 2018e 2018f 2018g 2019a 2019b 2019c
    4    11    12    11     1    13     1     1
```

색깔을 입힌 덴드로그램을 그리는 방법은 다음과 같다.

```
> #군집분석 결과를 그래프로 그리면 아래와 같다.
> fviz_dend(myclusters,k=13)
```

결과

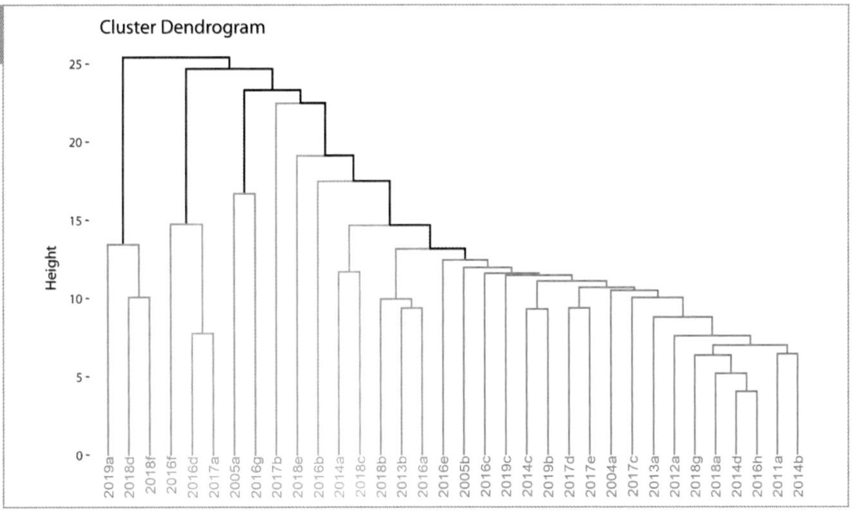

연도별 문서가 속한 군집의 분포를 막대그래프로 그린 결과는 아래와 같다.

```
> mytable <- table(str_extract(myclusters$labels,"[[:digit:]]*"),
+                  cutree(myclusters,k=13))
> cluster.by.year <- data.frame(mytable)
> colnames(cluster.by.year) <- c('year','cluster','publish')
> cluster.by.year$cluster <- paste('cluster',cluster.by.year$cluster,sep='')
> cluster.by.year$year <- as.numeric(as.character(cluster.by.year$year))
> #시간에 따른 변화를 살펴보자.
> ggplot(data=cluster.by.year, aes(x=year, y=publish, fill=cluster)) +
+   geom_bar(stat="identity")+
+   scale_x_continuous(breaks=2004:2019,labels=2004:2019)+
+   scale_y_continuous(breaks=0:7,labels=0:7)+
+   scale_fill_manual(values=cluster.color,labels=paste('군집',1:13,sep=''))+
+   labs(x="출판 연도",y="출간 논문 수",fill='군집')+
+   theme_classic()
```

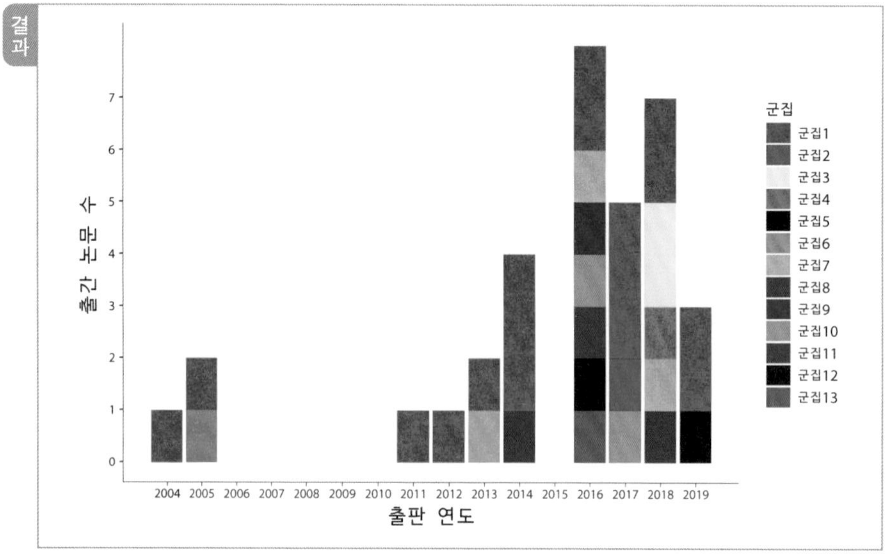

지금까지 위계적 군집분석을 이용하여 가로줄에는 문서로 세로줄에는 단어로 구성된 DTM을 기반으로 말뭉치를 구성하는 문서들을 집단들로 분류했다. 앞에서도 언급했지만 위계적 군집분석은 탐색적인 데이터 분석 목적에 적합한 기법이다. 텍스트 데이터에 대해 위계적 군집분석을 적용할 경우 연구자가 어떠한 방법을 사용했으며, 만약 최종 결정된 방법이 아닌 다른 방법을 사용할 경우라도 데이터 분석 결과가 크게 달라지지 않을지에 대해 충분한 논의와 정당화가 필요하다. 만약 탐색적 목적의 위계적 군집분석을 실시할 때 유사도(혹은 거리) 행렬을 구할 때 유클리드 거리가 아닌 다른 방법을 사용해도, 또한 워드의 방법이 아닌 다른 방법들[이를테면 '완전연결(complete linkage)' 혹은 '평균연결(average linkage)' 등]을 사용해도, 또 군집의 개수를 다르게 잡아도 비슷한 패턴을 얻는다면 위계적 군집분석 결과는 상당히 신뢰할 수 있다고 판단할 수 있다. 왜냐하면 조건이나 방식, 환경이 바뀌어도 일관적인 결과를 얻을 수 있기 때문이다.

02
토픽모형

토픽모형은 문서와 단어로 구성된 행렬(즉, DTM)을 기반으로 문서에 잠재되어(latent) 있다고 가정된 토픽의 등장 확률을 추정하는 일련의 통계적 텍스트 처리기법을 일컫는다(Blei, 2014; Blei and Lafferty, 2007; Blei, Ng and Jordan, 2003; Liu et al., 2016). 여기서는 가장 널리 알려진 토픽모형인 잠재적 디리클레 할당(latent Dirichlet allocation, LDA) 모형과 LDA 모형의 발전된 파생모형들인 상관토픽모형(correlated topic model, CTM)과 구조적 토픽모형(structural topic model, STM)을 소개한 후, 짧은 길이의 텍스트를 대상으로 한 토픽모형들 중 하나인 공통등장단어 토픽모형(biterm topic model, BTM)[1]을 설명했다. R의 `topicmodels` 패키지를 이용하면 LDA와 CTM 모형들을 추정할 수 있으며, `stm` 패키지를 이용하면 STM을 추정할 수 있고, BTM 패키지를 이용하면 BTM 추정이 가능하다.[2]

1 이 책에서 소개하는 BTM은 Biterm Topic Model(Yan et al., 2014)이며, 이는 단어들의 등장 순서를 고려하는 토픽모형인 Bigram Topic Model(Wallach, 2006)과는 다르다.

본질적으로 CTM, STM, BTM 등의 토픽모형들은 LDA 모형을 수정·확장한 모형이다(Blei and Lafferty, 2007; Roberts, Stewart and Airoldi, 2016; Yan et al., 2014). 따라서 이 책에서는 우선 LDA 모형을 설명한 후, LDA 모형과 CTM 등이 어떻게 서로 다른지 소개하려고 한다. 또한 사회과학에서 관심을 갖는 상당수의 텍스트들이 매우 짧다[3]는 점을 감안하여, 짧은 텍스트에 적용 가능한 BTM을 LDA 모형 맥락에서 간단히 소개했다. DTM을 이용한다는 점에서 LDA 모형, CTM, STM은 모두 문서를 '단어주머니'로 가정하며, BTM의 경우 문서 내 공통으로 등장하는 2개의 개별 단어들을 추가한 DTM을 사용한다는 점이 다를 뿐이다. 다시 말해 LDA 모형과 CTM, STM, BTM(주의: 이 책에서 말하는 BTM은 bigram topic model이 아니라 biterm topic model임)에서는 단어의 등장 순서나 품사 정보 등은 문서에서 토픽을 추출할 때 영향을 미치지 않는다고 가정한다[4](이 가정의 현실 타당성은 연구 목적이나 텍스트의 특성에 따라 다를 것이다).

잠재적 디리클레 할당 모형

먼저 잠재적 디리클레 할당(LDA) 모형이 무엇인지 살펴보자. LDA 모형 개발자인 블라이 등(Blei, Ng and Jordan, 2003)은 LDA 모형을 '생성적 확률 모형(generative probabilistic model)', '3층 위계적 베이지안 모형(three-level hierarchical Bayesian model)' 등의 용어로 정의하고 있다. 또한 LDA 모형이 사용되는 분야로 텍스트 문서에 대한 모형작업(document modeling), 텍스트 분류(text classification), 기계학습(machine learning), 협업 필터링(collaborative filtering) 등을 언급하고 있다. 적어도 필자의 경

---

2 stm 패키지에서도 LDA 모형과 CTM가 추정 가능하다. 그러나 stm 패키지에서는 lda 패키지의 LDA 모형 알고리즘을 사용하는데, 이 알고리즘은 LDA 모형 개발자의 알고리즘과 약간 다르다.

3 이를테면 설문조사 데이터의 개방형 응답, SNS나 온라인 Q&A에 올라온 짧은 의견, 기사의 헤드라인 등이 여기에 포함된다.

4 최근에는 단어주머니 가정에 근거하지 않으며, 어순(word sequence), 엔그램, 문맥 등을 고려하는 토픽모형들이 속속 개발되고 있다(Wallach, 2006; Agrawal, Fu and Menzies, 2018). 그러나 이러한 새로운 토픽모형들을 소개하는 것은 필자의 능력을 벗어나는 일이며, 일반적 R 이용자가 사용할 수 있는 패키지들 역시 충분히 개발되지 않은 상황이다.

험으로는 이러한 용어들은 사회과학 분과에서 흔히 사용되는 용어가 아니며, 보통의 사회과학자들에게 쉽게 이해되는 개념은 아닐 것이다. 따라서 이 책에서는 가능하면 쉬운 말로 LDA 모형을 설명한 후, LDA 모형의 파생 토픽모형이라고 할 수 있는 CTM, STM, BTM을 설명할 것이다. 만약 LDA 모형, CTM, STM, BTM에 대한 수학적이고 자세한 소개를 원하는 독자들은 관련 논문들(Blei and Lafferty, 2007; Blei, Ng and Jordan, 2003; Roberts, Stewart and Airoldi, 2016; Yan et al., 2014)을 꼼꼼히 여러 차례에 걸쳐 읽어보기를 권한다.

우선 말뭉치를 사전처리한 후 DTM으로 구성했을 경우, DTM의 가로줄에는 문서가 세로줄에는 단어가 배치된다. 따라서 DTM은 M개의 문서(d_m)와 N개의 단어(w_n)로 구성된 행렬이다. 이제 LDA 모형에서 텍스트 데이터에 대해 어떠한 가정을 취하는지 살펴보자.

첫째, 말뭉치는 일련의 문서들의 집합이다. 다시 말해 말뭉치를 측정의 최상위 단위라고 가정할 때, 특정 문서(d_m)는 말뭉치에 배속되어(embedded) 있다. 이를 수학적으로 표현하면, 말뭉치를 D라고 할 때 말뭉치는 $D=\{d_1, d_2, d_3, \ldots d_m\}$과 같다.

둘째, 문서는 일련의 단어들의 집합이다. 문서와 단어의 관계는 말뭉치와 문서의 관계와 본질적으로 동일하다. 즉, 하위 단위인 문서들이 상위 단위인 말뭉치를 구성하듯, 하위 단위인 단어들은 상위 단위인 문서를 구성한다. 따라서 단어는 문장을 구성하고, 다시 문서는 말뭉치를 구성한다. 이를 수학적으로 표현하면, 특정 문서(d_m)는 $d_m=\{w_1, w_2, w_3, w_4, \ldots w_n\}$으로 표현할 수 있다. 이때 w_n은 n번째 단어에 대해 수치화된 어떤 값으로, DTM의 경우 해당 단어의 빈도가 된다. 즉, 문서에서 나타나지 않은 단어의 경우 $w_n=0$으로 표현할 수 있다.

셋째, 단어는 잠재된 특정 토픽을 나타내는 관측치다. 예를 들어 여러 학과의 교수들의 논문들을 모아 말뭉치로 구성했다고 가정해 보자. 어떤 논문이 '언론학'이라는 토픽을 다루고 있다고 간주하려면, 어떤 단어들이 등장해야 할까? 아마도 '미디어', '커뮤니케이션', '언론', '소통' 등과 같은 단어들이 자주 등장할 것으로 추정할 수 있다. 반면 어떤 논문이 '통계학'이라는 토픽을 다룬다면, '모형', '모수', '계수', '확률' 등과 같은 단어들이 자주 등장할 것으로 예상할 수 있다. 마치 '발열', '기침', '오한', '콧물' 등의 증상들을 조합해서 '감기'라는 병을 추론하는 것처럼, 잠재된 토픽은 관측된 단어들을 통해서 추론할 수 있다고 간주할 수 있다. 여기서 특정한 관측단어(w_i)가 특정한 잠재토픽(z_k)을 반영할 확률을 β_{ik}라고 표현해 보자. 이때 단어들의 집합인 문서에서 특정한 잠재토픽이 등장할 확률은 다음과 같이 표현할 수 있다.

$$z_k = \sum_{i=1}^{n} \beta_{ik} \cdot w_i$$

여기까지 이해했다면 LDA 모형의 개발자인 블라이 등(Blei, Ng and Jordan, 2003)이 LDA를 설명할 때 사용하는 '생성적 확률 모형', '3층 위계적 베이지안 모형' 등의 표현을 대략적으로나마 이해할 수 있을 것이다.

우선 '생성적 확률모형'이라는 표현을 살펴보자. 세 번째 사항에서 언급했듯, 특정 관측단어(w_i)는 특정한 잠재토픽(z_k)을 반영할 확률을 갖는다. 마치 감기에 걸리면 '콧물'이 '생성(generate)'되듯, 관측단어(w_i)는 특정한 잠재토픽(z_k)을 반영하면서 생성되는 것이다. 또한 생성될 확률은 β_{ik}을 따른다. 다시 말해 LDA 모형이 '생성적 확률모형'이라는 말은 문서에서 관측되는 단어가 잠재된 토픽을 생성하는 과정에서 확률적으로 관측되었다고 가정하는 통계적 모형이라고 해석할 수 있다.

다음으로 '3층 위계적 베이지안 모형'이라는 표현을 해석해 보자. 위에서 언급한 세 가지 사항을 살펴보면 알 수 있듯, 단어-토픽-문서는 말뭉치 속에 위계적으로 구성되어 있다. 즉, 단어는 토픽에, 토픽은 문서에 배속되어 있으며, 이러한 문서들은 말뭉치를 구성한다. '3층 위계적'이라는 표현은 바로 단어-토픽-문서-말뭉치 사이의 이러한 배속관계(embedded or hierarchical relationship)를 의미한다. 또한 베이지안(Bayesian)이라는 표현에서 알 수 있듯 LDA는 사후확률을 사전확률과 데이터의 혼합(mixture)으로 가정하는 베이지안 통계학적 관점을 따른다(Gelman et al., 2014). 베이지안 통계학적 관점이 어떻게 반영되는지에 대해서는 조금 후에 다시 언급하기로 하자.

'생성적 확률모형'과 '3층 위계적 베이지안 모형'이라는 두 가지가 반영된 LDA 모형을 시각적으로 표현하면 아래와 같다.

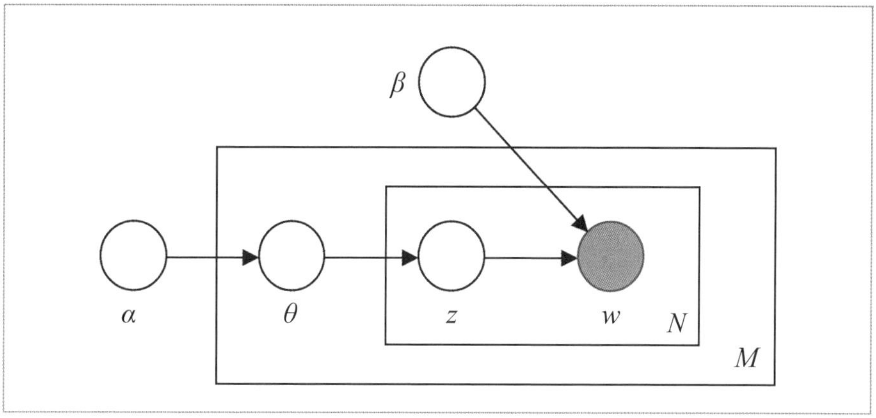

자료: Blei et al. (2003: 997).

여기서 M은 말뭉치 공간을, N은 문서 공간을 의미한다. w는 단어를, z는 토픽을 의미하며, β는 특정 단어가 특정 토픽에서 생성될 때 개입되는 확률값을 뜻한다. z를 생성하는 θ라는 이름의 모수는 토픽의 개수(k)만큼의 차원을 갖는 디리클레 랜덤 변수(k-dimensional Dirichlet random variable)이며 이는 인간이 사용하는 전체 언어에서 분석 대상인 말뭉치의 토픽들을 생성하는 역할을 한다. 디리클레 랜덤 변수라는 이름에서 잘 드러나듯, θ에서 생성되는 z는 고정된(fixed) 형태가 아닌 랜덤(random) 형태로 디리클레 분포에서 발생한 변수이며, 바로 이 때문에 '잠재적 디리클레 할당'이라는 이름을 갖는다[분산분석의 '혼합모형(mixed model)'이나 '다층모형(multi-level model)'을 배운 독자라면 고정효과(fixed effect)와 랜덤효과(random effect)라는 용어를 떠올리면 이 표현을 더 쉽게 이해할 수 있을 것이다]. 끝으로 α는 인간이 사용하는 전체 언어에 존재하며 분석 대상이 되는 문서에 존재하는 θ 모수를 생성하는 외생적 모수다.

조금 복잡하더라도 수식으로 표현해 보자. 만약 k개의 주제가 존재할 때, i번째 문서의 k번째 토픽을 z_{ik}라고, 이 토픽을 반영하는 단어를 w_{ik}라고, 그리고 이 단어에 붙는 가중치를 β_{ik}라고 표현하자. 이때 $\beta_{ik} \rightarrow w_{ik}$와 $z_{ik} \rightarrow w_{ik}$를 확률의 형태로 표현하면 $p(w_{ik} | z_{ik}, \beta_{ik})$로 나타낼 수 있다(말로 풀어쓰면, 이는 토픽 관련 모수와 가중치 관련 모수가 알려진 조건에서 특정 문서에서 발견된 특정 단어가 특정 토픽을 반영할 확률을 의미한다).

다음으로 k개의 주제를 나타내는 확률, 즉 $\theta_i \rightarrow z_{ik}$를 확률로 표현하면 $p(z_{ik} | \theta_i)$로 나타낼 수 있다(말로 풀어쓰면, 이는 특정 문서에서 특정 토픽이 등장할 확률을 의미한다).

여기서 θ_i를 발생시키는 α의 값이 주어진다면 $p(z_{ik}|\theta_i)$를 구하는 것도 가능하다.

LDA 모형의 핵심은 $p(w_{ik}|z_{ik},\beta_{ik})$와 $p(z_{ik}|\theta_i)$를 곱하면 어떤 문서 i에서, 어떤 토픽 k가 어떤 단어 w로 나타날 확률값을 계산할 수 있다는 점이다. 그러나 현실적인 문제도 있다. 이러한 LDA 모형의 논리가 성립하기 위해서는 해당 문서에 k, α라는 모수들의 정보가 알려져 있어야 한다는 점이다. LDA 모형의 해결책은 다음과 같다.

첫째, α의 경우 임의의 값을 투입해 해결한다. 0에 가까운 값을 투입하는 것이 보통이다. `topicmodels` 패키지에서의 디폴트 α값은 그리피스와 스테이버스(Griffiths and Steyvers, 2004)의 제안을 따라 '$\alpha=50/k$'로 계산된다. 물론 데이터 분석자가 특정 α값을 지정하고 싶다면 옵션을 지정하면 된다. 일반적으로 α의 값이 클수록 특정 문서의 토픽이 두드러지지 않게 나타나는 경향이 크며, α의 값이 작을수록 특정 문서가 하나 혹은 소수의 토픽을 강하게 반영하는 것으로 추정되는 경향이 강하다. 이에 대해서는 R의 `topicmodels` 패키지를 이용해 LDA 모형을 실습하면서 살펴보자.

둘째, 말뭉치에 존재하는 토픽의 수 k는 연구자의 추정에 근거하여 투입된다. 다시 말해 데이터를 분석하려는 사람이 생각하기에 토픽의 수가 10개라고 생각했다면 10개가, 5개라고 생각했다면 5개가 맞다고 가정하는 것이다.[5] 당연히 이런 가정은 "연구자의 자의적 판단에 불과하다"는 비판에서 자유로울 수 없다. 이런 이유 때문에 연구자 추정에 근거하여 k를 설정하지 않고, 텍스트 데이터를 기반으로 최적의 k를 도출하는 방법이 개발되어 사용되고 있다(R의 경우 `ldatuning` 패키지를 이용해 최적의 k를 탐색해 볼 수 있다. 구체적인 방법은 '별첨 자료-2'에 소개되어 있다). 그러나 데이터를 기반으로 얻은 k는 텍스트의 성격이나 해석을 근거로 얻은 것이 아니기 때문에 그 자체로 완벽하다고 할 수는 없으며, 무엇보다 알고리즘에 따라 추출되는 k값이 보통 제각각이기 때문에 여전히 연구자의 자의성을 완벽하게 제거할 수는 없다(알고리즘별로 다르게 나타나는 k값에 대한 구체적 사례로는 '별첨 자료-2'를 참조하기 바람). 아마도 k를 설정하는

5 예를 들어 인자분석의 경우에도 존재하는 데이터 구조를 설명하는 인자의 수를 가정한다는 점에서 토픽의 수를 가정하는 것이 특별히 문제가 된다고 보지 않는다. 물론 토픽의 수가 자의적이라고 해서 아무런 숫자나 다 정당화될 수는 없을 것이다. 왜 해당 숫자의 토픽을 지정한 것이 분석 대상이 되는 텍스트 데이터에 대한 통계적 요약(statistical summary)에 적당한지에 대한 분석자 스스로의 정당화 논리가 반드시 병행되어야 할 것이다.

가장 안전한 방법은 데이터를 바탕으로 최적의 k값들의 범위를 설정한 후, 텍스트에 대한 연구자의 이론적·합리적 추론을 바탕으로 가장 적절한 k값을 선택하는 방법일 것이다.

이제 R의 `topicmodels` 패키지를 이용해 LDA 모형을 실습해 보자. 예시 텍스트 데이터는 앞에서 다루었던 영문 학술논문 말뭉치이며, 필자는 이 텍스트 데이터에 총 7개의 토픽들이 잠재되어 있으며(k=7), α는 `topicmodels` 패키지에서 설정한 디폴트 (50/k)를 따른다고 가정했다. 텍스트 데이터를 근거로 LDA 모형에 적합한 잠재토픽의 개수를 어떻게 7로 결정하게 되었는지는 '별첨 자료-2'를 참조하기 바란다.

LDA 모형은 `topicmodels` 패키지의 `LDA()` 함수를 이용하면 되는데, 이 함수에는 앞부분에서 소개한 방식으로 사전처리한 말뭉치를 문서×단어 행렬(DTM)로 구성된 오브젝트와 잠재토픽의 개수(k)를 지정해야만 한다. 필수는 아니지만, 독자들은 `control` 옵션을 이용해서 `seed`에 특정한 값을 부여하기 바란다. 만약 이 값을 지정하지 않으면 분석을 할 때마다 LDA의 결과가 조금씩 바뀐다. 동일한 결과를 얻기 위해서는 임의로 설정되는 시작값을 고정시킬 필요가 있는데, `control=list(seed=지정값)`은 바로 시작값을 언제나 '지정값'으로 한다는 것을 의미한다.

```
> library('tm')
> library('stringr')
> library('ggplot2')
> #LDA를 시작하기 이전에, 다음의 문헌이 어렵더라도 3~4번 정도 훑어보기 바란다.
> #Blei, D. M., Ng, A. Y., & Jordan, M. I. (2003). Latent dirichlet allocation.
> #Journal of machine Learning research, 3, 993-1022.
> #최적의 잠재토픽 개수 탐색의 경우 별첨 자료-2 참조 : 7개가 가장 적절해 보임.
> #영문 학술논문 말뭉치에서 7개의 잠재토픽을 추출
> #control=list(seed=숫자) 옵션을 지정하지 않으면 매번 실행한 결과가 달라진다.
> library('topicmodels')
> lda.out <- LDA(dtm.e,control=list(seed=20191116),k=7)
```

위의 과정으로 도출된 LDA 모형 추정 결과를 저장한 오브젝트 `lda.out`를 살펴보자. 독자들은 LDA 모형에 대한 앞의 설명에서 $p(w_{ik}|z_{ik},\beta_{ik})$와 $p(z_{ik}|\theta_i)$를 다시 떠올리기 바란다. $p(w_{ik}|z_{ik},\beta_{ik})$는 토픽과 단어의 관계를 확률적으로 표현한 것이며, $p(z_{ik}|\theta_i)$는 토픽과 문서의 관계를 확률적으로 표현한 것이다. 즉, 토픽을 매개로 문서

와 단어는 연결되어 있다. `lda.out`에는 $p(w_{ik}|z_{ik},\beta_{ik})$와 $p(z_{ik}|\theta_i)$를 나타내는 행렬들이 각각 `beta`라는 이름과 `gamma`라는 이름으로 저장되어 있다. LDA 모형에 사용된 DTM은 총 33개의 문서와 839개의 단어로 구성되어 있다. 문서와 단어 사이를 연결할 7개의 토픽이 개입되면 DTM은 다음의 두 행렬들로 쪼갤 수 있다. 사실 이 과정은 주성분분석이나 탐색적 인자분석(exploratory factor analysis, EFA)에서도 그대로 사용된다. [사례×변수]의 행렬은 아래의 [문서×단어] 행렬과, [사례×주성분(인자)] 행렬은 [문서×토픽] 행렬과, [주성분(인자)×변수] 행렬은 [토픽×단어] 행렬과 개념적으로 동등하다.

[문서 × 단어] = [문서 × 토픽] × [토픽 × 단어]

여기서 [문서×토픽] 행렬이 바로 `gamma`라는 이름의 행렬이며, [토픽×단어] 행렬이 바로 `beta`라는 이름의 행렬이다. 아래는 각 행렬의 가로줄과 세로줄의 길이를 나타낸 것이다. `gamma`라는 이름의 행렬은 33개의 문서가 가로줄에, 7개의 토픽이 세로줄에 배치된 행렬을 의미하며, `beta`라는 이름의 행렬은 7개의 토픽이 가로줄에, 839개의 단어가 세로줄에 배치된 행렬을 뜻한다.

```
> #아래는 문서×토픽 행렬이다.
> dim(lda.out@gamma)
[1] 33  7
> #아래는 토픽×단어 행렬이다.
> dim(lda.out@beta)
[1]   7 839
```

우선 [토픽×단어] 행렬의 내용, 즉 어떤 단어들이 어떤 토픽을 나타내는지 살펴보자. 앞에서 살펴본 `beta` 오브젝트를 사용해도 되지만, `topicmodels` 패키지에 내장된 `terms()` 함수를 사용하면 쉽게 [토픽×단어] 행렬의 내용을 살펴볼 수 있다. 7개의 토픽에 어떤 단어들이 어떠한 가중치를 갖고 있는지 살펴보자. 839개의 단어들을 다 살펴볼 수도 있지만, 번거로운 일이니 가중치가 높은 상위 20개 단어들만을 살펴보자.

그 결과는 아래와 같다.

```
> #7개의 잠재토픽으로 분류된 상위 20개 단어들을 살펴보자.
> terms(lda.out,20)
      Topic 1      Topic 2       Topic 3       Topic 4        Topic 5    Topic 6   Topic 7
 [1,] "ambival"    "effect"      "effect"      "privaci"      "polit"    "health"  "cultur"
 [2,] "candid"     "depress"     "polit"       "onlin"        "sns"      "studi"   "social"
 [3,] "studi"      "studi"       "trust"       "relationship" "face"     "cultur"  "comparison"
 [4,] "valenc"     "action"      "mediat"      "social"       "particip" "hdb"     "base"
 [5,] "polit"      "adult"       "model"       "influenc"     "effect"   "hlc"     "studi"
 [6,] "citizen"    "condit"      "ideolog"     "peopl"        "deliber"  "poll"    "topic"
 [7,] "white"      "expenditur"  "studi"       "user"         "find"     "communic""consumpt"
 [8,] "democrat    "health"      "news"        "compar"       "set"      "inform"  "emot"
 [9,] "black"      "older"       "opinion"     "effect"       "belief"   "ses"     "media"
[10,] "femal"      "racial"      "organiz"     "inform"       "hloc"     "belief"  "user"
[11,] "thought"    "support"     "sns"         "person"       "onlin"    "educ"    "video"
[12,] "vote"       "find"        "talk"        "studi"        "influenc""intern"   "effect"
[13,] "affect"     "group"       "find"        "infring"      "studi"    "peopl"   "increas"
[14,] "attitud"    "model"       "snss"        "find"         "factor"   "power"   "knowledg"
[15,] "biraci"     "nonblack"    "citizen"     "individu"     "style"    "skeptic" "psycholog"
[16,] "conflict"   "stereotyp"   "commit"      "pme"          "versus"   "posit"   "countri"
[17,] "inton"      "tendenc"     "conserv"     "sns"          "user"     "effect"  "crosscultur"
[18,] "method"     "white"       "implic"      "experi"       "perceiv"  "examin"  "model"
[19,] "openend"    "anger"       "internet"    "model"        "examin"   "audienc" "orient"
[20,] "politician" "approach"    "interperson""optim"         "attach"   "credibl" "product"
```

이제 7개 잠재토픽들에 두드러지게 구현된 단어 20개가 무엇인지를 알 수 있다. Topic 1, ... Topic 7이라는 이름 대신 각각의 잠재토픽의 의미를 살릴 수 있는 이름을 붙여보자. 이는 해석의 문제이기 때문에 논란이 있을 수도 있지만, 일단 필자는 각 토픽에 대해 다음과 같은 이름을 붙였다.

- Topic 1: Election studies
- Topic 2: Stereotype in communication
- Topic 3: Political communication
- Topic 4: Privacy studies
- Topic 5: SNS in communication
- Topic 6: Health communication
- Topic 7: Inter-culture communication

이어서 [문서×토픽] 행렬인 gamma 오브젝트를 살펴보자. 마찬가지로 posterior()라는 이름의 함수를 사용하면 쉽게 그 값을 추정할 수 있다. 즉, 특정 문서가 특정 토픽을 반영할 확률값은 아래와 같다. posterior() 함수에서 topics라는 오브젝트가 바로 [문서×토픽] 행렬이다.

```
> #각 문서가 담고 있는 잠재토픽의 확률점수를 계산했다.
> posterior_lda <- posterior(lda.out)
> round(posterior_lda$topics,3)
                1     2     3     4     5     6     7
p2009a.txt 0.000 0.000 0.000 0.000 0.999 0.000 0.000
p2009b.txt 0.000 0.000 0.000 0.000 0.000 0.000 0.999
p2010a.txt 0.000 0.000 0.000 0.000 0.999 0.000 0.000
p2010b.txt 0.999 0.000 0.000 0.000 0.000 0.000 0.000
p2010c.txt 0.000 0.000 0.000 0.000 0.999 0.000 0.000
p2011a.txt 0.999 0.000 0.000 0.000 0.000 0.000 0.000
p2011b.txt 0.999 0.000 0.000 0.000 0.000 0.000 0.000
p2012a.txt 0.000 0.000 0.000 0.000 0.999 0.000 0.000
p2012b.txt 0.000 0.999 0.000 0.000 0.000 0.000 0.000
p2013a.txt 0.000 0.000 0.000 0.999 0.000 0.000 0.000
p2014a.txt 0.000 0.000 0.000 0.999 0.000 0.000 0.000
p2014b.txt 0.000 0.000 0.000 0.000 0.000 0.999 0.000
p2014c.txt 0.000 0.999 0.000 0.000 0.000 0.000 0.000
p2014d.txt 0.000 0.000 0.000 0.999 0.000 0.000 0.000
p2014e.txt 0.000 0.000 0.000 0.999 0.000 0.000 0.000
p2014f.txt 0.000 0.000 0.000 0.000 0.999 0.000 0.000
p2014g.txt 0.000 0.000 0.000 0.999 0.000 0.000 0.000
p2015a.txt 0.000 0.000 0.000 0.000 0.999 0.000 0.000
p2015b.txt 0.000 0.000 0.000 0.000 0.164 0.835 0.000
p2015c.txt 0.000 0.000 0.999 0.000 0.000 0.000 0.000
p2015d.txt 0.000 0.999 0.000 0.000 0.000 0.000 0.000
p2015e.txt 0.000 0.000 0.000 0.000 0.000 0.000 0.999
p2015f.txt 0.000 0.000 0.999 0.000 0.000 0.000 0.000
p2016a.txt 0.000 0.000 0.000 0.000 0.000 0.999 0.000
p2017a.txt 0.000 0.000 0.000 0.000 0.000 0.000 0.999
p2018a.txt 0.000 0.000 0.000 0.000 0.000 0.000 0.999
p2018b.txt 0.000 0.000 0.999 0.000 0.000 0.000 0.000
p2018c.txt 0.000 0.000 0.000 0.000 0.000 0.999 0.000
p2019a.txt 0.000 0.000 0.000 0.000 0.999 0.000 0.000
p2019b.txt 0.000 0.000 0.000 0.000 0.000 0.000 0.999
p2019c.txt 0.000 0.000 0.000 0.999 0.000 0.000 0.000
p2019d.txt 0.999 0.000 0.000 0.000 0.000 0.000 0.000
p2019e.txt 0.000 0.000 0.000 0.000 0.000 0.999 0.000
```

결과를 해석하면 다음과 같다. 우선 **p2009a.txt**라는 문서의 경우 5번 토픽(SNS in communication)에 속할 확률이 1에 육박하며(**0.999**), 다른 토픽을 반영할 확률은 거의 존재하지 않는다(**0.000**). 다른 문서들의 경우도 **p2009a.txt** 문서와 비슷한 모습을 보인다. 물론 **p2015b.txt** 문서의 경우 6번 토픽(Health communication)을 반영할 확률이 가장 높지만(**0.835**), 5번 토픽(SNS in communication)을 반영할 확률도 낮지만 무시하기는 어렵다(**0.164**). 그러나 결과에서 잘 나타나듯 **p2015b.txt** 문서를 제외한 모든 대부분의 문서들은 특정 잠재토픽만을 반영하고 있는 것을 알 수 있다.

이제 **posterior_lda$topics**를 데이터 프레임으로 저장한 후 추가적인 분석을 진행해 보자. 우선 문서에서 나타난 토픽들의 등장 확률의 총합과, 토픽에서 나타난 문서들의 등장 확률의 총합을 **apply()** 함수를 이용해 계산해 보자. 출력 결과는 특정 문서에서 나타날 7개 잠재토픽 발견 확률의 총합은 '1'임을 보여주고 있다.

```
> #아래와 같이 향후 분석에 사용할 수 있도록 데이터 프레임으로 저장했다.
> lda.topics <- data.frame(posterior_lda$topics)
> #아래는 문서별 토픽 등장 확률의 총합이다.
> apply(lda.topics,1,sum)
p2009a.txt p2009b.txt p2010a.txt p2010b.txt p2010c.txt p2011a.txt p2011b.txt
         1          1          1          1          1          1          1
p2012a.txt p2012b.txt p2013a.txt p2014a.txt p2014b.txt p2014c.txt p2014d.txt
         1          1          1          1          1          1          1
p2014e.txt p2014f.txt p2014g.txt p2015a.txt p2015b.txt p2015c.txt p2015d.txt
         1          1          1          1          1          1          1
p2015e.txt p2015f.txt p2016a.txt p2017a.txt p2018a.txt p2018b.txt p2018c.txt
         1          1          1          1          1          1          1
p2019a.txt p2019b.txt p2019c.txt p2019d.txt p2019e.txt
         1          1          1          1          1
> #아래는 문서들 전체에서의 토픽 등장 확률의 총합이다.
> apply(lda.topics,2,sum)
      X1       X2       X3       X4       X5       X6       X7
4.000204 3.002391 3.002284 5.998999 7.160206 4.835567 5.000349
```

apply(lda.topics,2,sum)의 결과에 따르면 전체 말뭉치에서 가장 자주 등장하는 잠재토픽은 5번 토픽(SNS in communication)이며(**7.160206**), 3번 토픽(Political communication)이 가장 적게 등장하는 잠재토픽이다(**3.002284**).

이 데이터를 이용해 다음과 같은 추가적인 분석을 실시해 보자. 연도별로 7개의 토픽들은 어떻게 변하고 있는가? 이를 위해 문서 이름에서 출간 연도만을 아래와 같이 추출한 후, 연도에 따라 출간된 논문의 토픽들이 어떤지를 살펴보자.

```
> #연도별로 각각의 잠재토픽이 어떤 변화를 보이는지 살펴보자.
> tempyear <- rownames(lda.topics)
> pubyear <- as.numeric(unlist(str_extract_all(tempyear,"[[:digit:]]{4}")))
> #아래의 결과를 보면 연도별 잠재토픽 변화 패턴을 살펴볼 수 있다.
> topic.by.year <- round(aggregate(as.matrix(lda.topics)~pubyear,lda.topics,sum),5)
> topic.by.year
   pubyear      X1      X2      X3      X4      X5      X6      X7
1     2009 0.00034 0.00034 0.00034 0.00034 0.99905 0.00034 0.99928
2     2010 0.99937 0.00052 0.00052 0.00052 1.99805 0.00052 0.00052
3     2011 1.99804 0.00033 0.00033 0.00033 0.00033 0.00033 0.00033
4     2012 0.00032 0.99937 0.00032 0.00032 0.99903 0.00032 0.00032
5     2013 0.00011 0.00011 0.00011 0.99936 0.00011 0.00011 0.00011
6     2014 0.00117 1.00034 0.00117 3.99662 0.99976 0.99978 0.00117
7     2015 0.00090 0.99989 1.99884 0.00090 1.16349 0.83581 1.00017
8     2016 0.00020 0.00020 0.00020 0.00020 0.00020 0.99881 0.00020
9     2017 0.00018 0.00018 0.00018 0.00018 0.00018 0.00018 0.99894
10    2018 0.00032 0.00032 0.99948 0.00032 0.00032 0.99971 0.99953
11    2019 0.99927 0.00081 0.00081 0.99993 0.99971 0.99967 0.99980
```

위의 결과를 그래프로 그리면 아래와 같다. ggplot2 패키지를 이용해 누적막대그래프를 그린 결과는 아래와 같다. ggplot() 함수와 geom_bar() 함수를 이용해 그래프를 그리는 방법에 대해서는 『R기반 데이터과학: tidyverse 접근』이나 ggplot2 패키지를 소개하는 다른 자료를 참고하기 바란다.

```
> #그래프를 그려보자.
> #데이터를 긴 형태로
> fig_LDA_english <- reshape(topic.by.year, idvar = "pubyear",
+                   varying = list(2:8),
+                   v.names = "X", direction = "long")
> colnames(fig_LDA_english) <- c('year','topic_i','score')
> #각 토픽별 이름
> fig_LDA_english$topic <- factor(fig_LDA_english$topic,
+                        labels=c("Election\nstudies\n",
+                                 "Stereotype\nin comm\n",
+                                 "Political\ncomm\n",
+                                 "Privacy\nstudies\n",
+                                 "SNS\nin comm\n",
+                                 "Health\ncomm\n",
```

```
+                                   "Inter-culture\ncomm\n"))
> #토픽의 알파벳 순서로 정렬
> fig_LDA_english$topic <- as.character(fig_LDA_english$topic)
> head(fig_LDA_english)
     year topic_i   score               topic
2009.1 2009       1 0.00034 Election\nstudies\n
2010.1 2010       1 0.99937 Election\nstudies\n
2011.1 2011       1 1.99804 Election\nstudies\n
2012.1 2012       1 0.00032 Election\nstudies\n
2013.1 2013       1 0.00011 Election\nstudies\n
2014.1 2014       1 0.00117 Election\nstudies\n
>
> ggplot(data=fig_LDA_english, aes(x=year, y=score, fill=topic)) +
+   geom_bar(stat="identity")+
+   scale_x_continuous(breaks=2009:2019,labels=2009:2019)+
+   scale_y_continuous(breaks=2*(0:5),labels=2*(0:5))+
+   scale_fill_manual(values=1:7)+
+   labs(x="publication year",y="score",fill='latent topic')+
+   ggtitle("LDA: English journal papers corpus")+
+   theme_classic()
```

결과

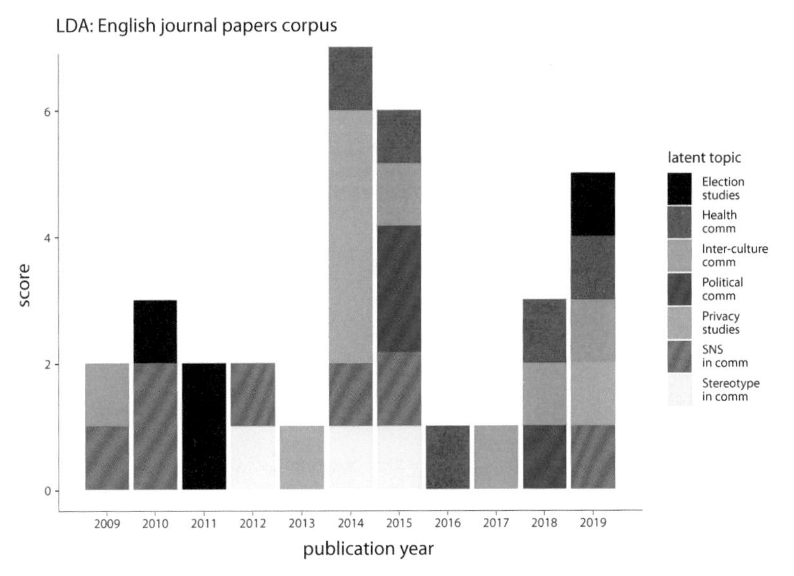

그래프 결과를 해석하기 전에 독자들은 LDA 모형에서 어쩔 수 없이 논란이 될 수밖에 없는 다음의 가정들을 비판적으로 검토하되, 일단 여기서는 다음과 같은 필자의 가정들을 받아들이기 바란다.

첫째, 필자의 영문 학술논문 말뭉치에는 7개의 잠재토픽들이 존재한다(k=7).

둘째, 외부 모수 α=7.14≈50/k에는 문제가 없다.

셋째, LDA 모형을 추정할 때 사용하는 시작점(initial point) 20191116에는 아무 문제가 없다.

넷째, 추출된 토픽에 붙인 라벨은 의미론적 측면에서 적절하다.

이 가정들을 받아들인다면 위의 그래프는 영어 논문에서 나타난 필자의 학문적 관심이 시간의 흐름에 따라 어떻게 변하는지 잘 보여주고 있다(물론 출간 논문 편수가 연도별로 어떻게 달라지는지도 쉽게 파악할 수 있다). 2009년부터 2012년까지의 주요 연구 관심사들은 선거캠페인(election campaign), 정치(politics), 미디어나 여론 형성 과정에서의 인종적 편견이나 고정관념(stereotype)의 역할 등이었다. 그러나 필자가 해외에서 박사 학위를 받고 귀국한 후부터는 온라인 공간의 개인정보(privacy) 문제, K-pop 콘텐트의 세계 확산에 따른 문화 간 커뮤니케이션(inter-cultural communication), 필자의 지도학생들의 주도로 실시된 공중보건(health communication) 연구들이 두드러진 것을 발견할 수 있다.

LDA 모형을 마치고 CTM이나 STM으로 옮겨가기 전에 모수 α값의 변화가 LDA 결과에 어떠한 영향을 미치는지 간단히 살펴보자. 특별한 이유가 없다면 가능하면 `LDA()` 함수의 디폴트인 '50/k'(Griffiths and Steyvers, 2004)를 α값으로 투입하는 것이 큰 무리가 없을 것이다. 그러나 연구 목적이나 텍스트의 성격에 따라 모수 α 값을 목적에 맞도록 조정하는 것을 고려하는 것도 나쁘지 않은 선택일 것이다.

다음의 두 시나리오에 따라 모수 α 값의 변화가 LDA 모형 분석 결과에 미치는 효과가 어떻게 달라지는지 살펴보자. 이를 위해 모든 시나리오에서 토픽 개수를 7로 고정시켰다. 우선 앞에서 우리가 살펴본 결과인 α=10을 시나리오 1이라고 설정했다[참고로 앞의 분석 사례에서 필자는 α값을 `LDA()` 함수의 디폴트인 50/k, 즉 50/7≈7.14를 사용했다]. 반면 두 번째 시나리오에서는 시나리오 1보다 10배 더 큰 α를 설정했다. 즉, 시나리오 1에서 시나리오 2로 변하면 α 값은 급격히 증가한다.

시나리오 1: $\alpha = 10$
시나리오 2: $\alpha = 100$

```
> #alpha 값이 LDA 결과에 미치는 효과
> #시나리오 1
> round(posterior(LDA(dtm.e,
+                     control=list(seed=20191116,alpha=10),k=7))$topics,3)
               1     2     3     4     5     6     7
p2009a.txt 0.000 0.000 0.000 0.000 0.999 0.000 0.000
p2009b.txt 0.000 0.000 0.000 0.000 0.000 0.000 0.999
p2010a.txt 0.000 0.000 0.000 0.000 0.999 0.000 0.000
p2010b.txt 0.999 0.000 0.000 0.000 0.000 0.000 0.000
p2010c.txt 0.000 0.000 0.000 0.000 0.999 0.000 0.000
p2011a.txt 0.999 0.000 0.000 0.000 0.000 0.000 0.000
p2011b.txt 0.999 0.000 0.000 0.000 0.000 0.000 0.000
p2012a.txt 0.000 0.000 0.000 0.000 0.999 0.000 0.000
p2012b.txt 0.000 0.999 0.000 0.000 0.000 0.000 0.000
p2013a.txt 0.000 0.000 0.000 0.000 0.000 0.000 0.999
p2014a.txt 0.000 0.000 0.000 0.999 0.000 0.000 0.000
p2014b.txt 0.000 0.000 0.000 0.000 0.000 0.999 0.000
p2014c.txt 0.000 0.999 0.000 0.000 0.000 0.000 0.000
p2014d.txt 0.000 0.000 0.000 0.999 0.000 0.000 0.000
p2014e.txt 0.000 0.000 0.000 0.999 0.000 0.000 0.000
p2014f.txt 0.000 0.000 0.000 0.000 0.999 0.000 0.000
p2014g.txt 0.000 0.000 0.000 0.999 0.000 0.000 0.000
p2015a.txt 0.000 0.000 0.000 0.000 0.999 0.000 0.000
p2015b.txt 0.000 0.000 0.000 0.381 0.618 0.000 0.000
p2015c.txt 0.000 0.000 0.999 0.000 0.000 0.000 0.000
p2015d.txt 0.000 0.999 0.000 0.000 0.000 0.000 0.000
p2015e.txt 0.000 0.000 0.999 0.000 0.000 0.000 0.000
p2015f.txt 0.000 0.000 0.999 0.000 0.000 0.000 0.000
p2016a.txt 0.000 0.000 0.000 0.000 0.000 0.999 0.000
p2017a.txt 0.000 0.000 0.000 0.000 0.000 0.000 0.999
p2018a.txt 0.000 0.000 0.000 0.000 0.000 0.000 0.999
p2018b.txt 0.000 0.000 0.462 0.000 0.538 0.000 0.000
p2018c.txt 0.000 0.000 0.000 0.000 0.000 0.999 0.000
p2019a.txt 0.000 0.000 0.000 0.000 0.507 0.493 0.000
p2019b.txt 0.000 0.000 0.000 0.000 0.000 0.000 0.999
p2019c.txt 0.000 0.000 0.000 0.999 0.000 0.000 0.000
p2019d.txt 0.999 0.000 0.000 0.000 0.000 0.000 0.000
```

```
p2019e.txt 0.000 0.000 0.000 0.000 0.000 0.999 0.000
>
> #시나리오 2
> round(posterior(LDA(dtm.e,
+                     control=list(seed=20191116,alpha=100),k=7))$topics,3)
               1     2     3     4     5     6     7
p2009a.txt 0.144 0.141 0.143 0.142 0.144 0.145 0.143
p2009b.txt 0.141 0.144 0.142 0.142 0.142 0.143 0.145
p2010a.txt 0.143 0.142 0.143 0.142 0.146 0.141 0.144
p2010b.txt 0.143 0.142 0.142 0.144 0.143 0.143 0.143
p2010c.txt 0.144 0.142 0.141 0.144 0.146 0.140 0.144
p2011a.txt 0.145 0.143 0.142 0.142 0.145 0.140 0.143
p2011b.txt 0.145 0.145 0.143 0.139 0.142 0.142 0.144
p2012a.txt 0.144 0.142 0.142 0.144 0.143 0.143 0.142
p2012b.txt 0.145 0.145 0.144 0.143 0.143 0.139 0.141
p2013a.txt 0.141 0.142 0.142 0.145 0.141 0.144 0.145
p2014a.txt 0.143 0.143 0.146 0.146 0.142 0.141 0.141
p2014b.txt 0.143 0.143 0.143 0.141 0.142 0.145 0.144
p2014c.txt 0.140 0.147 0.145 0.142 0.141 0.142 0.142
p2014d.txt 0.143 0.143 0.142 0.146 0.143 0.142 0.141
p2014e.txt 0.144 0.142 0.142 0.144 0.143 0.143 0.142
p2014f.txt 0.142 0.143 0.141 0.143 0.145 0.143 0.143
p2014g.txt 0.143 0.143 0.143 0.145 0.143 0.142 0.142
p2015a.txt 0.143 0.141 0.144 0.142 0.143 0.144 0.142
p2015b.txt 0.140 0.142 0.143 0.143 0.144 0.145 0.142
p2015c.txt 0.144 0.143 0.144 0.142 0.143 0.143 0.141
p2015d.txt 0.143 0.145 0.142 0.142 0.142 0.143 0.143
p2015e.txt 0.143 0.143 0.144 0.144 0.140 0.143 0.143
p2015f.txt 0.141 0.141 0.146 0.142 0.142 0.146 0.142
p2016a.txt 0.143 0.142 0.143 0.142 0.142 0.145 0.143
p2017a.txt 0.141 0.143 0.144 0.142 0.142 0.144 0.144
p2018a.txt 0.142 0.145 0.141 0.141 0.143 0.142 0.145
p2018b.txt 0.144 0.142 0.144 0.143 0.143 0.142 0.142
p2018c.txt 0.142 0.142 0.143 0.143 0.144 0.145 0.142
p2019a.txt 0.141 0.143 0.144 0.143 0.145 0.141 0.143
p2019b.txt 0.143 0.143 0.142 0.142 0.142 0.144 0.144
p2019c.txt 0.143 0.141 0.144 0.145 0.141 0.142 0.144
p2019d.txt 0.145 0.143 0.140 0.143 0.144 0.142 0.143
p2019e.txt 0.143 0.142 0.143 0.144 0.140 0.145 0.144
```

위의 결과는 α 값이 커지면 특정 문서에서 특정 토픽이 등장할 확률이 균등해진다는 것을 명확하게 보여주고 있다. 예를 들어 `p2009a.txt`라는 문서를 살펴보자. α 값이 10이었을 경우에는 해당 텍스트의 잠재토픽은 5번 토픽일 확률이 압도적이었고(`0.999`), 나머지 토픽들은 거의 발견되지 않은 것으로 나타났다(`0.000`). 그러나 α 값이

100으로 늘어나자 일곱 가지 토픽들이 거의 균등하게 나타나는 것을 확인할 수 있다 (0.141 ~ 0.145). 즉, α 값이 작을수록 특정 문서에서 특정 토픽이 주도적으로 드러나는 결과를 얻을 수 있고, α 값이 증가할수록 특정 문서가 특정 토픽을 강하게 드러낼 확률이 줄어드는 결과를 얻을 수 있다.

상관토픽모형

다음으로 LDA 모형 이후 수정·확장된 토픽모형인 상관토픽모형(CTM)을 살펴보자. CTM의 기본적인 접근 방법은 LDA 모형과 거의 유사하다. 그러나 LDA 모형에서는 잠재토픽 사이의 상관관계의 발생 가능성을 추정하지 않는 반면, CTM은 이름에서 잘 드러나듯 잠재토픽들 사이의 상관관계 발생도 추정한다는 점이 다르다. 이를 좀 더 수학적으로 이야기하면, CTM에서는 LDA 모형에서 사용하는 *k*차원의 디리클레 랜덤 분포들을 추출하기 위해 로지스틱 정규(logistic normal) 분포를 사용한다는 점이 다르다(Blei and Lafferty, 2007: 21~22). 그러나 '생성적 확률 모델' 그리고 '위계적 모델'이라는 점에서 두 모형은 본질적으로 동일하다. 실제로 `topicmodels` 패키지에서도 CTM을 추정하는 R 명령문과 LDA를 추정하는 R 명령문은 거의 비슷하다(그러나 모형을 추정하는 데 CTM이 LDA보다 조금 더 긴 시간을 소모한다). CTM을 `topicmodels` 패키지의 `CTM()` 함수를 이용해 추정해 보자.

```
> #우선 LDA와 마찬가지로 7개의 잠재토픽을 추정하고,
> #마찬가지로 상위 20개까지의 단어들을 점검한다.
> ctm.out <- CTM(dtm.e,control=list(seed=20191119),k=7)
> terms(ctm.out,20)

     Topic 1        Topic 2     Topic 3     Topic 4   Topic 5     Topic 6    Topic 7
[1,] "sns"          "cultur"    "ambival"   "belief"  "cultur"    "effect"   "comparison"
[2,] "polit"        "studi"     "face"      "health"  "polit"     "model"    "social"
[3,] "social"       "onlin"     "candid"    "posit"   "effect"    "trust"    "inform"
[4,] "effect"       "korean"    "studi"     "power"   "privaci"   "studi"    "onlin"
[5,] "snss"         "find"      "citizen"   "hdb"     "influenc"  "respons"  "base"
[6,] "relationship" "privaci"   "set"       "hlc"     "countri"   "depress"  "emot"
[7,] "studi"        "consumpt"  "polit"     "level"   "pme"       "valenc"   "user"
```

```
 [8,] "user"      "crosscultur" "deliber"   "educ"         "individu" "mediat"      "psycholog"
 [9,] "poll"      "poll"        "topic"     "studi"        "peopl"    "knowledg"    "optim"
[10,] "opinion"   "polit"       "onlin"     "hloc"         "studi"    "condit"      "compar"
[11,] "ideolog"   "support"     "white"     "effect"       "inform"   "adult"       "increas"
[12,] "network"   "perceiv"     "democrat"  "intern"       "model"    "expenditur"  "orient"
[13,] "style"     "engag"       "factor"    "ses"          "person"   "older"       "privaci"
[14,] "news"      "action"      "black"     "relationship" "valu"     "organiz"     "wellb"
[15,] "influenc"  "audienc"     "femal"     "racial"       "video"    "health"      "theoret"
[16,] "mediat"    "distanc"     "vote"      "influenc"     "emoticon" "comedi"      "infring"
[17,] "site"      "enjoy"       "particip"  "find"         "fake"     "item"        "credibl"
[18,] "negat"     "foreign"     "effect"    "medic"        "ipi"      "late"        "phos"
[19,] "depend"    "reaction"    "suggest"   "drama"        "pfne"     "night"       "practic"
[20,] "examin"    "tendenc"     "find"      "messag"       "frame"    "polit"       "discuss"
```

위의 단어들의 목록을 기반으로 각 토픽에 의미론적 라벨을 붙여보자. 일단 필자는 앞서 LDA 모형을 추정해 얻은 토픽들에 붙인 라벨들을 동일하게 사용했다. 물론 LDA 모형으로 얻은 잠재토픽의 라벨이 CTM 모형으로 얻은 잠재토픽 라벨과 반드시 동일하거나 반드시 다를 필요는 전혀 없다. 여기서 필자는 편의상 동일한 잠재토픽 라벨을 사용했을 뿐이다. LDA 모형과 마찬가지로 CTM 추정 결과로 얻은 잠재토픽들의 라벨 역시 연구자에 따라 다를 수 있다. 일단 설명의 편의를 위해 독자들도 필자가 붙인 의미론적 라벨에 큰 문제가 없다고 동의해 주길 부탁한다.

- `Topic 1`: SNS in communication
- `Topic 2`: Inter-culture communication
- `Topic 3`: Election studies
- `Topic 4`: Health communication
- `Topic 5`: Stereotype in communication
- `Topic 6`: Political communication
- `Topic 7`: Privacy studies

이제 잠재토픽과 단어들에 부여된 가중치를 살펴보고, 문서별 잠재토픽 확률이 어떠한지 살펴보자. LDA 모형을 추정했을 때 얻은 결과와 비교해 보면, CTM을 통해 얻은 결과의 경우 문서의 잠재토픽이 상대적으로 덜 뚜렷하게 나타나는 것을 알 수 있다.

예를 들어 LDA 모형추정의 경우 **p2009a.txt**라는 문서가 5번 토픽에 속할 확률이 **0.999**였지만, CTM 추정의 경우 3번 토픽에 속할 확률이 **0.996**으로 아주 조금 낮았다. 이런 결과 패턴은 모든 문서에서 비슷하게 나타나는 것을 확인할 수 있다.

```
> #잠재토픽과 단어들에 부여된 가중치를 살펴보고, 문서별 잠재토픽의 확률을 점검했다.
> posterior_ctm <- posterior(ctm.out)
> ctm.topics <- data.frame(posterior_ctm$topics)
> round(ctm.topics,3)
             X1    X2    X3    X4    X5    X6    X7
p2009a.txt 0.000 0.000 0.996 0.000 0.000 0.000 0.004
p2009b.txt 0.000 0.000 0.000 0.000 0.000 0.995 0.005
p2010a.txt 0.000 0.996 0.000 0.000 0.000 0.000 0.004
p2010b.txt 0.000 0.000 0.996 0.000 0.000 0.000 0.004
p2010c.txt 0.000 0.000 0.000 0.000 0.995 0.000 0.005
p2011a.txt 0.000 0.000 0.997 0.000 0.000 0.000 0.003
p2011b.txt 0.000 0.000 0.000 0.000 0.000 0.996 0.004
p2012a.txt 0.000 0.000 0.995 0.000 0.000 0.000 0.005
p2012b.txt 0.000 0.000 0.000 0.993 0.000 0.000 0.007
p2013a.txt 0.994 0.000 0.000 0.000 0.000 0.000 0.006
p2014a.txt 0.002 0.001 0.001 0.001 0.001 0.000 0.995
p2014b.txt 0.000 0.000 0.000 0.000 0.994 0.000 0.006
p2014c.txt 0.000 0.000 0.000 0.000 0.000 0.997 0.003
p2014d.txt 0.000 0.993 0.000 0.000 0.000 0.000 0.006
p2014e.txt 0.000 0.000 0.000 0.971 0.000 0.000 0.028
p2014f.txt 0.995 0.000 0.000 0.000 0.000 0.000 0.005
p2014g.txt 0.000 0.000 0.000 0.000 0.993 0.000 0.007
p2015a.txt 0.994 0.000 0.000 0.000 0.000 0.000 0.006
p2015b.txt 0.995 0.000 0.000 0.000 0.000 0.000 0.005
p2015c.txt 0.995 0.000 0.000 0.000 0.000 0.000 0.005
p2015d.txt 0.000 0.995 0.000 0.000 0.000 0.000 0.005
p2015e.txt 0.000 0.995 0.000 0.000 0.000 0.000 0.005
p2015f.txt 0.000 0.000 0.000 0.000 0.000 0.996 0.004
p2016a.txt 0.000 0.994 0.000 0.000 0.000 0.000 0.005
p2017a.txt 0.000 0.000 0.000 0.000 0.996 0.000 0.004
p2018a.txt 0.024 0.001 0.000 0.001 0.000 0.000 0.973
p2018b.txt 0.996 0.000 0.000 0.000 0.000 0.000 0.004
p2018c.txt 0.000 0.000 0.000 0.996 0.000 0.000 0.004
p2019a.txt 0.000 0.000 0.000 0.995 0.000 0.000 0.004
p2019b.txt 0.000 0.000 0.995 0.000 0.000 0.000 0.005
p2019c.txt 0.000 0.000 0.000 0.000 0.996 0.000 0.004
p2019d.txt 0.000 0.000 0.996 0.000 0.000 0.000 0.004
p2019e.txt 0.002 0.001 0.001 0.001 0.001 0.000 0.995
```

이제는 연도에 따라 CTM을 이용해 분류된 잠재토픽이 어떻게 변화하고 있는지 살펴보자. 아래는 LDA의 결과 제시와 유사한 방식으로 각 연도에 따라 각 토픽의 확률값의 총합이 어떻게 변하며, 그 변화를 그래프로 그린 결과는 어떠한지를 보여준 것이다.

```
> #연도에 따라 CTM으로 분류한 잠재토픽의 변화를 살펴보았다.
> tempyear <- rownames(ctm.topics)
> pubyear <- as.numeric(unlist(str_extract_all(tempyear,"[[:digit:]]{4}")))
> topic.by.year <- round(aggregate(as.matrix(ctm.topics)~pubyear,ctm.topics,sum),3)
> topic.by.year
  pubyear    X1    X2    X3    X4    X5    X6    X7
1    2009 0.000 0.000 0.996 0.000 0.000 0.995 0.009
2    2010 0.000 0.996 0.996 0.000 0.995 0.000 0.012
3    2011 0.000 0.000 0.997 0.000 0.000 0.996 0.007
4    2012 0.000 0.000 0.995 0.993 0.000 0.000 0.012
5    2013 0.994 0.000 0.000 0.000 0.000 0.000 0.006
6    2014 0.997 0.994 0.001 0.972 1.987 0.997 1.051
7    2015 2.984 1.990 0.000 0.000 0.000 0.996 0.029
8    2016 0.000 0.994 0.000 0.000 0.000 0.000 0.005
9    2017 0.000 0.000 0.000 0.000 0.996 0.000 0.004
10   2018 1.020 0.001 0.000 0.997 0.001 0.000 0.981
11   2019 0.002 0.001 1.992 0.996 0.997 0.000 1.012

> #시간에 따른 변화를 살펴보자.
> fig_CTM_english <- reshape(topic.by.year, idvar = "pubyear",
+                   varying = list(2:8),
+                   v.names = "X", direction = "long")
> colnames(fig_CTM_english) <- c('year','topic_i','score')
> fig_CTM_english$topic <- factor(fig_CTM_english$topic,
+                        labels=c("SNS\nin comm\n",
+                                 "Inter-culture\ncomm\n",
+                                 "Election\nstudies\n",
+                                 "Health\ncomm\n",
+                                 "Stereotype\nin comm\n",
+                                 "Political\ncomm\n",
+                                 "Privacy\nstudies\n"))
> #토픽의 알파벳 순서로 정렬
> fig_CTM_english$topic <- as.character(fig_CTM_english$topic)
> #시각화
> ggplot(data=fig_CTM_english, aes(x=year, y=score, fill=topic)) +
+   geom_bar(stat="identity")+
+   scale_x_continuous(breaks=2009:2019,labels=2009:2019)+
+   scale_y_continuous(breaks=2*(0:5),labels=2*(0:5))+
+   scale_fill_manual(values=1:7)+
+   labs(x="publication year",y="score",fill='latent topic')+
+   ggtitle("CTM: English journal papers corpus")+
+   theme_classic()
```

결과

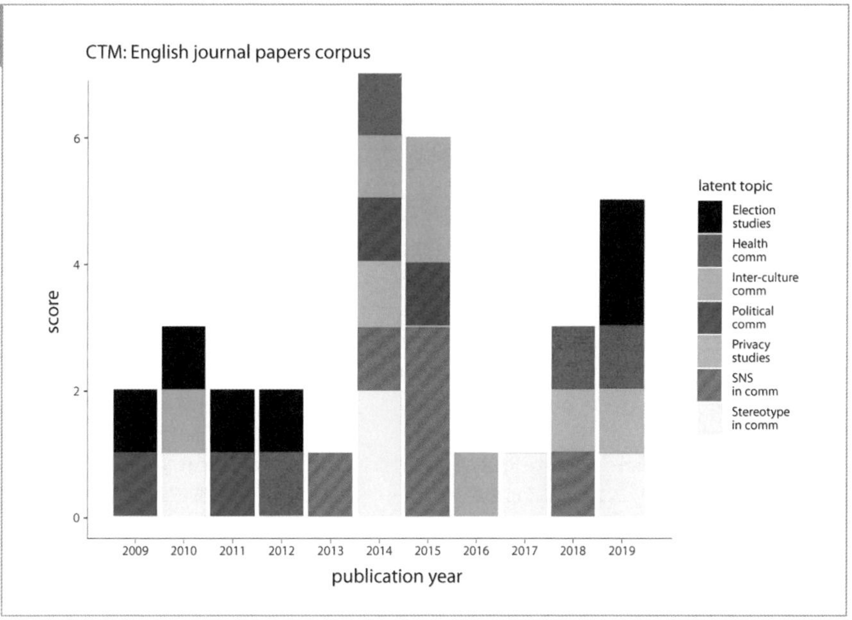

위의 CTM 추정 결과와 LDA 모형 추정 결과를 비교해 보자. 두 그래프를 비교해 보면 잘 드러나지만, 두 모형의 추정 결과는 완전히 동일하지는 않다. 하지만 그렇다고 서로 완전히 무관하다 싶을 정도로 다르다고 보기도 어렵다. 그렇다면 구체적으로 두 가지 추정 결과는 어떻게 비슷하며 어떻게 다른지 구체적으로 살펴보자. 필자는 '전체 말뭉치에서 추정된 7개 잠재토픽들의 분포'와 '33개 문서에서 추정된 잠재토픽 분포'를 각각 비교해 보았다. 우선 `topics()` 함수를 이용해 각 문서에서 예측된 잠재토픽을 추출한 후, 데이터 프레임 오브젝트로 저장했다.

```
> #데이터 프레임 오브젝트 구성
> lda_topic <- factor(as.vector(topics(lda.out)),
+                   labels=c("Election studies","Stereotype in comm","Political comm",
+                            "Privacy studies","SNS in comm","Health comm",
+                            "Inter-culture comm"))
> ctm_topic <- factor(as.vector(topics(ctm.out)),
+                    labels=c("SNS in comm","Inter-culture comm","Election studies",
+                            "Health comm","Stereotype in comm","Political comm",
+                            "Privacy studies"))
> LDA_CTM <- data.frame(as.character(lda_topic),as.character(ctm_topic))
```

```
> colnames(LDA_CTM) <- c("lbl_LDA","lbl_CTM")
```

먼저 두 모형에서 추출한 7개 잠재토픽들의 분포를 비교해 보자. 필자는 `table()` 함수를 이용해 각 토픽의 빈도표를 계산한 후, `prop.table()` 함수를 이용해 전체 말뭉치에서 각 토픽이 차지하는 비율을 계산했다.

```
> #LDA와 CTM의 추정 결과를 비교해 보자.
> #토픽들의 분포비교
> distr_topic <- rbind(prop.table(table(LDA_CTM$lbl_LDA)),
+                      prop.table(table(LDA_CTM$lbl_CTM)) )
> distr_topic
     Election studies Health comm Inter-culture comm Political comm Privacy studies
[1,]        0.1212121   0.1515152          0.1515152     0.09090909      0.18181818
[2,]        0.1818182   0.1212121          0.1515152     0.12121212      0.09090909
     SNS in comm Stereotype in comm
[1,]   0.2121212         0.09090909
[2,]   0.1818182         0.15151515
> distr_topic <- data.frame(distr_topic)
> distr_topic$model <- c("LDA","CTM")
```

더 효과적인 비교를 위해 위의 결과를 그래프로 시각화하면 아래와 같다.

```
> #그래프를 그려보자.
> #데이터를 긴 형태로
> fig_LDA_CTM <- reshape(distr_topic, idvar = "model",
+                        varying = list(1:7),
+                        v.names = "prop",
+                        direction = "long")
> colnames(fig_LDA_CTM) <- c('model','topic_i','prop')
> fig_LDA_CTM$topic <- factor(fig_LDA_CTM$topic_i,labels=colnames(distr_topic)[1:7])
> #시각화
> ggplot(data=fig_LDA_CTM, aes(x=topic,y=prop,fill=model)) +
+   geom_bar(stat="identity",position="dodge")+
+   scale_y_continuous(breaks=0.1*(0:3))+
+   coord_flip()+
+   labs(x="Semantic labels for seven topics",y="proportion",fill="Topic model")+
+   ggtitle("Comparison between LDA model and CTM")+
+   theme_bw()
```

결과

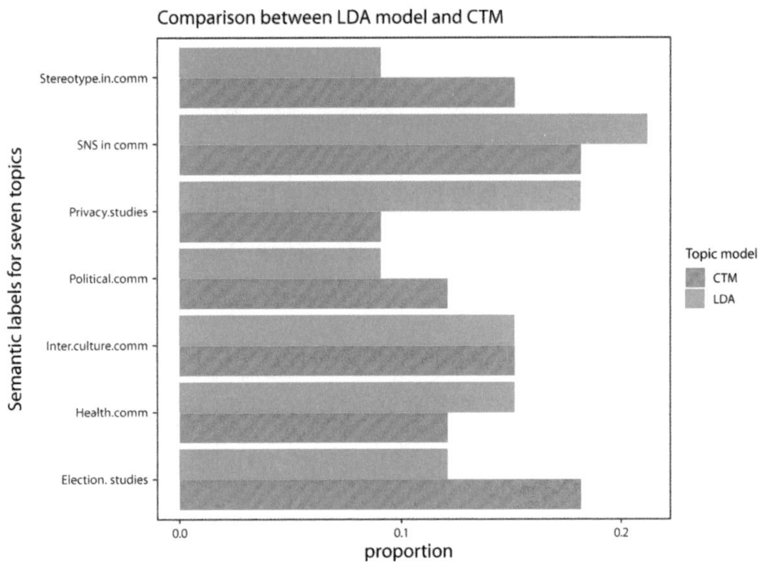

위의 결과에서 알 수 있듯 네 토픽(SNS in communication, Political communication, Inter-culture communication, Health communication)의 경우 두 모형 사이에 별 차이가 없는 반면, 나머지 세 토픽들(Stereotype in communication, Privacy studies, Election studies)의 경우 두 모형별로 추정된 토픽 비율이 상당히 달랐다. 그러나 적어도 문서들에서 추정된 토픽들을 집산(aggregate)할 때, 두 모형의 추정 결과는 크게 다르지 않았다.

이제 좀 더 구체적으로 문서 수준에서 추정된 잠재토픽이 얼마나 다른지를 살펴보자. 교차표는 아래와 같으며, 두 토픽모형이 동일하게 추정한 토픽의 비율은 27%(33개 문서들 중 9개)인 것으로 나타났다. 즉, 개별 문서의 잠재토픽을 추정한다고 할 때 어떤 토픽모형을 사용하는지에 따라 추정 결과는 상당히 다르다고 보는 것이 타당할 것이다.

```
> #라벨이 일치하는 사례
> table(substr(LDA_CTM$lbl_LDA,1,8),substr(LDA_CTM$lbl_CTM,1,8))
```

```
         Election Health c Inter-cu Politica Privacy  SNS in c Stereoty
  Election        3        0        0        1        0        0        0
  Health c        0        1        1        0        1        1        1
  Inter-cu        1        0        1        1        1        0        1
  Politica        0        0        0        1        0        2        0
  Privacy         0        1        1        0        1        1        2
  SNS in c        2        1        1        0        0        2        1
  Stereoty        0        1        1        1        0        0        0
> table(LDA_CTM$lbl_LDA==LDA_CTM$lbl_CTM)

FALSE  TRUE 
   24     9 
> prop.table(table(LDA_CTM$lbl_LDA==LDA_CTM$lbl_CTM))

    FALSE      TRUE 
0.7272727 0.2727273 
```

그렇다면 과연 어떤 토픽모형이 더 타당한 모델일까? 솔직히 필자는 이 질문에 대해 두 가지 점에서 명확한 답을 제시할 수 없다고 생각한다. 첫째, 토픽모형 추정 결과는 말뭉치에 내재한 *k*개의 잠재토픽들을 반영하는 단어들을 각 토픽모형의 모형추정 방식에 따라 가중치를 부여한 후 제시했을 뿐이다. 다시 말해 LDA 모형과 CTM은 텍스트를 요약하는 방법이 다르다. 비록 동일한 개수의 잠재토픽을 가정하고, 동일한 의미론적 라벨을 사용했다고 하더라도 두 가지 토픽모형의 추정 결과가 같아야 할 이유는 없다고 보는 것이 타당하다. 둘째, 모형의 타당성을 체크하려면 타당성의 기준을 마련해 줄 수 있는 기준(standard)이 있어야 한다. 즉, 사회과학 연구방법론에서 이야기하는 준거타당도(criterion validity)를 계산하기 위해서는 준거가 되는 측정치가 존재해야 한다. 다시 말해 위의 결과의 타당도를 확보하기 위해서는 ① 토픽모형을 통해 추정한 결과와 인간 코더의 추정 결과의 합치도(agreement)를 계산하거나, ② 문서의 잠재토픽에 대한 강력한 경험적 증거를 제공하는 문서의 표시 정보(labeled information)와 토픽모형의 결과의 합치도를 계산하는 방법(이를테면 신문기사의 경우 정치, 경제, 사회, 문화, 스포츠 등의 섹션 구분 정보가 있는 경우 이 섹션 구분 정보와 토픽모형을 통해 얻은 결과 사이의 합치도)을 사용하면 될 것이다.

현재 예시 사례로 사용된 텍스트 데이터의 저자의 입장에서 볼 때, LDA 모형이나 CTM은 완벽하지는 않지만 많은 양의 데이터를 체계적으로 분석하기 위해서는 충분할 정도의 타당도와 신뢰도를 확보한 통계적 기법이라고 생각한다. 사실 33개의 매우 작은 텍스트 데이터를 사용할 경우 인간 코더에 의한 내용 분석이 더 타당한 결과를 산출할 것이다. 그러나 엄청난 대용량의 텍스트를 대상으로 삼는다면 LDA 모형이나 CTM을 이용해 체계적인 방식으로 텍스트의 내용을 개략적으로 살펴보는 것이 더 효율적일 것이다.

영문 학술논문 말뭉치를 대상으로 LDA 모형과 CTM을 적용했듯, 한국어 학술논문 말뭉치에 대해서도 두 토픽모형을 적용해 보자. 한국어 학술논문이라고 해도 영문 학술논문 말뭉치와 본질적으로 동일하다. 텍스트에 대한 사전처리를 거친 후 DTM을 구성하고, 이를 `topicmodels` 패키지의 `LDA()` 함수나 `CTM()` 함수를 이용하면 된다. 한국어 학술논문 말뭉치의 잠재토픽 개수를 선정할 때 역시 `ldatuning` 패키지의 `FindTopicsNumber()` 함수를 이용해 텍스트 데이터에 가장 최적인 잠재토픽 개수를 추정하는 방식을 적용했으며(구체적 과정에 대해서는 '별첨 자료-2'를 참조), 최종 $k=7$을 선정했다. LDA 모형 추정 과정은 아래와 같다.

```
> #한국어 학술논문 말뭉치를 대상으로도 LDA와 CTM을 실시해 보자.
> #먼저 LDA를 실시했다.
> lda.out <- LDA(dtm.k,control=list(seed=20191115),k=7)
> terms(lda.out,20)
      Topic 1         Topic 2        Topic 3        Topic 4       Topic 5       Topic 6        Topic 7
 [1,] "csr"           "cctv"         "프로그램"     "콘텐트"      "커뮤니케이션""라이프스타일" "공동체"
 [2,] "테스트"        "범죄예방"     "정책연구"     "수용자"      "포퓰리즘"    "통계학"       "미디어
 [3,] "hlc"           "설치알림판"   "커뮤니케이션""온라인"      "텍스트"      "응답자"       "가치지향"
 [4,] "정치참여"      "범죄자"       "시청자"       "미디어"      "이념성향"    "인터넷"       "sns"
 [5,] "커뮤니케이션""cctv설치"      "이용자"       "언론인"      "외교전"      "미디어"       "동기와"
 [6,] "지역기반"      "부정적"       "상호작용"     "저널리즘"    "컴퓨터"      "수용자"       "온라인"
 [7,] "깨끗한나라"    "거주민"       "자율성"       "가치관"      "이용자"      "여론조사"     "권위주의적"
 [8,] "메르스"        "인식하"       "방송사"       "유의미"      "연구자"      "정치인"       "규정하"
 [9,] "보수주의자"    "임직원"       "트위터"       "탈규범"      "위키리크스"  "조사방법"     "동질적"
[10,] "응답자"        "재소자"       "행복감"       "후보자"      "정권교체"    "데이터"       "리더쉽"
[11,] "이용자"        "치안환경"     "가치지향"     "경험적"      "주재국"      "말하기"       "서울시"
[12,] "정치운동"      "캠페인"       "네트워크"     "교과과정"    "대용량"      "선행연구"     "이념성향"
[13,] "감염자"        "cctv설치를"   "동질성"       "대통령"      "데이터"      "가중치"       "인간관계"
[14,] "긍정적"        "가능성"       "방법론"       "문화예술"    "미국대사관"  "경험적"       "감수성"
[15,] "대형병원"      "선행연구"     "상업성"       "문화콘텐트" "신문사"      "시청자"       "강도가어떠한"
[16,] "마케팅"        "커뮤니케이션""실증적"       "상호작용"    "알고리즘"    "유의미"       "권위주의"
[17,] "생리대"        "긍정적"       "잘못된"       "설문조사"    "타당성"      "인사청문회"   "긍정적"
[18,] "소비자"        "데이터"       "트위터가"     "어려움"      "필진과"      "표본조사"     "노스탤지어적인"
```

```
[19,] "언론사"      "설문조사"   "하위문화"   "영향력"   "한국의"     "해당정치인"  "다섯째"
[20,] "전문가"      "실험연구"   "기부장적"   "유권자"   "liwc"       "가능성"      "단순화"
```

위의 단어들 목록을 기반으로 각 토픽에 의미론적 라벨을 붙여보자. 독자들은 일단 필자가 잠재토픽에 붙인 라벨이 적절하다고 가정해 주기 바란다.

- Topic 1: 캠페인 연구
- Topic 2: 체감안전도 연구
- Topic 3: 수용자 연구
- Topic 4: 저널리즘 연구
- Topic 5: 데이터 마이닝 활용연구
- Topic 6: 조사방법 연구
- Topic 7: 공동체 연구

이제 영문 학술논문 말뭉치를 대상으로 LDA 모형을 적용했을 때와 마찬가지로 출간 연도별 각 잠재토픽의 발현가능성을 시각화해 보자.

```
> posterior_lda <- posterior(lda.out)
> lda.topics <- data.frame(posterior_lda$topics)
> tempyear <- rownames(lda.topics)
> pubyear <- as.numeric(unlist(str_extract_all(tempyear,"[[:digit:]]{4}")))
> topic.by.year <- round(aggregate(as.matrix(lda.topics)~pubyear,lda.topics,sum),5)
> fig_LDA_korean <- reshape(topic.by.year, idvar = "pubyear",
+                          varying = list(2:8),
+                          v.names = "X", direction = "long")
> colnames(fig_LDA_korean) <- c('year','topic_i','score')
> fig_LDA_korean$topic <- factor(fig_LDA_korean$topic,
+                                labels=c("캠페인 연구\n",
+                                         "체감안전도 연구\n",
+                                         "수용자 연구\n",
+                                         "저널리즘 연구\n",
+                                         "데이터 마이닝 활용연구\n",
+                                         "조사방법 연구\n",
+                                         "공동체 연구\n"))
> #토픽의 가나다 순서로 정렬
> fig_LDA_korean$topic <- as.character(fig_LDA_korean$topic)
> #시간에 따른 변화를 살펴보자.
```

```
> cluster.color <- c("grey4","red1","limegreen","blue1","cyan","magenta","yellow1")
> ggplot(data=fig_LDA_korean, aes(x=year, y=score, fill=topic)) +
+   geom_bar(stat="identity")+
+   scale_x_continuous(breaks=2004:2019,labels=2004:2019)+
+   scale_y_continuous(breaks=2*(0:5),labels=2*(0:5))+
+   scale_fill_manual(values=cluster.color)+
+   labs(x="출판 연도",y="점수",fill='잠재토픽')+
+   ggtitle("잠재적 디리클레 할당모형: 한국어 학술논문 말뭉치")+
+   theme_classic()
```

결과

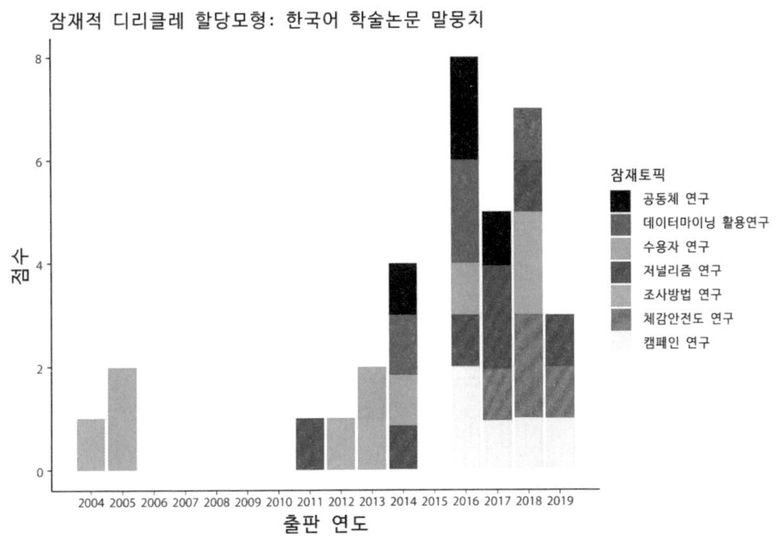

위의 그래프를 해석하는 것은 그리 어렵지 않을 것이다. 이제 다음으로 CTM을 추정해 보자.

```
> #다음은 CTM을 적용해 보자.
> ctm.out <- CTM(dtm.k,control=list(seed=20191119),k=7)
> terms(ctm.out,20)
     Topic 1      Topic 2      Topic 3     Topic 4      Topic 5      Topic 6   Topic 7
[1,] "공동체"     "커뮤니케이션" "프로그램"  "수용자"     "cctv"       "이용자"  "테스트"
[2,] "이념성향"   "포퓰리즘"   "시청자"    "콘텐트"     "공동체"     "온라인"  "이용자"
[3,] "가치지향"   "정책연구"   "온라인"    "텍스트"     "미디어"     "자율성"  "응답자"
[4,] "외교전"     "응답자"     "정치참여"  "라이프스타일" "범죄예방"   "트위터"  "정치사회"
[5,] "컴퓨터"     "hlc"        "여론조사"  "미디어"     "설치알림판" "방송사"  "실험연구"
```

```
[6,] "위키리크스"  "저널리즘"     "조사방법"     "통계학"      "csr"        "상호작용" "중도주의자"
[7,] "정권교체"    "인터넷"       "지역기반"     "부정적"      "범죄자"      "sns"      "진보주의자"
[8,] "주재국"      "미디어"       "상호작용"     "언론인"      "cctv설치"    "인간관계" "보수주의자"
[9,] "이용자"      "정치인"       "정치운동"     "데이터"      "긍정적"      "한국의"   "공신력"
[10,] "한국의"     "깨끗한나라"   "탈규범"       "가치관"      "인식하"      "교과과정" "대학원생"
[11,] "권위주의적" "말하기"       "행복감"       "임직원"      "거주민"      "네트워크" "제기했"
[12,] "리더쉽"     "메르스"       "인터넷"       "실증적"      "재소자"      "동질성"   "학부생"
[13,] "미국대사관" "후보자"       "커뮤니케이션" "응답자"      "치안환경"    "문화예술" "커뮤니케이션"
[14,] "신문사"     "경험적"       "유의미"       "경험적"      "캠페인"      "상업성"   "데이터"
[15,] "타당성"     "선행연구"     "가중치"       "문화콘텐트"  "기능성"      "어려움"   "설문조사"
[16,] "필진과"     "실험결과"     "인터넷을"     "알고리즘"    "cctv설치를"  "트위터가" "미디어"
[17,] "텍스트"     "언론사"       "표본조사"     "연구자"      "동기와"      "하위문화" "온라인"
[18,] "설문조사"   "민주주의"     "통계학"       "유의미"      "선행연구"    "가치지향" "경험적"
[19,] "연령별"     "감염자"       "메커니즘"     "시청자"      "실무적"      "소비자"   "한국의"
[20,] "단순화"     "대통령"       "매개과정"     "실험연구"    "규정하"      "설문조사" "선행연구"
```

마찬가지로 위의 단어들 목록을 기반으로 각 토픽에 의미론적 라벨을 붙여보자. LDA 모형 추정 후 붙인 라벨들을 그대로 사용했다. 필자는 다음과 같이 이름 붙였다.

- Topic 1: 공동체 연구
- Topic 2: 데이터 마이닝 활용연구
- Topic 3: 수용자 연구
- Topic 4: 조사방법 연구
- Topic 5: 체감안전도 연구
- Topic 6: 캠페인 연구
- Topic 7: 저널리즘 연구

앞서와 마찬가지로 출간 연도별 각 잠재토픽의 발현가능성을 시각화해 보자.

```
> posterior_ctm <- posterior(ctm.out)
> ctm.topics <- data.frame(posterior_ctm$topics)
> tempyear <- rownames(ctm.topics)
> pubyear <- as.numeric(unlist(str_extract_all(tempyear,"[[:digit:]]{4}")))
> topic.by.year <- round(aggregate(as.matrix(ctm.topics)~pubyear,ctm.topics,sum),5)
>
> fig_CTM_korean <- reshape(topic.by.year, idvar = "pubyear",
+                           varying = list(2:8),
```

```
+                          v.names = "X", direction = "long")
> colnames(fig_CTM_korean) <- c('year','topic_i','score')
> fig_CTM_korean$topic <- factor(fig_CTM_korean$topic,
+                                labels=c("공동체 연구\n",
+                                         "데이터 마이닝 활용연구\n",
+                                         "수용자 연구\n",
+                                         "조사방법 연구\n",
+                                         "체감안전도 연구\n",
+                                         "캠페인 연구\n",
+                                         "저널리즘 연구\n"))
> #토픽의 가나다 순서로 정렬
> fig_CTM_korean$topic <- as.character(fig_CTM_korean$topic)
>
> #시간에 따른 변화를 살펴보자.
> ggplot(data=fig_CTM_korean, aes(x=year, y=score, fill=topic)) +
+   geom_bar(stat="identity")+
+   scale_x_continuous(breaks=2004:2019,labels=2004:2019)+
+   scale_y_continuous(breaks=2*(0:5),labels=2*(0:5))+
+   scale_fill_manual(values=cluster.color)+
+   labs(x="출판 연도",y="점수",fill='잠재토픽')+
+   ggtitle("상관토픽 모형: 한국어 학술논문 말뭉치")+
+   theme_classic()
```

결과

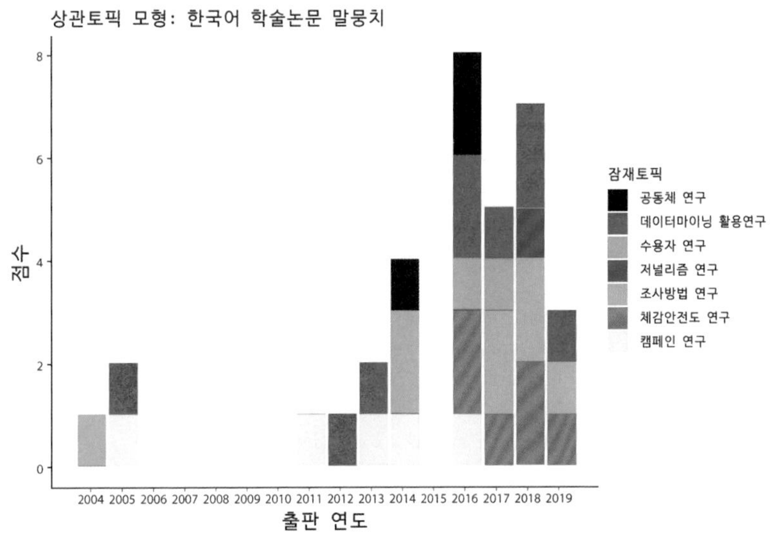

영어 논문 초록들에 대한 LDA 모형 추정 결과와 CTM 추정 결과를 비교했을 때처럼 한국어 논문 말뭉치를 대상으로 적용한 두 토픽모형 추정 결과를 비교해 보자.

먼저 전체 말뭉치에서 추정된 잠재토픽들의 분포를 비교해 보자.

```
> #LDA와 CTM의 추정 결과를 비교해 보자.
> #데이터 프레임 오브젝트 구성
> lda_topic <- factor(as.vector(topics(lda.out)),
+                    labels=c("캠페인 연구\n",
+                             "체감안전도 연구\n",
+                             "수용자 연구\n",
+                             "저널리즘 연구\n",
+                             "데이터 마이닝 활용연구\n",
+                             "조사방법 연구\n",
+                             "공동체 연구\n"))
> ctm_topic <- factor(as.vector(topics(ctm.out)),
+                    labels=c("공동체 연구\n",
+                             "데이터 마이닝 활용연구\n",
+                             "수용자 연구\n",
+                             "조사방법 연구\n",
+                             "체감안전도 연구\n",
+                             "캠페인 연구\n",
+                             "저널리즘 연구\n"))
> LDA_CTM <- data.frame(as.character(lda_topic),as.character(ctm_topic))
> colnames(LDA_CTM) <- c("lbl_LDA","lbl_CTM")
> #토픽들의 분포비교
> distr_topic <- rbind(prop.table(table(LDA_CTM$lbl_LDA)),
+                     prop.table(table(LDA_CTM$lbl_CTM)) )
> distr_topic <- data.frame(distr_topic)
> distr_topic$model <- c("LDA","CTM")
> #그래프를 그려보자.
> #데이터를 긴 형태로
> fig_LDA_CTM <- reshape(distr_topic, idvar = "model",
+                       varying = list(1:7),
+                       v.names = "prop",
+                       direction = "long")
> colnames(fig_LDA_CTM) <- c('model','topic_i','prop')
> fig_LDA_CTM$topic <- factor(fig_LDA_CTM$topic_i,labels=colnames(distr_topic)[1:7])
> #시각화
> ggplot(data=fig_LDA_CTM, aes(x=topic,y=prop,fill=model)) +
+   geom_bar(stat="identity",position="dodge")+
+   scale_y_continuous(breaks=0.1*(0:3))+
+   coord_flip()+
+   labs(x="7개 잠재토픽의 의미론적 라벨",
+        y="비율",fill="토픽모형")+
+   ggtitle("LDA 모형과 CTM 비교 ")+
```

```
+    theme_bw()
```

결과

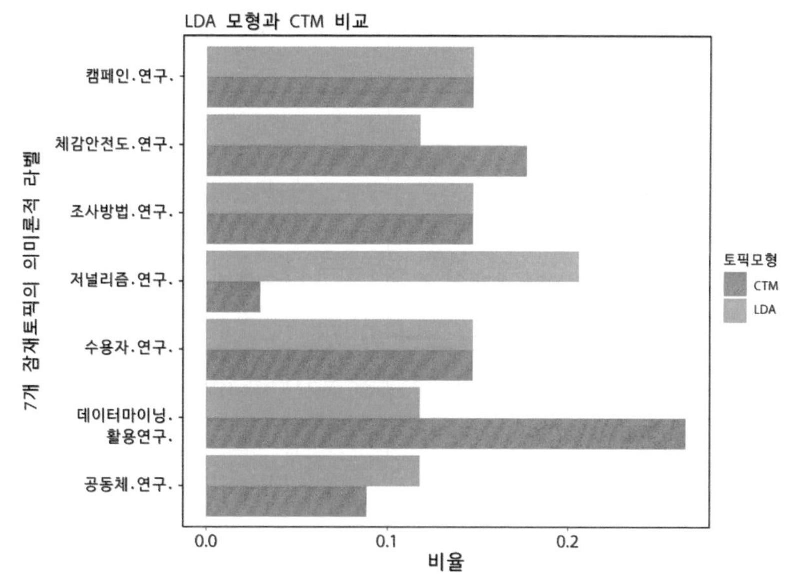

앞서 영문 학술논문 말뭉치를 대상으로 두 토픽모형의 추정 결과를 비교한 결과와 상당히 유사하다. '저널리즘 연구' 토픽과 '데이터 마이닝 활용연구' 토픽의 경우 두 토픽모형 추정 결과가 상당히 다른 것을 알 수 있다. 그러나 다른 5개의 잠재토픽들의 경우 두 토픽모형의 추정 결과와 상당히 유사한 것을 발견할 수 있었다.

다음으로 문서 단위에서 두 토픽모형의 잠재토픽 추정 결과를 비교해 보자.

```
> #라벨이 일치하는 사례
> table(substr(LDA_CTM$lbl_LDA,1,3),substr(LDA_CTM$lbl_CTM,1,3))
```

	공동체	데이터	수용자	저널리	조사방	체감안	캠페인
공동체	1	0	0	0	0	2	1
데이터	2	1	0	0	1	0	0
수용자	0	1	2	0	0	0	2
저널리	0	2	1	0	2	0	2
조사방	0	3	1	0	1	0	0
체감안	0	0	0	0	1	3	0
캠페인	0	2	1	1	0	1	0

```
> table(LDA_CTM$lbl_LDA==LDA_CTM$lbl_CTM)

FALSE  TRUE
   26     8
> prop.table(table(LDA_CTM$lbl_LDA==LDA_CTM$lbl_CTM))

    FALSE      TRUE
0.7647059 0.235294
```

앞서 영문 학술논문 사례의 경우 정확분류율은 약 27%(33개 문서들 중 9개 문서에서 두 토픽모형의 잠재토픽 추정 결과가 일치)였던 것과 비슷하게 약 24%(34개 문서들 중 8개)의 정확분류율을 나타내고 있음을 알 수 있다.

지금까지 topicmodels 패키지를 이용해 영어 말뭉치와 한국어 말뭉치를 대상으로 어떻게 LDA 모형과 CTM을 적용할 수 있는지 살펴보았다. 비록 두 말뭉치의 언어가 다르지만 토픽모형을 적용하는 방법은 근본적으로 동일하다. 즉, 자연어로 된 텍스트를 문서×단어 행렬(DTM)로 전환할 수만 있다면 토픽모형을 적용하여 말뭉치에 내재된 *k*개의 잠재토픽들을 추정 가능하다.

구조적 토픽모형

구조적 토픽모형(STM; Roberts, Stewart and Airoldi, 2016)은 LDA 모형에서 확장·파생된 CTM과 여러 면에서 유사하다. 우선 유사한 점들로 두 가지를 언급할 수 있다. 첫째, 단어들의 분포에서 *k*개의 토픽들을 추출하기 위해 로지스틱 정규(logistic normal) 분포를 사용한다는 점이 동일하다. 둘째, 토픽들의 분포가 CTM과 마찬가지로 상호연관성을 가질 수 있다고 가정된다.

그러나 STM은 앞서 살펴본 LDA 모형이나 CTM과 비교할 때 다음과 같은 장단점을 갖고 있다. 우선 상대적 장점들을 살펴보면 다음과 같다. 첫째, *k*개의 각 토픽의 발현가능성(STM 개발자들은 prevalence라는 용어를 사용)을 문서의 메타데이터 정보를 이용해 설명·예측할 수 있다. 예를 들어 문서 저자의 성별에 따라 특정 토픽의 발현가능성이 다른지에 대한 통계적 유의도 검증을 실시하는 것이 가능하다. 즉, 문서의 메타데이터를 예측변수로, 문서에 등장하는 *k*개의 토픽 발현가능성을 결과변수로 투입한 선형 회귀모형(linear regression model)을 테스트할 수 있다. 문서 내의 내용에 대한 분석보다 문서 단위의 속성(characteristics, 즉 메타데이터)과 토픽모형을 통해 도출된 문서 내의 내용 사이의 연관 관계를 테스트하는 것이 연구의 목적이라면 STM은 매우 매력적인 토픽모형이다. 특히 개발자들이 개방형 응답(open-ended response)이나 사회과학 텍스트 데이터에 토픽모형을 적용하려는 목적에서 STM을 개발했다는 점에서, 필자는 STM이 사회과학적 연구문제나 연구가설 테스트에 매우 높은 적합성을 갖는다고 생각한다.

둘째, 토픽모형을 추정한 후 추정모형에 대한 모형진단 통계치들을 제시해 주고 있다. 토픽모형뿐만 아니라 어떠한 통계적 추정모형도 완벽하게 정확하지 않다. 예를 들어 사회과학에서 아주 널리 사용되는 OLS 회귀모형의 경우 모형을 추정한 후, 잔차분석(residual analysis) 등을 실시하여 추정된 결과가 OLS 회귀모형의 가정에 부합하는지를 테스트한다. 사실 토픽모형 역시 모형에 대한 특정한 가정들을 기반으로 추정되기 때문에, 모형추정 후 모형진단 통계치(diagnosis statistic)를 통해 모형의 적합성 여부를 테스트할 필요가 있다. 그러나 LDA 모형과 CTM의 경우 개발자들의 학문적 배경이 컴퓨터 공학이기 때문에 모형추정 후 모형 적합도에 대해 심각하게 고려하지 않는 반면, STM의 개발자들은 통계학·사회과학 전공자이기 때문에 모형 적합도와 관련된 여러 함수들을 제공해 주고 있다. `stm` 패키지에서는 세 가지의 모형진단 통계치들을 제시해 준다. 첫 번째 모형진단 통계치는 토픽모형의 '지속가능성(held-out likelihood)'이다. 지속가능성이란 데이터의 일부가 존재하지 않을 때에도 모형의 예측력이 여전히 지속되는가(hold out)를 테스트한 것이다. 잭나이프(Jackknife), 리샘플링(re-sampling)과 같은 통계기법들에 익숙하다면 모형의 지속가능성을 추정한다는 것이 어떤 의미인지 쉽게 짐작할 수 있을 것이다. `stm` 패키지에서는 `make.heldout()` 함수를 이용해 추정된 STM 모형의 지속가능성을 추정할 수 있다. 두 번째 모형진단 통계치는 단어들의 분포, 즉 다항명목분포(multinomial distribution)를 가정하는 토픽모형의 잔차가 과분포(over-dispersed) 상태인지를 점검한다. 만약 잔차가 과분포 상태라면, *k*개로 가정된 STM보다는 $k+1$개의 토픽들을 추정하는 것이 더 타당할 수 있다. `stm` 패키지의 `residuals()` 함수를 이용하면 잔차의 과분포 가능성을 살펴볼 수 있다. 세 번째 모형진단 통계치는 사후추정 순열검증(post-estimation permutation test)이다. 앞에서 언급했듯 STM은 문서에 대한 토픽모형 결과와 문서의 메타데이터의 연관 관계를 테스트한다. 그러나 토픽모형의 특성상 두 변수 사이의 연관 관계는 토픽모형을 추정할 때마다, 즉 시작점(initiation)이 어떻게 설정되는지에 따라 계속 변하기 때문에 추정된 결과가 얼마나 타당한지를 점검할 필요가 있다. 이를 위해 `stm` 패키지에서는 `permutationTest()` 함수를 제공하고 있다. 이들 세 가지의 모형진단 통계치들에 대한 구체적인 설명은 `stm` 패키지나 STM 개발자들의 논문들(Roberts, Stewart and Airoldi, 2016; Roberts et al., 2014)을 참조하기 바란다. 모형진단 통계치들의 유용성을 부정하는 것은 아니지만, 이 책에서는 다양한 모형진단 통계치에 대해서는 자세한 소개를 하지는 않기로 한다. 왜냐하면 이 부분까지 이 책에서 다룰 경우 내용이 너무 번잡하고 어려워지며, 무엇보다 필자는 텍스트에 대한 토픽모형 추정 결과의 타당함을 통계적 가정보다 텍스트에 대한 분석자의 경험과 지식에서 찾아야 한다고 생각하기 때문이다.

셋째, `topicmodels` 패키지에서 제공하는 LDA 모형, 특히 CTM과 달리 `stm` 패키지에서 제공되는 STM은 모형추정 속도가 상대적으로 매우 빠른 편이다. STM 개발자들의 시뮬레이션 결과에 따르면 STM 추정은 CTM 추정보다 약 300배가량 빠르다고 한다(Roberts et al., 2014: 32). 과연 300배 정도나 빠른지를 필자가 직접 점검한 적은 없었지만, 필자 역시 모형 추정 속도가 명확하게 빠르다는 것에는 동의한다. 독자들 역시 이 책에서 예시로 언급되는 필자의 영문 논문 초록 말뭉치를 대상으로 CTM과 STM을 각각 추정해 본다면 STM이 앞에서 소개한 LDA 모형이나 CTM보다 추정 속도가 월등하게 빠른 것을 체감할 수 있을 것이다.

넷째, `stm` 패키지에는 토픽모형 추정 결과를 쉽게 제시할 수 있는 유용한 함수들이 많아 그래픽과 관련된 R 프로그래밍에 익숙하지 않은 사용자도 쉽게 토픽모형 결과를 얻을 수 있다. 사실 R를 이용한 그래프 작업에 익숙한 독자라면 이와 같은 `stm` 패키지의 함수들이 그다지 매력적이지 않을지도 모른다. 그러나 R를 토픽모형 추정에만 사용할 목적이라면 `stm` 패키지에서 제공하는 토픽모형 추정 결과 제시 그래프 생성 함수들은 매우 유용하고 편리하다. 이 책에서는 STM 추정 결과와 함께 이와 관련된 몇 가지 함수들을 소개하도록 하겠다. 또한 `ggplot2` 패키지를 이용한 그래프 작업이 익숙한 독자들을 위해 개발된 tidystm 패키지를 이용한 시각화 작업 방법도 동시에 제시했다.

그러나 stm 패키지의 경우 다음과 같은 단점들을 갖고 있다. 첫째, 텍스트에 대한 사전처리 방식에서 데이터 분석자의 재량이 개입될 폭이 좁다. 앞에서 설명했듯 분석자에 따라 특수문자나 숫자 등을 제거하지 않고 분석에 투입할 수도 있고, 모든 단어들을 대·소문자 통합하지 않을 수도 있다. 그러나 stm 패키지에서는 통상적인 영어 텍스트 사전처리기법들을 일률적으로 적용한다(즉, 공백, 특수문자, 숫자 등을 제거하고, 모든 단어를 소문자로 전환한 후, 어근 동일화 작업을 수행하고, 불용단어를 삭제). 물론 이러한 일반적인 영어 텍스트 사전처리 기법들을 적용하는 것이 널리 받아들여지고 있지만, 이를테면 만약 연구자가 고유명사와 일반명사가 섞인 대·소문자를 구분하고 싶다면 [이를테면 사람 이름으로서의 Trump와 카드놀이로서의 Trump(문장의 첫 단어인 경우), trump(문장 내부의 단어인 경우)를 구분하고 싶다면], stm 패키지를 매우 조심하여 사용해야 한다. 다시 말해 STM을 추정하는 함수(나중에 소개될 stm() 함수)를 적용하기 전 단계의 데이터를 주의 깊게 사전처리하고자 한다면 stm 패키지의 기능들에 과도하게 의존하지 말아야 한다.

둘째, 한국어 텍스트를 분석하는 경우 stm 패키지를 사용하는 것이 그다지 편하지 않을 수 있다. 영어권 텍스트의 경우 분석이 매우 용이한 반면, 한국어 텍스트의 경우 STM을 추정하는 함수[즉, stm() 함수]를 적용하기 전까지는 이 책에서 소개된 방식으로 텍스트 데이터를 사전처리해야 한다. 또한 stm() 함수에 맞는 형태로 한국어 텍스트를 변환하는 수작업을 거쳐야 한다. 즉, stm 패키지는 한국어 텍스트를 사전처리하고자 하는 독자에게는 아직까지 사용하기 편하고 유용한 패키지라고 하기는 어렵다(물론 STM 모형 추정 그 자체는 여전히 유용하다).

모든 R 패키지와 동일하게 STM을 실시하기 위해서는 stm 패키지를 설치하고 구동해야 한다. 그 후 필자가 앞서 사전처리한 영문 초록 말뭉치 DTM을 R 공간에 호출했다. 일단 여기까지는 크게 어려울 것은 없다.

```
> # 영문 논문 초록에 대한 STM 추정
> library('stm')
stm v1.3.4 successfully loaded. See ?stm for help.
```

```
Papers, resources, and other materials at structuraltopicmodel.com
> #앞서 작업한 말뭉치, DTM 불러오고, tm, stringr, ggplot2 패키지 구동
> corpus.e.pp <- readRDS("CorpusE_preprocess.RData")
> corpus.k.pp <- readRDS("CorpusK_preprocess.RData")
```

방금 설명했듯 LDA 모형이나 CTM과 다른 장점 중 하나는 STM에서는 문서 내용에 대한 추정된 토픽 발현가능성과 문서의 메타데이터 상관관계를 선형모형을 이용해 추정할 수 있다는 점이다. 이를 위해 stm 패키지에서 사용되는 텍스트 데이터의 형태는 앞서 살펴보았던 topicmodels 패키지에서 사용되는 텍스트 데이터 형태와 다르다. stm 패키지의 함수가 적용되는 텍스트 데이터 형태는 사회과학자들에게 익숙한 스프레드시트 형태의 행렬 데이터다. 구체적으로 stm 패키지의 예시 데이터로 저장된 gadarian이라는 이름의 데이터 오브젝트를 살펴보자. 아래의 결과에서 잘 나타나듯, 해당 데이터는 341개의 사례와 4개의 변수로 구성되어 있다. gadarian이라는 데이터 오브젝트의 open.ended.response라는 이름의 변수가 바로 문서에 해당되며, 변수 이름에서 잘 나타나듯 토픽모형의 분석 대상은 바로 '개방형 응답'이다. 나머지 변수들은 각각 문서의 아이디와 예측변수[treatment는 0, 1의 값을 가지며 실험 처치 여부를 의미하는 가변수이고, pid_rep는 응답자의 정당일체감(party identification)에 대한 연속형 변수다]를 뜻한다.

```
> dim(gadarian)
[1] 341   4
> colnames(gadarian)
[1] "MetaID"              "treatment"            "pid_rep"              "open.ended.response"
> summary(gadarian)
     MetaID    treatment          pid_rep        open.ended.response
 Min.   :0   Min.   :0.0000   Min.   :0.0000   Length:341
 1st Qu.:0   1st Qu.:0.0000   1st Qu.:0.1667   Class :character
 Median :0   Median :1.0000   Median :0.5000   Mode  :character
 Mean   :0   Mean   :0.5015   Mean   :0.5077
 3rd Qu.:0   3rd Qu.:1.0000   3rd Qu.:0.8330
 Max.   :0   Max.   :1.0000   Max.   :1.0000
```

gadarian 데이터 오브젝트에 대한 STM 분석은 stm 패키지를 소개한 논문(Roberts et al., 2014)을 참조하거나, ??gadarian을 실행하면 된다. 이제 필자의 영문 논문 초록

말뭉치를 gadarian 데이터 오브젝트와 비슷한 방식으로 구성해 보자. 다시 말해 gadarian 데이터의 open.ended.response 변수에는 영문 논문 초록의 내용을, gadarian 데이터의 메타데이터에 해당되는 변수로는 논문의 출간 연도, 필자의 귀국 이전과 이후를 구분하는 가변수, 두 변수를 선정했다. STM을 추정하기 위해 아래의 과정을 거쳐 데이터를 준비했다.

```
> #사전처리된 영문 말뭉치를 STM 모형추정에 가능하도록 재구성하자.
> mytxtdf <- data.frame(dtm.e$dimnames$Docs)
> colnames(mytxtdf) <- "filename"
> #해당 영문 논문의 출간 연도를 추출했다.
> mytxtdf$year <- as.numeric(unlist(
+   str_extract_all(mytxtdf$filename,"[[:digit:]]{4}")))
> head(mytxtdf)
   filename year
1 p2009a.txt 2009
2 p2009b.txt 2009
3 p2010a.txt 2010
4 p2010b.txt 2010
5 p2010c.txt 2010
6 p2011a.txt 2011
> #필자가 미국에 체류할 때를 0, 귀국했을 때를 1로 하는 가변수 생성
> mytxtdf$return.kor <- ifelse(mytxtdf$year>2011,1,0)
> #논문의 초록을 문자형 자료로 입력했다.
> mytxtdf$abstract <- NA
> for (i in 1:dim(mytxtdf)[1]) {
+   mytxtdf$abstract[i] <- as.character(str_c(corpus.e.pp[[i]]$content,collapse=" "))
+ }
> #gadarian 데이터와 같은 형식이 된 것을 확인할 수 있다.
> summary(mytxtdf)
      filename        year        return.kor       abstract
 p2009a.txt: 1   Min.   :2009   Min.   :0.0000   Length:33
 p2009b.txt: 1   1st Qu.:2012   1st Qu.:1.0000   Class :character
 p2010a.txt: 1   Median :2014   Median :1.0000   Mode  :character
 p2010b.txt: 1   Mean   :2014   Mean   :0.7879
 p2010c.txt: 1   3rd Qu.:2017   3rd Qu.:1.0000
 p2011a.txt: 1   Max.   :2019   Max.   :1.0000
 (Other)   :27
```

여기까지가 STM을 추정할 수 텍스트 데이터(문서와 문서의 메타데이터) 준비 단계다. 그 다음으로는 LDA 모형이나 CTM과 마찬가지로 텍스트 데이터에 대한 사전처리를 실시한다. tm 패키지와 stringr 패키지와 같은 다른 텍스트 마이닝 패키지를

이용해 텍스트 데이터 사전처리를 실시한 후 토픽모형을 추정하는 topicmodels 패키지와 달리 stm 패키지는 영문 텍스트를 매우 간편하게 사전처리할 수 있는 textProcessor() 함수를 제공해 주고 있다. 앞에서 우리는 stringr 패키지와 tm 패키지의 함수들을 이용해 영어 논문 말뭉치에 대한 사전처리를 이미 마친 상태다. 따라서 굳이 stm 패키지의 textProcessor() 함수를 이용해 말뭉치에 대한 추가적 사전처리를 실시할 필요는 없다. 따라서 textProcessor() 함수에서 지원하는 모든 텍스트 사전처리 옵션들을 사용하지 않았다. 만약 자신이 분석하고자 하는 텍스트에 사전처리가 필요하다면 textProcessor() 함수의 해당 옵션을 TRUE로 바꾸면 된다. 예를 들어 텍스트 내부의 대·소문자를 모두 소문자로 통일하고자 한다면, lowercase =TRUE와 같이 옵션 지정을 바꾸어주면 된다.

```
> #텍스트의 사전처리는 tm 패키지를 이용했기에 별도 지정하지 않음
> mypreprocess <- textProcessor(mytxtdf$abstract,metadata=mytxtdf,
+                               lowercase=FALSE,removestopwords=FALSE,
+                               removenumbers=FALSE,removepunctuation=FALSE,
+                               stem=FALSE)
Building corpus...
Creating Output...
```

텍스트 데이터에 대한 사전처리를 거친 후에는 stm 패키지에서 요구하는 형태의 문서×단어 행렬을 구성해야 한다. DTM을 구성하기 전에 우선 mypreprocess 오브젝트가 어떻게 구성되어 있는지 살펴보자. textProcessor() 함수를 적용한 후 저장된 mypreprocess 오브젝트에는 documents, vocab, meta, docs.removed라는 이름의 4개의 하위 오브젝트가 존재한다.

먼저 docs.removed 하위 오브젝트는 텍스트 분석에 투입될 단어나 표현이 단 하나도 등장하지 않은 문서를 의미한다. 예를 들어 어떤 문서에 I'll be라는 두 단어만 사용되었는데, '불용단어 제거' 옵션을 지정한 후(removestopwords=TRUE) textProcessor() 함수를 적용했다면, 해당 문서는 어떠한 단어도 남아 있지 않게 된다. 다시 말해 이런 문서의 경우 STM과 같은 토픽모형의 분석 대상이 될 수 없다. docs.removed는 바로 STM 추정 과정에서 유효한 단어가 존재하지 않는 문서를 알려주는 하위 오브젝트다.

다음으로 meta는 문서의 메타데이터를 담고 있는 하위 오브젝트다.

STM 추정에 사용되는 핵심은 바로 documents와 vocab라는 두 하위 오브젝트다. 먼저 vocab은 STM에 사용될 단어들의 리스트다. 알파벳 순서로 정렬되어 있으며, 정렬된 순서대로 명목변숫값이 부여된다. 예를 들어 해당 데이터에는 총 839개의 단어가 사용되었는데, 가장 마지막의 839번째 단어인 youtub의 값은 839로 부여된다. 실질적으로 모형추정에 사용되는 데이터가 바로 documents인데, 여기에는 문서에 등장하는 단어의 명목변숫값과 해당 단어의 빈도가 제시된다. 예를 들어 첫 번째 영문 논문 초록의 단어는 다음과 같다.

```
> mypreprocess$documents[1]
$`1`
     [,1] [,2] [,3] [,4] [,5] [,6] [,7] [,8] [,9] [,10] [,11] [,12] [,13]
[1,]   35   36   55   59   66  105  109  112  119   184   197   198   212
[2,]    1    1    1    1    1    1    1    3    1     1     1     2     1
     [,14] [,15] [,16] [,17] [,18] [,19] [,20] [,21] [,22] [,23] [,24]
[1,]   223   230   235   245   250   252   256   261   266   267   272
[2,]     1     1     1     1     1     1     1     1     1     1     1
     [,25] [,26] [,27] [,28] [,29] [,30] [,31] [,32] [,33] [,34] [,35]
[1,]   283   297   301   316   322   343   381   389   401   406   407
[2,]     2     4     4     1     3     1     1     1     1     1     1
     [,36] [,37] [,38] [,39] [,40] [,41] [,42] [,43] [,44] [,45] [,46]
[1,]   426   489   496   500   508   511   530   557   565   592   603
[2,]     1     1     1     1     1     1     2     2     1     1     1
     [,47] [,48] [,49] [,50] [,51] [,52] [,53] [,54] [,55] [,56]
[1,]   654   659   694   735   747   767   792   797   811   831
[2,]     1     1     4     1     1     1     1     1     1     1
```

[1,]에 해당되는 줄에는 명목변숫값을 갖는 단어가 제시되었으며, [2,]에 해당되는 줄에는 해당 단어의 빈도가 제시되어 있다. 다시 말해서 mypreprocess$documents를 전체 텍스트에 적용하면 그것이 바로 DTM이 된다.

본격적으로 DTM을 구성하기 위해서는 prepDocuments() 함수를 사용해야 한다. 해당 함수에는 사전처리된 결과가 저장된 데이터의 documents, vocab, meta 하위 오브젝트가 필요하다. prepDocuments() 함수의 경우 전체 말뭉치에서 1회 이하의 단어는 제거하는 것이 디폴트로 설정되어 있다. 만약 독자들이 분석하고자 하는 말뭉치가 방대하다면 이러한 방식이 타당할지 모르나, 이 책에서 설명하는 말뭉치는 상대적으로 매우 작기 때문에 여기서는 모든 단어를 다 포함시켰다(lower.thresh=0에 주목).

```
> #DTM 구성함
> myout <- prepDocuments(mypreprocess$documents,
+                        mypreprocess$vocab, mypreprocess$meta,
+                        lower.thresh=0)
```

이제는 stm() 함수를 이용해 STM 모형을 추정하면 된다. LDA 모형이나 CTM과 마찬가지로 STM 모형의 경우도 토픽의 개수(*k*)를 사전 설정해 주어야 하며, 또한 모형 추정 시작값을 별도로 설정하지 않으면 모형을 실행할 때마다 조금씩 다른 결과가 산출된다. 앞서의 LDA 모형이나 CTM 추정과 마찬가지로 STM에서도 *k*=7로 설정했고, 시작값의 경우 임의의 숫자 20191120으로 설정했다. STM 개발자들은 STM을 추정할 때 가능하면 '스펙트럴 초기화(spectral initialization)'를 사용할 것을 권하고 있다(init.type="Spectral"). 왜냐하면 스펙트럴 초기화를 사용할 경우 단어의 공통발현 행렬(co-occurrence matrix)을 분해할 때 비음수 행렬(non-negative matrix)을 가정하기 때문이다. 문제는 스펙트럴 초기화를 사용할 경우 모형추정에 더 많은 시간이 소요된다는 점이다. 모형추정 시간이 더 많이 소요된다는 점에서 stm() 함수에는 개발자들이 권고하는 init.type="Spectral"이 아닌 init.type="LDA"가 디폴트로 설정되어 있다.

STM의 가장 매력적인 부분은 바로 stm() 함수의 prevalence =~ 라고 된 부분이다. 앞에서 설명했듯 이를 통해 토픽모형 분석 후 얻은 토픽의 발현가능성(prevalence)을 문서의 메타데이터로 추정할 수 있다. 여기서는 필자가 귀국하기 이전과 이후에 따라 7개 잠재토픽의 발현가능성이 어떻게 다른지 추정해 보자. stm() 함수를 이용해 STM을 추정하면 다음과 같다.

```
> #STM 추정 (7개의 토픽)
> mystm <- stm(myout$documents, myout$vocab, K=7,
+              prevalence =~ return.kor, data=myout$meta,
+              seed=20191120,init.type="Spectral")
Beginning Spectral Initialization
 Calculating the gram matrix...
 Finding anchor words...
 .......
```

```
Recovering initialization...
 ........
Initialization complete.
................................
Completed E-Step (0 seconds).
Completed M-Step.
Completing Iteration 1 (approx. per word bound = -5.769)
[분량 문제로 중간 부분 출력 결과를 제시하지 않음]
Completed E-Step (0 seconds).
Completed M-Step.
Completing Iteration 9 (approx. per word bound = -5.081, relative change = 1.225e-05)
................................
Completed E-Step (0 seconds).
Completed M-Step.
Model Converged
```

결과에서 잘 나타나듯 STM 모형은 총 9번의 반복과정(iteration)을 거쳐 최종 추정되었다. `Completed E-Step`과 `Completed M-Step`이라는 표현에서 잘 나타나듯 STM은 EM(expectation-maximization) 알고리즘을 사용한다. EM 알고리즘은 모형추정은 물론 결측값 분석 등에서도 널리 사용되는 알고리즘이다[EM 알고리즘의 자세한 내용에 대해서는 Dempster, Laird and Rubin(1977)을 참조].

이제 구체적으로 STM 추정 결과를 살펴보자. 우선 어떤 토픽이 어떤 단어들로 구현되는지를 살펴보자. 이를 위해서는 `labelTopics()` 함수를 사용하면 된다. STM 모형 추정 결과 오브젝트를 지정하고, 추정된 토픽의 범위를 설정하면 해당 토픽이 가장 잘 구현된 단어들의 상위 리스트를 제공해 준다. 여기서는 k=7이었기 때문에, `topics=1:7`을 지정했다[만약 `topics=c(1,3,5)`와 같이 지정하면 1번, 3번, 5번 잠재토픽들을 반영하는 단어들을 보고해 준다].

```
> #각 토픽이 발현되는 단어들 점검
> labelTopics(mystm,topics=1:7)
Topic 1 Top Words:
  Highest Prob: sns, relationship, social, user, style, onlin, relat
  FREX: style, relationship, sns, attach, social, factor, motiv
  Lift: actor, anxious, athlet, attach, awar, benefit, celebr
  Score: anxious, style, sns, attach, addict, parasoci, face
Topic 2 Top Words:
  Highest Prob: ambival, inform, candid, studi, valenc, privaci, polit
  FREX: candid, valenc, ambival, inform, credibl, femal, phos
```

```
    Lift: valenc, acquir, adapt, administ, amount, barack, basi
    Score: basi, ambival, inform, candid, valenc, privaci, femal
  Topic 3 Top Words:
    Highest Prob: effect, model, trust, studi, influenc, depress, find
    FREX: pme, expenditur, older, organiz, trust, model, fake
    Lift: affirm, african, age, aim, andincreas, andinstitut, approxim
    Score: andincreas, trust, pme, organiz, model, expenditur, older
  Topic 4 Top Words:
    Highest Prob: poll, onlin, privaci, opinion, studi, find, news
    FREX: poll, opinion, skeptic, privaci, optim, infring, news
    Lift: poll, accid, aftermath, agenc, argument, augment, bloc
    Score: augment, poll, privaci, opinion, skeptic, tendenc, infring
  Topic 5 Top Words:
    Highest Prob: polit, effect, particip, snss, face, studi, sns
    FREX: polit, talk, mobil, particip, snss, face, versus
    Lift: attract, civic, cognit, consensus, consist, consumer, correct
    Score: polit, boycot, face, mobil, snss, talk, civic
  Topic 6 Top Words:
    Highest Prob: belief, health, power, hdb, hlc, educ, level
    FREX: belief, hdb, hlc, educ, hloc, drama, intern
    Lift: behaviour, discount, educ, incom, popul, tailor, hdb
    Score: conting, belief, hdb, hlc, educ, hloc, drama
  Topic 7 Top Words:
    Highest Prob: cultur, social, studi, comparison, base, emot, topic
    FREX: topic, consumpt, video, product, wellb, cultur, comparison
    Lift: topic, abil, abstract, access, appear, applic, articl
    Score: downward, cultur, topic, consumpt, video, comparison, wellb
```

우선 Highest Prob라는 결과는 LDA 모형에서 소개했던 모수 β, 즉 특정 단어가 특정 잠재토픽을 반영할 확률과 동일하다. FREX라는 이름의 결과는 STM 개발자들이 제안한 통계치이며, TF-IDF와 유사한 기능을 한다(즉, 단어의 빈도가 높으며 동시에 서로 다른 토픽을 구분 짓는 단어일수록 높은 값을 가짐). Lift[6]는 Highest Prob 결과(즉, β)를 관측된 단어 빈도로 나누어준 값이며, Score 역시도 Highest Prob 결과(즉, β)를 다른 방식으로 조정하여 계산한 지표다. LDA 모형이나 CTM과 마찬가지로 제시된 단어들을 보면 제시된 7개의 토픽에 대해 의미론적 라벨(semantic label)을 붙일 수 있다. 필자는 1~7번의 토픽들의 이름을 다음과 같이 붙였다(물론 독자에 따라 좀 더 적절한 이름을 붙이는 것도 가능하지만, 여기서는 필자의 판단에 문제가 없다고 가정하자).

6 이는 앞서 소개한 연관분석의 향상도(lift) 지수와는 구별된다.

- `Topic 1`: SNS in communication
- `Topic 2`: Election studies
- `Topic 3`: Stereotype in communication
- `Topic 4`: Privacy studies
- `Topic 5`: Political communication
- `Topic 6`: Health communication
- `Topic 7`: Inter-culture communication

앞에서 설명했듯, CTM과 마찬가지로 STM은 토픽들 사이의 상관관계가 어떠한지 살펴볼 수도 있다. 이를 위해서는 `topicCorr()` 함수를 다음과 같이 사용하면 된다.

```
> #토픽들 사이의 관계
> mystm.corr <- topicCorr(mystm)
> mystm.corr
$posadj
     [,1] [,2] [,3] [,4] [,5] [,6] [,7]
[1,]    1    0    0    0    0    0    0
[2,]    0    1    0    0    0    0    0
[3,]    0    0    1    0    0    0    0
[4,]    0    0    0    1    0    0    0
[5,]    0    0    0    0    1    0    0
[6,]    0    0    0    0    0    1    0
[7,]    0    0    0    0    0    0    1

$poscor
     [,1] [,2] [,3] [,4] [,5] [,6] [,7]
[1,]    1    0    0    0    0    0    0
[2,]    0    1    0    0    0    0    0
[3,]    0    0    1    0    0    0    0
[4,]    0    0    0    1    0    0    0
[5,]    0    0    0    0    1    0    0
[6,]    0    0    0    0    0    1    0
[7,]    0    0    0    0    0    0    1

$cor
            [,1]       [,2]        [,3]       [,4]       [,5]       [,6]       [,7]
[1,]  1.00000000 -0.1639111 -0.08740829 -0.1396058 -0.1563962 -0.1099312 -0.1460324
[2,] -0.16391114  1.0000000 -0.19772104 -0.1993971 -0.2230713 -0.1493338 -0.1992277
[3,] -0.08740829 -0.1977210  1.00000000 -0.1750617 -0.1983386 -0.1312025 -0.1771910
[4,] -0.13960577 -0.1993971 -0.17506168  1.0000000 -0.1991270 -0.1348222 -0.1798224
```

```
[5,] -0.15639625 -0.2230713 -0.19833862 -0.1991270  1.0000000 -0.1503321 -0.2000976
[6,] -0.10993118 -0.1493338 -0.13120249 -0.1348222 -0.1503321  1.0000000 -0.1329889
[7,] -0.14603239 -0.1992277 -0.17719098 -0.1798224 -0.2000976 -0.1329889  1.0000000

attr(,"class")
[1] "topicCorr"
```

`$cor`에서 잘 드러나듯 각 토픽들은 부적 상관관계(negative correlation)를 보여준다. 다시 말해 각 토픽은 다른 토픽들과 서로 배타적 발현가능성을 갖기 때문에 서로 잘 구분된다. 사실 현재의 사례에서는 유용하지 않지만, *k*개 토픽들 사이에 강한 정적 상관관계가 나타나는 경우 각 토픽이 어떻게 연결되어 있는지를 살펴보면 매우 유용하다. 토픽들의 연관 관계를 네트워크 형태의 그래프로 나타내면 아래와 같이 네트워크 데이터를 처리하는 R 패키지인 `igraph` 패키지를 설치·구동시킨 후 `plot()` 함수를 사용하면 된다. 현재 토픽들 사이의 관계가 부적 상관관계이기 때문에 각 토픽들은 상호 연결되지 않은 것으로 나타난다.[7]

```
> #토픽들 사이의 관계의 시각화
> library('igraph')
> plot(mystm.corr)
```

7 만약 토픽들의 연관 관계가 어떻게 네트워크 그래프 형태로 나타나는지를 살펴보고 싶다면 *k*=50으로 증가시킨 후 위의 과정을 반복해 보기 바란다. 아마도 여러 토픽들이 하나의 집단(군집)을 형성하고 있는 것을 발견할 수 있을 것이다.

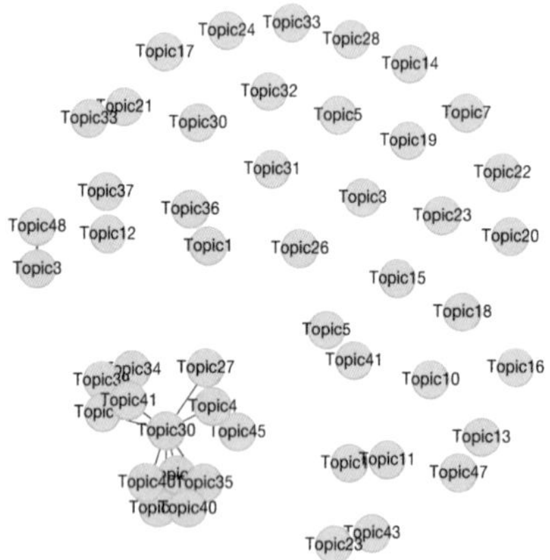

결과

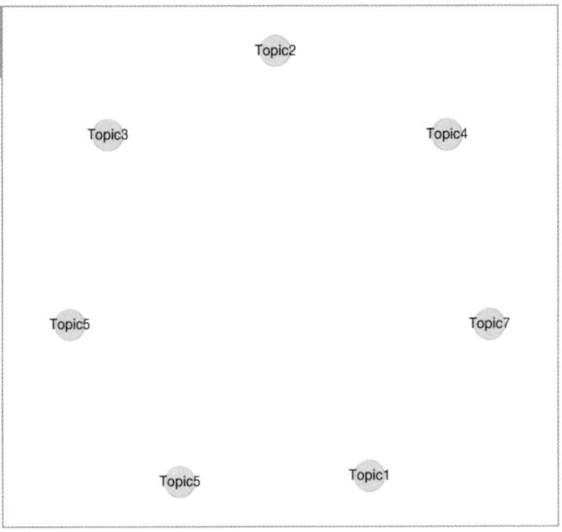

이제 STM의 가장 흥미로운 부분인 문서의 메타데이터와 토픽모형 추정 후 토픽 발현가능성의 상관관계를 테스트해 보자. `stm()` 함수를 통해서 얻은 `mystm` 오브젝트를 이용해 필자의 귀국 시기 전후로 7개 토픽의 발현가능성에 통계적으로 유의미한 차이가 나타나는지 테스트하는 방법은 아래와 같다. 즉, `estimateEffect()` 함수를 이용해 1번부터 7번까지의 발현가능성[즉, `c(1:7)`]을 `return.kor`이라는 변수(즉, 문서의 메타데이터)를 이용해 예측한 결과를 저장한 오브젝트가 `myresult`다. OLS 회귀모형과 같은 선형모형에 익숙하다면 결과를 쉽게 이해하고 해석할 수 있을 것이다.

```
> #메타데이터와 토픽 발현가능성의 관계 테스트
> set.seed(20191121)
> myresult <- estimateEffect(c(1:7) ~ return.kor,
+                            mystm,mytxtdf)
> summary(myresult)

Call:
estimateEffect(formula = c(1:7) ~ return.kor, stmobj = mystm,
    metadata = mytxtdf)

Topic 1:

Coefficients:
            Estimate Std. Error t value Pr(>|t|)
(Intercept)  0.13360    0.11777   1.134    0.265
return.kor  -0.03111    0.13152  -0.237    0.815
```

```
Topic 2:

Coefficients:
            Estimate Std. Error t value Pr(>|t|)
(Intercept)   0.4329     0.1373   3.154  0.00357 **
return.kor   -0.3225     0.1518  -2.124  0.04173 *
---
Signif. codes:  0 '***' 0.001 '**' 0.01 '*' 0.05 '.' 0.1 ' ' 1

Topic 3:

Coefficients:
            Estimate Std. Error t value Pr(>|t|)
(Intercept)  0.01412    0.11719   0.121    0.905
return.kor   0.15363    0.13401   1.146    0.260

Topic 4:
Coefficients:
            Estimate Std. Error t value Pr(>|t|)
(Intercept) 0.008563   0.121254   0.071    0.944
return.kor  0.183309   0.138811   1.321    0.196

Topic 5:

Coefficients:
            Estimate Std. Error t value Pr(>|t|)
(Intercept)   0.3962     0.1353   2.929  0.00632 **
return.kor   -0.2861     0.1544  -1.853  0.07345 .
---
Signif. codes:  0 '***' 0.001 '**' 0.01 '*' 0.05 '.' 0.1 ' ' 1

Topic 6:

Coefficients:
            Estimate Std. Error t value Pr(>|t|)
(Intercept) 0.006109   0.100282   0.061    0.952
return.kor  0.118718   0.116042   1.023    0.314

Topic 7:

Coefficients:
            Estimate Std. Error t value Pr(>|t|)
(Intercept) 0.009575   0.124399   0.077    0.939
return.kor  0.181577   0.140629   1.291    0.206
```

위의 분석 결과를 정리하면 〈표 10〉과 같다.

〈표 10〉

	SNS in comm	Election studies	Stereotype in comm	Privacy studies	Political comm	Health comm	Inter-culture comm
절편	0.134 (0.118)	**0.433**** **(0.137)**	0.014 (0.117)	0.009 (0.121)	**0.396**** **(0.135)**	0.006 (0.100)	0.010 (0.124)
귀국 여부 (귀국=1)	-0.031 (0.132)	**-0.323*** **(0.152)**	0.154 (0.134)	0.183 (0.139)	**-0.286+** **(0.154)**	0.119 (0.116)	0.182 (0.141)

알림: 회귀계수와 표준오차(괄호)를 제시했음. + $p < .10$, * $p < .05$, ** $p < .01$

필자의 영문 논문 초록을 분석한 결과, 추출된 7개의 토픽 중 SNS in communication, Stereotype in communication, Privacy studies, Health communication, Inter-culture communication의 5개 잠재토픽들의 경우 귀국 이전과 이후의 토픽 발현가능성이 별반 달라지지 않았다. 반면 Election studies와 Political communication의 두 잠재토픽 발현 가능성의 경우, 귀국 후 작성한 영문 논문들이 귀국 이전 미국에서 작성한 영문 논문들에 비해 통계적으로 유의미하게 낮았다.[8] 위의 결과를 `stm` 패키지의 `plot()` 함수를 사용하여 그래픽으로 나타내면 다음과 같다. `topics=2`와 `topics=5`를 지정함으로써 `return.kor` 변수의 수준에 따라 2번 토픽(Election studies)과 5번 토픽(Political communication)의 발현 가능성이 어떻게 다르게 나타나는지를 살펴볼 수 있다.

```
> #모형추정 결과 시각화
> par(mfrow=c(2,1))
> plot(myresult,covariate="return.kor",
+       topics=2,model=mystm,xlim=c(-1.5,1.5),
+       main="Topic 2, Election studies, p < .05")
> plot(myresult,covariate="return.kor",
+       topics=5,model=mystm,xlim=c(-1.5,1.5),
+       main="Topic 5, Political communication, p < .10")
```

8 STM에 대한 설명은 아니지만, 개인적으로 이 결과가 매우 흥미로웠다. 왜 이러한 결과가 나타났는지 생각해 보았다. 필자가 내린 결론은 다음과 같다. 필자는 선거(election)나 정치 현상과 미디어(Political communication)를 주제로 논문을 쓰지 않았던 것이 아니라, '영어 논문을 쓰지 않았던 것'이다. 즉, 필자는 귀국 후에는 해당 토픽들을 다루는 영어 논문을 쓴 것이 아니라 한국어 논문을 썼으며, 이로 인해 위와 같은 결과가 나타났던 것이다.

결과

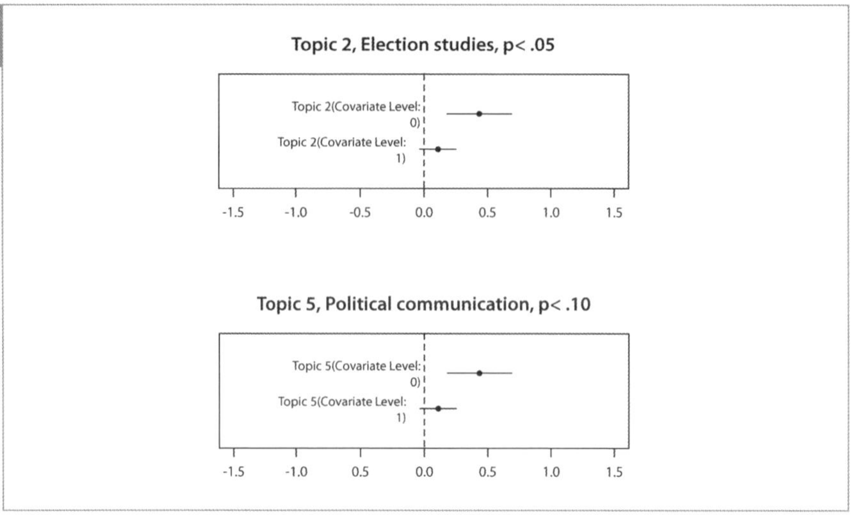

stm 패키지의 plot() 함수는 간단하기는 하지만 적어도 필자가 보았을 때 그리 시각적으로 훌륭해 보이지 않는다. 최근 미카엘 요하네손(Mikael P. Johannesson)은 STM 모형추정 결과를 ggplot2 패키지로 시각화할 수 있는 tidystm이라는 패키지를 개발했다. 타이디버스(tidyverse) 접근에 익숙하다면 어렵지 않게 STM 추정 결과를 좀 더 보기 좋게 시각화할 수 있다(291쪽 참조). tidystm 패키지는 CRAN에 등재된 패키지가 아니기 때문에 devtools 혹은 remotes 패키지를 이용하여 깃허브를 통해 설치하면 된다.

```
> #tidystm을 쓰면 훨씬 더 효율적
> #devtools::install_github("mikaelpoul/tidystm")
> library("tidystm")
> STM_estimate <- extract.estimateEffect(x=myresult,
+                         covariate = "return.kor",
+                         method = "pointestimate",
+                         model = mystm)
> STM_estimate$label <- factor(STM_estimate$topic,
+                         labels=c("SNS\nin comm",
+                                  "Election\nstudies",
+                                  "Stereotype\nin comm",
+                                  "Privacy\nstudies",
+                                  "Political\ncomm",
+                                  "Health\ncomm",
```

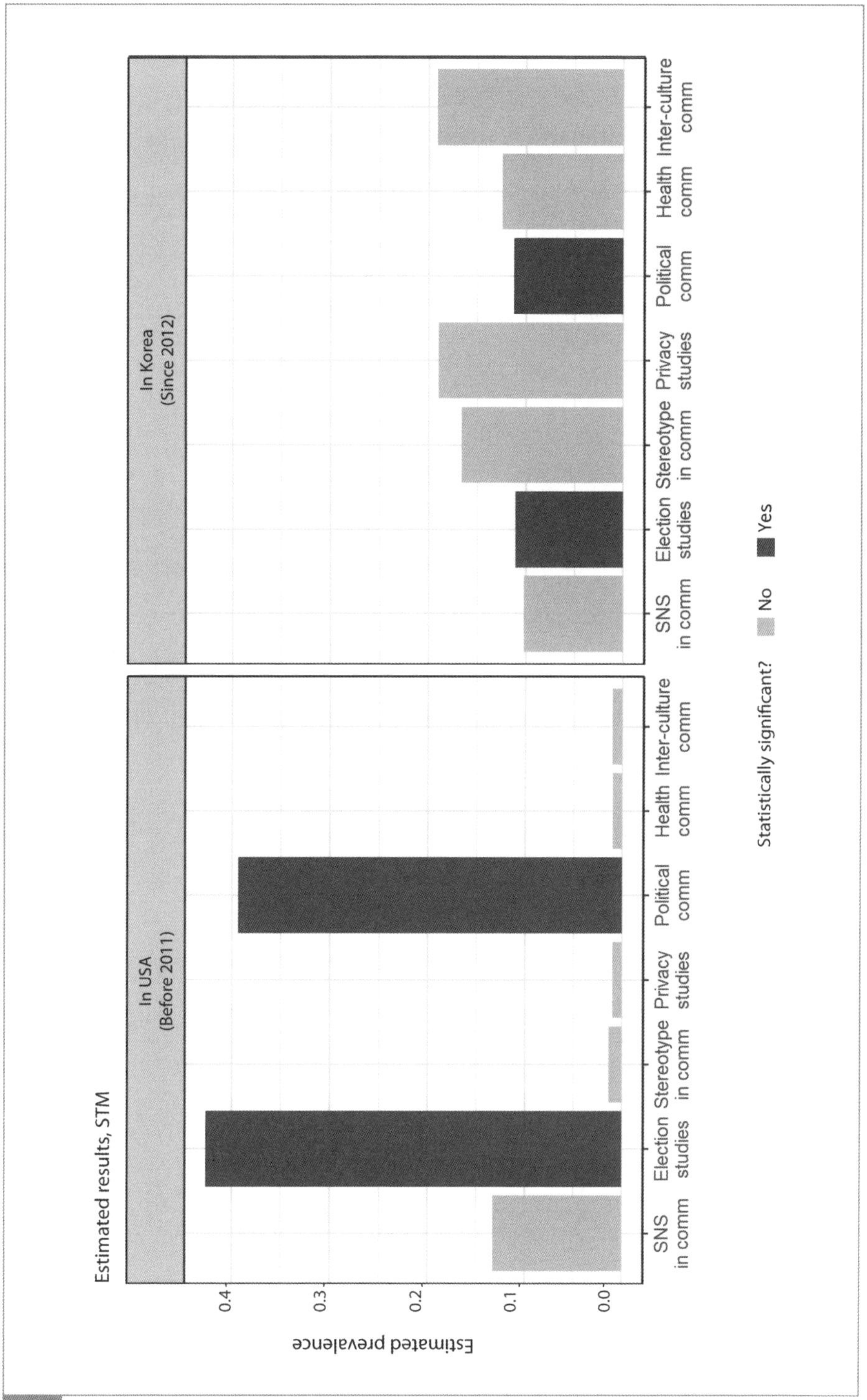
Estimated results, STM
In USA
(Before 2011)
In Korea
(Since 2012)
Estimated prevalence
0.0
0.1
0.2
0.3
0.4
SNS in comm
Election studies
Stereotype in comm
Privacy studies
Political comm
Health comm
Inter-culture comm
Statistically significant?
No
Yes

결과

```
+                                      "Inter-culture\ncomm"))
> STM_estimate$return.kor <- factor(STM_estimate$covariate.value,
+                           labels=c("In USA\n(Before 2011)",
+                                    "In Korea\n(Since 2012)"))
> STM_estimate$sig <- ifelse(STM_estimate$topic==2|STM_estimate$topic==5,
+                         "Yes","No")
> ggplot(data=STM_estimate,aes(x=label,y=estimate,fill=sig))+
+   geom_bar(stat='identity')+
+   scale_y_continuous(breaks=0.1*(0:5))+
+   scale_fill_manual(values=c("grey80","grey30"))+
+   labs(x=" ",y="Estimated prevalence",fill="Statistically significant?")+
+   ggtitle("Estimated results, STM")+
+   facet_wrap(~return.kor,ncol=2)+
+   theme_bw()+
+   theme(legend.position="bottom")
```

LDA 모형이나 CTM과 마찬가지로 STM 역시도 DTM만 구성할 수 있다면 어떠한 언어에서든 적용 가능하다. 한국어 논문 말뭉치를 대상으로 STM을 적용해 보자. STM 추정을 위해 잠재토픽 개수는 LDA 모형이나 CTM과 마찬가지로 k=7을 설정했고, 예측변수로는 분석 대상이 되는 한국어 논문에서 필자가 어떤 역할을 했는지에 따라 '공저자'나 '교신 저자' 역할을 한 경우는 0의 값을, '주 저자'나 '단독 저자' 역할을 한 경우는 1의 값을 갖는 가변수를 설정했다.

우선 문서 이름(filename) 변수와 문서에서의 필자의 역할(main_author) 변수를 담고 있는 'author_korean_papers.csv'라는 이름의 CSV 파일을 불러오자.

```
> #한국어 논문 STM
> #단독 저자 혹은 주 저자 여부를 표현하는 파일
> mytxtdf <- read.csv("author_korean_papers.csv")
> head(mytxtdf)
     filename main_author
1 kp2004a.txt           0
2 kp2005a.txt           1
3 kp2006b.txt           0
4 kp2011a.txt           0
5 kp2012a.txt           1
6 kp2013a.txt           1
```

이제 여기에 사전처리한 한국어 논문 텍스트들을 삽입하자. 앞서 영어 논문을 대상으로 예시한 STM 추정 과정과 동일한 방식으로 처리했다.

```
> #논문의 초록을 문자형 자료로 입력했다.
> mytxtdf$abstract <- NA
> for (i in 1:dim(mytxtdf)[1]) {
+   mytxtdf$abstract[i] <- as.character(str_c(corpus.k.pp[[i]]$content,collapse=" "))
+ }
> summary(mytxtdf)
       filename    main_author       abstract
 kp2004a.txt: 1   Min.   :0.0000   Length:34
 kp2005a.txt: 1   1st Qu.:0.0000   Class :character
 kp2006b.txt: 1   Median :0.0000   Mode  :character
 kp2011a.txt: 1   Mean   :0.4412
 kp2012a.txt: 1   3rd Qu.:1.0000
 kp2013a.txt: 1   Max.   :1.0000
 (Other)    :28
```

이제 **textProcessor()** 함수와 **prepDocuments()** 함수를 이용하여 **stm** 패키지에 맞는 DTM을 구성한 후, k=7을 가정하고 각 잠재토픽의 발현가능성을 논문 내 필자의 역할에 따라 예측하는 STM을 **stm()** 함수를 이용해 추정해 보자.

```
> #텍스트의 사전처리는 tm 패키지를 이용했기에 별도 지정하지 않음
> mypreprocess <- textProcessor(mytxtdf$abstract,metadata=mytxtdf,
+                               lowercase=FALSE,removestopwords=FALSE,
+                               removenumbers=FALSE,removepunctuation=FALSE,
+                               stem=FALSE)
Building corpus...
Creating Output...
> #DTM 구성함
> myout <- prepDocuments(mypreprocess$documents,
+                        mypreprocess$vocab, mypreprocess$meta,
+                        lower.thresh=0)
> #STM 추정 (7개의 토픽)
> mystm <- stm(myout$documents, myout$vocab, K=7,
+              prevalence =~ main_author, data=myout$meta,
+              seed=20191120,init.type="Spectral")
Beginning Spectral Initialization
 Calculating the gram matrix...
 Finding anchor words...
 .......
 Recovering initialization...
 ...
Initialization complete.

[분량 문제로 중간 부분 출력 결과를 제시하지 않음]

Completing Iteration 133 (approx. per word bound = -3.863, relative change = 1.161e-05)
```

```
.................................
Completed E-Step (0 seconds).
Completed M-Step.
Model Converged
```

STM 추정 결과 어떤 단어가 어떤 잠재토픽을 반영하는지 살펴보았으며, 다음과 같이 토픽의 의미론적 라벨을 붙였다.

```
> #각 토픽이 발현되는 단어들 점검
> labelTopics(mystm,topics=1:7,n=7)
Topic 1 Top Words:
  Highest Prob: csr, 정치참여, 여론조사, 조사방법, 지역기반, 온라인, 긍정적
  FREX: csr, 여론조사, 조사방법, 지역기반, 정치참여, sns, 정치운동
  Lift: csr, 가중치, 마케팅, 여론조사, 표본조사, sns, 강도가어떠한
  Score: csr, 여론조사, 조사방법, 지역기반, 정치참여, 정치운동, sns
Topic 2 Top Words:
  Highest Prob: 테스트, 응답자, 저널리즘, 인터넷, 가치지향, 정치인, 이용자
  FREX: 정치인, 저널리즘, 테스트, 말하기, 가치지향, 인터넷, 응답자
  Lift: 권위주의적, 리더쉽, 영향력, 인사청문회, 정치사회, 해당정치인, 객관주의
  Score: 정치인, 저널리즘, 말하기, 가치지향, 인사청문회, 해당정치인, 인터넷
Topic 3 Top Words:
  Highest Prob: 커뮤니케이션, 포퓰리즘, 정책연구, 이용자, 온라인, 언론인, 트위터
  FREX: 포퓰리즘, 정책연구, 언론인, 커뮤니케이션, 탈규범, 후보자, 이용자
  Lift: 동질성, 방법론, 정책연구, 트위터가, 간접적, 개선방안, 거시적
  Score: 포퓰리즘, 정책연구, 언론인, 커뮤니케이션, 이용자, 탈규범, 트위터
Topic 4 Top Words:
  Highest Prob: 프로그램, 시청자, 범죄자, cctv설치, 부정적, 상호작용, 임직원
  FREX: 범죄자, cctv설치, 프로그램, 임직원, 재소자, 시청자, cctv설치를
  Lift: cctv설치, 문화예술, 어려움, cctv설치를, 개별적, 건강증진, 경찰학
  Score: 프로그램, 범죄자, cctv설치, 시청자, 임직원, 재소자, 행복감
Topic 5 Top Words:
  Highest Prob: 공동체, 미디어, 커뮤니케이션, 깨끗한나라, 동기와, 응답자, 트위터
  FREX: 공동체, 깨끗한나라, 동기와, 미디어, 규정하, 동질적, 생리대
  Lift: 감수성, 규정하, 기대감, 노스탤지어적인, 다섯째, 도시공동체, 동시적
  Score: 공동체, 미디어, 동기와, 깨끗한나라, 규정하, 동질적, 생리대
Topic 6 Top Words:
  Highest Prob: 콘텐트, 수용자, 라이프스타일, 미디어, 통계학, hlc, 자율성
  FREX: 콘텐트, 라이프스타일, hlc, 자율성, 방송사, 외교전, 수용자
  Lift: 콘텐트, liwc, 가부장적, 감염자, 개방성, 개별화, 공공성
  Score: 콘텐트, 라이프스타일, hlc, 수용자, 통계학, 자율성, 외교전
Topic 7 Top Words:
  Highest Prob: cctv, 범죄예방, 텍스트, 설치알림판, 데이터, 거주민, 치안환경
  FREX: cctv, 범죄예방, 설치알림판, 거주민, 치안환경, 캠페인, 텍스트
  Lift: cctv, python, 객관적, 거주민, 경찰행정, 기본단위, 디지털
  Score: cctv, 범죄예방, 설치알림판, 텍스트, 치안환경, 거주민, 캠페인
```

- Topic 1: 조사방법 연구
- Topic 2: 수용자 연구
- Topic 3: 저널리즘 연구
- Topic 4: 체감안전도 연구
- Topic 5: 공동체 연구
- Topic 6: 데이터 마이닝 활용연구
- Topic 7: 캠페인 연구

각 잠재토픽별 발현가능성이 논문에서 필자의 역할에 따라 어떻게 달라지는지를 테스트한 결과는 아래와 같다.

```
> #메타데이터와 토픽 발현가능성의 관계 테스트
> set.seed(20191121)
> myresult <- estimateEffect(c(1:7) ~ main_author,
+                             mystm,mytxtdf)
> summary(myresult)

Call:
estimateEffect(formula = c(1:7) ~ main_author, stmobj = mystm,
    metadata = mytxtdf)


Topic 1:

Coefficients:
            Estimate Std. Error t value Pr(>|t|)
(Intercept)  0.14871    0.06840   2.174   0.0372 *
main_author -0.08011    0.10090  -0.794   0.4331
---
Signif. codes:  0 '***' 0.001 '**' 0.01 '*' 0.05 '.' 0.1 ' ' 1


Topic 2:

Coefficients:
            Estimate Std. Error t value Pr(>|t|)
(Intercept)  0.11295    0.07976   1.416    0.166
main_author  0.09632    0.12332   0.781    0.440
```

```
Topic 3:

Coefficients:
            Estimate Std. Error t value Pr(>|t|)
(Intercept)  0.15872    0.08659   1.833   0.0761 .
main_author  0.04874    0.13095   0.372   0.7122
---
Signif. codes:  0 '***' 0.001 '**' 0.01 '*' 0.05 '.' 0.1 ' ' 1


Topic 4:

Coefficients:
            Estimate Std. Error t value Pr(>|t|)
(Intercept)  0.22148    0.07324   3.024  0.00488 **
main_author -0.22107    0.09773  -2.262  0.03062 *
---
Signif. codes:  0 '***' 0.001 '**' 0.01 '*' 0.05 '.' 0.1 ' ' 1


Topic 5:

Coefficients:
            Estimate Std. Error t value Pr(>|t|)
(Intercept)  0.22807    0.07917   2.881  0.00703 **
main_author -0.22867    0.10498  -2.178  0.03687 *
---
Signif. codes:  0 '***' 0.001 '**' 0.01 '*' 0.05 '.' 0.1 ' ' 1


Topic 6:

Coefficients:
            Estimate Std. Error t value Pr(>|t|)
(Intercept)  0.10524    0.08389   1.254    0.219
main_author  0.21513    0.13133   1.638    0.111


Topic 7:

Coefficients:
            Estimate Std. Error t value Pr(>|t|)
(Intercept)  0.02425    0.06002   0.404    0.689
main_author  0.17006    0.10769   1.579    0.124
```

위의 결과를 시각화하면 298쪽과 같다.

```
> #모형추정 결과 시각화
> STM_estimate <- extract.estimateEffect(x=myresult,
+                                        covariate = "main_author",
+                                        method = "pointestimate",
+                                        model = mystm)
> STM_estimate$label <- factor(STM_estimate$topic,
+                              labels=c("조사방법 연구\n",
+                                       "수용자 연구\n",
+                                       "저널리즘 연구\n",
+                                       "체감안전도 연구\n",
+                                       "공동체 연구\n",
+                                       "데이터 마이닝 활용연구\n",
+                                       "캠페인 연구\n"))
> STM_estimate$main_author <- factor(STM_estimate$covariate.value,
+                                   labels=c("공저자/교신 저자",
+                                            "주 저자/단독 저자"))
> STM_estimate$sig <- ifelse(STM_estimate$topic==4|STM_estimate$topic==5,
+                            "유의함","유의하지 않음")
> ggplot(data=STM_estimate,aes(x=label,y=estimate,fill=sig))+
+   geom_bar(stat='identity')+
+   scale_y_continuous(breaks=0.1*(0:5))+
+   scale_fill_manual(values=c("grey80","grey30"))+
+   coord_flip()+
+   labs(x=" ",y="잠재토픽 발현가능성",fill="통계적 유의도")+
+   ggtitle("STM 추정 결과 ")+
+   facet_wrap(~main_author,ncol=2)+
+   theme_bw()+
+   theme(legend.position="bottom")
```

위의 결과에서 잘 드러나듯, '공동체 연구'와 '체감안전도 연구'에서 필자는 주로 보조적 역할에 머물렀다는 것을 알 수 있다.

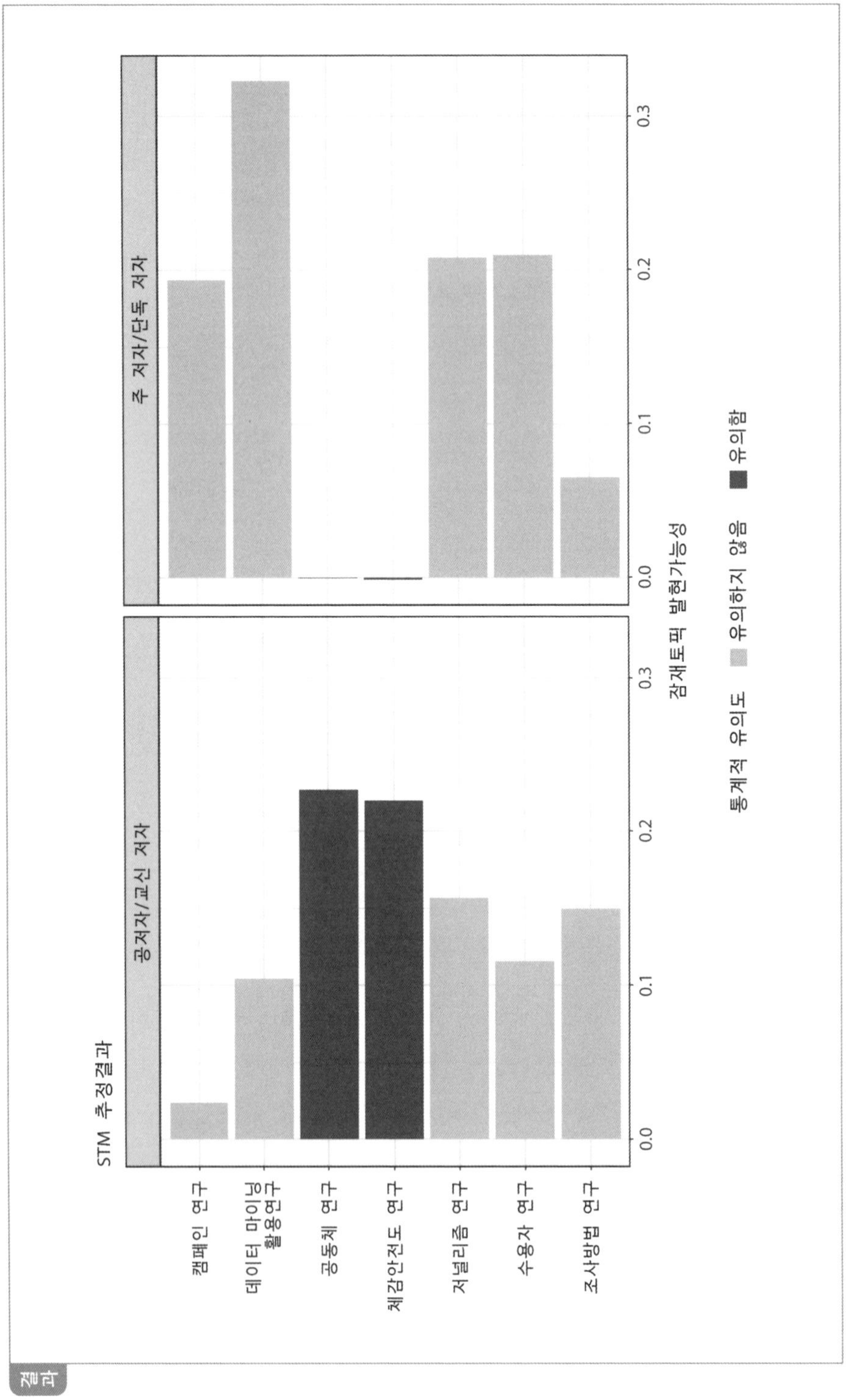
결과
STM 추정결과
공저자/교신 저자
주 저자/단독 저자
캠페인 연구
데이터 마이닝 활용연구
공동체 연구
체감안전도 연구
저널리즘 연구
수용자 연구
조사방법 연구
0.0
0.1
0.2
0.3
잠재토픽 발현가능성
통계적 유의도
유의하지 않음
유의함

공통등장단어 토픽모형

마지막으로 소개할 토픽모형인 공통등장단어 토픽모형(BTM)은 매우 짧은 텍스트, 더 정확하게 표현하자면 말뭉치의 개별 문서 내 단어 수가 매우 적은 경우 사용할 수 있는 토픽모형들 중 하나다. 독자가 오해하지 말아야 할 것은 BTM이 '짧은 텍스트'에 적용할 수 있는 유일한 토픽모형은 아니라는 사실이다. 필자가 BTM을 소개하는 이유는 R 공간에서 비교적 쉽게 사용할 수 있는 짧은 텍스트용 토픽모형이 BTM이라고 생각하기 때문이다. 독자가 직면하고 있는 학문 분야나 심사위원은 '짧은 텍스트'에 적합한 토픽모형으로 BTM이 아닌 다른 토픽모형을 요구할지도 모른다.

BTM을 소개하기에 앞서 다음과 같은 점을 생각해 보자. 짧은 텍스트를 대상으로 앞서 소개한 토픽모형(이를테면 LDA 모형)을 사용하는 것은 왜 문제가 될까? 토픽모형에는 문서×단어 행렬(DTM)을 데이터로 투입한다. 만약 토픽모형에 투입되는 텍스트가 짧다면, 이는 데이터의 사례(개별 문서)가 충분한 정보(즉, 단어)를 담고 있지 못하다는 의미다. 다시 말해 충분하지 못한 정보를 같은 사례들로 구성된 데이터를 통해서는 안정적인 토픽모형 추정 결과를 얻기 어려울 것이다. 이와 같은 문제를 흔히 '희소성 문제(sparsity problem)'라고 부르며(Yan et al., 2014), 희소성 문제를 안고 있는 텍스트를 대상으로 LDA 모형을 투입할 때 나타나는 추정 결과의 안정성 문제를 해결하고자 문서 내에 공통으로 등장하는 단어들을 '공통등장단어(biterm)'라는 이름으로 추가 투입한 토픽모형이 바로 여기서 소개한 BTM이다. BTM 역시 앞서 소개한 토픽모형들과 마찬가지로 '단어주머니 접근'에 기반하고 있으며, 따라서 BTM에서 말하는 공통등장단어는 텍스트에 등장하는 단어들의 등장 순서(sequence)를 고려하지 않는다.[9]

BTM 분석 사례를 소개하기에 앞서 우선 독자들께 당부드린다. 필자가 인식하고

---

9 반면 바이그램 토픽모형(bigram topic model)은 여기서 소개하는 BTM과 똑같은 약어로 표현되지만, 바이그램 토픽모형은 단어들의 등장 순서를 고려한 바이그램을 추가 투입한 토픽모형이다. 예를 들어 어떤 문서에 A, B라는 두 단어가 등장했을 때, BTM의 경우 {A, B}와 {B, A}를 공통등장단어라는 이름으로 동일하다고 파악하지만, 바이그램 토픽모형의 경우 {A, B}와 {B, A}를 다르게 파악한다. 독자들도 짐작하겠지만, BTM이 바이그램 토픽모형에 비해 모형 추정 속도가 훨씬 빠르다고 한다. 아쉽게도 필자가 인지하는 한 바이그램 토픽모형을 추정할 수 있는 R 패키지는 아직 개발되지 않은 것으로 알고 있다.

있는 한 '짧은 텍스트'의 정의가 무엇인지에 대해서는 확정된 답이 제시된 적이 없다. 예를 들어 이 책 1판 출간 후 어떤 독자는 책에서 예시 데이터로 사용한 학술논문 초록이 너무 짧은 텍스트이기 때문에 LDA 모형이나 CTM과 같은 토픽모형을 사용하기에 불가능하다고 지적하기도 했다. 그러나 LDA 모형이 주목받기 시작하면서 학술논문 초록을 이용하여 분과 학문의 변화 경향이나 분과 학문들 사이의 상호작용을 분석한 논문들은 일일이 소개하기 어려울 정도로 많은 것도 사실이다(물론 많이 사용되는 방법이라고 해서 반드시 옳은 방법이라고 부를 수는 없을 것이다). 200~300개 단어 정도의 영어 논문 초록은 과연 '짧은 텍스트'일까? 아니면 '충분히 긴 텍스트'일까? 솔직히 필자는 이 질문에 대한 답을 모른다(이에 대한 대략적인 가이드라인을 제공하는 문헌도 아직 찾지 못했다). '충분히 긴 텍스트'를 대상으로 한 LDA 모형이나 기타 토픽모형을 쓰든, 아니면 '짧은 텍스트'에 특화된 BTM과 같은 토픽모형을 쓰든, 독자들은 자신이 다루는 문서의 길이를 어떻게 파악하고 있는지 특정 토픽모형을 사용하기 전에 진지하게 고려해 볼 필요가 있다. 참고로 BTM 개발자들의 경우 140글자 이내의 트윗, 온라인 Q&A 섹션의 질문이나 답변, 소비자 리뷰, 미디어 단신(短信) 등을 '짧은 텍스트(short texts)'의 사례로 언급하고 있다.

이제 BTM을 실습해 보자. BTM을 추정하기 위해서는 BTM 패키지를 설치한 후 구동해야 한다. BTM 패키지에서는 `tm` 패키지를 이용해 얻은 DTM을 사용할 수 없으며, 말뭉치 내 문서를 아이디(id)로 갖는 단어들의 벡터로 구성된 데이터 프레임을 BTM 패키지의 `BTM()` 함수에 투입해야 한다. 예를 들어 어떤 말뭉치가 d_1과 d_2라는 두 문서로 구성되어 있으며, 각 문서는 순서대로 {A, B, C}, {A, C, D, E}라는 단어들로 구성되어 있다고 가정해 보자. 앞서 `tm` 패키지를 이용해 얻은 DTM이나 `stm` 패키지에서 얻은 DTM의 경우 〈표 11〉과 같은 2×5 형태의 행렬로 구성된다.

〈표 11〉

	A	B	C	D	E
d_1	1	1	1	0	0
d_2	1	0	1	1	1

반면 BTM() 함수에 투입되는 DTM 오브젝트는 〈표 12〉와 같은 데이터 프레임 형태를 띠어야 한다.

〈표 12〉

문서 아이디	단어
d_1	A
d_1	B
d_1	C
d_2	A
d_2	C
d_2	D
d_2	E

흔히 위와 같은 형식의 텍스트 데이터를 타이디텍스트(tidy text)라고 부른다. 타이디텍스트는 타이디데이터(tidy data)의 일종이다. '문서 아이디'와 '단어'의 두 변수로 구성된 데이터 프레임을 구성하는 가장 쉬운 방법은 타이디데이터 접근법을 기반으로 tidytext 패키지의 unnest_tokens() 함수를 이용하는 것이다. 물론 타이디데이터 접근법을 반드시 사용하지 않아도 '문서 아이디'와 '단어'의 두 변수로 구성된 데이터 프레임을 구성할 수 있지만, 프로그래밍 과정이 그리 간단하지는 않을 것이다. 이런 이유로 타이디데이터 접근법을 기반으로 tidytext 패키지의 unnest_tokens() 함수를 간단하게 소개한 후 BTM 분석 사례를 소개했다. 또한 타이디데이터 접근법은 뒤에서 소개할 감정분석(sentiment analysis)이나 웹데이터 스크레이핑(scraping)에서도 사용할 예정이다.

타이디데이터 접근법과 이를 텍스트 데이터에 적용한 타이디텍스트 접근법을 사용하기 위해 우선 tidyverse 패키지를 설치한 후 구동시키자.[10] 타이디데이터 접근

10 이 책의 목적은 텍스트 데이터 분석기법을 살펴보는 것이지 타이디데이터 접근법을 설명하는 것이 아니기 때문에 자세한 설명을 제시하지는 않았다. 만약 타이디데이터 접근법에 대해 더 체계적인 설

법의 매력적인 점 중 하나는 바로 '파이프(pipe)'라고 불리는 오퍼레이터(operator)다. 파이프 오퍼레이터는 `%>%`로 표시하며 주로 `[오브젝트] %>% [함수]`의 형태를 띤다. 파이프 오퍼레이터는 `[오브젝트]`에 `[함수]`를 적용시킨다는 뜻이다. 하나의 명령문에 여러 개의 파이프 오퍼레이터를 사용할 수도 있다. BTM 분석에서 사용할 예시 데이터는 필자의 영문 논문의 제목이며, `title_english_papers.csv`라는 이름의 파일이다. 예를 들어 일반적인 R 명령문의 경우 다음과 같은 방식으로 이 데이터를 불러온다.

```
> ##BTM: 짧은 텍스트를 대상으로 한 토픽모형
> library('tidytext')  #unnest_token() 함수 포함
> library("tidyverse")  #stringr, ggplot2 패키지를 별도 구동할 필요 없음
-- Attaching packages --------------------------------------- tidyverse 1.2.1 --
√ ggplot2 3.2.0     √ purrr   0.3.2
√ tibble  2.1.3     √ dplyr   0.8.3
√ tidyr   0.8.3     √ stringr 1.4.0
√ readr   1.3.1     √ forcats 0.4.0
-- Conflicts ------------------------------------------ tidyverse_conflicts() --
x dplyr::filter() masks stats::filter()
x dplyr::lag()    masks stats::lag()
> library("SnowballC")  #어근 동일화 함수 wordStem() 사용하기 위해서 구동 필요
> #일반적으로는 다음과 같은 명령문
> mytitle <- read.csv("title_english_papers.csv")
> #텍스트 데이터를 요인형이 아닌 문자형으로 변환
> mytitle$title <- as.character(mytitle$title)
> summary(mytitle)
       id          title
 p2009a : 1   Length:33
 p2009b : 1   Class :character
 p2010a : 1   Mode  :character
 p2010b : 1
 p2010c : 1
 p2011a : 1
 (Other):27
```

반면 타이디데이터 접근에서는 파이프 오퍼레이터를 사용하여 다음과 같이 작업

명을 원하는 독자는 위컴과 그롤문트(Wickham and Grolemund, 2016)의 *R for Data Science*(온라인 도서는 https://r4ds.had.co.nz/에 공개되어 있음)나 필자의 『R기반 데이터과학: `tidyverse` 접근』 등을 참고하기 바란다.

한다. 아래 과정을 선형적으로 풀어쓰면, ① read.csv("title_english_papers.csv")의 결과 오브젝트를 대상으로 ② mutate() 함수를 적용하는데, ③ 적용 내용은 파이프 오퍼레이터 앞에서 불러온 데이터의 title 변수를 문자형으로 변환하는 것이고, ④ 최종 결과는 mytitle이라는 이름의 오브젝트로 전환한다는 내용이다. summary() 함수를 실행한 결과에서 알 수 있듯 전통적인 방식과 타이디데이터 방식은 동일한 결과를 산출한다.

```
> #타이디버스 접근 %>% 이용
> mytitle <- read.csv("title_english_papers.csv") %>%
+   mutate(title = as.character(title))  #mutate() 함수: 데이터 내 변수 변환
> summary(mytitle)
      id          title
 p2009a : 1   Length:33
 p2009b : 1   Class :character
 p2010a : 1   Mode  :character
 p2010b : 1
 p2010c : 1
 p2011a : 1
 (Other):27
```

이제 예시 데이터를 BTM() 함수에 사용할 수 있는 양식으로 사전처리해 보자. 필자는 다음과 같은 사전처리 과정을 거쳤다.

- 1단계: 텍스트(영어 논문 제목들)에 숫자가 포함되어 있으면 모두 제거했다.
- 2단계: 텍스트에 문장부호나 특수문자가 있으면 모두 제거했다.
- 3단계: 알파벳 대문자를 소문자로 모두 변환했다.
- 4단계: 텍스트 내의 불용단어 역시 모두 제거했다.
- 5단계: BTM에 투입되는 모든 단어들에는 어근 동일화를 적용했다.

1단계와 2단계의 경우 stringr 패키지의 str_replace_all() 함수에 필자가 원하는 정규표현을 지정하는 방식으로 처리했다. 3단계의 경우 tidytext 패키지의 unnest_tokens() 함수의 옵션을 사용하여 처리했다. unnest_tokens() 함수는 unnest_tokens(출력변수 이름, 입력변수 이름, ...)과 같은 형식을 띤다. 여기서

필자는 title이라는 이름의 '논문 제목' 변수를 word라는 이름의 '(논문 내의) 개별 단어' 변수로 바꾸었으며, to_lower 옵션을 TRUE로 지정하여 변환된 변수는 대·소문자를 모두 소문자로 통일했다. 4단계의 경우 '3단계까지 얻은 단어 목록 데이터'를 '불용단어를 목록화한 데이터'에 병합한 후, '불용단어를 목록화한 데이터'에 등장한 함수를 배제하는 anti_join() 함수를 이용하는 방식으로 불용단어를 제거했다. 5단계에서는 SnowballC 패키지의 어근 동일화 함수인 wordStem() 함수를 이용하여 어근 동일화를 실시했다.

우선 영문 논문 제목 데이터에 1단계와 2단계를 적용한 결과는 다음과 같다.

```
> #타이디텍스트 접근
> #우선 1, 2단계만
> DF_btm12 <- mytitle %>%
+   mutate(title=str_remove_all(title,"[[:digit:]]{1,}"), #숫자 제거
+          title=str_remove_all(title,"[[:punct:]]{1,}")) #문장부호 제거
> head(DF_btm12, 3)
     id                                                                       title
1 p2009a   WHAT IS REALLY GOING ON Structure underlying facetoface and online deliberation
2 p2009b Dont Expect Too Much Learning From LateNight Comedy and Knowledge Item Difficulty
3 p2010a                                  An integrative model of ambivalence
```

1단계, 2단계 처리 과정을 이해하는 것은 그리 어렵지 않았을 것이다. 이제 가장 중요한 unnest_tokens() 함수를 실행하는 3단계를 실시해 보자. 위의 과정에서 %>%를 추가한 후, 아래와 같은 방법으로 '제목'을 '제목 내의 개별 단어들'로 분리해 보자. 아래 결과에서 잘 드러나듯 p2009a라는 이름의 문서에 들어 있는 10개의 단어들이 각각의 가로줄로 분리된 것을 발견할 수 있을 것이다.

```
> #3단계 추가
> DF_btm123 <- mytitle %>%
+   mutate(title=str_remove_all(title,"[[:digit:]]{1,}"), #숫자 제거
+          title=str_remove_all(title,"[[:punct:]]{1,}")) %>% #문장부호 제거
+   unnest_tokens(word, title, to_lower=TRUE)  #대·소문자 통일
> head(DF_btm123,15)
         id       word
1    p2009a       what
1.1  p2009a         is
1.2  p2009a     really
```

```
1.3  p2009a        going
1.4  p2009a           on
1.5  p2009a    structure
1.6  p2009a   underlying
1.7  p2009a   facetoface
1.8  p2009a          and
1.9  p2009a       online
1.10 p2009a deliberation
2    p2009b         dont
2.1  p2009b       expect
2.2  p2009b          too
2.3  p2009b         much
```

이제 4단계로 불용단어를 제거해 보자. **anti_join()** 함수를 이용하면 '원치 않는 사례들'(여기서는 불용단어 목록)을 쉽게 배제할 수 있다. 4단계까지 실시한 결과에서 알 수 있듯, 10개의 단어를 갖던 **p2009a**라는 이름의 문서에는 이제 5개의 단어만 남은 것을 알 수 있다.

```
> #4단계 추가
> DF_btm1234 <- mytitle %>%
+   mutate(title=str_remove_all(title,"[[:digit:]]{1,}"), #숫자 제거
+          title=str_remove_all(title,"[[:punct:]]{1,}")) %>% #문장부호 제거
+   unnest_tokens(word, title, to_lower=TRUE) %>% #대·소문자 통일
+   anti_join(stop_words,by='word')  #불용단어 제거
> head(DF_btm1234, 15)
       id         word
1  p2009a    structure
2  p2009a   underlying
3  p2009a   facetoface
4  p2009a       online
5  p2009a deliberation
6  p2009b         dont
7  p2009b       expect
8  p2009b     learning
9  p2009b    latenight
10 p2009b       comedy
11 p2009b    knowledge
12 p2009b         item
13 p2009b   difficulty
14 p2010a  integrative
15 p2010a        model
```

끝으로 어근 동일화를 실시해 보자. 1단계와 2단계에서 사용했던 mutate() 함수를 사용해 word 변수의 단어들에 대해 어근 동일화를 실시하면 된다.

```
> #1-5단계 통합
> DF_btm <- mytitle %>%
+   mutate(title=str_remove_all(title,"[[:digit:]]{1,}"), #숫자 제거
+          title=str_remove_all(title,"[[:punct:]]{1,}")) %>% #문장부호 제거
+   unnest_tokens(word, title, to_lower=TRUE) %>% #대·소문자 통일
+   anti_join(stop_words,by='word') %>%         #불용단어 제거
+   mutate(word = wordStem(word))               #어근 동일화
```

이제 BTM() 함수에 투입할 수 있는 텍스트데이터 오브젝트를 얻게 되었다. BTM 분석을 실시하기에 앞서 간단하게 기술통계분석을 실시해 보자. 필자는 DF_btm 오브젝트의 문서 개수, 총 단어 수와 고유단어 수, 전체 말뭉치를 기준으로 단어의 등장 빈도 중윗값, 최솟값과 최댓값을 살펴보았다.

```
> #문서 개수
> length(table(DF_btm$id))
[1] 33
> #총 단어 수
> sum(table(DF_btm$word))
[1] 303
> #고유단어 수
> length(table(DF_btm$word))
[1] 204
> #등장 빈도 중위수, 최솟값, 최댓값
> median(table(DF_btm$word))
[1] 1
> min(table(DF_btm$word))
[1] 1
> max(table(DF_btm$word))
[1] 8
```

위의 결과에서 쉽게 유추할 수 있듯 현재 우리가 분석하고자 하는 말뭉치의 DTM에는 빈칸들이 엄청나게 많을 것이다. 왜냐하면 [문서×단어] 행렬인 DTM은 33×204이며, 이 행렬에는 총 6732개의 칸(cell)이 등장한다. 하지만 총 단어 수는 불과 303에 불과하며, 전체 말뭉치를 기준으로 볼 때, 여러 차례 등장하는 단어는 매우 적다(1부터

8의 범위를 갖는 단어 등장 빈도에서 중위수는 고작 1인 것에 주목). 텍스트 데이터가 이런 특성을 갖는 경우, BTM과 같이 짧은 텍스트에 특화된 토픽모형을 고려해 볼 만하다.

BTM() 함수는 매우 간단하다. 텍스트 사전처리를 끝낸 '문서 아이디', '단어(토큰)'의 두 세로줄로 구성된 데이터 프레임 오브젝트를 투입한 후, 해당 텍스트에 내재되어 있을 잠재토픽 개수 k를 지정하면 된다. 여기서 필자는 $k=7$을 투입했다(LDA 모형과는 다른 텍스트이지만, 같은 논문들을 대상으로 했다는 점을 감안한 수치다).

```
> #BTM 실시
> library("BTM")
> set.seed(20191122) #필자와 동일한 결과를 얻길 원한다면
> btm.out <- BTM(DF_btm,k=7)
> btm.out
Biterm Topic Model
  trained with 1000 Gibbs iterations, alpha: 7.14285714285714, beta: 0.01
  topics: 7
  size of the token vocabulary: 204
  topic distribution theta: 0.146 0.115 0.165 0.128 0.138 0.192 0.117
```

출력 결과에 등장하는 alpha, beta, theta 등의 통계치는 LDA 모형에서 이미 등장한 바 있다. BTM 역시 LDA와 마찬가지로 $\alpha=50/k$의 디폴트를 따르고 있으며, β의 디폴트는 0.01이다. BTM 추정 결과의 θ(theta)는 전체 말뭉치에서 7개 잠재토픽들의 등장 비율을 뜻한다. BTM 추정 결과를 얻었으니, 다음으로 각 잠재토픽을 반영하는 주요 단어들이 무엇인지 살펴보자. 앞서 소개한 LDA 모형, CTM, STM과 마찬가지로 상위 20개 단어를 살펴본 결과는 다음과 같다.

```
> #각 토픽별 단어들 목록 점검
> btm_terms <- terms(btm.out, top_n=20)
> btm_terms #너무 길어 보기 좋지 않음
[[1]]
         token probability
1      opinion  0.06732526
2       person  0.05290357
3      privaci  0.05290357
4       inform  0.04809634
[출력 결과가 너무 길어 아래와 같이 정리된 형태로 제시]

> #정리된 결과는 아래와 같음
> btm_terms_summary <- data.frame(matrix(NA,nrow=20,ncol=7))
```

```
> for (i in 1:7){
+   btm_terms_summary[,i] <- btm_terms[[i]][,1]
+ }
> colnames(btm_terms_summary) <- paste0("btm_",1:7)
> btm_terms_summary

         btm_1            btm_2        btm_3        btm_4       btm_5         btm_6          btm_7
1      opinion         influenc       health       effect  comparison        social          polit
2       person            model       belief        onlin crosscultur          emot          mobil
3      privaci            trust      control       social relationship      express          power
4       inform            topic     healthi       health    consumpt         voter        citizen
5        onlin           commit         locu      network      cultur         polit      democraci
6       public doesinterperson       effect  interperson       video          site          activ
7      ambival            focus       implic        media      youtub       network       campaign
8          new         institut     interact          mer       evalu      particip          delib
9      protect           mediat    intervent       offici       minor    comparison        deliber
10       korea          organiz socioeconom        south       model        effect       efficaci
11      matter           promot        statu untrustworthi  multiraci          mobil          elect
12 controversi             role      dietari        korea      polici        action          engag
13      diffus           commun    behaviour     outbreak      prefer         angri        ideolog
14       dynam           discov       design          new      racial approachavoid           lead
15      format           extend       public       public      racism       discret participatori
16        judg             fake        adult       inform      symbol           sad        process
17       studi            field     behavior      deliber      effect          vote       strength
18     express              new        drama    facetofac       white          form           talk
19          sn           presum         educ     investig    analysi       tendenc        charact
20       chang            regul        level        moder         cue            sn         cultur
```

위의 결과들을 바탕으로 각 잠재토픽의 의미론적 라벨을 다음과 같이 붙여보았다.

- Topic 1: Privacy studies
- Topic 2: Stereotype in communication
- Topic 3: Health communication
- Topic 4: Election studies
- Topic 5: Inter-culture communication
- Topic 6: SNS in communication
- Topic 7: Political communication

이제 각 문서별 7개 잠재토픽이 등장할 확률이 어떠한지 살펴보자. BTM 패키지의 경우 다음과 같이 `predict()` 함수를 통해 문서별 잠재토픽 등장 확률을 추정한다. 본질적으로 R에서 회귀모형 예측값을 얻는 방법과 다르지 않다.

```
> #문서별 잠재토픽 등장 확률
> topic.by.year <- predict(btm.out, DF_btm) #BTM모형, BTM모형을 적용할 텍스트데이터
> round(topic.by.year,2)
       [,1] [,2] [,3] [,4] [,5] [,6] [,7]
p2009a 0.00 0.00 0.00 1.00 0.00 0.00 0.00
p2009b 0.00 0.00 0.00 0.00 0.00 0.00 1.00
p2010a 0.01 0.99 0.00 0.00 0.00 0.00 0.00
p2010b 0.00 0.00 0.00 0.00 0.00 0.90 0.10
p2010c 0.00 0.00 0.00 0.00 0.00 0.00 1.00
p2011a 0.00 0.00 0.00 1.00 0.00 0.00 0.00
p2011b 0.00 1.00 0.00 0.00 0.00 0.00 0.00
p2012a 0.00 0.00 0.00 0.01 0.98 0.01 0.00
p2012b 0.00 0.00 0.00 1.00 0.00 0.00 0.00
p2013a 0.00 0.00 0.00 0.06 0.00 0.94 0.00
p2014a 0.98 0.00 0.00 0.02 0.00 0.00 0.00
p2014b 0.00 0.00 0.00 0.00 1.00 0.00 0.00
p2014c 0.00 1.00 0.00 0.00 0.00 0.00 0.00
p2014d 0.00 0.00 0.00 0.00 1.00 0.00 0.00
p2014e 0.99 0.00 0.00 0.01 0.00 0.00 0.00
p2014f 0.00 0.00 0.01 0.95 0.00 0.03 0.00
p2014g 0.00 0.00 0.00 0.00 1.00 0.00 0.00
p2015a 0.97 0.00 0.00 0.03 0.00 0.01 0.00
p2015b 0.00 0.00 0.00 0.01 0.00 0.99 0.00
p2015c 0.00 0.00 0.00 0.00 0.00 1.00 0.00
p2015d 0.00 0.00 0.00 0.00 0.98 0.00 0.02
p2015e 0.00 1.00 0.00 0.00 0.00 0.00 0.00
p2015f 0.00 0.00 0.00 0.01 0.00 0.89 0.11
p2016a 0.00 0.00 0.00 0.00 0.02 0.00 0.98
p2017a 0.00 0.00 0.00 0.00 1.00 0.00 0.00
p2018a 0.00 0.00 0.00 0.01 0.02 0.98 0.00
p2018b 0.00 0.00 0.00 0.00 0.00 0.04 0.96
p2018c 0.00 0.00 0.98 0.02 0.00 0.00 0.00
p2019a 0.00 0.00 1.00 0.00 0.00 0.00 0.00
p2019b 0.00 0.98 0.00 0.00 0.02 0.00 0.00
p2019c 0.00 1.00 0.00 0.00 0.00 0.00 0.00
p2019d 0.98 0.00 0.00 0.00 0.00 0.00 0.02
p2019e 0.06 0.00 0.01 0.93 0.00 0.01 0.00
```

이제 연도별 잠재토픽이 어떻게 변하는지 시각화해 보았다. 시각화 방식은 LDA 모형, CTM 결과를 시각화할 때의 방식과 동일하다.

```
> #시각화
> topic.by.year <- data.frame(topic.by.year)
> topic.by.year$pubyear <- rownames(topic.by.year)
> topic.by.year$pubyear <- as.numeric(str_extract(topic.by.year$pubyear,
+                                         "[[:digit:]]{4}"))
> topic.by.year <- aggregate(cbind(X1,X2,X3,X4,X5,X6,X7)~pubyear,
+                            topic.by.year,sum)
> fig_BTM_english <- reshape(topic.by.year, idvar = "pubyear",
+                            varying = list(2:8),
+                            v.names = "X", direction = "long")
> colnames(fig_BTM_english) <- c('year','topic_i','score')
> fig_BTM_english$topic <- factor(fig_BTM_english$topic_i,
+                                 labels=c("Privacy\nstudies\n",
+                                          "Stereotype\nin comm\n",
+                                          "Health\ncomm\n",
+                                          "Election\nstudies\n",
+                                          "Inter-culture\ncomm\n",
+                                          "SNS\nin comm\n",
+                                          "Political\ncomm\n"))
> #토픽의 알파벳 순서로 정렬
> fig_BTM_english$topic <- as.character(fig_BTM_english$topic)
> #시간에 따른 변화
> ggplot(data=fig_BTM_english, aes(x=year, y=score, fill=topic)) +
+   geom_bar(stat="identity")+
+   scale_x_continuous(breaks=2004:2019,labels=2004:2019)+
+   scale_y_continuous(breaks=2*(0:5),labels=2*(0:5))+
+   scale_fill_manual(values=cluster.color)+
+   labs(x="publication year",y="score",fill='latent topic')+
+   ggtitle("BTM: Titles of English journal papers")+
+   theme_classic()
```

결과

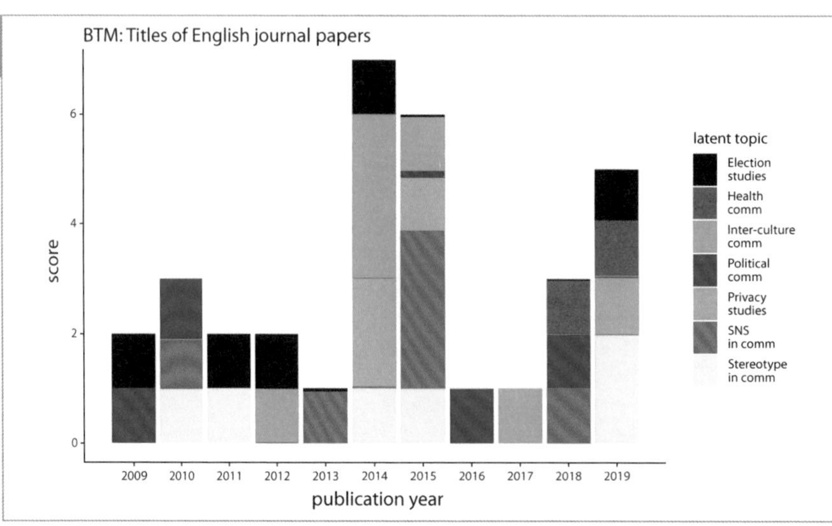

BTM 역시 LDA 모형과 같은 토픽모형의 일종이기에 모형추정 과정과 결과를 해석하는 것은 크게 다르지 않다. 그러나 각 토픽모형을 지원하는 R 패키지에 따라 토픽모형에 입력되는 텍스트 데이터인 DTM의 형태가 조금씩 다르기 때문에, 각 패키지에서 요구하는 입력 데이터 오브젝트 형태에 맞도록 데이터를 사전처리할 수 있다면 그리 어렵지 않게 토픽모형을 활용할 수 있을 것이다.

지금까지 총 네 가지의 토픽모형들을 실습해 보았다. 2019년 현재까지 여전히 가장 널리 알려지고 사용되는 토픽모형은 LDA 모형이다. 또한 최근 개발되고 있는 토픽모형들 역시 LDA 모형을 기반으로 그 한계점들을 수정·보완·개선한 모형이라고 보아도 무방하다. 따라서 LDA모형을 이해한 독자라면 CTM, STM, BTM이나 여기서 소개하지 않은 다른 토픽모형들을 어렵지 않게 이해할 수 있을 것이다. 방대한 데이터를 몇 개의 잠재토픽으로 요약할 수 있다는 점에서 토픽모형은 분명 매력적인 텍스트 마이닝 기법임에 틀림없다. 그러나 적절한 잠재토픽 개수가 어느 정도인지, 의미론적 관점에서 토픽을 어떻게 해석해야 할지 등의 문제들을 고려할 때 완벽한 객관적인 텍스트 데이터 분석기법이라고 보기는 어렵다.[11] 물론 이러한 토픽모형의 한계는 비지도 기계학습 기법에서 거의 예외 없이 적용된다. 토픽모형이 무엇이고 어떻게 작동하는지를 아는 것 못지않게, 텍스트 분석자들은 분석 대상이 되는 텍스트의 성격에 대해 충분히 이해해야 하며, 추출된 토픽이 발현된 단어들이 '어떤 맥락에서 사용되는지'를 알아야 한다. 앞으로도 그러하겠지만 인간의 텍스트는 다면적이며, 다중적 의미를 갖기 때문에 확정된 해석이 존재하지 않기 때문이다.

끝으로 토픽모형을 사용하거나 토픽모형으로 얻은 텍스트 분석 결과를 해석할 때 유용하게 활용할 수 있는, 탕 등(Tang et al., 2014: 196)이 제시한 체크리스트를 소개하며 이번 장을 마무리하고자 한다. 이 책에서 소개한 예시 사례를 반추하거나 토픽모형을 사용한 연구 논문이나 보고서를 읽을 때, 아래의 체크리스트를 되새겨 보면 좋을 듯하다.

---

11 아마도 완벽하게 객관적인 데이터 분석기법이라는 것이 존재할 수 있다고 보는 것은 '환상'에 불과하다고 필자는 생각한다.

- **말뭉치를 구성하는 문서들의 개수가 충분한가?** 이 가이드라인에 대해 탕 등(Tang et al., 2014)은 구체적인 수치나 범위를 제시하지 않았지만, "몇천 개의 문서(thousands of documents)"라는 표현을 사용했다. 이런 점에서 본다면 이 책의 예시 데이터는 상당히 큰 문제가 있다고 보아야 한다. 1판 출간 후 어떤 독자가 지적한 것처럼 이 책의 예시 데이터와 같은 텍스트(30개 남짓의 문서로 구성된 말뭉치)로는 안정적인 토픽모형 결과를 얻기가 어려울 것이라는 비판에 필자도 동의한다. 다시 밝히지만 이 책의 사례는 학습용이며, 학습의 편의를 위해 소규모 데이터를 사용한 것이지 어떤 학문적 함의를 얻기 위한 것이 아니다.

- **개별 문서의 길이(사전처리를 끝낸 단어 수)가 충분한가?** 이에 대해서도 탕 등(Tang et al., 2014)이 구체적인 수치나 범위를 제시하지는 않다. 단지 300~400개 단어 정도의 길이를 갖는 문서에서 "일부 내용(a fraction of each document)"만을 일부 표집한 경우에도 안정적인 토픽모형 추정 결과를 얻을 수 있다고 밝히고 있다. 이 점을 고려할 때, 200~300개 단어 내외의 학술논문 초록을 사용해 LDA 모형, CTM, STM을 추정한 이 책의 예시 사례는 큰 문제가 없다고 판단해도 무방할 것이다.

- **잠재토픽의 개수는 너무 많거나 혹은 너무 적지 않은가?** 이에 대해서도 탕 등(Tang et al., 2014)은 구체적인 가이드라인을 제시하지 않았지만, "잠재토픽 개수를 과도하게 많이 설정하는 것은 반드시 피해야 한다(the user needs to exercise extra caution to avoid selecting overly large number of topics for the model)"라고 주장했다. 당연하지만 최적의 잠재토픽 개수는 텍스트에 따라 다르며, 같은 텍스트를 분석하더라도 연구자에 따라 다를 것이다. 필자의 경우 '별첨 자료-2'에서 자세히 서술했듯, 텍스트 데이터를 최적으로 설명할 수 있는 LDA 모형이 필요로 하는 잠재토픽 개수 *k*를 추정하는 방법을 사용했다는 점에서 큰 우려는 없다고 생각한다.

- **잠재토픽들이 서로 잘 분별되는가(well-separated)?** 쉽지 않은 영역이기 때문이

겠지만, 이 부분에 대해서도 탕 등(Tang et al., 2014)은 구체적인 수치나 범위를 제시하지는 않았다. 대신 토픽모형 추정 후 [토픽×단어] 행렬을 살펴본 후 이 패턴이 충분히 뚜렷한지 살펴볼 것을 제안했다(사회과학 연구방법론의 용어로 번역하여 설명하면 '수렴타당도와 판별타당도'가 충족되었는지를 살펴보라는 의미다). 필자가 보았을 때, 이 책의 예시 사례에서는 심각한 문제가 없었다고 생각한다.[12]

- **LDA 모형에서 α값이 적절하게 부여되었는가**? 탕 등(Tang et al., 2014)은 이에 대해서도 구체적인 수치나 범위를 확정하여 제시하지는 않았다. 다만 각 모수에 대해 다음과 같은 조언을 제시하고 있다. 우선 α의 경우 소수의 잠재토픽이 내재하고 있다고 가정하는 경우에는 작은 α값[탕 등(Tang et al., 2014)은 작은 수치의 사례로 $\alpha \approx 0.01$을 제안했음]을 지정하라고 제안한다. 이 책의 분석 사례에서는 50/k라는 디폴트를 사용했지만, 사실 α=0.01로 재설정한 후 분석해도 분석 결과가 크게 달라지지 않기 때문에 큰 문제는 없을 듯하다. α값이 토픽모형 추정 결과에 어떠한 영향을 미치는지에 대해서는 앞서 α=10과 α=100의 두 시나리오를 비교한 결과를 참조하기 바란다.

---

12 물론 이 기준을 매우 보수적으로 적용할 경우 아주 문제가 없는 것도 아닐 것이다. 이를테면 영문 논문 데이터를 대상으로 실시한 LDA 모형추정 결과에서 Election studies 토픽(`Topic 1`), Politics in communication 토픽(`Topic 3`), SNS in communication 토픽(`Topic 5`)의 경우 politics(polit)라는 단어가 모두 상위권에 배치되어 있다.

03
감정분석

인간은 언어를 이용해 자신의 생각과 느낌을 전달한다. 앞에서 소개했던 토픽모형이 '텍스트가 다루는 대상'을 파악하는 텍스트 데이터 분석이었다면, 여기서 소개할 감정분석은 '텍스트에서 드러나는 정서, 감정, 느낌'[1]을 추정하는 텍스트 데이터 분석이다. 토픽모형이 텍스트에 내재되어 있을 것으로 가정되는 토픽을 구현하는 단어들을 추출하여 토픽을 추정하듯, 감정분석 역시 텍스트에 사용된 단어들이 내포하는 감정들을 추정한다. 예를 들어 '선거(election)'라는 단어가 많이 등장하는 논문이 '정치(politics)' 토픽을 다룰 것으로 예측하듯, '좋은(good)'이라는 단어를 많이 사용하는 텍

1 사회심리학자들은 '감정'과 '정서'를 엄밀하게 구분한다. 학술적으로 '감정'은 affect, valence, approach-avoidance 등에 대응되는 개념이며, '정서'는 emotion, 더 정확하게는 discrete emotion에 대응되는 개념이다. 예를 들어 "나는 뱀이 싫다"라는 문장에 드러난 뱀에 대한 정서는 '부정적(negative)', '불쾌(unpleasant)', '회피적(avoidant)'이라고 할 수 있으며, 뱀에 대한 감정은 '역겨움(disgusting)', '공포(fear)'라고 할 수 있다. 여기서 소개하는 감정분석(sentiment analysis)의 '감정'은 사회심리학에서 말하는 '감정'과 '정서'를 모두 표현한다.

스트는 '긍정적(positive)' 감정을 전달하고 있다고 추정할 수 있다. 감정분석이나 토픽모형이나 사실 텍스트에 사용된 단어나 표현을 이용해 문서의 특성을 추정한다는 점은 동일하다.

그러나 텍스트에 대한 이러한 동일한 가정에도 불구하고 감정분석은 앞서 소개한 토픽모형과는 다음과 같은 차이점을 갖고 있다. 첫째, 토픽모형의 경우 텍스트 데이터에 대한 분석 이후에야 '토픽'이 무엇인지 판단하지만, 감정분석의 경우 텍스트 데이터에 대한 분석 이전에 '감정'이 무엇인지 결정한다. 즉, 토픽모형의 경우 토픽이 무엇인지는 분석을 해보아야 알 수 있지만,[2] 감정분석의 경우 텍스트에서 특정한 감정이 나타나는지(예를 들어, 부정적, 중립적, 긍정적 감정), 어느 정도나 강렬하게 나타나는지(이를테면 -2부터 +2까지의 감정 스케일을 기준으로 특정 문서의 감정 점수는 얼마인지), 구체적으로 어떤 모습의 감정으로 나타나는지(이를테면, '공포'가 드러나는지 '분노'가 드러나는지)를 분석하는 것이 목적이다.

둘째, 토픽모형의 경우 텍스트 데이터 그 자체를 분석하는 방식으로 텍스트 분석 결과를 제시하는 것이 가능하지만, 감정분석의 경우 어떤 문서가 어떤 감정을 전달하는 단어나 표현인지를 알려줄 수 있는 근거 자료가 필수적이다. 조금 후에 다시 설명하겠지만, 필자가 알고 있는 범위에서 어떤 단어나 표현이 어떤 감정을 나타내는지를 추정할 때는 '어떤 단어나 표현이 어떤 감정을 나타내는지를 알려주는 감정어휘(emotion, sentiment, or opinion lexicon) 사전(dictionary)'을 사용하거나, '특정 단어와 표현이 사용된 문서가 어떤 감정을 나타내는지를 알려주는 인간의 판단(human judgment)'을 기반으로 문서에 내재한 감정을 예측하는 문서분류모형(classifier)을 훈련시켜 사용한다. 흔히 전자를 '감정어휘(sentiment lexicon) 사전을 이용한 감정분석'이라고 부르고, 후자와 같이 인간의 판단이 문서의 메타데이터로 설정되어 있을 경우 '지도 기계학습(supervised machine learning)을 이용한 감정분석'이라고 부른다. 아무튼 앞서 소개한 토픽모형과는 달리 감정분석에는 분석 대상이 되는 텍스트 데이터와는 별도의

2 물론 어떤 토픽들이 나올 것으로 기대를 할 수는 있지만, 확신을 갖고 분석하지는 않는다. 사회과학데이터 분석기법이라는 측면에서 본다면 토픽모형은 탐색적 인자분석(exploratory factor analysis) 기법에 가깝다.

감정 표식 데이터를 추가적으로 고려해야 한다.

셋째, 문서에 표출된 감정의 범주나 강도가 텍스트 데이터 분석 사전에 설정되어 있기 때문에 감정 분석의 예측값이 얼마나 타당한지를 점검해야 한다. 예를 들어 '긍정적 감정'과 '부정적 감정'이라는 2개의 범주 중 하나를 갖는다고 가정된 문서들을 감정 분석하는 경우, 이를 통해 예측된 감정 상태가 과연 얼마나 타당성을 갖는지를 점검할 필요가 있다. 사회과학적 관점에서 말하자면, 문서에 담긴 감정에 대한 인간의 판단을 기준 변수로 하여 기계의 판단이 얼마나 인간의 판단과 유사한지 테스트할 필요가 있다[즉, 준거타당도(criterion-related validity) 테스트].

감정어휘 사전을 이용한 감정분석

우선 감정어휘 사전을 이용해 텍스트에 담긴 감정을 분석해 보자. 영어 텍스트에서 good, happy, wonderful 등의 단어가 포함되었다고 가정해 보자. 아마도 대부분의 독자들은 이러한 단어들이 포함된 텍스트는 '긍정적 감정'을 드러낸다고 추정할 것이다. 마찬가지로 bad, sad, depressing 등의 단어가 포함된 텍스트의 경우 '부정적 감정'을 드러내고 있다고 추정할 수 있을 것이다. 즉, 감정어휘 사전이란 어떤 단어가 긍정적 감정을 드러내는 데 주로 사용되고 어떤 단어가 부정적 감정을 드러내는 데 주로 사용되는지를 모아놓은 데이터라고도 정의할 수 있다. 필자가 알고 있는 범위에서 영어 텍스트에 대해서는 다음의 감정어휘 사전들이 유명하다.[3] 참고로 아래 제시된 감정어휘 사전들은 `textdata` 패키지를 이용하여 다운로드 가능하다(구체적 다운로드 방식은 조금 후에 제시될 것이다).

---

3 여기서는 펜네베이커(James W. Pennebaker) 연구팀이 개발한 LIWC나 하트(Roderick P. Hart) 등의 DICTION과 같은 컴퓨터 내용분석 프로그램에서 사용된 어휘사전은 고려하지 않았다. 가장 큰 이유는 이들이 개발한 프로그램의 어휘사전은 지적재산권 보호대상이기 때문이다. 만약 해당 어휘사전을 사용하고 싶거나 사용할 수 있는 법적 권리가 있는 독자라면, 이 책에서 제시된 방법을 응용해 원하는 텍스트 데이터를 분석하는 것도 가능하다.

- **AFINN**: AFINN은 핀 아룹 닐슨(Finn Årup Nielsen)이 2009~2011년에 수집한 감정어휘들에 대해 −5(가장 부정적)부터 +5(가장 긍정적)의 점수를 부여한 사전이다. 2019년 현재 약 2500개의 감정어휘들에 대한 영어 사용자의 판단을 근거로 부정적-긍정적 감정점수가 부여되어 있다. 자세한 내용은 닐슨과 동료들의 논문들(Nielsen, 2011; Hansen et al., 2011)과 홈페이지[4]를 참조하라.

- **(Bing Liu's) opinion lexicon**(의견어휘): opinion lexicon은 감정분석 분야에서 유명한 빙 류(Bing Liu) 팀에서 수집한 감정어휘다. opinion lexicon은 여러 차례에 걸쳐 업데이트되고 있고, 컴퓨터 공학 분야에서 매우 널리 사용되는 유명한 감정어휘 사전이다. 2019년 현재까지 약 6800개의 단어에 대한 감정[개발자의 용어로는 의견(opinion)]이 부여되어 있다. AFINN이 −5~+5의 범위를 갖는 것과는 달리, opinion lexicon은 감정을 긍정(positive)과 부정(negative)으로 분류하고 있다(범주형 변수). opinion lexicon에 대한 자세한 내용은 빙 류 연구팀의 홈페이지[5]나 빙 류와 동료들의 저술들(Liu, 2011, 2015)을 참조하라.

- **EmoLex**(정서어휘)[6]: AFINN과 opinion lexicon이 부정적-긍정적 감정만을 다루는 반면, EmoLex는 표현이 긍정적인지 부정적인지는 물론, 분노(anger), 공포(fear), 놀람(surprise), 슬픔(sadness), 즐거움(joy), 역겨움(disgust), 신뢰(trust) 등과 같은 인간의 정서(emotion) 정보 역시 제공한다는 점이 독특하다. EmoLex는 크라우드소싱(crowd-sourcing), 즉 다수의 인간 코더들의 참여를 기반으로 감정 및 정서에 대한 정보를 축적했다. EmoLex에는 2019년 현재 약 1만 4000개의 단어들이 포함되어 있다. EmoLex에 대한 자세한 내용은 개발자의 논문(Mohammad and Turney, 2013)이나 홈페이지[7]를 참조하라.

---

4 http://www2.imm.dtu.dk/pubdb/views/publication_details.php?id=6010

5 https://www.cs.uic.edu/~liub/FBS/sentiment-analysis.html#lexicon

6 혹은 NRC word-emotion association lexicon(단어-감정 연관어휘)이라고 불린다. NRC는 캐나다의 연구지원기관인 National Research Council의 두음자다.

7 http://saifmohammad.com/WebPages/NRC-Emotion-Lexicon.htm

• **NRC Affect Intensity Lexicon**(NRC 감정강도어휘): 앞서 소개한 EmoLex의 경우 감정표현 어휘의 등장 여부를 체크하며, 이때 동일한 감정 상태로 분류된 단어들을 모두 동일한 감정강도를 갖는다고 가정한다. 반면 NRC 감정강도어휘(Mohammad, 2018a)의 경우 동일한 감정 상태를 나타내는 단어라고 하더라도, 특정 단어는 다른 단어보다 훨씬 더 강한 감정강도를 갖는다고 가정한다. 예를 들어, NRC 감정강도어휘에서 분노(anger)에 속하는 단어들의 경우, outraged라는 단어가 0.964의 강도를 갖는 '분노감정'으로 판정되는 반면, irritated 라는 단어는 0.706의 강도를 갖는 '분노감정'이라고 분류된다. EmoLex와 마찬가지로 크라우드소싱에 기반해 감정강도를 정량화했다. 충분히 흥미로운 접근이다. 그러나 필자 개인적으로는 감정강도를 수치화한 사전을 만드는 것이 과연 유용한지에 대해서는 다소 의심을 갖고 있다.

• **NRC VAD**(Valence, Arousal, and Dominance) **lexicon**(NRC 방향·흥분·지배 감정어휘): 앞서 소개한 EmoLex 개발자가 사회심리학적 이론적 배경을 기반으로 최근 새로 개발한 감정어휘 사전이다(Mohammad, 2018b). 아마도 대부분의 사회과학자들은 '의미분별척도(semantic differential scale)'를 들어본 적이 있을 것이다. 의미분별척도에서 '의미'를 다차원적으로 접근하듯, NRC VAD 감정어휘에서는 영어 단어를 심리적 방향 정도(유쾌함-불쾌함), 흥분 수준(흥분됨-따분함)도, 지배력(감정을 느끼는 사람이 지배하려는 성향을 보임-복속되려는 성향을 보임) 정도의 3개 차원으로 파악한다. 매우 흥미로운 접근이라고 생각한다. 그러나 필자 개인적으로는 사회심리학 관점에서 다차원적 언어이론을 모르는 사람들에게 과연 설득력 있는 분석 결과를 제공할 수 있을지에 대해서는 다소 회의적이다.

• **Loughran-McDonald sentiment lexicon**(루그란-맥도날드 느낌어휘): 다른 감정어휘 사전들이 영어 텍스트 전반에서 나타나는 감정어휘들을 다루는 반면, 루그란-맥도날드 느낌어휘(Loughran and McDonald, 2011)는 주로 재무(financial) 분야의 영어 텍스트에서 나타나는 느낌어휘들을 다룬다. 루그란-맥도날드 느낌어휘에서는 긍정적(positive), 부정적(negative), 논쟁적(litigious), 불확실한(uncertainty), 구속력 있는(constraining), 과다한(superfluous) 느낌, 총 6개의 감정 범주에 해당되는 약 4000개가량의 단어들을 모아둔 사전이다. 재무, 금융 등을 다루는 텍스트라면 유용할 수 있으나, 다른 맥락의 텍스트에 대해서는 사용하지 않는 편이 나을 것이다.

한국어 텍스트의 경우도 감정어휘 사전들이 존재하지만, 아쉽게도 영문 텍스트와는 달리 일반에 공개된 감정어휘 사전들을 찾기 어렵다. 적어도 필자가 인지하는 한, 한국어 텍스트에 대한 감정어휘 사전들 중 공개된 사전은 서울대학교 컴퓨터 언어학 연구실에서 개발한 '한국어 감정분석 말뭉치(Korean Sentiment Analysis Corpus, KSAC)'[8] 외에는 없는 것으로 알고 있다(다른 감정어휘 사전들의 경우, 사적재산이거나 비공개된 것으로 알고 있다. 만약 독자 중 공개된 자료가 있는 것을 알고 있다면, 부디 필자에게 알려주길 간절히 부탁드린다). 아쉬운 점은 KSAC는 Java 프로그램으로 작성되어 있기 때문에, R에서 해당 감정어휘 사전을 사용하기 위해서는 별도의 프로그래밍이 필요하다. 따라서 필자와 같은 일반적 수준의 R 이용자는 한국어 감정어휘 사전에 접근하는 것도 어렵고, 사용하는 것도 쉽지 않다.

이에 이 책 1판에서는 감정어휘 사전을 이용한 한국어 텍스트 감정분석을 실시하지 않았다. 그러나 이번 2판에서는 '편법'을 이용해 한국어 텍스트 감정분석을 실시하는 사례를 소개했다. 여기서 말하는 '편법'이란 한국어 텍스트를 영어 텍스트로 번역한 후, 번역된 영문 텍스트를 대상으로 감정분석을 실시하는 방법이다. 구체적으로는 구글번역기(translate.google.com)를 이용해 한국어 텍스트를 영어 텍스트로 바꾼 후, 번역된 영어 텍스트에 감정어휘 사전을 이용하여 감정분석을 실시하는 방법이다. R의 `googleLanguageR` 패키지와 구글번역기 API를 갖고 있다면, 아무리 많은 분량의 텍스트라도 원하는 언어의 텍스트로 번역할 수 있다. 오해의 소지가 없도록 분명히 밝히거니와 필자는 이 방법을 '과학적으로 완전히 정당화될 수 없는 편법'이라고 생각한다(이 방법이 과학적으로 정당하려면 원본 텍스트와 번역본 텍스트가 의미상 완전하거나 혹은

8 학술적 목적인 경우 서울대학교 컴퓨터 언어학 연구실에 요청하면 무료 이용이 가능하다. 다음의 웹페이지를 참조하라. http://word.snu.ac.kr/kosac/

그에 준하는 수준으로 동등해야 한다). 그러나 필자의 경험상, 구글번역기를 사용하는 이 방법으로 어느 정도 수준의 감정분석이 가능하다고 생각한다. 아마 이 책의 독자들 중 엄밀한 학술적 목적이 아니라 대용량의 한국어 텍스트에 드러난 감정이나 느낌 등을 '엉성하게라도 요약해도 충분'하다고 생각한다면, 이 책에서 제시한 방법이 어느 정도는 유용할 것으로 생각한다.

이 책 1판의 경우, 필자의 학술논문 말뭉치를 예시 데이터로 사용했으나, 학술논문보다는 감정이 더 잘 드러나는 텍스트를 어떻게 분석할 수 있는지 예시하는 것이 좋겠다는 의견이 많았다. 이에 이 책 2판에서는 감정어휘 사전을 이용한 감정분석을 위해 다음과 같은 영어 텍스트와 한국어 텍스트를 선정했다.

- **영어 텍스트**: 킹제임스(King James)판 구약 성서[Old testament, 히브리(Hebrew)] 중 18권 『욥기(The Book of Job)』
- **한국어 텍스트**: 최서해의 『탈출기』

우선 영어 텍스트로 『욥기』를 선정한 이유는 세 가지다. 첫째, 필자는 『욥기』를 좋아하여 여러 차례 읽어보았고, 따라서 해당 텍스트의 내용을 익숙하게 알고 있기 때문이다. 둘째, 『욥기』 텍스트 전반에는 감정 표현이 매우 잘 드러나 있기 때문이다. 셋째, 『욥기』 텍스트는 너무 길지도 너무 짧지도 않은 적당한 길이의 텍스트이기 때문이다. 킹제임스판 『욥기』는 '프로젝트 구텐베르크(Project Gutenberg)' 웹페이지에서 무료로 다운로드받을 수 있다.[9] 여기에서는 필자가 별도 저장한 `Job_King_James_version.txt` 파일을 사용했다.

한국어 텍스트의 경우 한국 고등학교 문학교과서에 전문 혹은 일부가 등장하는 최서해 작가의 『탈출기』를 사용했다. 『탈출기』를 사용한 이유는 해당 텍스트가 독자들

---

9 프로젝트 쿠텐베르크의 웹페이지 주소는 http://www.gutenberg.org/이다. `gutenbergr` 패키지를 이용해 R 공간에서 바로 다운로드받을 수도 있다. `gutenberg_works()` 함수로 가능한 문헌들의 목록을 불러오고, `gutenberg_download()` 함수로 원하는 파일을 다운로드받으면 된다. 다운로드 받을 때 함수 안에는 `gutenberg_id="파일번호"`와 같이 지정하며, 킹제임스판 『욥기』의 경우 8018번이다.

에게 매우 유명하다는 점과 함께, 상대적으로 길이가 짧아 한국어 원본과 영어 번역본을 직접 읽고 비교해 보는 것이 쉽다는 점, 소설의 흐름에 따라 주인공의 감정 변화 과정이 비교적 빠르게 진행된다는 점 등을 고려했다. 길지 않은 텍스트이니만큼 만약 『탈출기』를 읽어보지 않았다면 한번 읽어보기 바란다. 또한 『탈출기』를 읽어보았더라도 구글번역기가 번역한 『탈출기』 번역본도 꼭 같이 읽어보길 권한다. 『탈출기』 원본의 경우 `novel_탈출기_최서해.txt` 파일에서 확인할 수 있으며, 구글번역기를 이용해 영문으로 번역된 『탈출기』의 경우 `novel_escape_choi.txt` 파일에서 확인할 수 있다.

이제 영어 텍스트인 『욥기』를 대상으로 감정분석을 실시해 보자. 우선 텍스트를 불러오기 전에 감정어휘 사전을 이용한 감정분석을 실시하기 위한 패키지들로 `tidytext`, `textdata`, `tidyverse` 패키지들을 사용했다. `tidytext` 패키지와 `tidyverse` 패키지는 앞서 공통등장단어 토픽모형(BTM)을 소개할 때 설명한 바 있다. `textdata` 패키지는 앞서 소개한 감정어휘 사전들을 불러올 때 사용할 패키지다. 타이디데이터 접근에 기반한 `tidyverse` 패키지의 여러 함수들이 등장할 때 어떤 의미인지 본문 중간중간에 간단한 설명을 제시했다. 만약 여기에 제시된 `tidyverse` 패키지의 여러 함수들을 더 구체적·체계적으로 알고 싶은 독자들은 위컴과 그롤문트(Wickham and Grolemund, 2016)의 *R for data science*나 필자의 『R기반 데이터과학: `tidyverse` 접근』을 참조하기 바란다.

패키지들을 구동시킨 후에 `readLines()` 함수를 이용해 『욥기』 텍스트를 호출한 결과는 아래와 같다. `readLines()` 함수는 입력된 텍스트를 줄(line) 단위로 읽어내는 함수다.

```
> #감정어휘 사전을 활용한 텍스트 감정분석
> library("tidytext")
> library("textdata") #lexicon 다운로드
> library('tidyverse') #stringr, ggplot2 포함
-- Attaching packages --------------------------------------- tidyverse 1.2.1 --
√ ggplot2 3.2.0     √ purrr   0.3.2
√ tibble  2.1.3     √ dplyr   0.8.3
√ tidyr   1.0.0     √ stringr 1.4.0
√ readr   1.3.1     √ forcats 0.4.0
-- Conflicts ------------------------------------------ tidyverse_conflicts() --
```

```
x dplyr::filter() masks stats::filter()
x dplyr::lag()    masks stats::lag()
> #구약(히브리)성서의 <욥기>에 대해 감정분석을 실시해 보자.
> job <- readLines("Job_King_James_version.txt")
> head(job,5)
[1] "18:001:001 There was a man in the land of Uz, whose name was Job; and"
[2] "            that man was perfect and upright, and one that feared God, and"
[3] "            eschewed evil."
[4] ""
[5] "18:001:002 And there were born unto him seven sons and three daughters."
> #원텍스트의 줄 수는 아래와 같다.
> length(job)
[1] 3213
```

위의 결과에서 알 수 있듯 전체 텍스트는 총 3213개의 줄로 구성되어 있으며, 본문 앞에는 ○○:○○○:○○○ 형태의 숫자가 표기되어 있다. 여기서 첫 두 자리의 숫자 18은 킹제임스판 성서에서 『욥기』가 18번째 책임을 의미하며, 가운데 세 자리의 숫자는 장(章, chapter)을 의미하고, 마지막 세 자리의 숫자는 절(節, verse)을 뜻한다. 이번 분석 사례에서는 『욥기』만을 다루기 때문에 첫 두 자리 숫자는 모두 18(성서 정경들 중 18번째 책)로 고정되어 있다. `head(job,5)`의 출력 결과의 1번부터 3번까지의 텍스트는 킹제임스판 성서의 18권 1장 1절의 내용임을 의미한다. 18권 1장 1절이 끝난 네 번째 줄(line)에는 아무런 텍스트도 입력되지 않았으며, 그 다음 줄부터는 18권 1장 2절에 해당되는 텍스트가 입력되어 있다. `Job_King_James_version.txt` 텍스트는 이러한 방식으로 구성된 텍스트로 총 3213개의 줄이 존재한다.

『욥기』 텍스트를 대상으로 '『욥기』의 각 장마다 텍스트를 통해 드러나는 감정은 어떻게 달라지는가?'에 관한 감정분석을 실시한다고 가정해 보자. 필자는 다음과 같은 계획에 따라 감정분석을 실시했다.

- **1단계**: 『욥기』 텍스트를 '장(chapter)' 단위로 구분했다.
- **2단계**: 장별로 구분된 『욥기』 텍스트에 대해 다음과 같은 사전처리를 실시했다.
  - 대문자 표현을 모두 소문자로 바꾸어 대·소문자를 통일한다.
  - 문장부호를 제거한다.
  - 불필요 공란을 제거한다.

- 불용단어들을 제거한다.[10]

- **3단계**: 감정어휘 사전을 이용하여 장별 감정 분석을 실시한다.
- **4단계**: 감정분석 결과를 시각화한다.

먼저 다음과 같은 과정으로 1단계 작업을 진행했다. 제일 먼저 줄별로 나뉜 job 오브젝트를 하나의 텍스트로 묶었다. 이를 위해 필자는 str_flatten() 함수를 이용했다.

```
> #하나의 텍스트로 묶어보자.
> job <- str_flatten(job)
> substr(job, 1, 400)
[1] "18:001:001 There was a man in the land of Uz, whose name was Job; and
   that man was perfect and upright, and one that feared God, and           esche
wed evil.18:001:002 And there were born unto him seven sons and three daughters.1
8:001:003 His substance also was seven thousand sheep, and three            thousa
nd camels, and five hundred yoke of oxen, and five          hundred she asses, "
```

이렇게 하나로 묶인 텍스트를 18:○○○:○○○과 같이 장, 절을 나타내는 표현을 중심으로 나누었다. 이를 위해 str_split() 함수를 이용했다.

```
> #장, 절을 구분한 표시를 기준으로 텍스트를 분리하자.(18은 욥기의 번호임)
> job_text <- str_split(job, "18:[[:digit:]]{3}:[[:digit:]]{3}")[[1]]
> head(job_text,3)
[1]                                                                          ""

[2] " There was a man in the land of Uz, whose name was Job; and          that man
was perfect and upright, and one that feared God, and          eschewed evil."
[3] " And there were born unto him seven sons and three daughters."
```

10 '숫자 제거'와 '어근 동일화'는 실시하지 않았다. 우선 텍스트의 성격상 『욥기』에는 숫자가 등장하지 않는다(아라비아 숫자라는 표현처럼, 성서가 기록된 시대에는 현재의 우리가 쓰는 숫자는 사용하지 않았다). 어근 동일화의 경우 감정어휘 사전을 사용할 경우 잘 사용되지 않는다(만약 사용하고자 한다면, 감정어휘 사전의 단어들에 대해서도 어근 동일화 과정을 밟아야 할 것이다). 간혹 오탈자가 많은 텍스트(이를테면 온라인 리뷰)에 대해 감정분석을 실시하는 경우에는 영문 스펠링 체크(spell-checking)를 실시하기도 한다. 현재 여기서 사용하는 『욥기』의 경우 국가사업으로 번역·감수된 텍스트이기 때문에 스펠링 체크를 할 필요가 전혀 없다. 만약 스펠링 체크를 원한다면 hunspell 패키지를 참고하기 바란다.

이렇게 얻은 job_text 벡터의 두 번째 요소부터 마지막 요소까지의 내용이 각 절의 텍스트다(첫 번째 요소의 경우 어떠한 내용도 없는 것을 확인하기 바람). 이에 다음과 같이 job_text의 두 번째 요소부터 마지막 요소까지만 남기고 첫 번째 요소를 제거했다.

```
> #job_text의 경우 처음은 공란임. 따라서 제거함.
> job_text[1]
[1] ""
> job_text <- job_text[2:length(job_text)]
```

『욥기』의 텍스트를 각 절별로 뽑아냈으니, 이제는 장번호와 절번호를 각 절별로 뽑아내 보자. 이를 위해 필자는 str_extract_all() 함수를 이용하여 18:○○○:○○○과 같은 표현만을 추출한 후, str_extract() 함수와 str_remove() 함수를 함께 사용하여 원하는 위치의 수치를 각각 분리하여 추출하는 방식으로 장번호와 절번호 벡터를 생성했다. 아래에서 알 수 있듯 『욥기』에는 총 1070개의 절(verse)이 존재한다.

```
> #장, 절을 나타낸 숫자를 뽑아내 보자.
> job_number <- str_extract_all(job,"18:[[:digit:]]{3}:[[:digit:]]{3}")[[1]]
> #장(chapter), 절(verse)을 구분해 보자.
> job_chapter <- str_remove(str_extract(job_number,"18:[[:digit:]]{3}"),"18:")
>  job_verse  <-  str_remove(str_extract(job_number,"18:[[:digit:]]{3}:[[:digit:]]
{3}"),"18:[[:digit:]]{3}:")
> length(job_text);length(job_chapter);length(job_verse)
[1] 1070
[1] 1070
[1] 1070
```

이렇게 추출한 장번호와 절번호, 그리고 각 절의 성서 내용을 하나의 텍스트데이터로 구성했다. 여기서 필자는 R의 데이터 프레임(data.frame) 형식을 사용해도 되지만, tidyverse 환경에 특화된 티블(tibble) 형식을 사용했다. 데이터를 분석하는 측면에서 티블 데이터는 데이터 프레임 데이터와 동일하다.

```
> #욥기를 티블 데이터 형식으로 만들고, 대·소문자 통일, 문장부호 제거, 불필요 공란 제거 실시
> tb_job <- tibble(chapter=job_chapter,verse=job_verse,text=job_text)
```

```
> tb_job
# A tibble: 1,070 x 3
   chapter verse text

 <chr>   <chr> <chr>
 1 001    001   " There was a man in the land of Uz, whose name was Job; and        ~
 2 001    002   " And there were born unto him seven sons and three daughters."
 3 001    003   " His substance also was seven thousand sheep, and three           t~
 4 001    004   " And his sons went and feasted in their houses, every one his      ~
 5 001    005   " And it was so, when the days of their feasting were gone          ~
 6 001    006   " Now there was a day when the sons of God came to present          ~
 7 001    007   " And the LORD said unto Satan, Whence comest thou? Then Satan      ~
 8 001    008   " And the LORD said unto Satan, Hast thou considered my servant     ~
 9 001    009   " Then Satan answered the LORD, and said, Doth Job fear God for     ~
10 001    010   " Hast not thou made an hedge about him, and about his house,       ~
# ... with 1,060 more rows
```

여기까지 1단계 작업이 끝났다. 이제 2단계, 즉 텍스트 데이터 사전처리 작업들을 진행해 보자. 앞서 얻은 tb_job 오브젝트에서 알 수 있듯, 장번호와 절번호는 텍스트 형태로 추출되었다. 이에 먼저 장번호와 절번호를 수치형 변수로 변환했다. 이후 tolower() 함수를 이용하여 텍스트 내부의 대·소문자를 통일했고, 모든 형태의 문장부호를 뜻하는 정규표현인 [[:punct:]]{1,}와 str_remove_all() 함수를 이용하여 텍스트 내부의 모든 문장부호를 삭제했으며, str_squish() 함수를 이용하여 불필요 공란을 제거했다.

```
> #사전처리
> tb_job <- tb_job %>%
+   mutate(chapter=as.numeric(chapter),    #장을 텍스트 형식에서 수치형으로
+          verse=as.numeric(verse),        #절을 텍스트 형식에서 수치형으로
+          text=tolower(text),             #대·소문자 통일
+          text=str_remove_all(text,"[[:punct:]]{1,}"),  #문장부호 제거
+          text=str_squish(text))         #불필요 공란제거
> tb_job
# A tibble: 1,070 x 3
chapter verse text
    <dbl> <dbl> <chr>
 1       1     1 there was a man in the land of uz whose name was job and that man wa~
 2       1     2 and there were born unto him seven sons and three daughters
 3       1     3 his substance also was seven thousand sheep and three thousand camel~
 4       1     4 and his sons went and feasted in their houses every one his day and ~
 5       1     5 and it was so when the days of their feasting were gone about that j~
```

```
6       1     6 now there was a day when the sons of god came to present themselves ~
7       1     7 and the lord said unto satan whence comest thou then satan answered ~
8       1     8 and the lord said unto satan hast thou considered my servant job tha~
9       1     9 then satan answered the lord and said doth job fear god for nought
10      1    10 hast not thou made an hedge about him and about his house and about ~
# ... with 1,060 more rows
```

다음으로 unnest_tokens() 함수를 이용하여 tb_job 데이터의 text 변수의 텍스트를 단어 단위로 분해한 후, anti_join() 함수를 활용하여 tidytext 패키지에서 제공하는 불용단어 사전(stop_words라는 이름으로 자동 호출됨)에 포함된 단어는 모두 삭제했다.

```
> #단어 단위의 데이터로 변환한 후 불용단어 제거
> tb_job_word <- tb_job %>%
+   unnest_tokens(word,text,"words") %>%
+   anti_join(stop_words, by="word")
> tb_job_word
# A tibble: 6,368 x 3
   chapter verse word
     <dbl> <dbl> <chr>
 1       1     1 land
 2       1     1 uz
 3       1     1 job
 4       1     1 perfect
 5       1     1 upright
 6       1     1 feared
 7       1     1 god
 8       1     1 eschewed
 9       1     1 evil
10       1     2 born
# ... with 6,358 more rows
```

여기까지가 2단계 작업 내용이다. 이제 감정어휘 사전을 이용하여 감정분석을 실시해 보자. 이 책에서는 앞서 소개했던 감정어휘 사전들 중 AFINN, opinion lexicon, EmoLex 세 가지를 이용했다(여기에 제시된 사례들을 이해한다면 다른 감정어휘 사전들 역시 어렵지 않게 감정분석에 활용할 수 있을 것이다). 본격적인 감정분석을 실시하기 전에 각 감정어휘 사전들이 어떤 형태, 어떤 내용으로 구성되었는지 살펴보자. 먼저 AFINN을 살펴보자. AFINN은 textdata 패키지의 lexicon_afinn() 함수를 통해 다음과 같이 다운로드할 수 있다(즉, 온라인 접속이 되어 있지 않으면 AFINN을 다운로드할 수 없다).

```
> #lexicon을 이용 데이터 병합
> #Afinn lexicon 경우
> afinn_lexicon <- lexicon_afinn()
> afinn_lexicon
# A tibble: 2,477 x 2
   word       value
   <chr>      <dbl>
 1 abandon       -2
 2 abandoned     -2
 3 abandons      -2
 4 abducted      -2
 5 abduction     -2
 6 abductions    -2
 7 abhor         -3
 8 abhorred      -3
 9 abhorrent     -3
10 abhors        -3
# ... with 2,467 more rows
```

출력 결과에서 잘 나타나듯 AFINN은 사전에 수록된 단어에 감정점수를 부여하는 방식으로 구성되어 있다. 감정점수의 분포가 어떤지 다음과 같이 시각화해 보자.

```
> afinn_lexicon %>% count(value) %>%
+   mutate(type=ifelse(value<0,"Negative","Positive")) %>%
+   ggplot(aes(x=value,y=n,fill=type))+
+   geom_bar(stat='identity')+
+   labs(x="Sentiment value (positive score for positive sentiment), Afinn lexicon",
+        y="Frequency",fill="Direction of sentiment")+
+   coord_cartesian(xlim=-6:6)+
+   scale_x_continuous(breaks=-6:6)+
+   scale_y_continuous(breaks=100*0:10)+
+   theme_classic()+
+   theme(legend.position="bottom")
```

결과

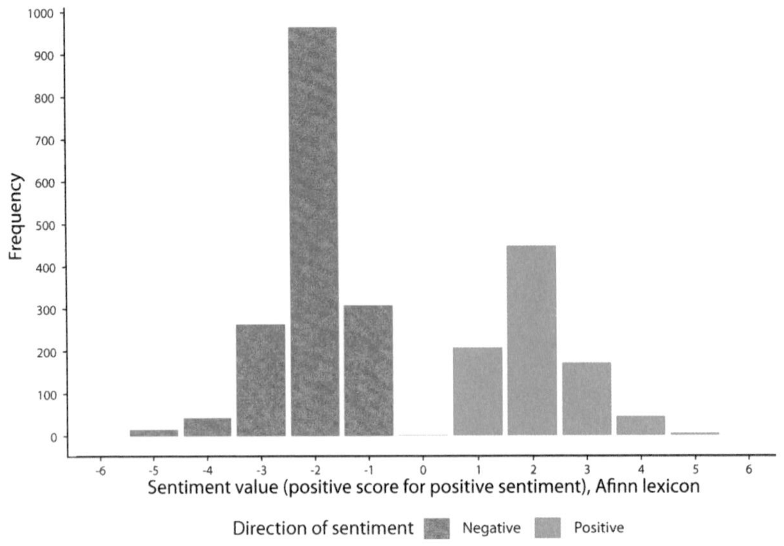

그래프에서 잘 나타나듯 AFINN에 수록된 단어들은 크게 부정적 감정어휘(음수)와 긍정적 감정어휘(양수)로 나뉜다. 각각의 감정어휘는 ±2를 중앙값으로 하며, 감정이 약하거나 강하게 퍼져서(dispersed) 나타난다는 것을 알 수 있다.

다음으로 빙 류의 opinion lexicon을 다운로드받은 후 해당 사전이 어떻게 구성되어 있는지 살펴보자. opinion lexicon도 `textdata` 패키지의 `lexicon_bing()` 함수를 이용해 다운로드할 수 있다.

```
> #Bing lexicon 경우
> bing_lexicon <- lexicon_bing()
> bing_lexicon
# A tibble: 6,787 x 2
   word        sentiment
   <chr>       <chr>
 1 2-faces     negative
 2 abnormal    negative
 3 abolish     negative
 4 abominable  negative
 5 abominably  negative
 6 abominate   negative
 7 abomination negative
```

```
 8 abort       negative
 9 aborted     negative
10 aborts      negative
# ... with 6,777 more rows
```

AFINN의 감정(value 변수)이 수치형 변수로 제시된 반면, opinion lexicon의 감정(sentiment 변수)은 범주형 변수로 제시되어 있다. 감정 변수의 분포를 교차표를 통해 살펴본 결과는 아래와 같다. AFINN과 마찬가지로 부정적 감정을 반영하는 단어들이 전체 단어의 70%가량을 차지하고 있다.

```
> table(bing_lexicon$sentiment)

negative positive
    4782     2005
> prop.table(table(bing_lexicon$sentiment))

 negative  positive
0.7045823 0.2954177
```

다음으로 EmoLex를 살펴보자. textdata 패키지의 lexicon_nrc() 함수를 이용하여 다운로드 가능하다. EmoLex 역시 opinion lexicon과 마찬가지로 감정변수가 범주형 변수로 제시되어 있다. 각 범주별 단어들의 분포를 시각화한 결과는 아래와 같다.

```
> #EmoLex 경우
> NRC_lexicon <- lexicon_nrc()
> NRC_lexicon
# A tibble: 13,901 x 2
   word        sentiment
   <chr>       <chr>
 1 abacus      trust
 2 abandon     fear
 3 abandon     negative
 4 abandon     sadness
 5 abandoned   anger
 6 abandoned   fear
 7 abandoned   negative
 8 abandoned   sadness
 9 abandonment anger
```

```
10 abandonment fear
# ... with 13,891 more rows
> NRC_lexicon %>%
+   count(sentiment) %>%
+   mutate(type = ifelse(sentiment=="positive"|sentiment=="joy"|sentiment=="trust"|
+                        sentiment=="surprise"|sentiment=="anticipation",
+                      "Broadly positive","Broadly negative"),
+          sentiment = fct_reorder(sentiment,n)
+   ) %>%
+   ggplot(aes(x=sentiment,y=n,fill=type))+
+   geom_bar(stat='identity')+
+   coord_flip()+
+   scale_y_continuous(breaks=200*(0:17))+
+   labs(x="Sentiment category, NRC lexicon",y="frequency",fill="Broad category")+
+   theme_bw()
```

결과

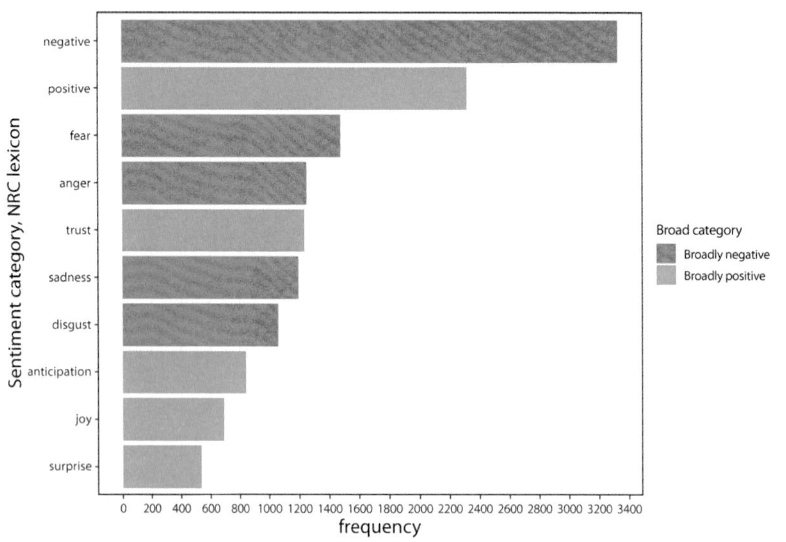

그래프에서 잘 드러나듯 EmoLex 역시 부정적 감정을 나타내는 단어들이 긍정적 감정을 나타내는 단어들보다 훨씬 더 많이 수록되어 있다. AFINN, opinion lexicon, EmoLex의 세 감정어휘 사전들 모두에서 부정적 감정·정서를 나타내는 단어들이 월등하게 많이 수록된 이유는 인간의 생래적인 심리 경향 중 하나인 부정성 편향(negativity bias)을 나타낸 것이며, 이는 영어뿐만 아니라 알려진 모든 인간 언어들에서 나타나는 경향이다.

이제 각 감정어휘 사전을 이용하여 『욥기』 텍스트에 대한 감정분석을 실시해 보자. 먼저 AFINN을 이용한 감정분석은 다음과 같다. 아래의 **inner_join()** 함수는 파이프 오퍼레이터(**%>%**) 앞에서 생성된 데이터 오브젝트와 **inner_join()** 함수에 투입된 데이터 오브젝트 모두에서 공통적으로 나타난 단어들만 합친 결과를 출력해 준다.

```
> #AFINN 이용 감정분석
> tb_job_afinn <- tb_job_word %>%
+   inner_join(afinn_lexicon, by="word")
> tb_job_afinn
# A tibble: 929 x 4
   chapter verse word    value
     <dbl> <dbl> <chr>   <dbl>
 1       1     1 perfect     3
 2       1     1 god         1
 3       1     1 evil       -3
 4       1     5 god         1
 5       1     6 god         1
 6       1     8 perfect     3
 7       1     8 god         1
 8       1     8 evil       -3
 9       1     9 fear       -2
10       1     9 god         1
# ... with 919 more rows
```

이제 『욥기』의 장별로 감정점수의 합산값을 구해보자. 필자는 위에서 얻은 **tb_job_afinn**을 장별로 구분한 후 곧바로 **value** 변수의 합산값을 구하지 않았다. 왜냐하면 **tb_job_afinn**은 감정어휘사전에 등장하지 않은 단어들을 배제한 데이터 오브젝트이기 때문이다. 감정을 나타내는 단어의 등장 빈도는 긴 텍스트(즉, 단어가 많은 텍스트)에서 더 크게 나타날 가능성이 높다. 이에 필자는 각 장의 등장단어 수(좀 더 정확하게는 불용단어를 제외한 각 장의 등장단어 수)를 계산한 후, 이를 기준으로 각 장의 감정점수(여기서는 **value** 변수)가 어떻게 변하는지를 살펴보았다.

장별 총 단어 수는 아래와 같이 **count()** 함수를 이용했다.

```
> #장별 총 단어 수 계산
> tb_job_totalword <- tb_job_word %>%
+   count(chapter, name="total_word") #chapter 변수의 빈도를 구한 후, 그 이름을 total_word로
```

이후 각 장의 '단어당 감정점수'를 다음과 같이 계산했다. 여기서 최종 생성된 prop 변수는 각 장의 AFINN 기반 감정점수의 총합을 각 장의 총 단어 수로 나누어준 것이며, 이는 '(불용단어를 제외한 후) 각 장의 단어당 감정점수'를 의미한다.

```
> #감정점수를 "장"별로 집산
> afinn_sentiment_chapter <- tb_job_afinn %>%
+   group_by(chapter) %>%    #장들로 데이터를 나눈 후
+   summarize(sentiment_afinn = sum(value))  %>%  #각 장에서의 감정점수 합산
+   full_join(tb_job_totalword,by='chapter') %>% #장별 전체 단어와 합산
+   mutate(prop = sentiment_afinn/total_word)
> afinn_sentiment_chapter
# A tibble: 42 x 4
   chapter sentiment_afinn total_word    prop
     <dbl>           <dbl>      <dbl>   <dbl>
 1       1              -3        211 -0.0142
 2       2              -7        128 -0.0547
 3       3             -24        132 -0.182
 4       4             -14        135 -0.104
 5       5             -30        183 -0.164
 6       6             -15        160 -0.0938
 7       7              -2        129 -0.0155
 8       8              11        132  0.0833
 9       9              -2        161 -0.0124
10      10             -23        158 -0.146
# ... with 32 more rows
```

위의 결과를 시각화하면 각 장별로 텍스트에 드러난 감정점수가 어떻게 변하는지를 쉽게 파악할 수 있다.

```
> #장별로 감정점수는 어떻게 바뀌는지 시각화
> ggplot(afinn_sentiment_chapter, aes(x=chapter, y=prop)) +
+   geom_point(size=1,color='red')+
+   geom_line(lty=2,color='blue')+
+   scale_x_continuous(breaks=1:42)+
+   labs(x="Chapters in Book of Job in Old Testament (Hebrew Bible)",
+        y="sentiment score, averaged per word\n(Afinn lexicon)")+
+   theme_bw()+
+   ggtitle("Sentiment analysis using Afinn lexicon")
```

결과

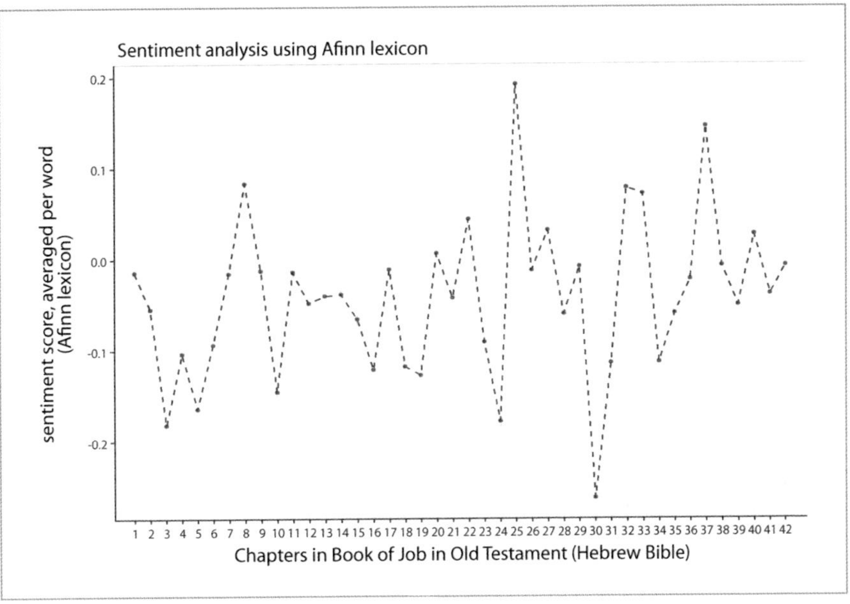

다음으로 opinion lexicon을 이용한 감정분석을 실시해 보자. `inner_join()` 함수를 사용하여 감정분석을 실시하는 것은 AFINN이나 opinion lexicon이나 별반 다르지 않다. 그러나 AFINN과는 달리 opinion lexicon의 감정변수는 범주형 변수다. 따라서 각 범주에 따라, 다시 말해 긍정적 감정단어와 부정적 감정단어별로 합산값을 따로 계산해 주어야 한다. 여기서 필자는 `count()` 함수를 이용해 각 장별, 각 감정별 단어 빈도수를 계산한 후, `full_join()` 함수를 이용해 앞서 계산한 각 장별 총 단어 수 데이터 오브젝트(tb_job_totalword)와 데이터를 합쳤다. 이후 각 장의 각 감정별 단어 수를 각 장의 총 단어 수로 나눈 비율변수(prop)를 생성했다.

```
> #opinion lexicon 이용 감정분석
> tb_job_bing <- tb_job_word %>%
+   inner_join(bing_lexicon, by="word")
> tb_job_bing
# A tibble: 1,102 x 4
   chapter verse word    sentiment
     <dbl> <dbl> <chr>   <chr>
 1       1     1 perfect positive
 2       1     1 evil    negative
```

```
 3       1     5 cursed  negative
 4       1     8 perfect positive
 5       1     8 evil    negative
 6       1     9 fear    negative
 7       1    10 hedge   negative
 8       1    11 curse   negative
 9       1    15 fell    negative
10       1    16 fallen  negative
# ... with 1,092 more rows
> #감정점수를 "장"별로 합계 집산
> bing_sentiment_chapter <- tb_job_bing %>%
+   count(chapter, sentiment) %>%
+   full_join(tb_job_totalword, by='chapter') %>% #장별 전체 단어와 합산
+   mutate(prop = n/total_word)  %>% #단어 범주별 비율 계산
+   select(chapter,sentiment,prop)
> bing_sentiment_chapter
# A tibble: 84 x 3
   chapter sentiment   prop
     <dbl> <chr>      <dbl>
 1       1 negative  0.0664
 2       1 positive  0.0142
 3       2 negative  0.102
 4       2 positive  0.0312
 5       3 negative  0.182
 6       3 positive  0.0909
 7       4 negative  0.133
 8       4 positive  0.0444
 9       5 negative  0.169
10       5 positive  0.0492
# ... with 74 more rows
```

이렇게 정리된 감정분석 결과를 시각화한 결과는 아래와 같다.

```
> #opinion lexicon을 이용한 경우
> ggplot(bing_sentiment_chapter, aes(x=chapter,y=prop,shape=sentiment,color=sentiment)) +
+   geom_point(size=3)+
+   geom_line(lty=2)+
+   scale_x_continuous(breaks=1:42)+
+   labs(x="Chapters in Book of Job in Old Testament (Hebrew Bible)",
+        y="sentiment score, averaged count per word\n(Bing's opinion lexicon)",
+        shape="Direction of sentiment",
+        color="Direction of sentiment")+
+   theme_classic()+
+   theme(legend.position="bottom")+
+   ggtitle("Sentiment analysis using Bing's opinion lexicon")
```

결과

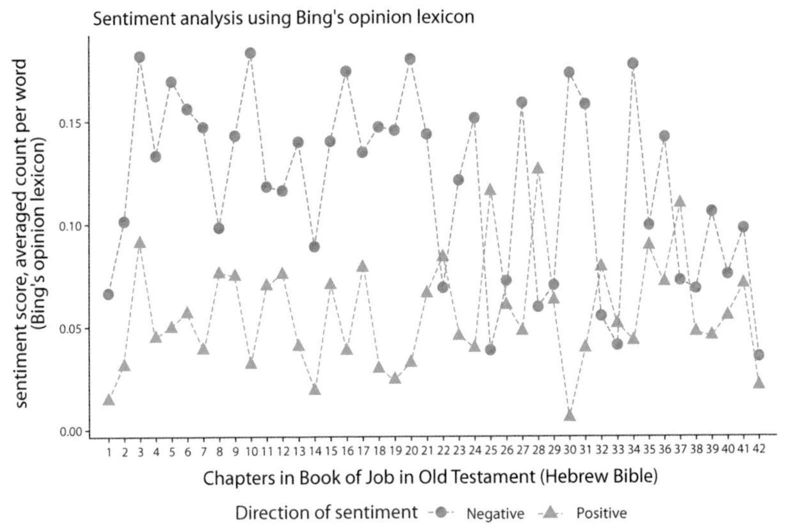

EmoLex를 이용한 감정분석은 감정의 범주가 훨씬 더 다양하지만, opinion lexicon을 이용한 감정분석과 본질적으로 동일하다. 감정분석을 실시한 후 각 장별로 각 감정 범주에 해당되는 단어의 등장 횟수를 장별로 총합한 결과는 아래와 같다.

```
> #EmoLex 이용 감정분석
> tb_job_NRC <- tb_job_word %>%
+   inner_join(NRC_lexicon, by="word")
> tb_job_NRC
# A tibble: 4,873 x 4
   chapter verse word    sentiment
     <dbl> <dbl> <chr>   <chr>
 1       1     1 land    positive
 2       1     1 job     positive
 3       1     1 perfect anticipation
 4       1     1 perfect joy
 5       1     1 perfect positive
 6       1     1 perfect trust
 7       1     1 upright positive
 8       1     1 upright trust
 9       1     1 god     anticipation
10       1     1 god     fear
# ... with 4,863 more rows
```

```
> #감정점수를 "장"별로 합계 집산
> NRC_sentiment_chapter <- tb_job_NRC %>%
+   count(chapter, sentiment) %>%
+   full_join(tb_job_totalword, by='chapter') %>% #장별 전체 단어와 합산
+   mutate(prop = n/total_word) %>% #단어 범주별 비율 계산
+   select(chapter,sentiment,prop)
> NRC_sentiment_chapter
# A tibble: 411 x 3
   chapter sentiment      prop
     <dbl> <chr>         <dbl>
 1       1 anger        0.0237
 2       1 anticipation 0.0474
 3       1 disgust      0.0664
 4       1 fear         0.0853
 5       1 joy          0.0521
 6       1 negative     0.109
 7       1 positive     0.190
 8       1 sadness      0.0427
 9       1 trust        0.114
10       2 anger        0.0547
# ... with 401 more rows
```

EmoLex를 이용한 감정분석에서 부정적 단어와 긍정적 단어의 변화 형태는 opinion lexicon을 이용한 감정분석 결과와 매우 비슷하기 때문에 반복을 피하고자 분석 사례를 제시하지 않았다. 궁금한 독자는 직접 확인해 보기 바란다. EmoLex를 이용한 감정분석에서 부정적, 긍정적 단어 범주를 제외한 다른 감정 범주들이 『욥기』의 장에 따라 어떻게 변하는지 시각화한 결과는 아래와 같다.

```
> #Emolex lexicon을 이용한 경우: positive, negative 범주는 삭제
> #감정 유형은 부정적(anger, disgust,fear, sadness), 긍정적(anticipation, joy, surp
rise, trust)으로 구분
> NRC_sentiment_chapter2 <- NRC_sentiment_chapter %>%
+   filter(sentiment!="positive"&sentiment!="negative") %>%
+   mutate(upper_cate = ifelse(sentiment=="sentiment"|sentiment=="disgust"¦
+                              sentiment=="fear"|sentiment=="sadness",
+                            "Negative > ","Positive > "),
+          type = str_c(upper_cate,sentiment))
> ggplot(NRC_sentiment_chapter2,aes(x=chapter,y=prop)) +
+   geom_point(size=2)+
+   geom_line(lty=2)+
+   scale_x_continuous(breaks=3*(1:14))+
+   labs(x="Chapters in Book of Job in Old Testament (Hebrew Bible)",
+        y="sentiment score, averaged per countsummed\n(NRC lexicon)")+
```

```
+   facet_wrap(~sentiment,ncol=2)+
+   theme_bw()+
+   theme(legend.position="bottom")+
+   ggtitle("Sentiment analysis using NRC lexicon")
```

결과

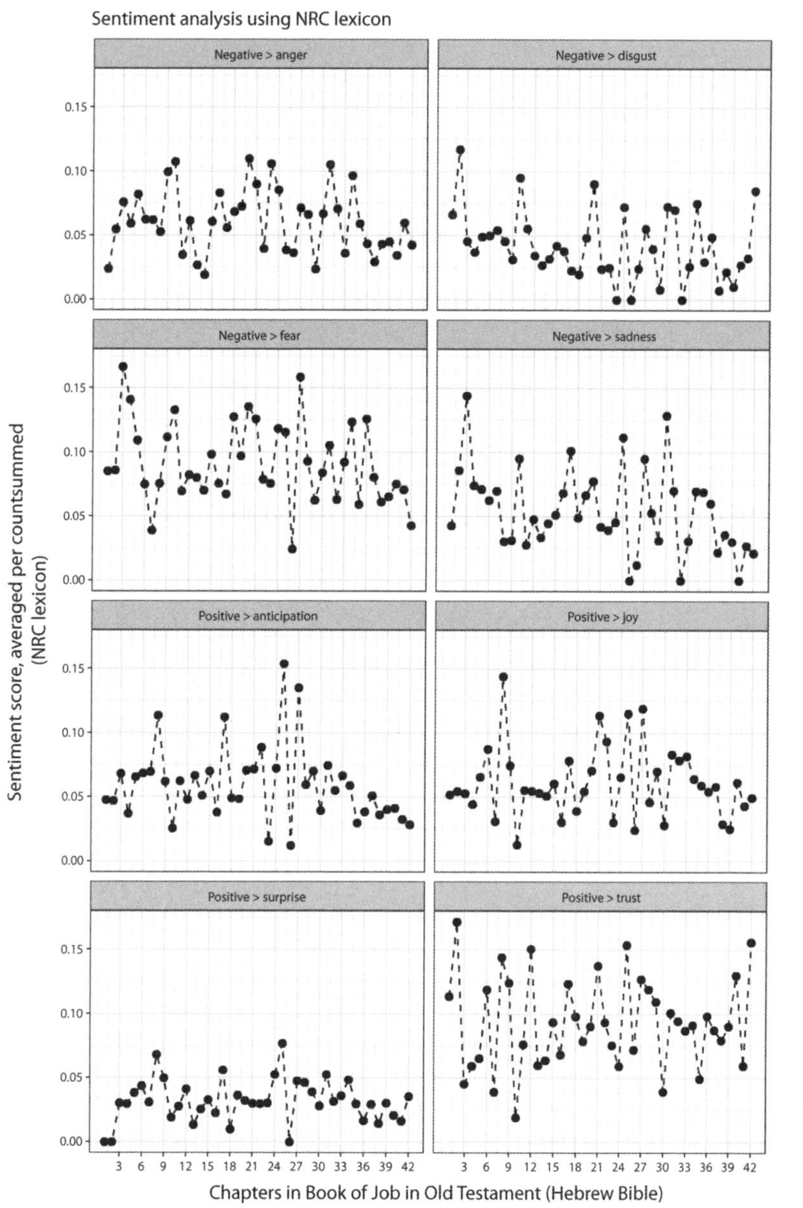

이제 AFINN, opinion lexicon, EmoLex 등을 이용한 감정분석 결과를 전체적으로 통괄해 보자. 우선 AFINN을 통해 얻은 결과는 긍정적 단어점수와 부정적 단어점수들을 모두 합산한 것이기 때문에 꽤 단순하다. 『욥기』는 시작부터 중후반까지는 부정적 감정과 긍정적 감정이 계속 등락을 반복하다가, 후반에는 점점 긍정적 표현들이 상대적으로 증가하는 추세를 보이고 있다.

opinion lexicon을 통해 얻은 감정분석 결과의 경우는 조금 더 복잡하다. 전반적으로 부정적 단어의 출현 빈도가 긍정적 단어의 출현 빈도보다 높지만, 두 가지 단어의 출현 빈도 변화 패턴은 매우 유사하다(즉, 부정적 단어가 많이 등장하면 긍정적 단어도 많이 등장한다). 다시 말해 두 가지 감정은 서로 배타적이기보다, 서로 얽혀 있는 모습을 보인다. AFINN을 통해 얻은 결과가 일면적이라면 opinion lexicon을 통해 얻은 결과는 좀 더 다면적이다. 개인적으로는 『욥기』에 등장하는 주인공인 욥과 욥의 친구들과의 대화 패턴이나, 욥의 심리적 내면을 포착하는 것이 목적이라면 AFINN보다는 opinion lexicon이 훨씬 더 효율적일 것이다.

반면 EmoLex를 이용한 감정분석 결과는 매우 다차원적이다. 8개의 감정 범주들에 해당되는 단어들의 패턴을 어떻게 해석할 것인지는 사람들마다 다를 것이다. 개인적으로는 역겨움 범주나 놀라움 범주는 성서라는 텍스트의 맥락상 그다지 중요한 범주가 아니라고 본다. 또한 공포 범주 역시 성서라는 텍스트 맥락을 고려할 때 매우 신중해야 할 것이다. 왜냐하면 일상 언어에서 말하는 공포는 신에 대한 경외심과는 그 의미가 다르기 때문이다(예를 들어 악마를 두려워한다는 것과 신을 두려워한다는 것을 동일한 '공포'로 처리하는 것은 적절하지 못하다). 개인적으로 EmoLex를 이용한 감정분석 결과에서 매우 흥미로웠던 부분은 바로 마지막 범주인 신뢰다(성서 맥락을 고려한다면 '신뢰'라는 이름보다는 '신앙'으로 번역하는 것이 타당할 듯하다). 오르내림이 있기는 하지만 『욥기』 전체에 걸쳐 다른 감정 범주들과 비교할 때 지속적으로 높게 나타나는 감정 범주가 바로 '신뢰'다(특히 신뢰 점수가 높은 장의 화자가 누구인지 살펴보면 흥미롭다). 개인적 생각이지만 만약 EmoLex가 분류한 신뢰라는 범주를 '신앙심'이라고 '해석'하는 것이 타당하다면, EmoLex를 이용한 이 감정분석 결과가 『욥기』를 관통하는 중심 주제를 잘 보여주는 것이 아닐까 생각한다(『욥기』는 다면적으로 해석될 수 있는 텍스트라는 점을 반드시 감안해 주기를 독자에게 부탁드린다).

이제 한국어 텍스트를 영어 텍스트로 번역하는 '편법'을 사용한 한국어 텍스트 감정분석을 살펴보자. 최서해의 『탈출기』 한국어 텍스트는 novel_탈출기_최서해.txt이며, 이를 구글번역기로 번역한 텍스트가 novel_escape_choi.txt다. 우선 한국어 텍스트와 번역된 영어 텍스트를 먼저 비교해 읽으면서, 번역이 얼마나 성공적인지 살펴보기 바란다. 번역이 적절하다고 가정할 수 있다면,[11] 이제 novel_escape_choi.txt를 readLines() 함수를 이용해 불러오자. 텍스트를 좀 더 자세히 살펴보면 알겠지만, 총 6개의 장들이 줄바꿈을 통해 분리되어 있으며, 각 장이 시작하기 전에 One,[12] 2, 3, ... 과 같은 숫자표현이 시작된다. 아무 텍스트도 입력되지 않은 줄(line)이 장과 장을 구분하는 표식 역할을 하는 것이다. 이에 줄바꿈이 일어난 위치에 _line_break_라는 표식을 입력한 후, str_flatten() 함수를 이용해 하나의 텍스트 파일을 생성했다.

```
> #한국어 감정분석
> #여러 방법이 있겠으나 구글번역기를 사용하는 것이 가장 손쉬운 듯
> #최서해의 <탈출기>를 대상으로: 원문은 novel_탈출기_최서해.txt
> esc <- readLines("novel_escape_choi.txt")
> head(esc,3)
[1]                                                                 "One"

[2]                                                                    ""

[3] " Kim! A few letters were welcomed. But never answered. Of course, I am grate
ful for the military's loyalty, but I cannot receive it."
> length(esc)
[1] 92
> #장의 구분을 명확하게
> esc <- ifelse(esc=="","_line_break_",esc)
> esc <- str_flatten(esc," ")
> substr(esc,1,200)
[1] "One _line_break_  Kim! A few letters were welcomed. But never answered. Of
course, I am grateful for the military's loyalty, but I cannot receive it. _line_
break_  —Park! I cannot approve the mili"
```

11 직접 읽어보면 느끼겠지만 심각한 오역이 적지 않다(특히 한국어 명사를 영어 명사로 번역할 때 심각한 문제가 많이 발생하는 것 같다. 이를테면 '김 군'의 '군'을 military로 번역했다). 그러나 감정이 드러난 한국어 표현들의 경우 큰 무리 없이 번역되었다고 생각한다.

12 원문에는 숫자 '1'이라고 되어 있다. 구글번역기는 이를 One이라고 번역했다.

이제 `_line_break_` 표식을 기준으로 장과 장을 구분해 보자. 장의 구분을 위해 `str_split()` 함수를 이용했다. 또한 앞서 영어 텍스트에 대한 감정분석과 마찬가지로 불필요 공란 제거, 문장부호 제거, 대·소문자 통일, 불용문자 제거 등의 사전처리를 실시했으며, 추가적으로 숫자표현 역시 제거했다. 이후 각 장별 총 단어 수를 계산했고, Emolex 감정어휘 사전을 이용하여 감정분석을 실시했다.

```
> #장을 구분
> esc <- str_split(esc, "_line_break_ [[:digit:]]{1,} _line_break_")[[1]]
> tb_esc_word <- tibble(text=esc) %>%
+   #텍스트 사전처리
+   mutate(text = str_remove_all(text,"One _line_break_"),
+          text = str_squish(text),
+          text = str_remove_all(text, "[[:punct:]]{1,}"),
+          text = str_remove_all(text, "[[:digit:]]{1,}"),
+          chapter = row_number()) %>%  #장번호 부여
+   #단어 단위 분해
+   unnest_tokens(word, text, "words", to_lower=TRUE) %>%
+   #불용단어 제거
+   anti_join(stop_words,by="word")
> #장별 총 단어 수 계산
> tb_esc_totalword <- tb_esc_word %>%
+   count(chapter, name="total_word")
> #EmoLex 이용 감정분석
> tb_esc_NRC <- tb_esc_word %>%
+   inner_join(NRC_lexicon, by="word")
```

이제 각 장의 전체 단어 수 대비 각 장별로 집계된 감정 범주 단어들의 합산값 비율을 계산해 보자.

```
> #장별로 감정점수 평균집산
> NRC_sentiment_esc <- tb_esc_NRC %>%
+   count(chapter, sentiment) %>%
+   #장별 총 단어 수 데이터와 데이터 합치고
+   full_join(tb_esc_totalword, by="chapter") %>%
+   #각 범주별 비율 계산
+   mutate(prop = 100*(n/total_word))
> NRC_sentiment_esc
# A tibble: 60 x 5
   chapter sentiment        n total_word  prop
     <int> <chr>        <int>      <int> <dbl>
```

```
 1       1 anger          8         115  6.96
 2       1 anticipation   7         115  6.09
 3       1 disgust        3         115  2.61
 4       1 fear          25         115 21.7
 5       1 joy           13         115 11.3
 6       1 negative      16         115 13.9
 7       1 positive      18         115 15.7
 8       1 sadness       11         115  9.57
 9       1 surprise       3         115  2.61
10       1 trust         15         115 13.0
# ... with 50 more rows
```

위의 결과를 시각화해 보자. EmoLex에서 제공하는 총 10개의 감정 범주들 중 부정적 감정과 긍정적 감정, 그리고 나머지 8개의 감정들의 두 집단으로 구분하여 시각화했다.

```
> #positive / negative 범주를 하나의 데이터로
> #나머지 감정들을 다른 하나의 데이터로
> #감정유형은 부정적(anger, disgust,fear, sadness), 긍정적(anticipation, joy, surpr
ise, trust)으로 구분
> NRC_sentiment_esc1 <- NRC_sentiment_esc %>%
+   filter(sentiment=="positive"|sentiment=="negative")
> NRC_sentiment_esc2 <- NRC_sentiment_esc %>%
+   filter(sentiment!="positive"&sentiment!="negative") %>%
+   mutate(upper_cate = ifelse(sentiment=="anger"|sentiment=="disgust"|
+                              sentiment=="fear"|sentiment=="sadness",
+                            "Negative > ","Positive > "),
+          sentiment = str_c(upper_cate,sentiment))
>
> #전반적 긍정, 전반적 부정 범주 시각화
> ggplot(NRC_sentiment_esc1,aes(x=chapter,y=prop,shape=sentiment,color=sentiment)) +
+   geom_point(size=4)+
+   geom_line(lty=2)+
+   scale_x_continuous(breaks=1:6,labels=str_c(1:6,"장"))+
+   scale_y_continuous(breaks=5*(0:4),labels=str_c(5*(0:4),"%"))+
+   coord_cartesian(ylim=c(0,20))+
+   labs(x="최서해 <탈출기> 장 번호",
+        y="해당 범주의 감정단어 비율",
+        shape="감정 범주",color="감정 범주")+
+   theme_bw()+
+   theme(legend.position="bottom")+
+   ggtitle("한국어 텍스트를 구글번역기로 영어 텍스트로 변환 후 감정분석\n(EmoLex 감정
어휘사전 이용)"
```

결과

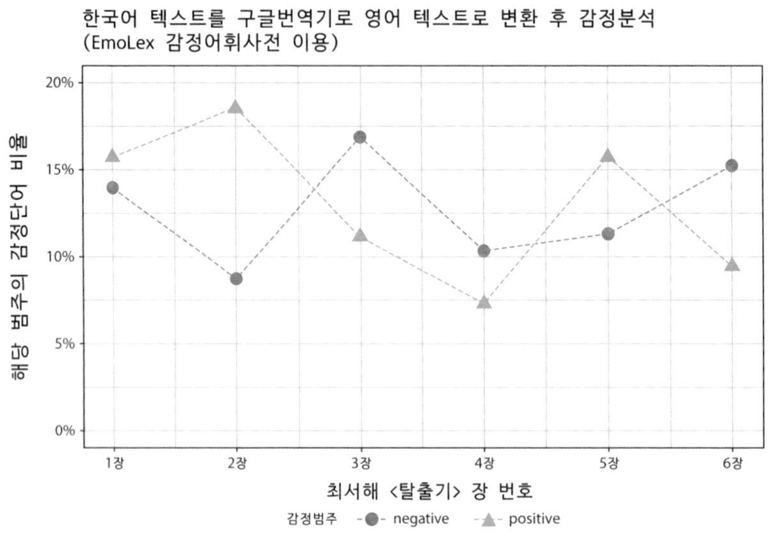


```
> #나머지 8개 감정 범주 시각화
> ggplot(NRC_sentiment_esc2,aes(x=chapter,y=prop)) +
+   geom_point(size=2)+
+   geom_line(lty=2)+
+   scale_x_continuous(breaks=1:6,labels=str_c(1:6,"장"))+
+   scale_y_continuous(breaks=5*(0:5),labels=str_c(5*(0:5),"%"))+
+   coord_cartesian(ylim=c(0,25))+
+   labs(x="최서해 <탈출기> 장 번호",
+        y="해당 범주의 감정단어 비율")+
+   facet_wrap(~sentiment,ncol=4)+
+   theme_bw()+
+   theme(legend.position="bottom")+
+   ggtitle("한국어 텍스트를 구글번역기로 영어 텍스트로 변환 후 감정분석\n(EmoLex 감정
어휘사전 이용)")
```

결과

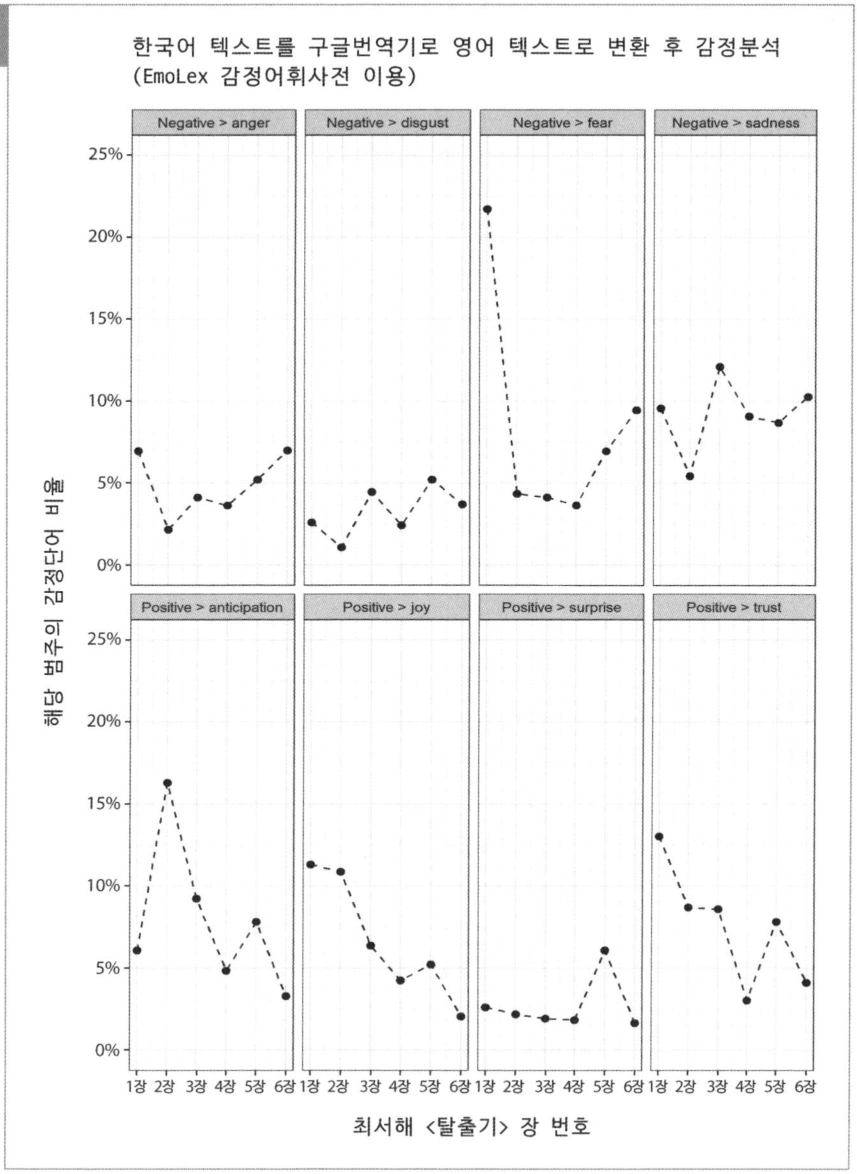

이제 위에서 얻은 결과와 『탈출기』 한국어 텍스트를 읽고 느낀 결과를 비교해 보자. 물론 위의 감정분석 결과의 타당성 여부는 보는 사람마다 다를 수 있다. 『탈출기』의 본격적인 내용이 2장부터 시작한다는 점을 감안하면서, EmoLex의 감정 범주들 중 분노, 공포, 기대감, 기쁨이 어떤 패턴을 그리는지 잘 살펴보자. 적어도 필자가 보았

을 때 위의 두 그래프들은 『탈출기』의 각 장별 내용에서 느껴지는 감정·정서·느낌을 잘 반영하는 듯하다.

앞서 필자는 한국어 텍스트를 기계 번역한 영어 텍스트를 대상으로 감정분석을 실시하는 방법을 '편법'이라고 불렀으며, 과학적 정당성을 완전히 확보하기는 어렵다는 개인 의견을 명확히 밝힌 바 있다. 이 '편법'으로 어느 정도의 성과를 얻을 수 있는지는 텍스트의 종류에 따라 다를 것이며, 특히 한국어 감정표현이 영어 감정표현으로 얼마나 잘 번역되는지에 따라 다를 것이다.

지금까지 감정어휘 사전을 이용한 감정분석을 살펴보았다. 독자들은 감정분석 기법을 적용하고 사용하는 것에 대해서는 어느 정도 감을 잡을 수 있었을 것이다. 감정어휘 사전을 이용한 감정분석을 마무리하기 전에 몇 가지 한계점들을 언급하고 싶다.

첫째, 텍스트의 종류에 따라 감정어휘 사전의 타당성이 매우 달라질 수밖에 없다. 1판에서도 언급했듯, 예를 들어 opinion lexicon의 경우 ambivalence라는 단어를 부정적 감정어휘로 분류하고 있다. 그러나 개념적으로 ambivalence, 즉 양가감정(兩價感情)은 특정한 대상에 대해 긍정적 감정과 부정적 감정을 동시에 느끼는 감정 상태를 지칭하는 용어이기 때문에, 단순하게 부정적 감정을 나타낸다고 보기 어렵다. ambivalence 외에도 감정어휘 사전의 단어들을 하나하나 살펴보면 '어? 이건 아닌 듯한데……'라는 느낌이 드는 단어들이 적지 않을 것이다(필자는 사전이 틀렸다는 말을 하려는 것이 아니다. 단지 사전이 정의한 방식이 특정한 텍스트 맥락에서만 타당하게 협소하다는 것을 말하고 싶을 뿐이다).

둘째, 감정어휘 사전을 이용한 감정분석은 인간의 감정적 표현과 특정 단어의 관계에 대해 결정론적 관점(deterministic view)을 취한다. 앞의 예를 다시 들자면 감정어휘 사전에서는 ambivalence라는 단어를 부정적 감정을 드러내는 단어라고 사전에 '결정'한 후 분석에 사용한다. 따라서 감정어휘 사전을 이용한 감정분석은 최소 다음의 두 가지 점에서 크게 자유롭지 못하다. 첫째, 사전에 등장하지 않는 감정 표현은 분석에 포함되지 않는다. 다시 말해 신조어(新造語)를 이용해 감정이 표현된 문서의 경우 감정어휘 사전을 이용한 감정분석으로는 감정표현을 파악하기 어렵다. 예를 들어 앞서 살펴본 세 가지 감정어휘 사전 중 어떠한 사전도 'feeling high'에서 형용사 high가

'매우 행복한'이라는 감정표현임을 포착하지 못한다. 둘째, 의도적 혹은 비의도적 오탈자가 발생한 감정어휘의 경우 분석에 포함되지 못한다. 예를 들어 ambivalence를 ambivelence로 철자를 잘못 쓴 경우나 Baaaad!와 같이 구어의 어감을 살려 표현한 경우, 부정적 감정을 나타내는 어휘로 파악되지 않는다(물론 오탈자를 수정한 후 사용하거나, 확률적으로 유사한 표현이라면 해당 어휘에 해당되도록 분류하는 기능을 제공하는 `hunspell` 패키지의 기능들을 사용해 문제를 일부 해결할 수 있을지 모른다). 언급한 감정어휘 사전을 이용한 감정분석의 문제점은 상황에 따라 무시할 수 있을 정도의 사소한 문제일 수도 있지만, 어떤 상황에서는 무시하기 어려운 심각한 문제를 초래할 수도 있다.

여기서 분석 사례로 제시한 AFINN, opinion lexicon, EmoLex 등의 감정어휘 사전을 사용한 감정분석은 문서 작성자의 주관적 표현이 명시적으로 드러난 문서, 이를테면 상품 리뷰, 정치인이나 정책에 대한 의견, 에세이 등에 사용된다. 그러나 어떤 감정어휘 사전이 아무리 널리 사용되더라도, 텍스트 분석을 시도하는 연구자는 감정어휘 사전을 사용한 감정분석을 실시하기 전에 자신이 분석 대상으로 삼는 텍스트가 과연 어떤 성격의 텍스트인지를 비판적으로 성찰하는 것이 가장 중요할 것이다.

지도 기계학습을 이용한 감정분석

지도 기계학습(supervised machine learning)을 이용해 감정분석을 실시하기 위해서는 문서에 대한 인간 코더의 판단 데이터가 필수적이다. 다시 말해 분석 대상이 되는 텍스트 데이터 중 일부 문서에 대해서는 인간 코더가 판단한 결과(이를테면, "이 문서는 부정적, 중립적, 긍정적 감정들 중 '긍정적 감정'을 담고 있다"는 판단)가 포함되어 있어야만 한다. 기계학습 문헌에서는 인간 코더의 판단이 명시된 문서로 구성된 텍스트 데이터를 '훈련 데이터(training data)'라고 부르며, 이 훈련 데이터를 이용해 문서에 등장한 표현에 따라 문서의 감정 상태[흔히 라벨(label)이라고 불리는 문서 단위의 변수임]를 예측하는 예측모형(prediction model)을 '문서분류모형(classifier)' 혹은 '문서분류기계(classification machine)'라고 부른다. 문서분류모형이 얼마나 잘 작동하는지를 테스트하기 위해 표본 데이터의 일부와 이에 대한 인간 코더가 판단한 결과를 비교한 데이터를 '테스트 데이터(test data)'라고 부르며, 테스트 목적이 아닌 예측만을 목적으로 문서분류모형을 이용해 감정 상태가 예측되는 문서들로 구성된 텍스트 데이터를 '표본 데이터(sample data)'라고 부른다.

사실 인간의 판단 자료가 입력된 훈련 데이터만 갖추어져 있다면 지도 기계학습 기법은 감정분석은 물론 다른 영역에도 적용이 가능하다. 한때 정치학 분야에서 활발하게 사용되었던 (그리고 필자가 제일 처음으로 접했던 지도 기계학습 기법이었던) 워드스코어스(*Wordscores*) 기법은 '감정'(부정적-긍정적)이 아닌 문서에서 나타난 '정치적 이데올로기'(진보적-보수적)를 추정하는 텍스트 분석 기법이었다(이제는 거의 사용되지 않는 것으로 알고 있다). 또한 인간 코더에 의해 확인된 문서의 토픽 정보가 알려져 있는 훈련 데이터가 존재한다면, 토픽모형 대신 지도된 기계학습을 이용해 문서의 토픽을 추정할 수 있다.

이 책 1판에서는 `RTextTools` 패키지(Collingwood et al., 2013)의 함수들을 이용해 지도 기계학습을 이용한 감정분석을 소개한 바 있다. 그러나 안타깝게도 `RTextTools` 패키지는 더 이상 업데이트되지 않아 R CRAN 저장소 목록에서 빠진 상황이다.[13] 이 때문에 2판에서는 `caret` 패키지를 이용해 지도 기계학습을 소개했다.

지도 기계학습을 이용한 감정분석 사례는 파이선(Python)의 자연어 처리 툴킷(natural language tool-kit, NLTK) 사례로 사용된 데이터를 이용할 것이다. 해당 텍스트 데이터는 https://github.com/victorneo/Twitter-Sentimental-Analysis에서 얻은 것이며, 해당 URL을 통해 직접 다운로드받을 수도 있다. 여기에 사용된 데이터는 개방형 SNS인 트위터의 트윗들을 모아둔 것이며, `happy.txt`와 `happy_test.txt`는 긍정적 감정(행복감)이 표현된 텍스트 표현들이며, `sad.txt`와 `sad_test.txt`는 부정적 감정(슬픔)이 표현된 텍스트 표현들이다. 또한 `_test`라는 표현이 붙은 텍스트 파일들

13 기존의 `RTextTools` 패키지는 R 아카이브(https://cran.r-project.org/src/contrib/Archive/RTextTools/)를 통해 다운로드한 후, 하드드라이브를 통해 수동으로 설치하여 사용할 수 있다. 아카이브를 통해 `RTextTools` 패키지를 인스톨해 사용해도 2019년을 기준으로 이 책에서 다루는 내용들은 큰 문제없이 작동한다. 그러나 R나 `RTextTools` 패키지가 의존하는 다른 패키지들의 버전이 바뀌면 아마도 버그가 발생할 가능성이 높기 때문에 되도록 사용하지 않는 것이 좋을 것이다.

은 테스트 데이터로 사용할 것이며, _test라는 표현이 붙지 않은 텍스트 파일들은 훈련 데이터로 사용할 것이다.

우선 caret 패키지를 설치한 후 네 가지 텍스트 데이터를 R 공간에 로드시켜 보자. readLines() 함수를 사용하면 대상 텍스트 데이터를 엔터키로 구분된 줄별로 불러올 수 있다.

```
> #지도 기계학습을 이용한 감정분석
> #1판에서는 RTextTools를 사용했지만, 안타깝게도 해당 패키지 개발자들이 업데이트를 중지한
> #상태다. 만약 사용을 원한다면 CRAN depository에 업로드된 RTextTools_1.4.2.tar를 다운로드받아
> #사용하면 되나, 버그가 있을 가능성이 높다.
> #아쉽지만 분량상의 문제로 2판에서는 caret 패키지를 실습해 보자.
> library("caret")
> #https://github.com/victorneo/Twitter-Sentimental-Analysis
> #에서 다운로드받은 데이터를 사용
> setwd("D:/data/Twitter-Sentimental-Analysis-master/")
> #각 데이터를 저장
> h.train <- readLines("happy.txt")
> s.train <- readLines("sad.txt")
> h.test <- readLines("happy_test.txt")
> s.test <- readLines("sad_test.txt")
```

불러온 4개의 텍스트들은 벡터 형식이다. 이를 타이디데이터 형식으로 바꾸어보자. 필자는 다음과 같이 h.train(행복한 감정을 담고 있는 훈련 데이터)을 '아이디(id)'와 '텍스트(text, 개별 트윗)'의 두 변수를 갖는 데이터 형태로 변환시켰다.

```
> #전체 데이터 생성
> Htrain <- tibble(text=h.train) %>%
+   mutate(id=str_c("train_happy_",row_number()))
> Htrain
# A tibble: 80 x 2
 text                                                                 id
 <chr>                                                                <chr>
 1 I am LOVIN my Life right about now! I'm loving the people God is plac~ train_happy~
 2 "Happy St.Patrick's Day! Wasn't always easy to celebrate it "        train_happy~
 3 no one understands how happy i am right now. (':                     train_happy~
 4 AGH. DELETE DELETE DELETE. I JUST MEANT HAPPY. I AM NOT A STRIPPER. O~ train_happy~
 5 she feels as happy as i am. and i am happy to say that we r both bles~ train_happy~
 6 I am so happy, it's kind of unbelievable.                            train_happy~
 7 Ignorance is bliss and i need that shyt...I am happy. Thats just the ~ train_happy~
 8 WMYB on the radio and i am one happy person(: #thinkingpositive      train_happy~
```

```
 9 realize you fucking twat. I'm not dragging in a sad way. I am actuall~ train_happy~
10 because of you  i am happy                                              train_happy~
# ... with 70 more rows
```

동일한 방법으로 다른 3개의 텍스트 벡터 역시 타이디데이터 형식으로 변환했다.

```
> Strain <- tibble(text=s.train) %>%
+   mutate(id=str_c("train_sad_",row_number()))
> Htest <- tibble(text=h.test) %>%
+   mutate(id=str_c("test_happy_",row_number()))
> Stest <- tibble(text=s.test) %>%
+   mutate(id=str_c("test_sad_",row_number()))
```

이제 이 4개의 데이터를 하나로 모은 후, '아이디(id)' 변수의 정보를 이용해 각 트윗의 감정유형(happy 대 sad)을 **status**라는 이름의 변수를, 각 트윗이 훈련 데이터에 속하는지 아니면 테스트 데이터에 속하는지를 구분하는 **type**이라는 이름의 변수를 추가 생성했다.

```
> #네 가지 데이터 합치기
> dt <- bind_rows(Htrain,Strain,Htest,Stest) %>%
+   mutate(
+     type=str_remove_all(str_extract(id,"[[:alpha:]]{3,}_"),"_"),
+     status=str_remove_all(str_extract(id,"_[[:alpha:]]{3,}_"),"_")
+   )
> dt
# A tibble: 180 x 4
   text                                                     id           type  status
   <chr>                                                    <chr>        <chr> <chr>
 1 I am LOVIN my Life right about now! I'm loving the people~ train_happ~ train happy
 2 "Happy St.Patrick's Day! Wasn't always easy to celebrate ~ train_happ~ train happy
 3 no one understands how happy i am right now. (':           train_happ~ train happy
 4 AGH. DELETE DELETE DELETE. I JUST MEANT HAPPY. I AM NOT A~ train_happ~ train happy
 5 she feels as happy as i am. and i am happy to say that we~ train_happ~ train happy
 6 I am so happy, it's kind of unbelievable.                  train_happ~ train happy
 7 Ignorance is bliss and i need that shyt...I am happy. Tha~ train_happ~ train happy
 8 WMYB on the radio and i am one happy person(: #thinkingpo~ train_happ~ train happy
 9 realize you fucking twat. I'm not dragging in a sad way. ~ train_happ~ train happy
10 because of you  i am happy                                 train_happ~ train happy
# ... with 170 more rows
```

이제 훈련 데이터와 테스트 데이터에 대해 텍스트 사전처리를 실시했다. 앞서 소개했던 통상적 사전처리 과정들, 구체적으로 문장부호 제거, 숫자 제거, 대·소문자 통합, 불용문자 제거, 불필요 공란 제거, 어근 동일화를 실시했다.

```
> #타이디텍스트 맥락에서 텍스트 사전처리
> dt_pp <- dt %>%
+   #사전처리: 문장부호 제거, 숫자 제거, 대·소문자 통합, 불용문자 제거, 불필요공란 제거, 어근 동일화
+   mutate(
+     text = str_remove_all(text, "[[:punct:]]{1,}"),
+     text = str_remove_all(text, "[[:digit:]]{1,}"),
+     text = str_squish(text)
+   ) %>%
+   unnest_tokens(word,text,"words",to_lower=TRUE) %>%
+   anti_join(stop_words,by='word') %>%
+   mutate(word = SnowballC::wordStem(word))
> dt_pp
# A tibble: 1,094 x 4
   id            type  status word
   <chr>         <chr> <chr>  <chr>
 1 train_happy_1 train happy  lovin
 2 train_happy_1 train happy  life
 3 train_happy_1 train happy  im
 4 train_happy_1 train happy  love
 5 train_happy_1 train happy  peopl
 6 train_happy_1 train happy  god
 7 train_happy_1 train happy  place
 8 train_happy_1 train happy  life
 9 train_happy_1 train happy  happyampfocus
10 train_happy_1 train happy  strive
# ... with 1,084 more rows
```

여기서 지도 기계학습을 위해 사용할 caret 패키지의 train() 함수의 경우 문서에 내재한 감정을 y라는 이름의 벡터로, 훈련 데이터의 문서에 등장하는 단어들을 x라는 이름의 문서×단어 행렬(DTM)로 투입해야 한다. 또한 train() 함수를 사용하여 훈련시킨 문서분류모형을 이용해 테스트 데이터 문서의 감정을 예측할 때 사용하는 predict() 함수에도 DTM이 사용된다.

우선은 훈련 데이터와 테스트 데이터의 문서별 감정(happy 혹은 sad)을 나타내는 벡터를 아래와 같이 별도 저장하자.

```
> #훈련 데이터의 라벨 생성
> label_train <- factor(dt$status[dt$type=="train"])
> #테스트 데이터의 라벨 생성
> label_test <- factor(dt$status[dt$type=="test"])
```

다음으로 훈련 데이터의 DTM을 구성해 보자. `filter()` 함수를 사용하면 전체 데이터에서 훈련 데이터만 쉽게 골라낼 수 있다. 타이디텍스트 분석 맥락에서는 `tidytext` 패키지의 `cast_dtm()` 함수를 사용하면 쉽게 DTM을 구할 수 있다. `caret` 패키지의 `train()` 함수에는 행렬 데이터가 입력되기 때문에, `as.matrix()` 함수를 이용하여 `dt_train_dtm` 오브젝트를 행렬로 최종 변환했다.

```
> #훈련 데이터의 DTM 생성
> dt_train_dtm <- dt_pp %>% filter(type=="train") %>%
+   #문서*단어별 빈도 구하기
+   count(id, word) %>%
+   #DTM 생성
+   cast_dtm(document=id, term=word, value=n)
> dt_train_dtm
<<DocumentTermMatrix (documents: 160, terms: 514)>>
Non-/sparse entries: 913/81327
Sparsity           : 99%
Maximal term length: 21
Weighting          : term frequency (tf)
> dt_train_dtm <- as.matrix(dt_train_dtm)
```

비슷한 방식으로 문서분류모형의 예측력 테스트를 위한 테스트 데이터 DTM을 만들어보자. 한 가지 주의할 점은 테스트 데이터의 DTM을 구성할 때는 테스트 데이터에는 등장하지 않았지만 훈련 데이터에 등장했던 모든 단어들을 포함해야 한다는 점이다(다시 말해 훈련 데이터에는 등장했지만 테스트 데이터에 등장하지 않은 단어는 0의 값을 가져야 한다). 왜냐하면 문서분류모형은 자신이 예측에 필요한 모든 정보(즉, 단어의 빈도)를 테스트 데이터에 요청하기 때문이다. 훈련 데이터의 DTM을 구한 것과 동일한 방식으로 테스트 데이터의 DTM을 구했다. `full_join()` 함수를 이용하여 테스트 데이터의 등장 단어와는 무관하게 훈련 데이터에 등장한 모든 단어들을 포함하는 DTM을 구성했다.

```
> #테스트 데이터에만 등장하는 단어는 배제된 테스트 데이터 DTM 생성
> dt_test_dtm <- dt_pp %>% filter(type=="test") %>%
+   full_join(dt_pp %>% filter(type=="train") %>% select(word),by="word") %>%
+   count(id, word) %>%
+   cast_dtm(document=id, term=word, value=n)
> #21번째가  NA임에 주목
> rownames(dt_test_dtm)
[1] "test_happy_1"  "test_happy_10" "test_happy_2"  "test_happy_3"  "test_happy_4"
[6] "test_happy_5"  "test_happy_6"  "test_happy_7"  "test_happy_8"  "test_happy_9"
[11] "test_sad_1"    "test_sad_10"   "test_sad_2"    "test_sad_3"    "test_sad_4"
[16] "test_sad_5"    "test_sad_6"    "test_sad_7"    "test_sad_8"    "test_sad_9"
[21] NA
> dt_test_dtm <- as.matrix(dt_test_dtm)[1:20,]
```

이제 지도 기계학습을 이용한 감정분석을 실시할 모든 준비가 끝났다. caret 패키지에서는 다양한 기계학습 알고리즘들을 제공하지만, 여기서는 분류나무(classification tree), 랜덤포레스트(random forest), 인공신경망(artificial neural network)의 세 가지 알고리즘들을 사용했다. 다른 기계학습 알고리즘의 경우 이 책의 1판[14]을 참조하거나, caret 패키지의 매뉴얼, 다른 지도 기계학습 서적들을 참조하기 바란다. 예시로 사용한 세 가지 알고리즘들에 대해 간략하게 소개하면 다음과 같다.

- **분류나무**: 사회과학 분야에서는 흔히 '의사결정 나무(decision-tree)'라고 불리기도 하는 기법이다. 전체 표본을 집단 내 동질성 및 집단 간 이질성을 극대화시키는 방향으로 분할(partition)하는 방식을 통해 훈련 데이터를 분류하는 예측모형(즉, 분류기계)을 추정한 후, 이를 바탕으로 테스트 데이터의 예측값을 계산한다.

- **랜덤포레스트**: 레오 브레이만(Breiman, 2001)이 개발한 기계학습 기법이다. 이름에 숲(forest)이라는 단어가 들어간 이유는 이 기법이 분류나무에서 발전되었

14 1판에서는 RTextTools 패키지에서 제공되는 총 9개의 지도 기계학습 알고리즘을 소개한 후, 하나의 명령문을 통해 여러 문서분류모형을 동시에 훈련시킬 수 있었으나, caret 패키지의 train() 함수의 경우 한 번에 하나의 문서분류모형을 훈련시킬 수 있다(즉, 모든 알고리즘을 다 소개할 경우 분량이 폭발적으로 증가한다). 여기에 제시된 세 가지 지도 기계학습 알고리즘을 실습한다면 다른 알고리즘도 쉽게 적용할 수 있을 것이다.

기 때문이다. 다시 말해 분류나무 기법을 여러 차례의 재표집 과정을 통해 적용했기 때문에 '여러 개의 나무', 즉 숲이라는 이름을 붙인 것이다.

- **인공신경망**: 인공신경망은 외부의 자극을 처리한 후, 자극에 맞도록 행동하는 유기체의 신경구조를 모방하는 방식으로 진행되는 기계학습 방법이다(Garson, 1998). 유기체의 신경세포인 뉴런은 활성화 상태 혹은 비활성화 상태인 단순한 구조이지만, 이러한 뉴런이 여러 개 존재할 경우 복잡한 자극을 수용하고 처리하는 것이 가능해진다. 예를 들어 문서에 등장하는 표현들을 유기체가 받아들이는 외부자극의 특징들로, 문서의 감정이나 토픽 등을 유기체의 행동으로, 유기체의 신경 구조를 문서분류 모형이라고 가정해 보자. 훈련 데이터에 등장하는 표현들과 문서에서 표출된 감정 정보가 담긴 훈련 데이터의 관계를 설정할 수 있는 인공적 뉴런을 설정함으로써 인공신경망 모형을 추정한 후, 이렇게 추정된 인공신경망 모형을 테스트 데이터나 표본 데이터에 적용시킬 수 있다.

`caret` 패키지를 기반으로 훈련 데이터를 이용해 문서분류모형을 학습시키고, 테스트 데이터의 문서에 나타난 감정을 예측하는 과정은 일반선형모형(GLM)을 추정하고, 예측값을 얻는 과정과 유사하다. 문서분류모형 학습은 `caret` 패키지의 `train()` 함수를 이용하면 된다. 이때 `x`에는 행렬 오브젝트 형태의 DTM을 입력하고, `y`에는 DTM에 투입된 문서들의 결과 분류(여기서는 문서에 드러난 감정 분류) 결과를 벡터 형태로 입력한다. 이때 연구자가 원하는 기계학습 알고리즘 유형을 `method` 옵션에 지정하면 된다. 우선 분류나무 알고리즘(`method="rpart"`)을 이용하여 문서분류모형을 학습해 보자.

```
> #Classification tree
> #기계훈련
> set.seed(20191121) #지정하지 않으면 결과가 조금 다를 수 있음
> tree_train <- train(x = dt_train_dtm,
+                     y = label_train,
+                     method="rpart")
```

기계훈련이 종료되면 문서분류모형이 훈련 데이터 문서의 감정 상태를 얼마나 잘 예측하는지 살펴보자. 아래의 결과는 OLS 회귀모형 추정 후 모형 설명력을 설명하는 R^2, 혹은 로지스틱 회귀모형 추정 후 살펴보는 예측분류표(종속변수의 관측값과 회귀모형의 예측값의 교차빈도표)와 개념적으로 동일하다. 앞서 얻은 문서분류모형 오브젝트인 **tree_train**을 **predict()**에 투입하면, 훈련 데이터의 문서의 감정이 어떠한지 예측한 결과를 얻을 수 있다. 이렇게 얻은 예측값(pred_tree_train)과 훈련 데이터의 관측값(label_train)의 교차표를 그려보면 아래와 같다.

```
> pred_tree_train <- predict(tree_train)
> table(pred_tree_train,label_train)
               label_train
pred_tree_train happy sad
          happy    78   4
          sad       2  76
```

출력 결과에서 알 수 있듯 160개 문서들 중 총 154개의 문서가 정확하게 예측되었다. 완전하게 만족스러운 결과는 아니지만, 분류나무 알고리즘을 이용해 얻은 문서분류모형의 학습 수준은 상당히 높은 편임을 알 수 있다. 그렇다면 다른 데이터, 즉 테스트 데이터를 대상으로 분류나무 알고리즘을 이용해 얻은 문서분류모형의 예측력을 점검해 보자. **predict()** 함수에 앞서 얻은 문서분류모형인 **tree_train**을 입력한 후, 테스트 데이터의 DTM을 **newdata**로 설정하면 문서분류모형이 예측한 테스트 데이터 문서의 감정 상태가 어떤지 확인할 수 있다. 이렇게 얻은 예측값과 테스트 데이터의 관측값을 교차표로 그려본 결과는 아래와 같다.

```
> #테스트 데이터에 적용
> pred_tree_test <- predict(tree_train,newdata=dt_test_dtm)
> table(pred_tree_test,label_test)  #happy를 기준 범주로
              label_test
pred_tree_test happy sad
         happy    10   1
         sad       0   9
```

출력 결과에서 알 수 있듯, 분류나무 알고리즘을 이용해 얻은 문서분류모형의 예측

력은 매우 좋은 편이다. 즉, 전체 20개 문서 중 19개의 감정을 정확하게 예측·분류하여, 정확예측률(accuracy)은 95%에 달한다. caret 패키지에서는 정확예측률 외에 훈련된 문서분류모형의 예측력을 평가하는 지표들로 카파(κ, kappa), 민감도(sensitivity) 혹은 재현도(recall), 특이도(specificity), 정밀도(precision), *f*-점수(*f*- score) 등이 있다. 이들 지표들을 계산하기에 앞서 이들 지표들의 의미와 계산 방법을 먼저 간단히 살펴보자.

- **정확예측률**: 정확예측률은 전체 문서들 중 문서분류모형의 예측값과 실제 관측값이 부합하는 문서들의 비율이다. 정확예측률이 높을수록 문서분류모형의 예측력이 더 우수하다. 그러나 정확예측률의 경우 기저(base) 정확예측률을 반드시 고려할 필요가 있다. 위의 사례와 같이 예측 범주가 총 2개인 경우 무작위로 예측해도 0.50의 성공 확률이 발생한다. 예를 들어 기저 정확예측률이 0.50인 위와 같은 사례에서 정확예측률이 0.60 정도의 값을 갖는다면 문서분류모형의 예측력이 높다고 보기 어려울 것이다.

- **카파(κ)**: 사회과학 분야의 내용분석 연구에서 매우 자주 등장하는 코더 간 신뢰도(inter-coder reliability) 지수인 코헨의 카파(Cohen's κ)다. 사회과학 관점에서는 문서분류모형의 예측값과 관측값을 두 코더의 코딩값이라고 간주한 후 계산된 코더 간 신뢰도 κ 지수라고 볼 수 있다. 앞서 언급한 정확예측률의 문제점을 반영하여, 카파를 계산할 때는 우연하게 예측이 맞을 가능성을 반영한 지수다. 보통 정확예측률보다 낮은 값을 보인다. 수계산하는 것도 가능하겠지만, 번거로운 일이기에 예시하지 않았다. 계산된 카파값은 다음에 제시될 R 출력 결과를 참조하라.

- **정밀도**: caret 패키지에서 제공하는 정밀도[15]는 문서분류모형의 '기준 범주 예

15 정밀도, 재현도, *f*-점수의 계산 방식은 1판에서 사용한 RTextTools 패키지와 2판에서 사용한 caret 패키지가 서로 다르다. caret 패키지의 경우 '기준 범주'를 중심으로 정밀도, 재현도, *f*-점수를 계산한

측값' 중 '관측값에 부합하는 예측값'의 비율을 의미한다. 정확예측률이나 κ가 전체 범주들을 모두 고려하는 지표인 반면, 정밀도는 문서분류모형의 예측이 얼마나 타당한지를 살펴보는 데 유용하다. 위의 사례를 예로 들어보자. 만약 happy를 기준 범주로 가정할 경우, happy로 예측된 11개의 문서들 중 happy라는 관측값을 가진 문서는 총 10개이며, 따라서 정밀도는 약 0.91의 값을 갖는다[0.909 ≈ 10/(10+1)]. 만약 sad를 기준 범주로 가정할 경우[16] 예측된 9개의 문서들 중 9개 모두가 sad라는 관측값을 가졌기 때문에 정밀도는 1.00이 된다[1.00 = 9/(9+0)].

- **재현도**: caret 패키지에서 제공하는 재현도는 관측값을 기준으로 문서분류모형의 관측값들 중 얼마나 많은 예측값들이 관측값에 부합하는지를 계산한 비율을 의미한다. 정밀도와 마찬가지로, 전체 범주들을 모두 고려하는 정확예측률이나 κ와 달리, 관측값들 중 얼마나 예측값들이 많이 발견되는지를 살펴보는 데 유용하다. 위의 사례를 예로 들어보자. 만약 happy를 기준 범주로 가정할 경우, happy로 관측된 10개의 문서들 중 10개의 문서에서 happy가 예측되었기 때문에 재현

다. 여기서 '기준 범주'란 '연구자가 주목하는 범주'를 의미하며, 흔히 '참(true)'을 의미한다. 반면 1판에서 사용한 RTextTools 패키지의 경우 특정 범주를 별도로 지정하지 않은 상태에서 정밀도, 재현도, *f*-점수를 계산한다. 바로 이 이유 때문에 동일한 데이터를 사용했음에도 불구하고 계산된 정밀도, 재현도, *f*-점수가 조금씩 다르게 나타난 것이다.

분석 사례 맥락에서 그 차이를 설명하자면 다음과 같다. caret 패키지 맥락에서 happy를 기준 범주로 설정하는 경우 sad라는 범주는 단순히 happy가 아닌 범주를 의미한다(왜냐하면 참/거짓으로 범주를 구분하기 때문). 반면 1판에서 사용한 RTextTools 패키지의 경우 happy 범주와 sad 범주는 각각이 독립된 범주로 간주된다. 이 때문에 RTextTools 패키지를 이용할 경우 정밀도, 재현도, *f*-점수가 각각 하나씩만 계산되지만, caret 패키지의 경우 happy를 기준 범주로 설정한 경우의 정밀도, 재현도, *f*-점수와 sad를 기준 범주로 설정한 경우의 정밀도, 재현도, *f*-점수가 각기 다르게 계산된다. 2판에서는 caret 패키지를 사용했기 때문에 caret 패키지 관점에서 정의한 정밀도, 재현도, *f*-점수를 소개했음을 밝힌다.

16 교차표를 그릴 때 happy와 sad의 순위를 바꾸어야 한다. fct_rev() 함수를 사용하면 쉽게 범주형 변수의 범주를 뒤집을 수 있다. sad를 기준 범주로 가정한 경우는 아래와 같은 교차표를 얻을 수 있다.

```
> #각주: sad를 기준 범주로
> table(fct_rev(pred_tree_test),fct_rev(label_test))

        sad happy
  sad     9     0
  happy   1    10
```

도는 1.00의 값을 갖는다[1.00=10/(10+0)]. 또한 만약 sad를 기준 범주로 가정할 경우 sad로 예측된 10개의 문서들 중 9개가 sad라는 관측값을 가졌기 때문에 재현도는 0.90이 된다[0.90=9/(9+1)].

- ***f*-점수**: 정밀도와 재현도의 조화평균(harmonic mean)이다. 앞에서 얻은 정밀도와 재현도를 아래와 같은 조화평균 공식에 투입하면 쉽게 얻을 수 있다.

$$f-\text{점수}=\frac{2\cdot\text{정밀도}\cdot\text{재현도}}{\text{정밀도}+\text{재현도}}$$

  위의 사례를 예로 들어보자. 만약 happy를 기준 범주로 가정할 경우, *f*-점수는 약 0.952의 값을 가지며, sad를 기준 범주로 가정하면 *f*-점수는 약 0.947의 값을 갖는다.

- **특이도**: caret 패키지에서 제공하는 특이도는 문서분류모형의 '기준 범주가 아닌 범주의 관측값' 중 '관측값에 부합하는 예측값' 비율을 의미한다. 위의 사례를 예로 들어보자. 만약 happy를 기준 범주로 가정할 경우, 기준 범주가 아닌 sad로 관측된 10개의 문서들 중 sad라는 관측값을 가진 문서는 총 9개이며, 따라서 특이도는 0.90의 값을 갖는다[0.90=9/(9+1)]. 만약 sad를 기준 범주로 설정할 경우, 기준 범주가 아닌 happy로 관측된 10개 문서들 모두가 happy라는 관측값을 가졌기 때문에 특이도는 1.00이 된다[1.00=10/(10+0)].

caret 패키지에서 이들 지표들은 confusionMatrix() 함수 또는 recall(), precision(), F_meas() 함수들을 통해 계산이 가능하다. 우선 confusionMatrix() 함수에서는 정확예측률, 카파, 민감도(재현도) 등의 지수들을 제시해 준다[다른 지수들도 제공되지만 많이 활용되지 않거나[17] 기저 예측율[18]을 보여주는 것에 불과하기 때문에 별도로 설명하지 않았다]. 먼저 confusionMatrix() 함수를 이용해 happy를 기준 범주로 설정했을 때의 정확예측률, 카파, 민감도(재현도), 특이도를 계산해 보자. 참고로

confusionMatrix() 함수는 첫 번째 범주를 기준 범주로 채택한다.

```
> confusionMatrix(table(pred_tree_test,label_test))
Confusion Matrix and Statistics

              label_test
pred_tree_test happy sad
         happy    10   1
         sad       0   9

               Accuracy : 0.95
                 95% CI : (0.7513, 0.9987)
    No Information Rate : 0.5
    P-Value [Acc > NIR] : 2.003e-05

                  Kappa : 0.9

 Mcnemar's Test P-Value : 1

            Sensitivity : 1.0000
            Specificity : 0.9000
         Pos Pred Value : 0.9091
         Neg Pred Value : 1.0000
             Prevalence : 0.5000
         Detection Rate : 0.5000
   Detection Prevalence : 0.5500
      Balanced Accuracy : 0.9500

       'Positive' Class : happy
```

출력 결과에서 알 수 있듯 happy를 기준 범주로 설정한 경우의 정확예측률은 0.95, 카파는 0.90, 민감도(재현도)는 1.00, 특이도는 0.90의 값을 얻을 수 있었다. 다음으로 sad를 기준 범주로 설정한 경우의 정확예측률, 카파, 민감도(재현도), 특이도를 계산해 보자. fct_rev() 함수를 이용하면 범주의 순서를 뒤집을 수 있으며, 따라서 기준 범주는 sad가 된다.

---

17 예를 들어, Pos Pred Value, Neg Pred Value, Balanced Accuracy 등의 지표들이 여기에 속한다.

18 예를 들어, 출력 결과 중 No Information Rate, Prevalence, Detection Rate, Detection Prevalence 등의 지표들이 여기에 속한다.

```
> confusionMatrix(table(fct_rev(pred_tree_test),fct_rev(label_test)) )
Confusion Matrix and Statistics


       sad happy
  sad     9     0
  happy   1    10

               Accuracy : 0.95
                 95% CI : (0.7513, 0.9987)
    No Information Rate : 0.5
    P-Value [Acc > NIR] : 2.003e-05

                  Kappa : 0.9

 Mcnemar's Test P-Value : 1

            Sensitivity : 0.9000
            Specificity : 1.0000
         Pos Pred Value : 1.0000
         Neg Pred Value : 0.9091
             Prevalence : 0.5000
         Detection Rate : 0.4500
   Detection Prevalence : 0.4500
      Balanced Accuracy : 0.9500

       'Positive' Class : sad
```

추가적으로 정밀도, 재현도(민감도), *f*-점수, 특이도는 각각 다음과 같은 방식으로 얻을 수 있다. 아래의 결과는 happy를 기준 범주로 설정한 후 얻은 정밀도, 재현도(민감도), *f*-점수, 특이도다.

```
> precision(table(pred_tree_test,label_test))
[1] 0.9090909
> recall(table(pred_tree_test,label_test))
[1] 1
> F_meas(table(pred_tree_test,label_test))
[1] 0.952381
> specificity(table(pred_tree_test,label_test))
[1] 0.9
```

언급된 지표들을 하나로 모아 정리한 개인함수를 만들어보면 다음과 같다. 예측값과 관측값의 교차표에서 첫 번째 범주를 happy로 설정하면 happy가 기준 범주인 상황에서의 여러 지표들이 계산되며, 첫 번째 범주를 sad로 설정하면 sad가 기준 범주인 상황에서의 여러 지표들을 얻을 수 있다.

```
> #개인함수를 설정했다.
> quality_index_classification <- function(mytable,myround){
+   index_accuracy <- sum(diag(mytable))/sum(mytable)
+   index_kappa <- kappa(mytable)$coef
+   index_recall <- recall(mytable)
+   index_precision <- precision(mytable)
+   index_fscore <- F_meas(mytable)
+   index_specificity <- specificity(mytable)
+   index_name <- c("accuracy","kappa","precision","recall","f-score","specificity")
+   index_score <- round(c(index_accuracy,index_kappa,
+                          index_precision,index_recall,
+                          index_fscore,index_specificity),myround)
+   data.frame(index_name,index_score)
+ }
> #happy 기준 범주
> tab_happy <- table(pred_tree_test,label_test)
> quality_index_classification(tab_happy,3)
   index_name index_score
1    accuracy       0.950
2       kappa       0.900
3   precision       0.909
4      recall       1.000
5     f-score       0.952
6 specificity       0.900
> #sad 기준 범주
> tab_sad <- table(fct_rev(pred_tree_test),fct_rev(label_test))
> quality_index_classification(tab_sad,3)
   index_name index_score
1    accuracy       0.950
2       kappa       0.900
3   precision       1.000
4      recall       0.900
5     f-score       0.947
6 specificity       1.000
```

출력 결과에서 알 수 있듯 분류나무 알고리즘을 이용해 얻은 문서분류모형의 예측력은 상당히 만족스러운 편이다. 이제 다음으로 랜덤포레스트 알고리즘을 이용해 문서분류모형을 훈련시켜 보자. train() 함수에서 method 옵션을 랜덤포레스트 알고리즘에 맞게 지정하면 된다. 여기서 필자는 method = "ranger"를 지정했다(랜덤포레스트 알고리즘들 중 가장 속도가 빠르다고 알려짐). 또한 num.tree=200 옵션을 이용하여 각 추정 과정에서 총 200회의 분류나무 알고리즘을 수행했다(충분히 큰 숫자를 지정하는 것을 권장). 훈련 데이터를 대상으로 이렇게 얻은 문서분류모형의 예측값과 실제 관측값의 교차표를 살펴보면 다음과 같다.

```
> #Random forest
> #기계훈련
> set.seed(20191121) #지정하지 않으면 결과가 조금 다를 수 있음
> RF_train <- train(x = dt_train_dtm,
+                   y = label_train,
+                   method = "ranger",   #random forest 알고리즘 중 상당히 빠름
+                   num.trees = 200)
> table(predict(RF_train), label_train)
       label_train
        happy sad
  happy    79   0
  sad       1  80
```

분류나무 알고리즘을 이용해 얻은 문서분류모형과 비교할 때, 랜덤포레스트 알고리즘으로 얻은 문서분류모형이 훈련 데이터 문서의 감정을 좀 더 잘 설명하는 것을 알 수 있다(분류나무 알고리즘을 사용한 경우 총 154개의 문서가 정확하게 분류되었으나, 랜덤포레스트 알고리즘을 사용한 경우 총 159개의 문서가 정확하게 분류된 것을 알 수 있다). 하지만 위의 결과는 훈련 데이터를 통해 얻은 문서분류모형이 훈련 데이터를 얼마나 잘 설명하는지를 보여준 것에 불과하며, 테스트 데이터 문서의 감정을 정확하게 예측할 수 있는지는 별개의 문제다. 이제 다음으로 랜덤포레스트 알고리즘으로 얻은 문서분류모형이 테스트 데이터 문서의 감정을 얼마나 정확하게 예측하는지 살펴보자. 마찬가지로 predict() 함수를 사용하면 된다.

```
> #테스트 데이터에 적용
> pred_RF_test <- predict(RF_train,newdata=dt_test_dtm)
> tab_happy <- table(pred_RF_test,label_test)
> tab_happy
            label_test
pred_RF_test happy sad
       happy    10   1
       sad       0   9
```

출력 결과에서 확인할 수 있듯, 테스트 데이터 문서의 감정 예측에서 랜덤포레스트로 얻은 문서분류모형은 앞서 분류나무로 얻은 문서분류모형과 동일한 예측 성과를 보이고 있다. 따라서 문서분류모형을 평가하는 여러 지표들 역시 동일한 값을 갖는다. 앞서 우리가 설정한 quality_index_classification() 함수로 얻은 정확예측률, 카파, 정밀도, 재현도, *f*-점수 등의 값들도 모두 동일하다.

```
> #happy 기준 범주
> quality_index_classification(tab_happy,3)
   index_name index_score
1    accuracy       0.950
2       kappa       0.900
3   precision       0.909
4      recall       1.000
5     f-score       0.952
6 specificity       0.900
> #sad 기준 범주
> tab_sad <- table(fct_rev(pred_RF_test),fct_rev(label_test))
> quality_index_classification(tab_sad,3)
   index_name index_score
1    accuracy       0.950
2       kappa       0.900
3   precision       1.000
4      recall       0.900
5     f-score       0.947
6 specificity       1.000
```

이제는 인공신경망 알고리즘을 이용해 문서분류모형을 훈련시켜 보자. train() 함수를 그대로 사용하되, method 옵션을 method="nnet"와 같이 바꾸어서 지정하면 된다. 인공신경망 알고리즘의 경우, 앞서 추정한 분류나무 알고리즘이나 랜덤포레스트 알고리즘에 비해 매우 긴 시간이 요구된다.

```
> #Neural Network
> #기계훈련
> set.seed(20191121) #지정하지 않으면 결과가 조금 다를 수 있음
> NN_train <- train(x = dt_train_dtm,
+                   y = label_train,
+                   method = "nnet")
# weights:  517
initial  value 120.988662
```

```
iter  10 value 0.002496
final  value 0.000080
converged
[분량 문제로 중간 부분 출력 결과를 제시하지 않음]
# weights:  517
initial  value 125.674019
iter  10 value 20.440830
iter  20 value 15.939356
iter  30 value 15.872366
final  value 15.872359
converged
> table(predict(NN_train), label_train)
       label_train
        happy sad
  happy    79   0
  sad       1  80
```

출력 결과에서 알 수 있듯 인공신경망 알고리즘으로 얻은 문서분류모형은 분류나무 알고리즘을 이용해 얻은 문서분류모형보다 훈련 데이터 문서의 감정을 훨씬 더 잘 설명하는 것으로 나타났고, 랜덤포레스트 알고리즘으로 얻은 문서분류모형과 동등한 설명력을 갖는 것으로 나타났다.

다음으로 랜덤포레스트 알고리즘으로 얻은 문서분류모형이 테스트 데이터 문서의 감정을 얼마나 정확하게 예측하는지 살펴보자. 마찬가지로 predict() 함수를 사용하면 된다.

```
> #테스트 데이터에 적용
> pred_NN_test <- predict(NN_train,newdata=dt_test_dtm)
> tab_happy <- table(pred_NN_test,label_test)
> tab_happy
            label_test
pred_NN_test happy sad
       happy    10   1
       sad       0   9
```

분석 결과 인공신경망 알고리즘으로 얻은 문서분류모형 역시, 분류나무 혹은 랜덤포레스트 알고리즘으로 얻은 문서분류모형과 동일한 수준으로 테스트 데이터 문서의 감정을 상당히 잘 예측하는 것으로 나타났다. 또한 문서분류모형을 테스트하는 지표들 역시 분류나무나 랜덤포레스트 알고리즘으로 얻은 결과와 동일한 것을 확인할 수 있다.

```
> #happy 기준 범주
> quality_index_classification(tab_happy,3)
   index_name index_score
1    accuracy       0.950
2       kappa       0.900
3   precision       0.909
4      recall       1.000
5     f-score       0.952
6 specificity       0.900
> #sad 기준 범주
> tab_sad <- table(fct_rev(pred_NN_test),fct_rev(label_test))
> quality_index_classification(tab_sad,3)
   index_name index_score
1    accuracy       0.950
2       kappa       0.900
3   precision       1.000
4      recall       0.900
5     f-score       0.947
6 specificity       1.000
```

지도 기계학습을 이용한 감정분석은 문서에 표출된 감정은 물론 다른 분야(이를테면 정치적 이데올로기, 문서에 등장하는 토픽 등)로도 적용이 가능하기 때문에 그 적용 범위가 넓은 편이다. 그러나 지도 기계학습은 반드시 문서에 대한 인간의 판단 자료가 있어야 텍스트 데이터 분석에 적용할 수 있다는 점에서, 인간의 판단 자료가 사전에 준비되어 있지 않아도 되는 토픽모형이나 군집분석과는 구별된다.

4부

마무리

01
RSelenium, rvest 패키지를 활용한 온라인 데이터 수집[1]

지금까지 소개한 여러 텍스트 데이터 처리기법들과 모형들은 모두 텍스트 데이터가 수집된 상태를 가정한 것이다. 그렇다면 어떻게 텍스트 데이터를 수집할 수 있을까? 연구자가 처한 상황과 연구 목적에 따라 분석 대상이 되는 텍스트 데이터는 다양할 것이다.

사회과학자 입장에서 가장 손쉽게 접할 수 있는 텍스트 데이터는 설문조사를 통해 얻은 개방형 응답일 것이다. 개방형 응답 데이터의 경우 별도의 수집 절차 없이 곧바로 텍스트 데이터 사전처리를 실시하고, 적절한 기술통계치를 계산하거나 토픽모형을 적용하거나 감정분석을 실시하면 된다. 반면 어떤 경우 정리된 텍스트 데이터를 폴더 형태(예를 들어 여러 개의 *.txt 파일들)로 건네받을 수도 있다. 이 경우에는 앞서 소개한 tm 패키지의 함수들을 이용해 말뭉치 텍스트 데이터를 구축한 후, 원하는 방식으로

1 웹 스크레이핑에 RSelenium 패키지를 활용하는 방법을 소개하고 서술할 때, 연세대학교 언론홍보영상학부 소속 박인서 씨에게 큰 도움을 받았음을 밝힙니다.

텍스트 데이터를 분석하면 된다. 만약 단일 형태의 텍스트 데이터를 건네받은 경우라면 `readLines()` 함수를 이용해 텍스트를 읽어내어 텍스트 분석을 실시하면 된다.

그러나 상황에 따라 텍스트 데이터를 온라인 공간에서 직접 수집해야 할 경우도 발생한다. 예를 들어 IMDb(Internet Movie Database, www.imdb.com)에서 영화에 대한 인터넷 이용자들의 영화평(review)을 수집하여 분석하는 상황을 생각해 보자. 물론 이 경우 IMDb 사이트에서 마우스로 해당 영화평을 블록을 잡아 복사한 후 메모장(Notepad)이나 워드프로세서를 이용해 텍스트 데이터로 저장할 수 있다. 만약 분석하려는 영화평의 개수가 얼마 되지 않다면 사실 이 방법도 나쁘지 않다. 그러나 이 방법으로는 해당 사이트에 업로드된 모든 텍스트 데이터를 수집하기 어렵다. 온라인 공간에서 대용량의 텍스트 데이터를 체계적인 방법으로 수집하는 것을 흔히 스크레이핑(scraping) 혹은 크롤링(crawling)이라고 부른다.

웹 페이지에 제시된 정보를 체계적으로 수집하기 위해서는 웹 페이지의 구성 원리와 방식을 알아야 한다. 문제는 웹 페이지를 구성하는 방식은 매우 다양하기 때문에 간단하게 설명하는 것은 불가능하다는 점이다. 이에 스크레이핑 사례를 본격적으로 소개하기 전에 독자에게 한 가지 부탁하고 싶은 것이 있다. 온라인 데이터 스크레이핑에는 어떤 정답이 없다고 생각한다. 온라인 사이트의 구성 방식은 사이트마다 다르고, 심지어 같은 사이트라도 그 내부에서 다르게 구성된 경우도 매우 흔하다. 또한 온라인 사이트를 개편하게 되면 기존에 사용한 스크레이핑 방법은 작동하지 않게 된다. 솔직히 말해 필자는 대용량의 텍스트 데이터를 체계적으로 스크레이핑할 때는 컴퓨터 언어에 능숙한 다른 분들의 도움을 받는 것을 선호한다. 왜냐하면 웹 페이지를 구성해 본 사람일수록 웹 페이지를 더 능숙하게 분해할 수 있는데, 필자는 웹 페이지를 진지하게 구성해본 경험이 전혀 없기 때문이다. 따라서 대용량 자료를 효율적으로 오류 없이 스크레이핑을 하는 것이 목적이라면, 이 책에 제시된 간단한 사례를 학습하는 것에 만족하지 말고 HTML, XML 등의 언어들을 체계적으로 학습한 후 다양한 경험을 쌓을 것을 권한다.

이 책 1판에서는 실렉터가젯(selectorGadget)이라는 프로그램과 R의 `rvest` 패키지를 이용하여 어떻게 웹페이지를 스크레이핑하는지 간단한 사례를 소개한 바 있다. 실렉터가젯은 직관적으로 이해되고 사용할 수 있다는 장점을 갖고 있지만, 웹페이지가 복잡하게 구성된 경우에는 효과적으로 활용하기 쉽지 않다는 단점이 있었다. 예를 들어 반응형 웹페이지의 경우, 실렉터가젯만으로는 웹페이지 구조를 온전히 파악하기 어렵다. 실제로 (어찌 보면 당연한 결과일수도 있지만) 1판에서 분석 사례로 소개한 디비피아(www.dbpia.co.kr) 웹페이지의 경우 1판 출간 당시의 웹페이지의 구조와 지금의 웹페이지 구조는 현저하게 달라졌다.

이에 따라 2판에서는 분석 사례를 소개할 때 실렉터가젯을 소개하지 않았다. 대신 크롬(Chrome) 웹브라우저의 '검사(Inspect)' 기능(Ctrl+Shift+I)에 셀레늄(Selenium)을 R에서 구현한 **RSelenium** 패키지와 연동하여 사용하는 온라인 스크레이핑 방법을 소개했다. **RSelenium** 패키지를 통해 스크레이핑된 웹페이지 정보에서 연구자는 1판에서 소개되었던 **rvest** 패키지의 여러 함수들을 이용해 자신이 원하는 정보를 효과적으로 추출할 수 있다.

우선 스크레이핑 작업에 필요한 **RSelenium** 패키지와 **rvest** 패키지를 **install.packages()** 함수를 이용해 먼저 인스톨한 후, 아래와 같이 **library()** 함수를 이용해 이들 패키지를 구동시키자. 또한 스크레이핑된 정보들을 정리하고 사전처리하기 위해 앞서 사용했던 **tidyverse** 패키지도 구동시켜 보자(여기서는 주로 **stringr** 패키지와 **dplyr** 패키지를 사용했다).

```
> #Selenium을 R 환경에 맞도록 구성한 RSelenium 인스톨 및 구동
> library("RSelenium")  #웹페이지의 정보수집
> library('rvest')      #수집된 웹페이지 정보 탐색 및 저장
Loading required package: xml2
> library('tidyverse')
-- Attaching packages --------------------------------------- tidyverse 1.2.1 --
√ ggplot2 3.2.0     √ purrr   0.3.2
√ tibble  2.1.3     √ dplyr   0.8.3
√ tidyr   1.0.0     √ stringr 1.4.0
√ readr   1.3.1     √ forcats 0.4.0
-- Conflicts ------------------------------------------ tidyverse_conflicts() --
x dplyr::filter()          masks stats::filter()
x readr::guess_encoding() masks rvest::guess_encoding()
x dplyr::lag()             masks stats::lag()
x purrr::pluck()           masks rvest::pluck()
```

앞서 잠시 언급했지만 **RSelenium** 패키지는 셀레늄(Selenium)을 R 공간에서 사용

할 수 있도록 처리한 패키지다. 그렇다면 여기서 말하는 '셀레늄'은 무엇이며, 어떤 일을 하는가? 당연하지만 여기서 말하는 셀레늄은 원소기호 34번의 Se가 아니라, IT업무를 위한 기술(technology)이다. 셀레늄 홈페이지(https://selenium.dev/)에서는 "셀레늄의 핵심은 브라우저를 자동화시키는 기술입니다(Selenium automates browsers. That's it!)"라고 소개한다. 셀레늄을 이해하고 설명하는 여러 가지 방법들이 있겠지만, 적어도 여기서 소개하는 웹 스크레이핑 과정을 이해하는 데는 '브라우저 자동화'만 알고 있어도 충분할 것이다. 즉, `RSelenium` 패키지의 부속함수, 특히 `rsDriver()` 함수를 이용하면 인터넷 익스플로러(Internet Explorer), 크롬(Chrome), 파이어폭스(Fire Fox) 등과 같은 웹 브라우저를 R 공간에서 제어(control)할 수 있게 되며, 따라서 웹 브라우저 공간에 표현된 정보들 역시 R 공간으로 가져올 수 있게 된다.

`RSelenium` 패키지에서는 웹 브라우저 자동화를 위해 되도록 외부 서버(Server)를 지정하라고 권장한다. 그러나 간단하고 적은 분량의 웹 정보들을 스크레이핑하려는 일반 R 이용자는 자신의 PC를 서버로 지정하는 것이 훨씬 더 간단하고, 무엇보다 저렴할 것이다. 여기서 필자는 `RSelenium` 패키지의 `rsDriver()` 함수를 이용하여 필자의 PC를 서버로 삼아 R를 이용해 자동화시킨 크롬 브라우저를 띄운 후, 이를 통해 웹페이지의 정보를 '제어'하는 방식을 소개했다.

본격적으로 `RSelenium` 패키지의 `rsDriver()` 함수를 적용하기 전에 독자는 다음 두 가지 사항을 반드시 체크하기 바란다.

- 첫째, 자바(Java)를 반드시 설치해야 한다. 앞서 `KoNLP` 패키지를 설치할 때 왜 Java를 설치해야 하는지 언급한 바 있다. 자바를 설치하는 구체적 방법에 대해서는 이 책의 '별첨 자료-1'을 참조하기 바란다.
- 둘째, 셀레늄을 통해 자동화시킬 웹 브라우저가 반드시 설치되어 있어야 하며, 무엇보다 자신이 사용하는 웹 브라우저가 어떤 버전을 갖고 있는지 먼저 파악하기 바란다. `RSelenium` 패키지에서 자동화시킬 수 있는 브라우저에는 인터넷 익스플로러, 크롬, 파이어폭스 등이 있다. 필자는 크롬 브라우저(버전 78.0. 3904.105)를 사용했다. 크롬 브라우저의 버전은 크롬 브라우저 URL 창에 chrome://settings/help를 입력하면 된다(아래의 그림을 참조).

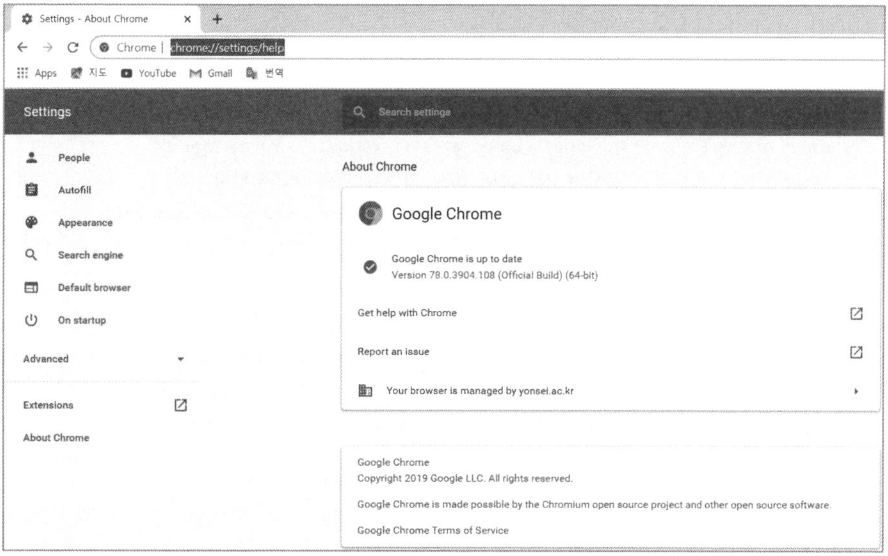

독자의 PC에 Java가 설치되어 있고, 자신이 사용하는 크롬 브라우저의 버전을 확인했다면, 이제 자신의 브라우저 버전이 RSelenium 패키지에서 지원되는지 확인해 보자. 아래의 R 명령문을 실시한 후, 자신이 사용하는 크롬 브라우저 버전과 해당 버전이 일치하면 아무 문제없다. 만약 버전이 일치하지 않으면, RSelenium 패키지에서 지원되는 버전의 크롬 브라우저를 다운로드한 후 새로 설치해야 한다.

```
> binman::list_versions("chromedriver") #binman이 설치되지 않았다면 설치하고 실행
$win32
[1] "78.0.3904.105" "79.0.3945.16"  "79.0.3945.36"
```

위의 출력 결과에서 알 수 있듯 필자가 사용하는 크롬 브라우저의 버전은 RSelenium 패키지에서 지원되는 버전이었다. 사용하는 브라우저의 버전에 별 문제가 없다면 이제 아래와 같이 rsDriver() 함수를 실행하자. 입력값으로 브라우저의 종류(browser="chrome"), 사용하는 브라우저의 버전(chromever="78.0.3904.105")을 지정하고, 포트넘버를 4444로 지정하자(port=4444L).[2] rsDriver() 함수 실행에

2 상황에 따라 다를 수도 있으나 포트넘버의 디폴트값은 4444인 것이 보통이다. 포트넘버를 지정해야

는 조금 시간이 걸린다는 점을 유념하자.

```
> #RSelenium에서는 Docker를 설치하고 서버를 구성하라고 하지만,
> #개인 이용자에게는 자신의 PC를 서버로 설정해서 사용하는 것이 더 편할 듯
> #rsDriver() 함수를 이용하여 R를 통해 통제 가능한 크롬 브라우저를 띄움
> #브라우저는 크롬이 아니라 Firefox, Internet Explorer, phantomjs 등도 가능
> #[여기서 phantomjs는 phantom(안보임)+js(자바)를 의미하며, 일반 이용자에게는 비추천]
> #아래를 설치하기 전에 반드시 확인할 것 두 가지
> #첫째, 본인 PC에 Java가 설치되어 있는가?
> #(첫째 조건 관련, 자바 설치에 대해서는 별첨 자료-1 참조)
> #둘째, 본인 PC의 크롬 버전이 rsDriver() 함수가 지원하는 버전인가?
> #(둘째 조건 관련 브라우저의 버전을 확인한 후, 아래를 실행하여 확인해 볼 것)
> #(버전이 맞지 않는 브라우저를 사용하는 경우 버전에 맞는 브라우저를 먼저 설치)
> rD <- rsDriver(browser="chrome",   #
+           chromever="78.0.3904.105",  #브라우저 버전
+           port=4444L)  #포트 넘버는 4445 등으로 조금 다를 수 있음(L은 정수표현 의미)
checking Selenium Server versions:
BEGIN: PREDOWNLOAD
BEGIN: DOWNLOAD
BEGIN: POSTDOWNLOAD
checking chromedriver versions:
BEGIN: PREDOWNLOAD
BEGIN: DOWNLOAD
BEGIN: POSTDOWNLOAD
checking geckodriver versions:
BEGIN: PREDOWNLOAD
BEGIN: DOWNLOAD
BEGIN: POSTDOWNLOAD
checking phantomjs versions:
BEGIN: PREDOWNLOAD
BEGIN: DOWNLOAD
BEGIN: POSTDOWNLOAD
[1] "Connecting to remote server"
$acceptInsecureCerts
[1] FALSE

$browserName
[1] "chrome"

$browserVersion
[1] "78.0.3904.108"

[분량 문제로 이후의 출력 결과를 제시하지 않음]
```

하는 이유는 자신의 PC를 서버로 지정하기 때문이다.

rsDriver() 함수가 다 실행되면, 아래와 같은 새로운 크롬 브라우저 창이 하나 뜰 것이다. 새로 뜬 브라우저 창에는 "Chrome이 자동화된 테스트 소프트웨어에 의해 제어되고 있습니다"라는 표현이 있는데, 바로 이 표현이 바로 셀레늄의 기능, 즉 '브라우저 자동화'를 의미한다. 즉, 이 브라우저 창은 R 공간의 명령문으로 통제·제어할 수 있다.

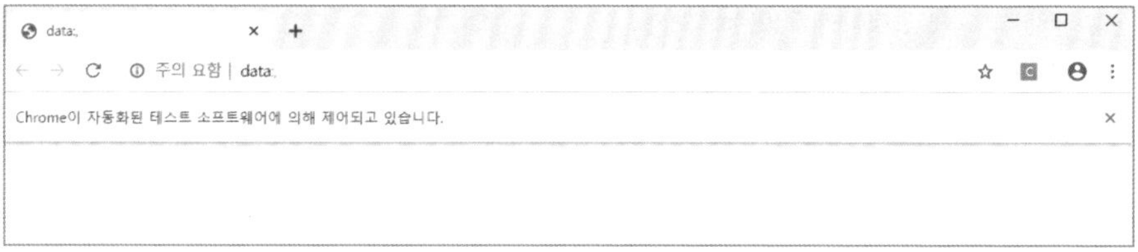

이렇게 rsDriver() 함수를 실행해서 얻은 rD 오브젝트는 리스트 형식을 따르며, 여기에는 server와 client라는 2개의 오브젝트가 존재한다. 앞에서 말했듯 필자는 필자의 PC를 서버로 사용하고 있기 때문에, R 공간에서는 클라이언트를 선택했다. 클라이언트를 설정하는 방법은 아래와 같다.

```
> #rD에는 서버, 클라이언트 두 가지 저장. 여기서는 client를 선택하자.
> names(rD)
[1] "server" "client"
> remDr <- rD[["client"]]
```

이제 R를 이용해 브라우저를 사용해 보자. 1판과 마찬가지로 디비피아(www.dbpia.co.kr)에서 필자가 저술한 논문들의 문헌 정보들을 스크레이핑할 것이다. 우선 셀레늄으로 통제하는 브라우저가 아닌 다른 브라우저를 이용해 디비피아 홈페이지를 방문한 후, 검색어 창에 필자의 이름 '백영민'을 입력해 보자. 이렇게 해서 나온 브라우저의 URL은 아래와 같다.

http://www.dbpia.co.kr/search/topSearch?startCount=0&collection=ALL&range=A&searchField=ALL&sort=RANK&query=백영민&srchOption=*

이 URL을 자세히 보면 필자가 입력한 검색어인 '백영민'이 끝부분 즈음에 포함된 것을 알 수 있다. 즉, 이 URL은 검색어를 중심으로 '앞부분'(http://www.dbpia.co.kr/search/topSearch?startCount=0&collection=ALL&range=A&searchField=ALL&sort=RANK&query=), '검색어 부분'(백영민), '뒷부분'(&srchOpti on=*)의 세 부분으로 구분할 수 있다. 여기서 얻은 이 URL을 복사한 후 다음과 같은 R 명령문을 짜보자.

```
> #R를 이용해 웹페이지를 방문해 보자.
> #dbpia.co.kr의 검색란에 필자의 이름을 넣은 후 URL의 구조를 살펴보자.
> #크게 다음과 같은 3개 부분으로 구성된 것을 알 수 있다.
> start_chars <- "http://www.dbpia.co.kr/search/topSearch?startCount=0&collection
=ALL&range=A&searchField=ALL&sort=RANK&query="
> search_term <- "백영민"
> end_chars <- "&srchOption=*"
```

`start_chars`, `search_term`, `end_chars`의 세 문자형 오브젝트들을 `str_c()` 함수를 이용하여 이어주면 http://www.dbpia.co.kr/search/topSearch?startCount=0&collection=ALL&range=A&searchField=ALL&sort=RANK&query=백영민&srchOption=*와 같은 URL을 새로 만들 수 있다.

```
> #위의 세 가지 문자형들을 통합하면 아래와 같은 URL을 만들 수 있다.
> #필요에 따라 search_term을 다르게 지정하면 바뀐 검색어로 검색이 될 것이다.
> #예를 들어 search_term <- "임진왜란"과 같이 다르게 설정하면 임진왜란을 다루는
> #한국어 학술논문들 검색 결과를 얻을 수 있다.
> example_dbpia_search <- str_c(start_chars,search_term,end_chars)
```

이제 이렇게 얻은 완성된 URL인 `example_dbpia_search` 오브젝트를 앞서 우리가 생성한 `remDr`의 부속함수인 `navigate()` 함수를 이용해 방문해 보자. 아래의 명령문을 실행하면 셀레늄으로 통제하는 브라우저를 통해 지정된 URL을 방문할 수 있다.

```
> #해당 URL을 앞서 이용자 PC에 설치한 서버를 경유하는 크롬 브라우저를 이용해 검색하자.
> remDr$navigate(example_dbpia_search)
```

브라우저에서 검색된 논문은 총 10개다. 일단 아래와 같이 `remDr` 오브젝트의 부속 함수인 `getPageSource()` 함수를 실행한 후 그 결과를 저장해 보자. 참고로 저장된 결과는 리스트 형태의 오브젝트다.

```
> #여기까지의 검색된 논문들 내역(소스, source) 저장
> search_baek_dbpia <- remDr$getPageSource()
> class(search_baek_dbpia)
[1] "list"
```

위에서 얻은 `search_baek_dbpia`라는 오브젝트는 바로 셀레늄으로 통제하는 브라우저에서 보여주는 HTML 문서를 문자형 데이터로 저장한 것이다. `search_baek_dbpia` 오브젝트의 날것 그대로의 모습은 다음과 같다. 내용이 많기 때문에(약 18만 글자), `substr()` 함수를 이용하여 일부만 제시했다.

```
> #벡터 형태로
> search_baek_dbpia <- search_baek_dbpia[[1]]
> class(search_baek_dbpia)
[1] "character"
> nchar(search_baek_dbpia)
[1] 185511
> substr(search_baek_dbpia,1,200)
[1] "<html lang=\"ko\"><head>\n<!-- Google Tag Manager -->\n<script async=\"\" sr
c=\"https://www.googletagmanager.com/gtm.js?id=GTM-NFKLKF2\"></script><script typ
e=\"text/javascript\" async=\"\" src=\"https://www.googl"
```

위의 결과에서 알 수 있듯 search_baek_dbpia 오브젝트는 문자형 데이터이기 때문에 다음과 같은 방식으로 원하는 정보를 확인하거나 추출할 수도 있다. 그러나 HTML 역시 규칙을 따르는 언어이기 때문에, HTML의 문법을 따라 원하는 요소만을 추출하는 것이 바람직하며, 아래와 같은 방식은 매우 현명하지 않기 때문에 권하지 않는다.

```
> #위의 자료는 텍스트 데이터이기 때문에 다음과 같은 방식도 가능은 하다(절대 권하지 않음)
> str_extract_all(search_baek_dbpia,"백영민")
[[1]]
 [1] "백영민" "백영민" "백영민" "백영민" "백영민" "백영민" "백영민" "백영민"
[분량 문제로 이후의 출력 결과를 제시하지 않음]
> str_extract_all(search_baek_dbpia,
+                 "([[:alpha:]]|[[:space:]]){1,}팩트체크([[:alpha:]]|[[:space:]]){1,}")
[[1]]
[1] "대 대선 기간 후보자 간 의혹제기에 대한 팩트체크 뉴스의 설득효과 "
[2] " 팩트체크 뉴스 판정결과와 지지후보를 중심으로"
```

HTML 형식을 따르는 데이터의 경우 1판에서도 소개했던 rvest 패키지를 이용해 효과적으로 원하는 요소들을 추출할 수 있다. 우선 단순 문자형 데이터로 입력된 search_baek_dbpia 오브젝트가 실제로는 HTML 문법을 따르는 문서라는 것을 정의한 후 rvest 패키지의 여러 함수들을 적용해 보자.

```
> #이 자료는 HTML 형식으로 구성된 자료이기 때문에 rvest 패키지 부속함수들을 이용하면 편함
> html_search_baek_dbpia <- read_html(search_baek_dbpia)
```

이제 html_search_baek_dbpia 오브젝트에서 우리가 원하는 정보들을 추출하면 된다. 이때 R에게 "XX를 뽑아줘!"라는 메시지를 어떻게 전달해야 할까? "XX를 뽑아줘!"에서 XX에 해당되는 내용이 HTML 문법을 따르는 문서에서 어떻게 정의되어 있는지를 알기 위해 크롬 브라우저로 돌아가 보자. 크롬 브라우저에서 검색 결과 목록이 제시된 부분에 마우스 포인터를 위치시킨 후 마우스 오른쪽 버튼을 누르면 메뉴가 하나 생성되는데, 이 메뉴 맨 마지막의 '검사'(영문인 경우는 'Inspect')를 눌러보자.

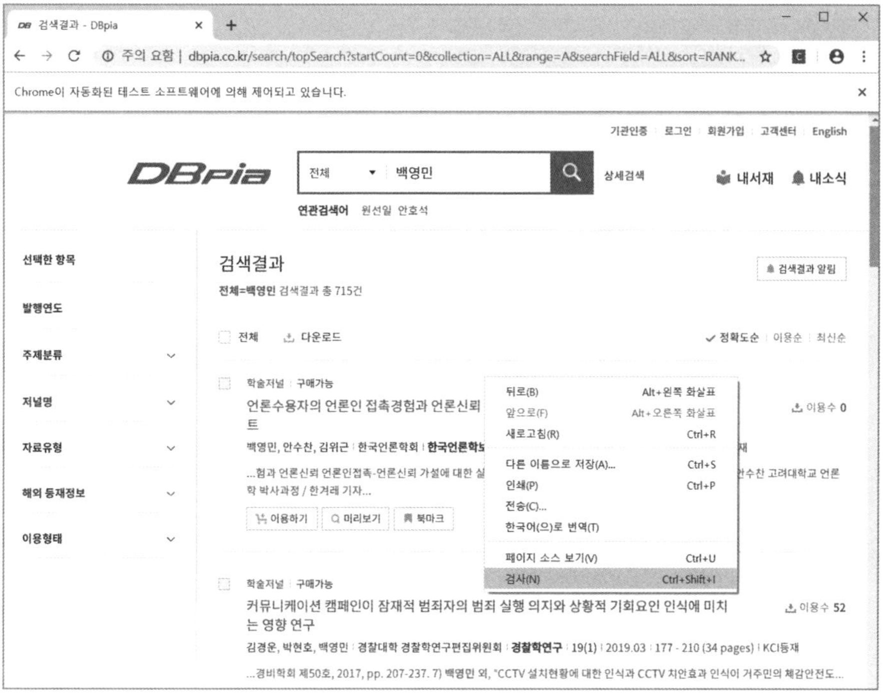

'검사'를 누르면 크롬 브라우저의 오른쪽에 다음과 같은 HTML 문서 구조가 나타날 것이다.

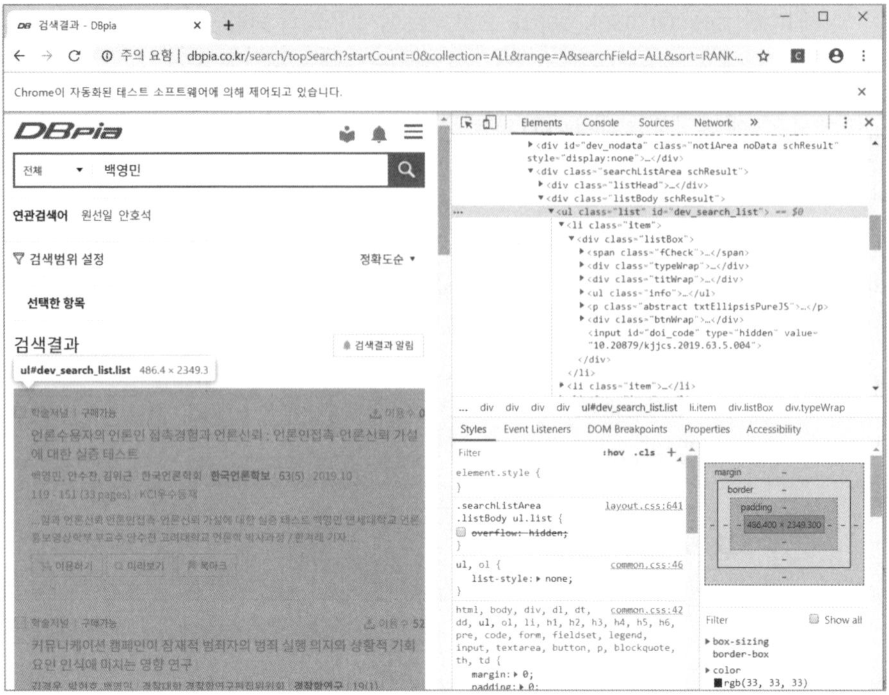

오른쪽 패널을 자세히 보면 dev_search_list라는 표현을 확인할 수 있다. 또한 왼쪽 패널을 보면 ul#dev_search_list라는 표현도 확인할 수 있다. 다시 말해 '백영민'이라는 검색어로 얻은 10개의 검색 결과를 보여주는 부분(왼쪽 패널의 음영처리 부분)은 ul이라는 클래스(class)이며, 그것의 아이디(id)는 dev_search_list라는 이름으로 태그가 붙어 있다. 이 정보를 이용하면 HTML 문서에서 필요한 부분을 추출할 수 있다. `rvest` 패키지의 `html_node()` 함수는 바로 이 부분의 정보를 추출하는 함수다. 예를 들어 다음을 살펴보자.

```
> html_search_baek_dbpia %>%
+   html_node("#dev_search_list") %>% #검색된 목록을 찾아
+   head()
$node
<pointer: 0x000000001db3dd00>

$doc
<pointer: 0x0000000019dbb050>
```

결과를 얻기는 했는데, 어떤 내용인지 명확하지 않게 느껴질 것이다. 그 이유는 검색 결과에서 얻은 검색 논문들의 목록에는 여러 정보들이 같이 포함되어 있기 때문이다. 이제 마우스포인터를 논문 제목으로 옮긴 후(우리가 검색한 것은 검색어와 연관된 '논문들'이기 때문에), 아까와 마찬가지로 마우스 오른쪽 버튼을 누르고 '검사'를 눌러보자.

그러면 아래와 같은 모습을 발견하게 된다. 즉, 오른쪽 패널에서 볼 수 있듯, 해당 논문 제목은 '/journal/articleDetail?nodeId=NODE09226193'이라는 URL로 연결되고 있으며, 그 URL의 이름은 href로 지정되어 있다. 다시 말해 "언론수용자의 언론인 접촉경험과 언론신뢰 : 언론인접촉-언론신뢰 가설에 대한 실증 테스트"라는 논문 제목을 누르는 것은 디비피아의 다른 URL www.dbpia.co.kr/journal/articleDetail?nodeId=NODE09226193을 방문하는 것과 동일한 것이다. 현재 브라우저에는 총 10개의 논문들이 검색 결과로 제시되어 있다. 다시 말해 각 논문의 제목과 연동된 URL이 총 10개 존재한다는 뜻이다. 이러한 10개 URL과 논문 제목들을 묶어놓은 것이 바로 오른쪽 패널의 음영 부분 위의 titWrap이다.

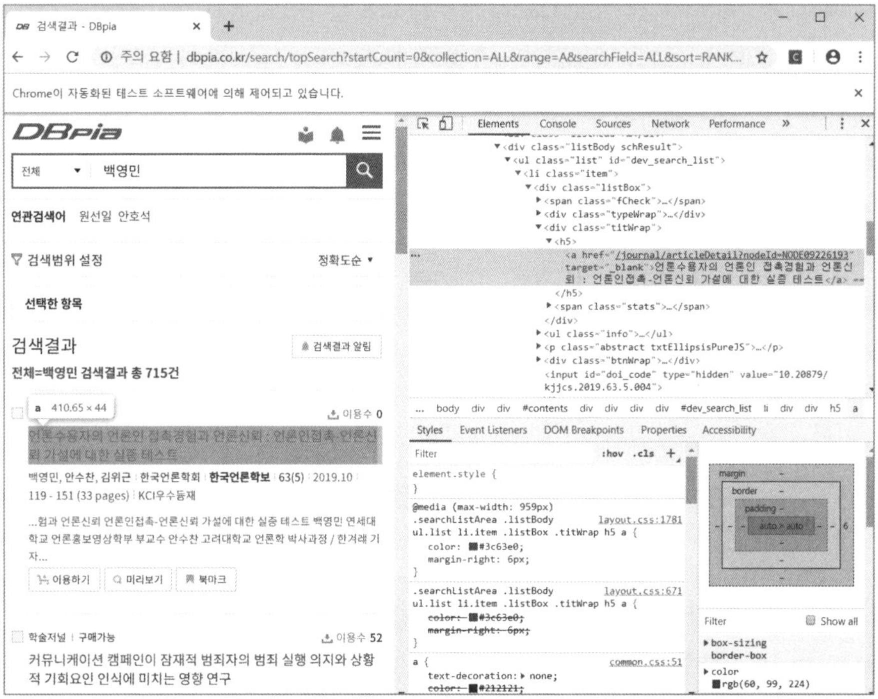

이제 필자는 html_nodes() 함수(함수이름이 복수형으로 종료되었음)를 이용하여 총 10개의 URL과 각 URL과 연동된 논문 제목을 추출했다. 아래의 결과를 살펴보자.

```
> html_search_baek_dbpia %>%
+   html_node("#dev_search_list") %>% #검색된 목록을 찾아
+   html_nodes(".titWrap a")  %>%    #논문 제목에 해당되는 내용
+   head()
{xml_nodeset (6)}
[1] <a href="/journal/articleDetail?nodeId=NODE09226193" target="_blank">언론수용
자의 언론인 접촉경험과 언론신뢰 : 언론인접촉-언론신뢰 가설에 대한 실증 테스트</a>
[2] <a href="/journal/articleDetail?nodeId=NODE07995573" target="_blank">커뮤니케
이션 캠페인이 잠재적 범죄자의 범죄 실행 의지와 상황적 기회요인 인식에 미치는 영 ...
[3] <a href="/journal/articleDetail?nodeId=NODE07611253" target="_blank">기업 루머
이슈에서 등장하는 토픽 변화 및 위기 커뮤니케이션 과정의 담론 경쟁 : 토픽  ...
[4] <a href="/journal/articleDetail?nodeId=NODE07587613" target="_blank">미투운동
은 누구에게 어떤 과정을 통해 지지받는가? : 미디어의 동원효과와 성별의 조절효과 ...
[5] <a href="/journal/articleDetail?nodeId=NODE07540537" target="_blank">시스템 오
브 시스템즈 온톨로지 구축을 위한 사례 분석 기반의 메타모델 개발</a>
[6] <a href="/journal/articleDetail?nodeId=NODE07538892" target="_blank">라이프스
타일은 누구에게 어떤 의미를 갖는가? : 인구통계학적 집단별 라이프스타일이 방송클 ...
```

위의 과정에서 추가적으로 URL들만 추출하고 싶다면 다음과 같이 html_attr() 함수를 이용해 지정된 속성(attribute)만 뽑아내면 된다. URL은 href라는 이름으로 지정되어 있기 때문에 아래와 같은 R코드를 이용하면 URL들을 추출할 수 있다.

```
> urls_baek_papers <- html_search_baek_dbpia %>%
+   html_node("#dev_search_list") %>% #검색된 목록을 찾아
+   html_nodes(".titWrap a") %>%     #논문 제목에 해당되는 내용
+   html_attr("href") #이동되는 URL만 끌어냄
> head(urls_baek_papers)
[1] "/journal/articleDetail?nodeId=NODE09226193" "/journal/articleDetail?nodeId=N
ODE07995573"
[3] "/journal/articleDetail?nodeId=NODE07611253" "/journal/articleDetail?nodeId=N
ODE07587613"
[5] "/journal/articleDetail?nodeId=NODE07540537" "/journal/articleDetail?nodeId=N
ODE07538892"
```

만약 URL이 아니라 URL에 연동된 문자형 제목을 추출하고 싶다면 다음과 같이 html_text() 함수를 이용해 텍스트 표현만 뽑으면 된다.

```
> #만약 논문 제목만을 모으는 것으로 끝내고 싶다면
> title_baek_papers <- html_search_baek_dbpia %>%
+   html_node("#dev_search_list") %>% #검색된 목록을 찾아
+   html_nodes(".titWrap a") %>%      #논문 제목에 해당되는 내용
+   html_text() #제시된 텍스트만 추출함
> head(title_baek_papers)
[1] "언론수용자의 언론인 접촉경험과 언론신뢰 : 언론인접촉-언론신뢰 가설에 대한 실증 테스트"
[2] "커뮤니케이션 캠페인이 잠재적 범죄자의 범죄 실행 의지와 상황적 기회요인 인식에 미치는 영향 연구"
[3] "기업 루머 이슈에서 등장하는 토픽 변화 및 위기 커뮤니케이션 과정의 담론 경쟁 : 토픽 모델링 접근"
[4] "미투운동은 누구에게 어떤 과정을 통해 지지받는가? : 미디어의 동원효과와 성별의 조절효과를 중심으로"
[5] "시스템 오브 시스템즈 온톨로지 구축을 위한 사례 분석 기반의 메타모델 개발"
[6] "라이프스타일은 누구에게 어떤 의미를 갖는가? : 인구통계학적 집단별 라이프스타일이 방송클립 영상 시청에 미치는 효과 분석"
```

이렇게 얻은 여러 URL들에서 원하는 정보를 추출하는 것도 가능하다. 같은 형식으로 구성된 여러 URL들로부터 원하는 정보들을 체계적으로(systematic) 추출하는 것은 조금 후에 살펴보기로 하자. 대신 셀레늄을 이용해 반응형 웹페이지를 스크레이핑해 보자. 현재 우리는 총 10개의 논문 검색 결과를 얻었다. 만약 더 많은 논문 검색 결과를 얻으려면 어떻게 해야 할까? 브라우저의 맨 하단을 살펴보면 아래 그림과 같은 '더보기'라는 단추를 발견할 수 있을 것이다.

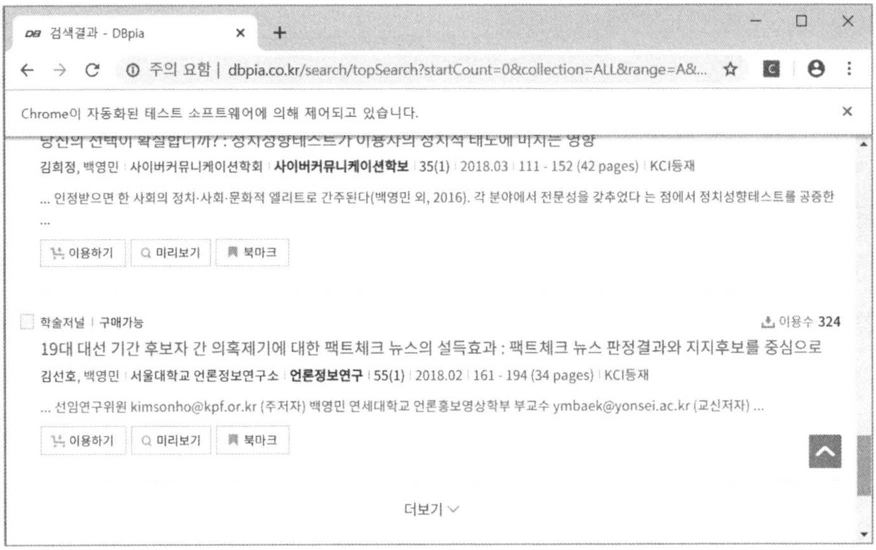

'더보기'와 같은 버튼은 마우스로 클릭하는 것이 보통이다. 하지만 여기서는 마우스가 아니라 R를 이용해 이 '더보기' 버튼을 눌러보자. 먼저 아까와 마찬가지로 '더보기' 버튼 위에 마우스 포인터를 위치시키고 마우스 오른쪽 버튼을 누른 후 '검사'를 눌러보면 아래와 같은 화면을 접하게 된다.

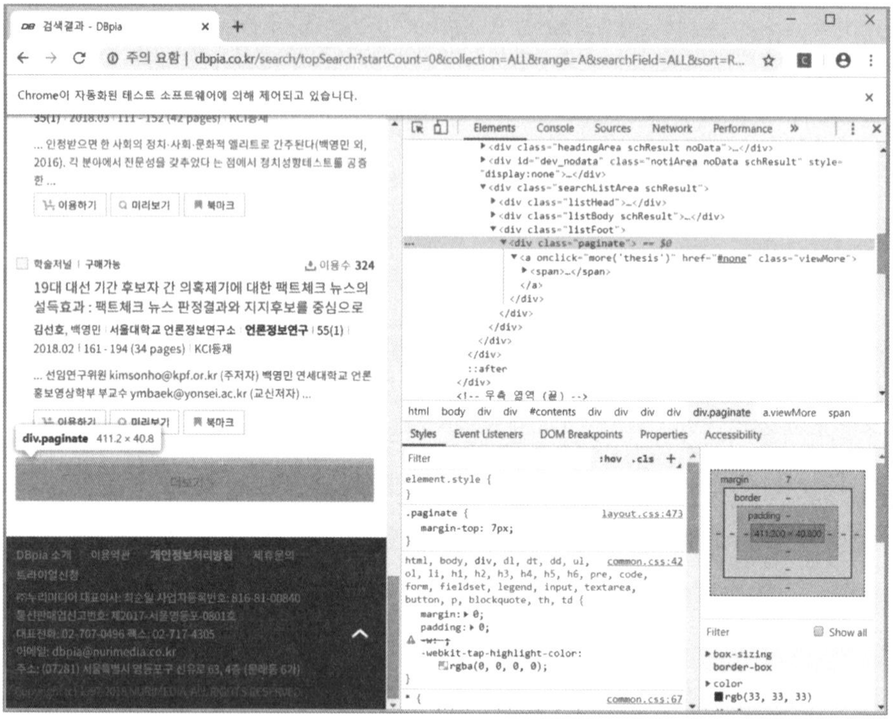

오른쪽 패널에서 paginate라는 표현을 살펴볼 수 있다(왼쪽 패널에서도 div.paginate라는 표현을 확인할 수 있다). 이 paginate가 바로 화면에서 보이는 '더보기' 버튼이다. 만약 '더보기' 버튼을 누르면 어떻게 될까? 독자들도 예상하듯 화면이 확장되면서 더 많은 검색 결과를 확인할 수 있을 것이다. '화면이 확장'된다는 것이 바로 오른쪽 패널의 음영 부분 아래에 있는 span이라는 표현의 의미다.

R 공간에서 '더보기' 버튼을 누르려면 앞서 얻은 `remDr`의 부속함수인 `findElement()` 함수를 이용하면 된다. 이때 `using="css selector"`라는 옵션을 사용했는데, CSS 의미는 웹 페이지의 시각적 스타일을 의미하며, CSS 선택자(selector)란 시각적 스타일을 제시하는 방법들 중의 선택 요소를 뜻한다. 즉, 앞에서 우리가 확인한

paginate라는 표현은 '페이지를 매기는 스타일'이라는, 다시 말해 '더보기' 버튼을 누름으로써 두 번째 페이지를 확장(span)하여 보여준다는 뜻이다.

```
> #총 10개의 논문들이 검색된 것을 알 수 있다.
> #해당 URL의 맨 마지막을 보면 <더보기>라는 난이 있다. 이 버튼을 R를 이용해 눌러보자.
> #css selector에 해당되는 요소들 중(using 옵션 부분)
> #paginate 라는 이름의 css 버튼의 확장 기능을 확정
> button_SeeMore <- remDr$findElement(using="css selector",
+                                     ".paginate span") #paginate 앞의 .은 전체선택자
```

이렇게 얻은 `button_SeeMore` 오브젝트의 부속함수인 `clickElement()` 함수를 실행하면 '더보기' 버튼 클릭을 실행할 수 있다.

```
> #아래를 실행하면 "더보기" 클릭을 실행한다.
> button_SeeMore$clickElement()
```

이제 크롬 브라우저를 살펴보면 다음과 같이 검색 논문들이 추가로 더 제시된 것을 확인할 수 있다.

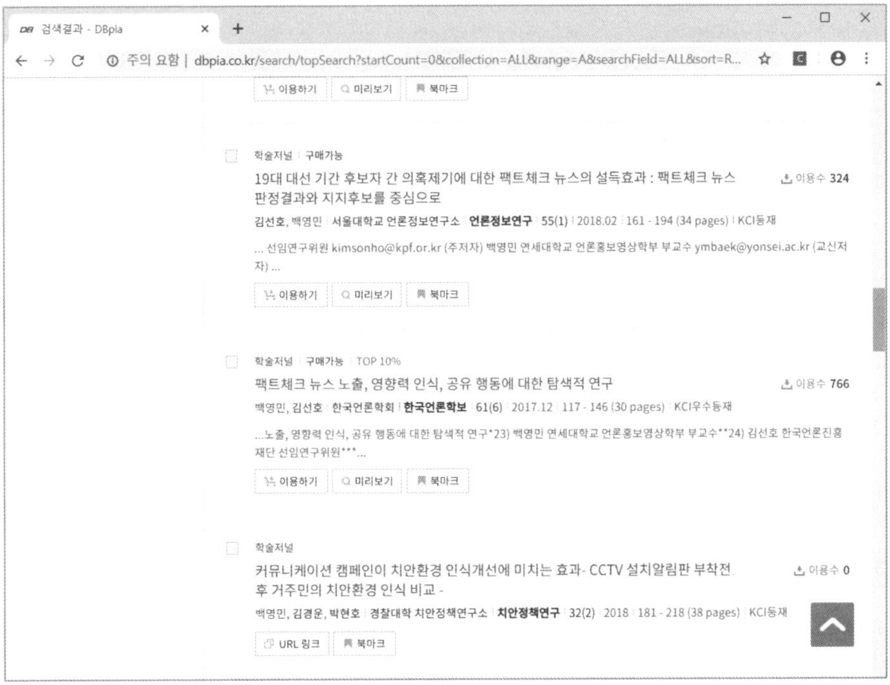

'더보기' 버튼을 눌러 더 많은 검색 결과를 얻은 후에 앞서 우리가 진행한 과정들, 즉 검색된 논문들의 URL들을 추출해 보자. 아래는 앞의 과정을 요약 후 정리하여 다시 반복하는 것에 불과하다.

```
> #여기까지의 검색된 논문들 내역(소스, source) 저장
> search_baek_dbpia <- remDr$getPageSource()
> search_baek_dbpia <- search_baek_dbpia[[1]]  #벡터로
> urls_baek_papers <- read_html(search_baek_dbpia) %>%
+   html_node("#dev_search_list") %>%
+   html_nodes(".titWrap a") %>%
+   html_attr("href")
> length(urls_baek_papers)
[1] 30
```

디비피아에서 '백영민'이라는 검색어로 검색된 총 30개 논문들의 URL을 확보했다(이를 통해 '더보기' 버튼을 누를 때마다 논문 20개씩을 추가로 불러올 수 있음을 유추할 수 있다). 만약 독자가 원한다면 `button_SeeMore$clickElement()`을 반복하면 더 많은 논문들의 URL을 확보할 수도 있다.[3] 이 중 첫 번째 논문의 URL을 방문해 보자. 앞서 소개한 방식과 마찬가지로 `remDr`의 하부함수인 `navigate()`를 이용하여 지정된 URL을 방문하면 된다.

```
> #첫 번째 검색 문서의 URL을 살펴보자.
> urls_baek_papers[1]
[1] "/journal/articleDetail?nodeId=NODE09226193"
> #URL의 앞부분이 제시되지 않은 것을 발견할 수 있다.
> #왜냐하면 각 URL들은 "http://www.dbpia.co.kr"을 공유하기 때문이다.
> #따라서 다음과 같이 하면 첫 번째 검색문서를 R를 통해 열어볼 수 있다.
> remDr$navigate(str_c("http://www.dbpia.co.kr",urls_baek_papers[1]))
```

3 물론 여기서 우리가 선택한 '백영민'이라는 검색어로 검색된 모든 논문들의 URL을 확보할 수도 있지만, `repeat` 루프를 이용하여 조금 복잡한 프로그래밍 과정을 밟아야 할 것이다. `repeat` 루프를 이용하여 검색된 모든 논문들의 URL을 확보하는 방법이 궁금하면 이 책의 온라인 자료 중 「4부_01_R을_활용한_온라인_데이터_수집_소개.r」 파일의 끝부분을 참조하기 바란다.

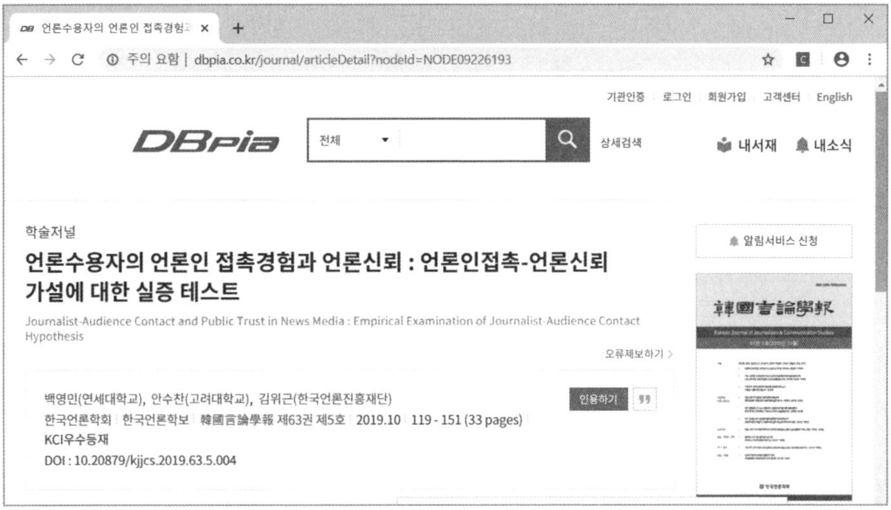

크롬 브라우저에 제시된 내용 중 '저자', '출간 연도', '한국어 논문 제목', '영어 논문 제목', '학술지 이름', '권', '호', '시작 페이지', '종료 페이지', '한국어 논문 초록', '영어 논문 초록' 등의 정보들을 스크레이핑해 보자. 스크레이핑하는 방법은 앞서 소개한 방법과 동일하다. 즉, 원하는 정보 위에 마우스 포인터를 위치시킨 후, 마우스 오른쪽 버튼을 누르고 '검사'를 누르면 HTML 문서에서 어떤 부분을 추출해야 할지 쉽게 확인할 수 있다. 예를 들어 '저자'에 마우스 포인터를 놓고, 마우스 오른쪽 버튼을 누른 후 '검사'를 누르면 386쪽과 같은 화면이 나온다.

확인된 정보를 기반으로 저자 정보를 추출하는 R 코드는 아래와 같다.

```
> #첫 번째 검색된 논문의 소스 정보
> baek_dbpia_01 <- remDr$getPageSource()[[1]]
> #해당 소스정보에서 필요한 정보들 취합
> author <- read_html(baek_dbpia_01) %>%
+   html_node("p.author") %>% html_text()
> author
[1] "      \n            \t      \t                 \n\t\t\t\t\t\t 백영민(연세대학교),
안수찬(고려대학교),  김위근(한국언론진흥재단)\n\t                  \n          \t
   \t\t                  \n                  "
```

스페이스 공란, 탭 공란, 줄바꿈 등 불필요 공란이 많지만, 아무튼 우리가 원하는 정보를 추출할 수 있었다. 불필요 공란 제거와 같은 사전처리 작업은 나중에 하도록

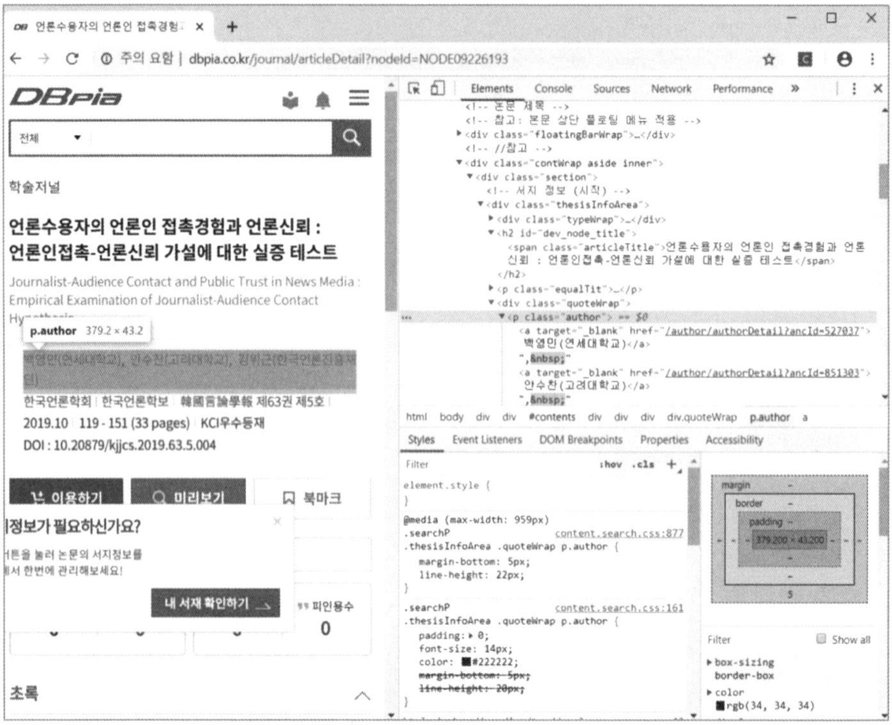

하고, 비슷한 방법으로 우리가 원하는 다른 정보들도 추출해 보자.

```
> year <- read_html(baek_dbpia_01) %>%
+   html_node("li.date") %>% html_text()
> titleK <- read_html(baek_dbpia_01) %>%
+   html_node("span.articleTitle") %>% html_text()
> titleE <- read_html(baek_dbpia_01) %>%
+   html_node("span.equalTitle") %>% html_text()
> journal <- read_html(baek_dbpia_01) %>%
+   html_node("li.journal") %>% html_text()
> vol_no <- read_html(baek_dbpia_01) %>%
+   html_node("li.volume") %>% html_text()
> page <- read_html(baek_dbpia_01) %>%
+   html_node("li.page") %>% html_text()
> abstract <- read_html(baek_dbpia_01) %>%
+   html_node("#pub_abstract") %>% html_text()
```

이제 각 정보들을 하나하나 살펴보면서 사전처리 작업을 실시해 보자.

```
> #사전처리
> author <- str_squish(author)  #불필요 공란 제거
> author
[1] "백영민(연세대학교), 안수찬(고려대학교), 김위근(한국언론진흥재단)"
> year
[1] "2019.10"
> year <- str_sub(year,1,4)  #연도 정보만 추출
> year
[1] "2019"
> titleK  #사전처리 필요 없음
[1] "언론수용자의 언론인 접촉경험과 언론신뢰 : 언론인접촉-언론신뢰 가설에 대한 실증 테스트"
> titleE  #사전처리 필요 없음
[1] "Journalist-Audience Contact and Public Trust in News Media : Empirical Exami
nation of Journalist-Audience Contact Hypothesis"
> journal  #사전처리 필요 없음
[1] "한국언론학보"
> vol_no
[1] "韓國言論學報 제63권 제5호"
> vol <- str_extract_all(vol_no, "[[:digit:]]{1,}")[[1]][1] #첫 번째로 등장하는 숫자
> no <- str_extract_all(vol_no, "[[:digit:]]{1,}")[[1]][2] #두 번째로 등장하는 숫자
> vol; no
[1] "63"
[1] "5"
> page
[1] "\n                    119 - 151\n                         (33 pages)\n                    "
> page_start <- str_extract_all(page, "[[:digit:]]{1,}")[[1]][1] #첫 번째로 등장하는 숫자
> page_end <- str_extract_all(page, "[[:digit:]]{1,}")[[1]][2]  #두 번째로 등장하는 숫자
> page_start; page_end
[1] "119"
[1] "151"
> abstract  #처음 텍스트는 더보기를 누르기 이전, 두 번째 텍스트와 세 번째 텍스트는 더보
기를 누른 후
[1] "\n                    \n                    \n                    초록\n
   목차\n                    키워드\n                    참고문헌 (0)\n
         이 논문을 인용한 논문 (0)\n                    함께 이용한 논문 (0)\n
              추천 논문 (0)\n                    리뷰 (0)\n\t\n\t\t첫 번째 리뷰를
남겨주세요!\t\t\t\t\n\t\n\n                    \n
   \n                    \n                    \n                    초록\n
\n                    \t\t\t\t\t\t\n\t\t\t\t\t\t\t\n\t\t\t\t\t\t\t\n
          \t\n                    \t\n\t\t\t\t\t\t\t\n\t\t\t\t\t\t\t\n
              \n                    \t\n                    \n
      \t\n                    \t\n\t\t\t\t\t\t\t\n\t\t\t\t\t\t\t언론신뢰 하락현상
은 전세계적으로 나타나지만, 다른 국가들에 비해 우리나라에서는 상황이 더 심각하다. 본 연구
에서는 언론신뢰를 회복하기 위한 현실적·실천적 함의를 얻고자 했다. 거시적 시대변화, 미디어
산업구조 변화, 언론수용자의 정보처리 과정에서 나타나는 심리적 편향, 한국 고유의 역사적 상
황 등 언론불신 현상의 발생이유들을 설명했던 기존 연구들과 달리, 본 연구에서는 기존 연구들
에서 그다지 주목하지 않았던 '언론수용자의 언론인 접촉경험'에 주목했다. 외집단에 대한 부정
적 고정관념이나 편견을 해소하는 데 기여한 사회심리학 이론인 '접촉이론'(Allport, 1954)을
```

```
기반으로 언론인을 직접 만나본 일반 언론수용자들은 어느 ...\n\t\t\t\t\t\t\n\t\t\t\t
\t\t\n\t\t\t\t\t\t\t\t\n\t\t\t\t\t\t\t\t더보기\n\t\t\t\t\t\t\t\t\n\t\t\t\t\t\t\t
\n\t\t\t\t\t\t\t\n\t\t\t\t\t\t\n\t\t\t\t\t\t\n\t\t\t\t\t\t\n\t\t\t\t\t\t\t\n\t\t
\t\t\t\t\t\t\n\t\t\t\t\t\t\t언론신뢰 하락현상은 전세계적으로 나타나지만, 다른 국가들
에 비해 우리나라에서는 상황이 더 심각하다. 본 연구에서는 언론신뢰를 회복하기 위한 현실적·
실천적 함의를 얻고자 했다. 거시적 시대변화, 미디어 산업구조 변화, 언론수용자의 정보처리
과정에서 나타나는 심리적 편향, 한국 고유의 역사적 상황 등 언론불신 현상의 발생이유들을 설
명했던 기존 연구들과 달리, 본 연구에서는 기존 연구들에서 그다지 주목하지 않았던 '언론수용
자의 언론인 접촉경험'에 주목했다. 외집단에 대한 부정적 고정관념이나 편견을 해소하는 데 기
여한 사회심리학 이론인 '접촉이론'(Allport, 1954)을 기반으로 언론인을 직접 만나본 일반
언론수용자들은 어느 정도이며 어떤 특성을 갖고 있는지를 살펴본 후, 언론인과의 접촉경험이
언론신뢰에 어떤 영향을 미치는지 살펴보았다. 연구결과, 언론인과의 접촉경험을 긍정적으로 평
가한 일반 언론수용자들일수록 접촉한 언론인은 물론 다른 언론인과 언론보도, 언론사 등에 대
한 높은 신뢰를 보였으며, 자신은 물론 다른 시민들의 언론신뢰도 높게 인식하는 것으로 나타났
다. 연구결과를 바탕으로 본 연구의 이론적 함의는 물론 언론신뢰 증진을 위한 현실적·실천적 함
의도 논의했다.\n\t\t\t\t\t\t\t                         \t\n\t\t\t\t\t\t\t\t\n\t\t\t
\t\t\t\t\tWhile decline in public trust in news media is an international phenome
non, it is all the more visible in South Korea. Previous studies on the issue hav
e argued that the poverty of public trust in news media in South Korea reflects s
ome macro-level social trends, reshaping of media industry, psychological biases
of media audience in multi-media environment (e.g., confirmation bias, hostile me
dia perception, etc.), or the historical experience unique to the country. While
acknowledging the theoretical virtue achieved in the previous studies, we argue t
hat those studies paid little attention to providing practical implications regar
ding how to restore public trust in news media. Drawing from the Contact Theory(A
llport, 1954), this study investigates how media audience's interaction with jour
nalists influences audience's trust in journalists both interacted and uninteract
ed, news media organizations, news reports, and the recognition of the level of t
rust in the same by other people. Based on nation-wide survey data, we find that
audience with positive interaction with journalists, even after controlling other
factors influencing public trust in news media, show higher trust in journalists,
news media organizations, news reports, and a recognition of a higher level of tr
ust in the same by other people. Based on these empirical findings, theoretical a
nd practical implications for increased public trust are discussed.\n\t\t\t\t\t\t
\t\t\n\t\t\t\t\t\t\t\t\n\t\t\t\t\t\t\t\t\n\t\t\t\t\t\t\t\t\n\t\t\t\t\t\t\t\t\t\t\n
\t\t\t\t\t\t\t\t\t\t닫기\n\t\t\t\t\t\t\t\t\t\n\t\t\t\t\t\t\t\t\n\t\t\t\t\t\t\t\t
               \n\t\t\t\t\t\t\t\n\t\t\t\t\t\t\n                              \t\n
              \n                    \n                  \n                \n
  "
> abstract <- str_split(abstract,"(\t더보기\n)|(\t닫기\n)")[[1]][2] #세 가지 텍스트를 구분
> abstract
[분량 문제로 출력 결과를 제시하지 않음]
> abstract <- str_trim(abstract, "both")  #불필요 공란 제거
> abstract
[분량 문제로 출력 결과를 제시하지 않음]
> abstract <- str_remove_all(abstract,"\t|\n") #탭 공란, 줄바꿈 제거
> abstract
[분량 문제로 출력 결과를 제시하지 않음]
```

```
> abstract <- str_split(abstract,"[[:space:]]{4,}")  #연속된 스페이스 공란 중심으로 텍스트 구분
> abstract
[분량 문제로 출력 결과를 제시하지 않음]
> abstractK <- abstract[[1]][1]
> abstractE <- abstract[[1]][2]
> abstractK
[1] "언론신뢰 하락현상은 전세계적으로 나타나지만, 다른 국가들에 비해 우리나라에서는 상황이 더 심각하다. 본 연구에서는 언론신뢰를 회복하기 위한 현실적·실천적 함의를 얻고자 했다. 거시적 시대변화, 미디어 산업구조 변화, 언론수용자의 정보처리 과정에서 나타나는 심리적 편향, 한국 고유의 역사적 상황 등 언론불신 현상의 발생이유들을 설명했던 기존 연구들과 달리, 본 연구에서는 기존 연구들에서 그다지 주목하지 않았던 '언론수용자의 언론인 접촉경험'에 주목했다. 외집단에 대한 부정적 고정관념이나 편견을 해소하는 데 기여한 사회심리학 이론인 '접촉이론'(Allport, 1954)을 기반으로 언론인을 직접 만나본 일반 언론수용자들은 어느 정도이며 어떤 특성을 갖고 있는지를 살펴본 후, 언론인과의 접촉경험이 언론신뢰에 어떤 영향을 미치는지 살펴보았다. 연구결과, 언론인과의 접촉경험을 긍정적으로 평가한 일반 언론수용자들일수록 접촉한 언론인은 물론 다른 언론인과 언론보도, 언론사 등에 대한 높은 신뢰를 보였으며, 자신은 물론 다른 시민들의 언론신뢰도 높게 인식하는 것으로 나타났다. 연구결과를 바탕으로 본 연구의 이론적 함의는 물론 언론신뢰 증진을 위한 현실적·실천적 함의도 논의했다."
> abstractE
[1] "While decline in public trust in news media is an international phenomenon, it is all the more visible in South Korea. Previous studies on the issue have argued that the poverty of public trust in news media in South Korea reflects some macro-level social trends, reshaping of media industry, psychological biases of media audience in multi-media environment (e.g., confirmation bias, hostile media perception, etc.), or the historical experience unique to the country. While acknowledging the theoretical virtue achieved in the previous studies, we argue that those studies paid little attention to providing practical implications regarding how to restore public trust in news media. Drawing from the Contact Theory(Allport, 1954), this study investigates how media audience's interaction with journalists influences audience's trust in journalists both interacted and uninteracted, news media organizations, news reports, and the recognition of the level of trust in the same by other people. Based on nation-wide survey data, we find that audience with positive interaction with journalists, even after controlling other factors influencing public trust in news media, show higher trust in journalists, news media organizations, news reports, and a recognition of a higher level of trust in the same by other people. Based on these empirical findings, theoretical and practical implications for increased public trust are discussed."
```

이렇게 추출한 정보들을 하나로 모아 아래와 같이 데이터를 구성해 보자.

```
> mydata <- tibble(author,year,titleK,titleE,journal,
+                  vol,no,page_start,page_end,
+                  abstractK,abstractE)
> mydata
# A tibble: 1 x 11
```

```
  author year  titleK titleE journal vol   no    page_start page_end
  <chr>  <chr> <chr>  <chr>  <chr>   <chr> <chr> <chr>      <chr>
1 "    ~ 2016~ 커뮤니케이~ The E~ 커뮤니케이션~ 63    5     119        151
# ... with 2 more variables: abstractK <chr>, abstractE <chr>
```

위의 결과는 우리가 얻은 30개의 URL 중 첫 번째 웹 페이지의 정보들을 스크레이핑 한 후 사전처리를 거쳐 정리한 것이다. 이제 1번 URL에 대한 과정을 전체 30개 URL에 모두 적용한다면, 앞서 우리가 검색한 30개 논문의 논문 정보들을 하나의 데이터세트로 구성할 수 있게 된다. 동일한 작업을 30번에 걸쳐 반복하기 위해 필자는 아래와 같은 `for` 구문을 실행했다. `for` 구문 내부의 R 프로그래밍은 첫 번째 URL을 대상으로 실시한 과정을 좀 더 압축적으로 정리한 것에 불과하다.

```
> myscraping <- list()
> for (i in 1:30){
+   remDr$navigate(str_c("http://www.dbpia.co.kr",urls_baek_papers[i]))
+   #i번째 검색된 논문의 소스 정보
+   baek_dbpia <- remDr$getPageSource()[[1]]
+   #해당 소스 정보에서 필요한 정보들 취합
+   author <- read_html(baek_dbpia) %>%
+     html_node("p.author") %>% html_text()
+   year <- read_html(baek_dbpia) %>%
+     html_node("li.date") %>% html_text()
+   titleK <- read_html(baek_dbpia) %>%
+     html_node("span.articleTitle") %>% html_text()
+   titleE <- read_html(baek_dbpia) %>%
+     html_node("span.equalTitle") %>% html_text()
+   journal <- read_html(baek_dbpia) %>%
+     html_node("li.journal") %>% html_text()
+   vol_no <- read_html(baek_dbpia) %>%
+     html_node("li.volume") %>% html_text()
+   page <- read_html(baek_dbpia) %>%
+     html_node("li.page") %>% html_text()
+   abstract <- read_html(baek_dbpia) %>%
+     html_node("#pub_abstract") %>% html_text()
+   #사전처리
+   abstract <- str_split(abstract,"(\t더보기\n)|(\t닫기\n)")[[1]][2]
+   abstract <- str_trim(str_split(abstract,"(\t더보기\n)|(\t닫기\n)"),"both")
+   abstract <- str_remove_all(abstract,"\t|\n")
+   abstract <- str_split(abstract,"[[:space:]]{4,}")
+   mydata <- tibble(authors=str_squish(author),
+                    pubyear=str_sub(year,1,4),
+                    titleK=titleK,titleE=titleE,journal=journal,
```

```
+                     vol=str_extract_all(vol_no, "[[:digit:]]{1,}")[[1]][1],
+                     no=str_extract_all(vol_no, "[[:digit:]]{1,}")[[1]][2],
+                     page_start=str_extract_all(page, "[[:digit:]]{1,}")[[1]][1],
+                     page_end=str_extract_all(page, "[[:digit:]]{1,}")[[1]][2],
+                     abstractK=abstract[[1]][1],abstractE=abstract[[1]][2])
+   myscraping <- bind_rows(myscraping,mydata)  #계속 추가함
+   myscraping
+ }
> myscraping
# A tibble: 30 x 11
   authors pubyear titleK titleE journal vol   no   page_start
   <chr>   <chr>   <chr>  <chr>  <chr>   <chr> <chr> <chr>
 1 백영민(연세~ 2019    언론수용자~ Journ~ 한국언론학보~ 63    5     119
 2 김경운(경기~ 2019    커뮤니케이~ A Stu~ 경찰학연구~ 19    1     177
 3 노준형(프레~ 2019    기업 루머~ Topic~ 한국광고홍보~ 21    1     147
 4 주은혜(연세~ 2018    미투운동은~ Who s~ 한국언론학보~ 62    6     37
 5 백영민(한국~ 2018    시스템 오~ Analy~ 정보과학회논~ 45    10    1
 6 이혜선(넥슨~ 2018    라이프스타~ Whose~ 사이버커뮤니~ 35    3     115
 7 백영민(연세~ 2018    CCTV ~ The E~ 경찰학연구~ 18    3     9
 8 최민주(Ha~ 2018    100% ~ Cost-~ 한국생태환경~ 18    3     41
 9 김희정, 백~ 2018    당신의 선~ Polit~ 사이버커뮤니~ 35    1     111
10 김선호(한국~ 2018    19대 대~ The E~ 언론정보연구~ 55    1     161
# ... with 20 more rows, and 3 more variables: page_end <chr>,
#   abstractK <chr>, abstractE <chr>
```

이제 아래와 같이 크롬 브라우저를 닫고 셀레늄을 종료하자. 또한 **rD**, **remDr** 오브젝트도 삭제했다.

```
> #이제 R로 통제하는 크롬 브라우저를 닫아보자.
> remDr$close()
> #또한 RSelenium도 종료하자.
> rD$server$stop()
[1] TRUE
> rm(rD,remDr)
```

최종적으로 얻은 데이터세트에 지금까지 우리가 학습해 온 텍스트 마이닝 기법들을 적용할 수 있다. 몇 가지 간단한 기술통계분석을 실시해 보자. 우선 추출된 30개 논문이 게재된 학술지를 먼저 살펴보자.

```
> #이제 원하는 분석을 실시하면 된다. 예를 들어 등장 학술지의 빈도표는 아래와 같다.
> myscraping %>% count(journal)
```

```
# A tibble: 15 x 2
        journal                                n
        <chr>                                <int>
1 Composites Research                          6
2 경찰학연구                                    2
3 광고PR실학연구                                1
 4 사이버커뮤니케이션학보                        3
 5 언론정보연구                                  1
 6 접착 및 계면                                  1
 7 정보과학회논문지                              1
 8 치안정책연구                                  1
 9 커뮤니케이션 이론                             1
10 한국고분자학회 학술대회 연구논문 초록집       6
11 한국광고홍보학보                              1
12 한국생태환경건축학회 논문집                   1
13 한국언론정보학보                              1
14 한국언론학보                                  3
15 한국정보과학회 학술발표논문집                 1
```

필자의 학문적 배경을 아는 사람이라면 "백영민이 이런 학술지에?"라고 반응할 논문들이 적지 않다. 위와 같은 결과가 나타난 이유는 필자와 이름이 같은 저자분들이 존재하기 때문이다. 동명이인으로 인한 문제를 해결하기 위해 필자가 출간한 논문들이 게재된 학술지들만을 골라냈다.

```
> #학술지를 기준으로 동명이인의 연구 업적은 데이터에서 배제
> mydata <- myscraping %>%
+   filter(str_detect(journal,"경찰|광고|커뮤니케이션|언론|치안"))
> mydata
# A tibble: 14 x 11
   authors pubyear titleK titleE journal vol   no    page_start
   <chr>          <chr>     <chr>     <chr>     <chr>     <chr>      <chr>
 1 백영민(연세~  2019   언론수용자~ Journ~ 한국언론학보~   63       5        119
 2 김경운(경기~  2019   커뮤니케이~ A Stu~ 경찰학연구~     19       1        177
 3 노준형(프레~  2019   기업 루머~ Topic~ 한국광고홍보~    21       1        147
 4 주은혜(연세~  2018   미투운동은~ Who s~ 한국언론학보~   62       6        37
 5 이혜선(넥슨~  2018   라이프스타~ Whose~ 사이버커뮤니~   35       3        115
 6 백영민(연세~  2018   CCTV ~ The E~ 경찰학연구~      18       3        9
 7 김희정, 백~   2018   당신의 선~ Polit~ 사이버커뮤니~    35       1        111
 8 김선호(한국~  2018   19대 대~ The E~ 언론정보연구~     55       1        161
 9 백영민(연세~  2017   팩트체크 ~ An Ex~ 한국언론학보~    61       6        117
10 백영민, 김~   2018   커뮤니케이~ Effec~ 치안정책연구~   32       2        181
11 김예란(광운~  2017   공동체는 ~ Commu~ 한국언론정보~    81       NA       40
12 백영민, 김~   2017   반대기업정~ Anti-~ 광고PR실학~     10       4        15
```

```
13 백영민(연세~  2016  위기의 순~ Now W~ 사이버커뮤니~    33      4      5
14 백영민(연세~  2016  커뮤니케이~ The E~ 커뮤니케이션~    12      4      5
# ... with 3 more variables: page_end <chr>, abstractK <chr>,
#   abstractE <chr>
```

총 14개의 논문들만 조건을 충족하는 것으로 나타났다. 이 14개의 논문들 중에서 필자가 '주 저자' 혹은 '단독 저자'인 논문들은 몇 개일까? 이를 위해 authors 변수가 '백영민'이라는 표현으로 시작하는지 여부를 확인한 후, 그 결과를 빈도표로 그려본 결과는 아래와 같다.

```
> #주 저자 혹은 단독 저자인 논문의 빈도는?
> mydata %>%
+   mutate(role <- ifelse(substr(authors,1,3)=="백영민","main","sub")) %>%
+   count(role)
# A tibble: 2 x 2
  role      n
  <chr> <int>
1 main      7
2 sub       7
```

이상으로 크롬 브라우저와 RSelenium 패키지, rvest 패키지를 이용해 어떻게 웹 스크레이핑을 진행할 수 있는지 살펴보았다. 앞서 설명했듯 웹 스크레이퍼 개발은 그때그때 다르고 상황에 따른 돌발 변수들이 워낙 많아 스크레이퍼를 만드는 보편적인 방법을 설명하는 것은 불가능에 가깝다고 생각한다. 손쉽게 접할 수 있는 웹 페이지의 정보들을 스크레이핑하는 과정에 익숙해지면 차차 복잡한 스크레이핑 작업에 도전해 보는 것도 좋을 것이다.

02
맺음말

무엇을 다루었는가

지금까지 이 책에서 다룬 내용들은 다음과 같다.

- **텍스트 데이터에 대한 사전처리**: 2부
  - 개별 텍스트 데이터에 대한 사전처리: 2부 1장~3장
  - 텍스트 데이터의 구조화(즉, 말뭉치 텍스트 데이터 구성): 2부 4장
  - 말뭉치 데이터에 대한 사전처리: 2부 4장
  - 한국어 텍스트 데이터의 특성과 사전처리: 2부 5장
  - 품사분석: 2부 6장

- **텍스트 데이터 분석**: 3부
  - 사전처리된 텍스트 데이터에 대한 기술통계분석: 3부 1장

- 사전처리된 텍스트 데이터에 대한 위계적 군집분석: 3부 1장
- 토픽모형 네 가지(LDA 모형, CTM, STM, BTM): 3부 2장
- '감정어휘 사전'들을 이용한 감정분석: 3부 3장
- '지도 기계학습기법'을 이용한 감정분석: 3부 3장

• **텍스트 수집방법**: 4부 1장

여기까지 살펴본 독자라면 텍스트 데이터에 대한 분석이 일반적인 사회과학 데이터 분석과 본질적으로 크게 다르지 않다는 것을 느꼈을 것이다. 데이터에 대한 사전처리와 사전처리된 데이터에 대한 통계분석과 모형화 작업은 어떠한 데이터 분석작업에서도 동일하게 발견되는 과정이다. 즉, 텍스트 데이터는 일반적으로 많이 쓰이는 수치형 데이터가 아닐 뿐이다. 이 책을 통해 독자들이 대용량의 텍스트를 좀 더 체계적인 방식으로 다룰 수 있는 계기가 되었길 바란다.

무엇을 더 다룰 수 있을까

과학연구 활동을 포함하여 세상의 모든 커뮤니케이션은 '텍스트'를 서로 주고받는 방식으로 수행된다. 인문학, 사회과학, 자연과학, 공학, 의학 등 수많은 학문 분과의 업적은 텍스트를 통해 누적되어 왔다. 따라서 어떤 관점에서 텍스트를 파악하는지에 따라 텍스트의 의미를 도출하는 분석 단위, 텍스트 데이터를 구조화하는 방법, 텍스트 데이터에서 추출되는 정보가 각기 다르다. 이 책 역시 필자가 접하고 경험한 분야에 대해 서술할 뿐, 텍스트 분석의 모든 것을 다루고 있지 못하다. 이 책을 통해 무엇을 얻을 수 있는지에 대한 독자들의 명확한 이해를 위해 아쉽지만 이 책이 깊이 다루지 못한 영역들에 대해 짧게 소개하고자 한다.

첫째, 필자는 정량적 연구방법의 입장에서 텍스트를 텍스트 데이터로 파악하고 서술했다. 앞에서 설명했던 내용분석 기법은 정성적인 텍스트의 의미를 정량화시킨 후, 이에 대한 정량적 통계분석 방법을 적용하면 텍스트의 의미를 파악할 수 있다고 가정

한다. 그러나 정성적 연구방법(qualitative research methods)을 선호하는 사회과학자들은 이러한 방식의 텍스트 분석으로는 텍스트의 의미 중 상당 부분을 놓칠 수 있다고 주장한다. 필자도 이러한 지적에 동의한다. 아마도 알고리즘을 이용해서는 비판적 담론분석(critical discourse analysis)과 같은 연구를 수행하는 것이 불가능할 것이다. 그러나 몇몇 정성적 연구방법은 알고리즘과 결합될 수 있고, 결합될 경우 정성적 연구방법과 정량적 연구방법의 장점을 잘 융합시킬 수 있을 것으로 생각한다. 대표적인 사례로 꼽을 수 있는 것이 바로 '근거이론(grounded theory) 방법'(Corbin and Strauss, 2008; Glaser, 1992)이다. 근거이론 방법은 교육학이나 상담심리학 등 대화기록(이를테면 학생과 교사와의 상담기록, 환자와 상담사의 상담기록)을 해석하고 이론화하는 변증법적 연구방법이다. 1판을 출간할 때까지만 하더라도 근거이론 방법과 텍스트 마이닝 기법의 연관성을 다루는 연구는 보고되지 않았다. 그러나 최근 코넬 대학교 연구팀(Baumer et al., 2017)은 동일한 텍스트를 대상으로 근거이론 방법을 적용해 얻은 텍스트 분석 결과와 LDA 모형을 통해 얻은 텍스트 분석 결과를 비교한 흥미 있는 논문을 출간했다. 코넬 대학교 연구팀에 따르면 대표적 정성적 연구방법인 근거이론 방법으로 얻은 결과는 전반적으로 LDA 모형으로 얻은 결과와 유사했다. 그러나 텍스트의 내용이 불확실하고 좀 더 유연한 해석이 필요한 경우, 근거이론 방법에 근거한 해석 결과는 정량적 텍스트 분석인 LDA 모형으로 얻은 결과에 비해 불필요하게 치우친 모습을 보이는 것으로 나타났다. 즉, LDA 모형과 같은 텍스트 마이닝 분석 결과는 현장에서 진행되는 정성적 분석 결과를 다시 돌이켜 보게 만드는 자료로 활용될 수 있다. 대용량의 텍스트를 빠르고 일관되게 처리한다는 텍스트 마이닝 기법의 장점에 도취되지 않는 동시에 살아 있는 인간의 지성만이 텍스트를 올바로 해석할 수 있다는 독선에 빠지지 않기 위해서는 각 연구방법의 강점이 무엇이며, 어떤 분야에서 그 강점이 발휘되는지에 대한 조사 연구가 필수적일 것이다.

둘째, 2부 6장에서 간단히 소개했지만, 언어학적 연구 성과를 다루기에는 필자의 지식이나 경험이 너무도 부족하다는 점을 고백한다. '단어주머니' 접근법을 이용한 분석기법들이 정량적 텍스트 데이터 분석의 주류를 이루고 있다고 하더라도, 텍스트의 의미가 단어에 대한 분석을 통해 완전히 파악된다고 주장할 수 없다. 무엇보다 단어 역시도 문맥에 따라, 어떤 문법적 용도로 사용되는지에 따라 그 의미가 달라진다. 아마도 컴퓨팅 기술이 진보하면 텍스트의 의미를 추정하는 데 더 많은 변수들을 고려할 수 있게 될 것이다. 품사나 단어의 맥락(context) 정보를 추가로 활용하는 기법이 향후 개발될 것이다. 품사 정보를 이용하지는 않으나 최근 단어의 맥락 정보를 텍스트 분석에 추가적으로 고려하는 연구는 상당한 성과를 낳고 있다. 흔히 Word2Vec이라는 이름으로 유명한 단어맥락 추정(word embedding) 기법들이 여기에 속한다. Word2Vec의 두 방법으로는 CBOW(common bag-of-words) 모형과 스킵그램(skip-gram) 모형(Mikolov et al., 2013a; Mikolov et al., 2013b)이 있는데, 이들은 기존의 단어주머니 접근법을 응용·확장한 것이다. 단순화시켜 이야기하면 이들 모형에서는 특정 단어의 의미를 다른 단어와의 인접성을 통해 추가적으로 추정하는 알고리즘이다. 필자가 알고 있는 한 텍스트 마이닝의 '딥러닝(Deep learning)' 분야에서 필수적으로 언급되는 모형이다. R에서도 `word2vec` 패키지, `text2vec` 패키지 등이 이미 각광을 받고 있다. 그래서 2판에 단어 맥락 추정 기법들을 포함시킬까 고민했지만, 결국은 포함시키지 않았다. 2판을 준비하면서 가장 아쉬운 부분이다.

셋째, 현재의 텍스트 분석 기법들에서는 사회적 맥락 정보를 적극적으로 고려하지 못한다. 언어는 언어 그 자체로 의미를 갖지 않는다. 비트겐슈타인의 말을 빌리자면 언어가 의미를 갖는 것은 언어가 인간의 '삶의 형식'[1]을 갖기 때문이다(Wittgenstein, 1963의 §19, §23, §241을 보라). 하지만 아쉽게도 현재의 텍스트 분석은 컴퓨터가 해독할 수 있는 디지털 정보에 대한 형식적 분석(formal analysis)을 통해 의미를 유추하는 것에 멈추고 있다. 온라인 공간에서 우리는 수많은 빈정거리는(sarcastic) 혹은 냉소적 표현(cynical expression)을 발견할 수 있다. 또한 텍스트의 사회적 배경을 알지 못한다면 그 의미를 잘못 유추하거나 이해할 수 있는 표현들도 쉽게 접할 수 있다. 텍스트를 온전히 이해하기 위해서는 맥락을 알고 표현이 등장한 배경을 이해해야 하지만, 사회적 맥락 정보를 텍스트 분석에 정량적 방식으로 투입하는 기법은 적어도 필자가 알고 있는 범위에서 존재하지 않는다. 이와 관련해서 필자는 지금껏 사회과학 분야가 축적

---

1 '삶의 형식(Lebensform, form of life)'이라는 용어는 연세대학교 철학과의 이승종 교수님의 번역어이다(2016년도 번역본 기준). 필자가 전문적인 철학적 지식이 부족하지만, form을 '형식(形式)'이라는 말보다 '모습'이나 '양상(樣相)'이란 말로 번역하는 것이 더 낫지 않았을까 아쉽기도 하다.

했던 지식과 사회과학자들의 경험이 알고리즘 구현에 크게 도움이 될 것으로 믿는다.

텍스트의 무궁한 의미를 파악하기에 현 단계의 알고리즘은 완벽하다고 보기 어려울지 모른다. 그러나 우공이산(愚公移山)의 모습으로 조금씩, 그러나 후퇴 없이, 진보하고 있는 것은 사실이다. 알려지지 않은 것을 조금씩 알아가는 것이 과학의 진보이며, 과학자의 즐거움이다. 이 책이 대규모의 텍스트의 의미를 체계적인 방법으로 파악하고자 하는 독자에게 도움이 되길 기원한다.

참고문헌

백영민. 2015. 『R를 이용한 사회과학데이터 분석: 기초편』. 커뮤니케이션북스.

______. 2016. 『R를 이용한 사회과학데이터 분석: 응용편』. 커뮤니케이션북스.

______. 2018. 『R기반 데이터과학: tidyverse 접근』. 한나래.

비트겐슈타인, 루트비히(Ludwig Wittgenstein). 2016. 『철학적 탐구』. 이승종 옮김. 아카넷.

Agrawal, A., W. Fu and T. Menzies. 2018. "What is wrong with topic modeling? And how to fix it using search-based software engineering." *Information and Software Technology*, Vol. 98, pp. 74~88.

Agrawal, R., T. Imielinski and A. Swami. 1993. "Mining association rules between sets of items in large databases." in *Proceedings of the ACM SIGMOD Conference*.

Baumer, E. P. S., D. Mimno, S. Guha, E. Quan and G. K. Gay. 2017. "Comparing grounded theory and topic modeling: Extreme divergence or unlikely convergence?" *Journal of the Association for Information Science and Technology*, Vol. 68, No. 6, pp. 1397~1410.

Blei, D. M. 2014. "Build, compute, critique, repeat: Data analysis with latent variable models." *Annual Review of Statistics and Its Application*, Vol. 1, pp. 203~232.

Blei, D. M. and J. D. Lafferty. 2007. "A correlated topic model of science." *The Annals of Applied Statistics*, Vol. 1, No. 1, pp. 17~35.

Blei, D. M., A. Y. Ng and M. I. Jordan. 2003. "Latent Dirichlet Allocation." *Journal of Machine Learning Research,* Vol. 3, pp. 993~1022.

Borgelt, C. and R. Kruse. 2002. "Induction of association rules: Apriori implementation." in *15th Conference on Computational Statistics*, pp. 395~400.

Breiman, L. 2001. "Random forests." *Machine learning,* Vol. 45, No. 1, pp. 5~32.

Collingwood, L., T. Jurka, A. E. Boydstun, E. Grossman and W. van Atteveldt. 2013. "RTextTools: A supervised learning package for text classification." *The R Journal,* Vol. 5, No. 1, pp. 1~6.

Corbin, J. and A. Strauss. 2008. *Basics of qualitative research: Techniques and procedures for developing grounded theory.* Thousands Oaks, CA: Sage

Dempster, A. P., N. M. Laird and D. B. Rubin. 1977. "Maximum likelihood from incomplete data via the EM algorithm." *Journal of the royal statistical society. Series B(methodological)*, Vol. 39, No. 1, pp. 1~38.

Deveaud, R., É. SanJuan and P. Bellot. 2014. "Accurate and effective latent concept modeling for ad hoc information retrieval." *Document numérique*, Vol. 17, No. 1, pp. 61~84.

DiMaggio, P., M. Nag and D. Blei. 2013. "Exploiting affinities between topic modeling and the sociological perspective on culture: Application to newspaper coverage of U. S. government arts funding." *Poetics,* Vol. 41, No. 6, pp. 570~606.

Garson, G. D. 1998. *Neural networks: An introductory guide for social scientists*. Thousands Oaks, CA: Sage.

Gelman, A., J. B. Carlin, H. S. Stern and D. B. Rubin. 2014. *Bayesian data analysis*. Chapman & Hall.

Gentzkow, M., B. T. Kelly and M. Taddy. 2017. *Text as data*. National Bureau of Economic Research.

Glaser, B. G. 1992. *Basics of grounded theory analysis: Emergence vs forcing*. Sociology Press.

Griffiths, T. L. and M. Steyvers. 2004. "Finding scientific topics', *Proceedings of the National academy of Sciences*", Vol. 101, pp. 5228~5235.

Grimmer, J. and B. M. Stewart. 2013. "Text as Data: The Promise and Pitfalls of Automatic Content Analysis Methods for Political Texts." *Political Analysis,* Vol. 21, No. 3, pp. 267~297.

Hansen L. K., N. F. A. Arvidsson, E. Colleoni and M. Etter. 2011. "Good Friends, Bad News - Affect and Virality in Twitter." in J. J. Park, L. T. Yang and C. Lee(eds.). *Future Information Technology. Communications in Computer and Information Science*. Springer.

Hart, R. P. 2001. "Redeveloping DICTION: theoretical considerations." in M. West(ed.), *Progress in communication sciences*(*Theory, method, and practice of computer content analysis*). New York, NY: Ablex.

Krippendorff, K. 2013. *Content analysis: An introduction to its methodology*. Thousand Oaks, CA: Sage.

Laver, M. and J. Garry. 2000. "Estimating policy positions from political texts." *American Journal of Political Science*, Vol. 44, No. 3, pp. 619~634.

LeCun, Y., Y. Bengio and G. Hinton. 2015. "Deep learning." *Nature,* Vol. 521, No. 7553, pp. 436~444.

Liu, B. 2011. *Web Data Mining*. Springer.

______. 2015. *Sentiment analysis: Mining opinions, sentiments and emotions*. Cambridge University Press.

Liu, Y., S. Navathe, A. Pivoshenko, A. Dasigi, R. Dingledine and B. Ciliax. 2006. "Text analysis of Medline for discovering functional relationships among genes: evaluation of keyword extraction weighting schemes." *International Journal of Data Mining and Bioinformatics*, Vol. 1, No 1, pp. 88~110

Liu, L., L. Tang, W. Dong, S. Yao and W. Zhou, 2016. "An overview of topic modeling and its current applications in bioinformatics." *SpringerPlus*, Vol. 5, No. 1.

Loughran, T. and B. McDonald. 2011. "When Is a Liability Not a Liability? Textual Analysis, Dictionaries and 10~Ks." *The Journal of Finance*, Vol. 66, No. 1, pp. 35~65.

Mahgoub, H., D. Rösner, N. Ismail and F. Torkey. 2008. "A text mining technique using association rules extraction." *International Journal of Computational Intelligence*, Vol. 4, No. 1, pp. 21~28

Manning, C. D., P. Raghavan and H. Schutze. 2009. *An Information to Information Retrieval*. Cambridge University Press.

Mikolov, T., K. Chen, G. Corrado and J. Dean. 2013a. "Efficient estimation of word representations in vector space." *arXiv preprint arXiv:1301.3781*.

Mikolov, T., I. Sutskever, K. Chen, G. Corrado and J. Dean. 2013b. "Distributed representations of words and phrases and their compositionality." *Advances in neural information processing systems*, pp. 3111~3119.

Miner, G., J. Elder and T. Hill. 2012. *Practical text mining and statistical analysis for non-structured text data applications*. Academic Press.

Mohammad, S. M. 2018a. "Word Affect Intensities." in *Proceedings of the 11th Edition of the Language Resources and Evaluation Conference*.

______. 2018b. "Obtaining Reliable Human Ratings of Valence, Arousal and Dominance for 20,000 English Words." in *Proceedings of the 56th Annual Meeting of the Association for Computational Linguistics*.

Mohammad, S. M. and P. D. Turney. 2013. "Crowdsourcing a word-emotion association lexicon." *Computational Intelligence,* Vol. 29, No. 3, pp. 436~465.

Mosteller, F. 1987. "A Statistical Study of the Writing Styles of the Authors of 'The Federalist' Papers." *Proceedings of the American Philosophical Society,* Vol. 131, No. 2, pp. 132~140.

Nielsen, F. Å. 2011 "A new ANEW: Evaluation of a word list for sentiment analysis in microblogs." *arXiv preprint arXiv:1103.2903*.

Roberts, M. E., B. M. Stewart and E. M. Airoldi. 2016. "A Model of Text for Experimentation in the Social Sciences." *Journal of the American Statistical Association,* Vol. 111, No. 515, pp. 988~1003.

Roberts, M. E., B. M. Stewart, D. Tingley, C. Lucas, J. Leder-Luis, S. K. Gadarian, B. Albertson and D. G. Rand. 2014. "Structural Topic Models for Open-Ended Survey Responses." *American Journal of Political Science,* Vol. 58, No. 4, pp. 1064~1082.

Tang, J., Z. Meng, X. Nguyen, Q. Mei and M. Zhang. 2014. "Understanding the limiting factors of topic modeling via posterior contraction analysis." in *International Conference on Machine Learning,* pp. 190~198.

Tausczik, Y. R. and J. W. Pennebaker. 2010. "The psychological meaning of words: LIWC and computerized text analysis methods." *Journal of language and social psychology*,

Vol. 29, No. 1, pp. 24~54.

Wallach, H. M. 2006. "Topic modeling: beyond bag-of-words." in *Proceedings of the 23rd international conference on Machine learning. ACM*, pp. 977~984.

Wickham, H. and G. Grolemud. 2016. *R for data science*. O'Reilly. Available at https://r4ds.had.co.nz/

Wiley, J. F. 2016. *R Deep Learning Essentials: Build automatic classification and prediction models using unsupervised learning*. Burmingham, UK: Packt Publishing.

Wittgenstein, L. 1963. *Philosophical Investigations*. translated by G. E. M. Anscombe. Oxford, UK: Blackwell.

Yan, X., J. Guo, Y. Lan and X. Cheng. 2014. "BTM: Topic modeling over short texts." *IEEE Transactions on Knowledge and Data Engineering*, Vol. 26, pp. 2928~2941.

Zamith, R. and S. C. Lewis. 2015. "Content Analysis and the Algorithmic Coder: What computational social science means for traditional modes of media analysis." *The ANNALS of the American Academy of Political and Social Science*, Vol. 659, No. 1, pp. 307~318.

Zumel, N., J. Mount and J. Porzak. 2014. *Practical data science with R*. Manning Publications.

별첨 자료

01 자바 설치 방법

02 잠재토픽 개수 선정

01
자바 설치 방법[1]

이 책 독자들의 상당수는 한국어 텍스트 분석을 원할 것이다. 그러나 R기반 텍스트 마이닝 관련 워크숍이나 수업에 참여한 수강생들이 맞닥뜨리는 첫 번째 장애물은 다름 아닌 자바(이후 Java로 표현) 설치였다. 이번 별첨 자료에서는 Java를 왜 설치해야 하는지, Java가 잘 설치되지 않을 경우 어떻게 설치할 수 있는지를 설명했다.

Java 설치 필요성

R는 컴퓨터 프로그래밍 언어이며, Java도 Python, Ruby, C 등과 같은 여러 컴퓨터 프로그래밍 언어의 일종이다. 한국어, 영어, 중국어 등 다양한 언어가 존재하듯 컴퓨터

1 Java 설치 방법과 관련된 '별첨 자료-1'은 연세대학교 언론홍보영상학부 소속 박인서 씨가 작성한 매뉴얼을 이 책에 맞게 필자가 정리한 것임을 밝힌다.

프로그래밍 언어 역시 다양하게 존재한다. R에서 한국어 텍스트 분석을 실시할 때 Java를 먼저 설치해야 하는 이유는 `KoNLP` 패키지가 Java로 쓰인 형태소 분석기 프로그램을 기반으로 하고 있기 때문이다. 이를 위해서는 Java를 이 책에서 소개하고 있는 R 언어로 번역해 주는 '번역기'가 필요한데, 이 역할을 해주는 R 패키지가 바로 `rJava` 패키지다. 즉, 이 과정을 정리하면 ① 형태소 분석기 프로그램의 구성 언어인 Java를 설치하고, ② 번역기라고 할 수 있는 `rJava` 패키지를 설치하면, ③ R에서 Java로 쓰인 형태소 분석기 프로그램을 사용할 수 있다.

설치할 Java의 종류와 버전

Java는 오라클(Oracle)이라는 회사의 Java 다운로드 페이지(https://www.oracle.com/technetwork/java/javase/downloads/index.html)에서 직접 다운로드할 수 있다(검색 엔진에서 'java download'와 같이 검색어를 입력해도 된다). 해당 페이지를 직접 방문해 보면 다운로드할 수 있는 Java가 매우 다양하며, 버전도 여러 가지임을 알 수 있다.

그렇다면 어떤 Java를 설치해야 할까? 결론부터 말하면 '**가장 최신의 JDK**'를 설치하면 된다(2019년 11월 기준으로 13.0.1 버전). 다운로드 페이지에는 JDK와 함께 JRE라는 종류의 Java도 제시되어 있는데, JDK에는 JRE가 포함되어 있다. 구체적으로 JDK는 자바 개발 키트(Java Development Kit)의 줄임말로, 개발자들이 자바 프로그램을 '개발'할 수 있도록 해준다. 반면 JRE는 자바 런타임 환경(Java Runtime Environment)의 줄임말로, 자바를 '실행(run)'할 수 있도록 해준다. Java 프로그램을 개발하려면 Java를 실행할 수 있어야 하므로, JRE는 JDK의 일부가 된다. 이 책에서 소개한 분석을 위해서는 JRE로도 충분하기는 하지만, 향후 '개발'을 할 수도 있으니 JDK를 설치하면 된다. 설치할 JDK는 SE(Standard Edition) 버전이고, 자신의 운영체제(Windows, Mac 등) 및 R 프로그램의 비트(대부분 64bit)가 일치해야 한다.

rJava 패키지 설치 후 에러 발생 해결 방법

Java 설치를 완료한 후 추가로 install.packages("rJava")를 이용해 rJava 패키지를 설치했는데도 에러가 종종 발생한다(error: JAVA_HOME cannot be determined). 이러한 에러가 발생하는 이유는 컴퓨터가 Java의 위치를 인식하지 못하기 때문이다. 예를 들어 PC를 켠 후 워드 프로세서(이를테면 '한글과컴퓨터')를 실행하려면, 해당 워드 프로세서의 아이콘을 더블클릭해야 한다. 마찬가지로 컴퓨터에서 Java를 실행하기 위해서는 Java의 설치 위치, 또는 Java에 접속하는 방법을 알고 있어야 한다. 이를 위해 JAVA_HOME이라는 '환경변수(PATH, 경로)'를 설정할 필요가 있다. Java가 설치된 경로를 JAVA_HOME이라는 변수에 저장하면, 컴퓨터가 Java의 위치를 인식하고 실행할 수 있게 된다. 일반적으로 Java는 'C:/Program Files/Java/jdk-11.0.5'에 설치되어 있다(이용자에 따라 다를 수 있으니 탐색기 등으로 직접 확인해 보기 바람). R에서는 아래 코드를 실행하면 된다. Sys.setenv() 함수는 Java가 설치된 경로인 JAVA_HOME을 설정하는 함수이며, Sys.getenv() 함수는 현재의 JAVA_HOME이 어떤 경로로 지정되어 있는지 확인하는 함수다.

```
> #현재 R에서의 설정환경 먼저 확인
> Sys.getenv("JAVA_HOME")
[독자의 PC 사정에 따라 출력 결과가 다름. 이에 출력 결과를 제시하지 않았음]
```

```
> #Java가 어디 설치되어 있는지 확인한 후, 해당 경로에 맞도록 변경 설정
> Sys.setenv("JAVA_HOME"="C:/Program Files/Java/jdk-11.0.5")
> #설정된 경로가 맞는지 확인
> Sys.getenv("JAVA_HOME")
[1] "C:/Program Files/Java/jdk-11.0.5"
```

하지만 위의 방식으로 JAVA_HOME을 새로 설정해도 R를 종료한 후 새로 시작하면 이전 경로로 다시 복귀하는 문제가 발생한다. 즉, 위와 같이 Sys.setenv() 함수를 이용하는 것은 일회성에 불과하다. 이에 분석자가 지정하고 싶은 JAVA_HOME을 영구적으로 적용하기 위해서는 .Rprofile이라는 파일에 원하는 경로를 저장해야 한다. 아래와 같이 하면 적어도 R에서는 JAVA_HOME을 새로 설정할 필요가 없다(즉, 이는 R에

만 해당되며 Python과 같은 다른 언어 환경에서는 적용되지 않는다).

```
> profiled <- "Sys.setenv(JAVA_HOME='C:/Program Files/Java/jdk-11.0.5')"
> write(profiled, "~/.Rprofile")
> readLines("~/.Rprofile", warn = FALSE)
[1] "Sys.setenv(JAVA_HOME='C:/Program Files/Java/jdk-11.0.5')"
```

R 패키지를 이용한 Java 설치 방법

별도의 R 패키지를 통해 Java를 설치할 수도 있다. 여기서는 `installr` 패키지와 `multilinguer` 패키지, 두 가지 패키지를 이용한 Java 설치 방법을 소개하기로 한다.

먼저 `installr` 패키지는 CRAN에 등록된 패키지이기 때문에 `install.packages()` 함수를 이용해 다운로드받은 후 `library()` 함수를 통해 구동시키면 된다. 이후 `install.java()` 함수를 이용하면 자동으로 Java를 다운로드받아 설치한다. 이때 다운로드된 Java는 '`C:/java/jdk-11`'에 설치된다(이후 Java 버전이 버전업되면 경로가 달라질 수도 있음).

```
> #installr 패키지 이용하여 설치
> library(installr)  #install.packages("installr")를 먼저 실행할 것
Loading required package: stringr

Welcome to installr version 0.22.0

More information is available on the installr project website:
https://github.com/talgalili/installr/

Contact: <tal.galili@gmail.com>
Suggestions and bug-reports can be submitted at: https://github.com/talgalili/ins
tallr/issues

To suppress this message use:
suppressPackageStartupMessages(library(installr))

> install.java()
trying URL 'https://download.java.net/openjdk/jdk11/ri/openjdk-11+28_windows-x64_
bin.zip'
```

```
Content type 'application/zip' length 187396683 bytes (178.7 MB)
downloaded 178.7 MB

> Sys.getenv("JAVA_HOME")
[1] "C:/java/jdk-11"
```

다음에 소개할 **multilinguer** 패키지는 CRAN이 아닌 깃허브(GitHub)에서 다운로드를 받아 설치하는 패키지다. **multilinguer** 패키지를 이용하면 아마존 코레토(Amazon Corretto)라는 이름의 개방형 JDK(Open JDK)를 설치할 수 있다.[2] 패키지의 설치 방법이 조금 다를 뿐 Java를 설치하는 방법은 **installr** 패키지를 이용한 방식과 유사하다. **multilinguer** 패키지를 설치한 후 **has_java()** 함수를 실행하면 Java를 자동으로 설치해 준다(이미 설치된 경우 어떤 Java가 설치되어 있는지를 보여준다).

```
> #multilinguer 패키지 이용하여 설치
>  remotes::install_github("mrchypark/multilinguer")  #install.packages("remotes")
를 먼저 실행할 것
Skipping install of 'multilinguer' from a github remote, the SHA1 (3478a8f1) has
not changed since last install.
  Use `force = TRUE` to force installation
> library(multilinguer)
If you have any problem, please issue here.
https://github.com/mrchypark/multilinguer/issues
> has_java()
java version "11.0.5" 2019-10-15 LTS
Java(TM) SE Runtime Environment 18.9 (build 11.0.5+10-LTS)
Java HotSpot(TM) 64-Bit Server VM 18.9 (build 11.0.5+10-LTS, mixed mode)
[1] TRUE
```

2 개발자가 아닌 텍스트 마이닝 기법들의 사용자에게 '오라클 회사의 JDK(Oracle JDK)'와 '개방형 JDK(Open JDK)'의 차이는 별 의미가 없기에 별도의 추가 설명은 제시하지 않았다. 개방형 JDK인 아마존 코레토에 대해서는 관련 웹페이지(https://aws.amazon.com/corretto/)를 참조하기 바란다.

02
잠재토픽 개수 선정

텍스트 데이터에 몇 개의 잠재토픽들이 내재되어 있는지 데이터를 근거로 추정하려면, `ldatuning` 패키지의 `FindTopicsNumber()` 함수를 사용하면 된다. LDA 모형을 최초로 정립했던 블라이 등(Blei, Ng and Jordan 2003)은 정보이론(information theory)을 기반으로 하는 '난감도(perplexity)'라는 지수를 최적의 잠재토픽 개수 *k*를 추정하는 데 활용하기도 했다. 난감도 지수는 `topicmodels` 패키지의 `perplexity()` 함수를 이용하면 계산 가능하다. 개인적 경험이지만 `topicmodels` 패키지의 `perplexity()` 함수보다 조금 후에 제시할 `ldatuning` 패키지의 `FindTopicsNumber()` 함수가 훨씬 더 사용하기 편했다. 왜냐하면 `perplexity()` 함수의 경우 하나의 *k*를 입력할 수밖에 없기 때문에 `for` 구문을 이용해야 하는 반면, `FindTopicsNumber()` 함수는 여러 개의 *k*를 한꺼번에 입력할 수 있기 때문에 이용이 편리하기 때문이다. 또한 `perplexity()` 함수는 '난감도' 지수 하나만 제시하는 반면, `FindTopicsNumber()` 함수는 네 가지 지수들을 동시에 제시한다는 점에서 더 입체적으로 *k*값을 선정할 수 있다. 이에 여기서는 `ldatuning` 패키지의 `FindTopicsNumber()` 함수 위주로 최적의 잠재토픽 개수

*k*를 탐색하는 방법을 설명했다.

`ldatuning` 패키지의 `FindTopicsNumber()` 함수는 연구자가 지정한 범위의 여러 *k*들을 근거로 한 LDA 모형의 모형적합도 지수들을 비교한 결과를 출력해 주는 함수다. `FindTopicsNumber()` 함수에는 아래와 같은 총 4개의 모형적합도 지수를 보고해 준다.

- `Griffiths2004`: 그리피스와 스타이버스(Griffiths and Steyvers, 2004)가 제안한 모형적합도 지수로 지정된 *k*값들을 설정했을 때의 LDA 모형의 로그우도들이다. -2를 곱하지 않은 값이기 때문에 `Griffiths2004` 지수를 적용하면, `Griffiths2004` 지수가 더 큰 LDA 모형의 *k*값이 더 적절한 잠재토픽 개수이다.

- `Deveaud2014`: 더브 등(Deveaud, SanJuan and Bellot, 2014)이 제안한 지수이며, 지정된 *k*를 설정한 LDA 모형의 토픽별 단어 분포가 얼마나 명확하게 다른 분포를 가지는지를 정량화했다. 다시 말해 토픽 간 단어 분포가 서로 다르면 다를수록 LDA 모형이 더 적합하다고 파악한다. 따라서 `Deveaud2014` 지수를 적용하면, `Deveaud2014` 지수가 더 큰 LDA 모형의 *k*값이 더 적절한 잠재토픽 개수이다.

- `CaoJuan2009`: 카오 등(Cao et al., 2009)이 제안한 지수이며, 지정된 *k*를 설정했을 때의 LDA 모형에서 추출된 토픽들 사이의 상관관계들을 계산한 지표를 사용한다(Deveaud, SanJuan and Bellot, 2014 재인용). 즉, 토픽들이 서로 구분될수록 LDA 모형이 더 적합하다고 파악한다. 따라서 `CaoJuan2009` 지수를 적용하면, `CaoJuan2009` 지수가 더 작은 LDA 모형의 *k*값이 더 적절한 잠재토픽 개수이다.

- `Arun2010`: 아룬 등(Arun et al., 2010)이 제안한 지수로 `CaoJuan2009` 지수와 비슷하게 LDA 모형에서 추출된 토픽들이 서로 뚜렷하게 구분될수록 더 적합한 LDA 모형이라는 가정에 근거하여 최적의 *k*를 추출한다(Deveaud, SanJuan and Bellot, 2014 재인용). 따라서 `Arun2010` 지수를 적용하면, `Arun2010` 지수가 더 작은 LDA 모형의 *k*값이 더 적절한 잠재토픽 개수이다.

데이터에 기반해 최적의 *k*를 탐색하는 과정은 흔히 2단계를 따른다. 첫째, 연구자가 생각하는 가능한 *k*값들의 범위를 상정한 후, 이 *k*값들의 범위를 듬성듬성 구분한 후(이를테면 *k*가 5씩 증가하게 설정) FindTopicsNumber() 함수를 이용해 *k*값들의 범위를 좁힌다. 둘째, 첫 단계를 통해 좁아진 *k*값들을 촘촘하게 구분한 후(예를 들어 *k*가 1씩 증가하게 설정) FindTopicsNumber() 함수를 이용해 최적의 *k*값을 최종 확정한다.

이제 구체적으로 FindTopicsNumber() 함수를 이용해 이 책에서 사용하는 예시 텍스트 데이터인 영문 논문 말뭉치와 한국어 논문 말뭉치에 내재된 최적의 *k*값을 확정해 보자. 우선 앞서 작업했던 DTM 데이터 오브젝트를 불러온 후, 텍스트 마이닝에 필요한 패키지들과 FindTopicsNumber() 함수가 속해 있는 ldatuning 패키지를 구동하자.

```
> #앞서 작업한 DTM을 불러오고, tm, stringr, ggplot2 패키지 구동
> dtm.e <- readRDS("dtmE.RData")
> dtm.k <- readRDS("dtmK.RData")
> library('tm')
> library('stringr')
> library('ggplot2')
> #최적의 잠재토픽 개수 탐색
> library("ldatuning")
```

FindTopicsNumber() 함수의 사용 방법은 아래와 같다. 우선 DTM 오브젝트를 입력한 후, 연구자가 가정하는 *k*값들의 최솟값과 최댓값을 지정한다(즉 , *k*의 범위). 이때 최솟값의 *k*에서 최댓값의 *k*를 어느 단위로 증가시킬지 지정할 수 있다. 우선 필자의 경우 영어 논문 DTM을 통해 최소 3개부터 최대 21개의 잠재토픽이 가능하다고 추정했으며, 첫 단계로 잠재토픽의 개수가 최솟값에서 3씩 차차 증가하도록 설정했다. metrics 옵션에는 앞서 소개한 네 가지 지수들을 모두 지정했다(만약 연구자가 빼고 싶은 지수가 있다면 삭제하면 된다). method 옵션에서 알 수 있듯 LDA 모형을 추정 시 사용하는 깁스샘플링(Gibbs sampling)을 지정했다. LDA 모형 부분에서 설명했듯, control 옵션의 seed 값을 다르게 지정하면 동일한 결과를 얻을 수 없다.

```
> English_K_3_21_by3 <- FindTopicsNumber(dtm.e,topics=seq(from=3,to=21,by=3),
+                       metrics=c("Griffiths2004", "CaoJuan2009", "Arun2010", "Deveaud2014"),
```

```
+                       method="Gibbs",
+                       control=list(seed=20191115))
> English_K_3_21_by3
  topics Griffiths2004 CaoJuan2009 Arun2010 Deveaud2014
1     21     -16343.49  0.08961825 34.93573    1.025992
2     18     -16354.19  0.07793701 36.91030    1.120654
3     15     -16361.77  0.07690201 40.71730    1.193914
4     12     -16378.80  0.07213049 45.07598    1.294077
5      9     -16525.48  0.07566713 52.41342    1.397002
6      6     -16938.78  0.06424596 61.55959    1.532696
7      3     -17898.19  0.08626970 80.78741    1.684127
```

위의 결과를 직접 읽고 해석하는 것보다는 시각화를 하는 것이 효율적이다. 지정된 *k*값들에 따라 각 지수가 어떻게 변하는지는 `FindTopicsNumber_plot()` 함수를 이용해 쉽게 시각화할 수 있다. 시각화된 그래프의 경우 입력된 4가지 지숫값들의 스케일이 서로 동일하지 않기 때문에 최솟값이 0, 최댓값이 1이 되도록 표준화된 값을 사용한다.

```
> #5-10 범위 사이에 최적 토픽 개수가 존재할 듯
> FindTopicsNumber_plot(English_K_3_21_by3)
```

결과

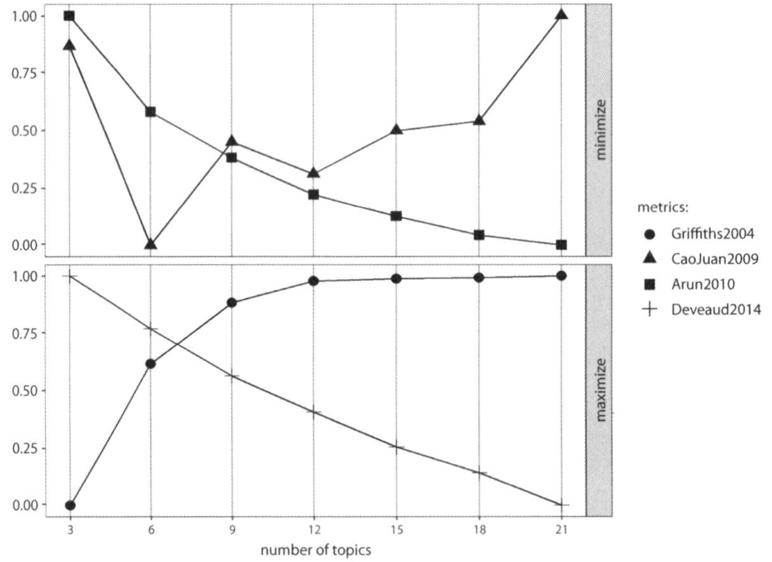

그래프에서는 각 *k*값 변화에 따라 네 지수가 어떻게 변하는지를 잘 보여준다. 우선 **CaoJuan2009** 지수와 **Deveaud2014** 지수는 그다지 유용하지 않아 보인다. 왜냐하면 **CaoJuan2009** 지수를 따르면 과도하게 많은 *k*값을 택하게 되어 모형을 해석하는 것이 매우 까다로워지고, **Deveaud2014** 지수를 따르면 과도하게 적은 *k*값을 택하게 되어 모형의 효용성을 기대하기 어렵기 때문이다.

Arun2010 지수와 **Griffiths2004** 지수를 잘 살펴보면 최적의 *k*값은 아마도 3보다는 크지만 12보다는 작은 어떤 값일 것으로 유추할 수 있다. 왜냐하면 **Arun2010** 지수에 따르면 최적의 *k*는 대략 6 정도의 정수이며, **Griffiths2004** 지수를 따르자면 9정도의 정수일 것이기 때문이다(그래프에서 잘 나타나듯 9 정도의 값을 그 이상의 값과 비교했을 때 별반 다르지 않다).

최적의 *k*값의 범위를 좁혔으니 이제 좀 더 구체적인 *k*값을 확정 지어 보자. 필자는 **FindTopicsNumber()** 함수의 *k*값 범위를 5~10으로 설정한 후, 5부터 1씩 수치를 늘려가면서 각 LDA 모형의 지숫값이 어떻게 변하는지 살펴보았다.

```
> English_K_5_10_by1 <- FindTopicsNumber(dtm.e,topics=seq(from=5,to=10,by=1),
+                    metrics=c("Griffiths2004", "CaoJuan2009", "Arun2010", "Deveaud2014"),
+                              method="Gibbs",
+                              control=list(seed=20191115))
> English_K_5_10_by1
  topics Griffiths2004 CaoJuan2009 Arun2010 Deveaud2014
1     10     -16503.54  0.08039906 50.04343    1.351510
2      9     -16525.48  0.07566713 52.41342    1.397002
3      8     -16648.61  0.06866615 54.38315    1.452958
4      7     -16743.00  0.06898026 57.90037    1.501509
5      6     -16938.78  0.06424596 61.55959    1.532696
6      5     -17169.50  0.07804461 66.99864    1.593097
> #7개가 가장 적절해 보임.
> FindTopicsNumber_plot(English_K_5_10_by1)
```

결과

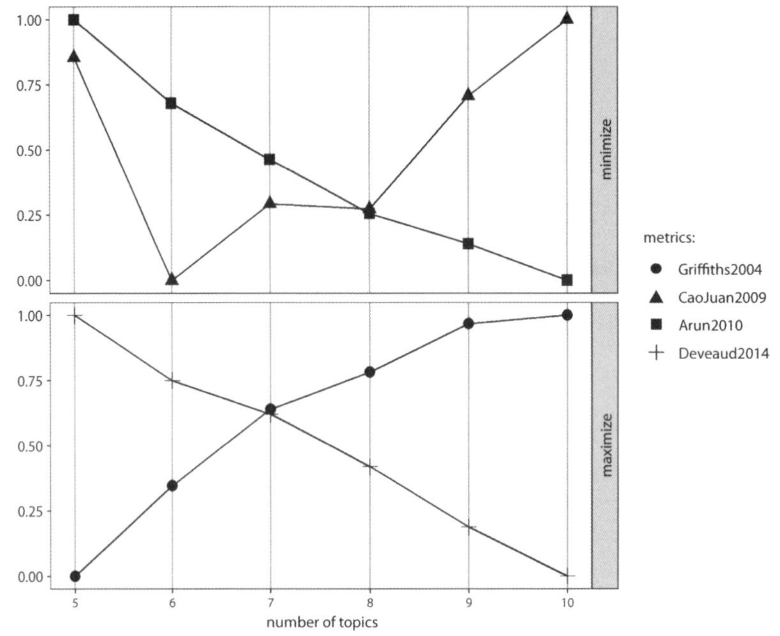

필자의 최종 판단은 *k*=7이다. 우선 CaoJuan2009 지수를 따르자면 6이 가장 적절해 보이지만, 이때 Griffiths2004 지수는 너무 낮아 보인다. Griffiths2004 지수를 따르자면 9가 가장 적절해 보이지만, 이때 CaoJuan2009 지수는 너무 높다. 이렇게 본다면 *k*는 7이나 8이 가장 적절할 것이며, 이때 두 가지 *k*값은 CaoJuan2009 지수가 동일하며, Griffiths2004 지수도 크게 다르지는 않아 보인다. 이에 간소한 해석이 가능한 *k*=7을 최종 선정했다.

영문 논문 말뭉치의 잠재토픽 추정 방법을 동일하게 한국어 논문 말뭉치에 적용하면 아래와 같다. 먼저 *k*값들을 듬성듬성 살펴본 결과는 다음과 같다.

```
> Korean_K_3_21_by3 <- FindTopicsNumber(dtm.k,topics=seq(from=3,to=21,by=3),
+                     metrics=c("Griffiths2004", "CaoJuan2009", "Arun2010", "Deveaud2014"),
+                               method="Gibbs",
+                               control=list(seed=20191115))
> #5-10 범위 사이에 최적 토픽 개수가 존재할 듯
> FindTopicsNumber_plot(Korean_K_3_21_by3)
```

영어 논문 텍스트를 대상으로 얻은 1단계 결과와 유사한 것을 발견했다. 이제 촘촘하게 최적의 *k*값들을 차례대로 살펴보자.

결과

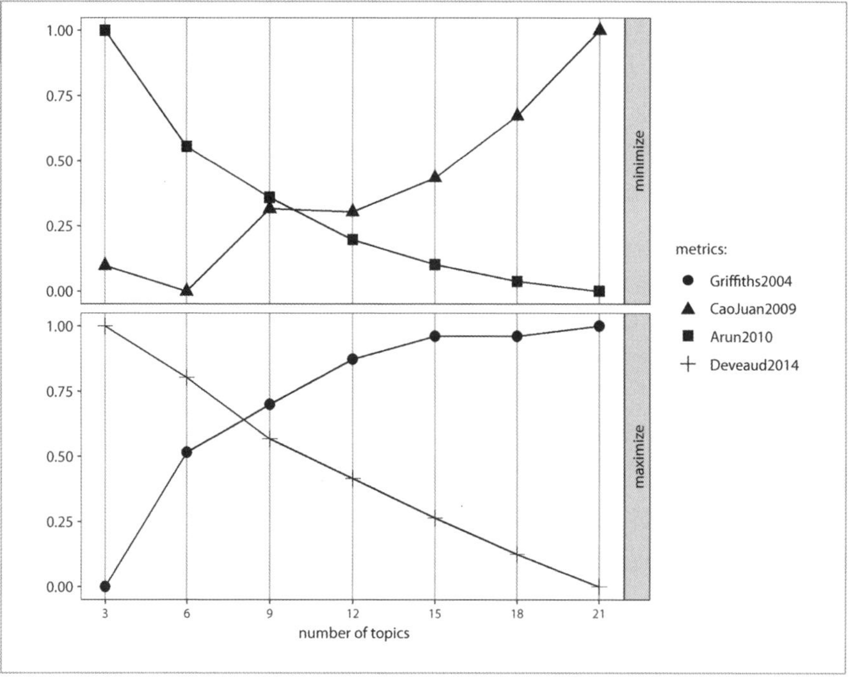


```
> Korean_K_5_10_by1 <- FindTopicsNumber(dtm.k,topics=seq(from=5,to=10,by=1),
+                       metrics=c("Griffiths2004", "CaoJuan2009", "Arun2010", "Deveaud2014"),
+                                 method="Gibbs",
+                                 control=list(seed=20191115))
> #7개가 가장 적절해 보임.
> FindTopicsNumber_plot(Korean_K_5_10_by1)
```

결과

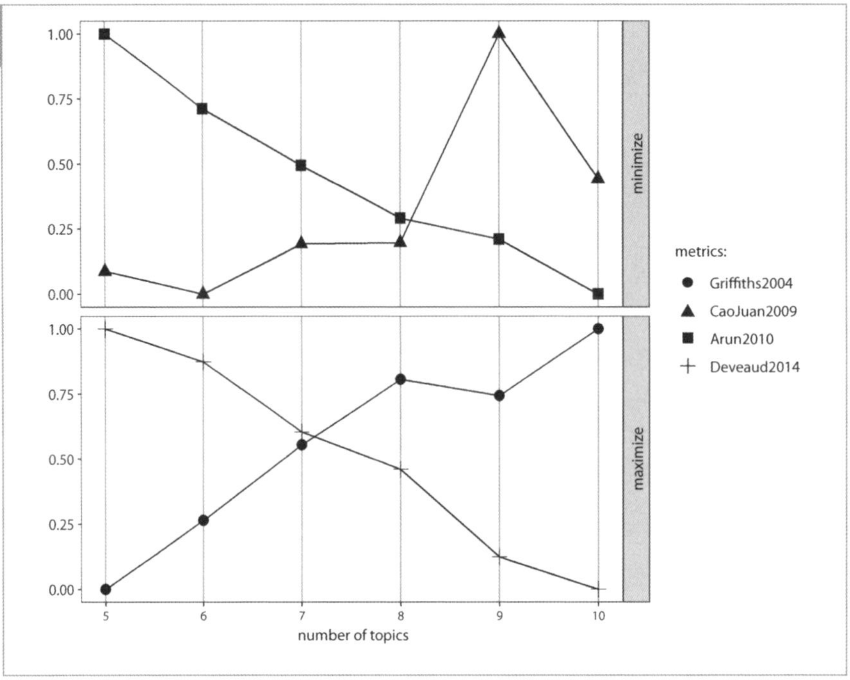

흥미롭게도 영어 논문 텍스트의 2단계에서 얻은 결과와 매우 유사한 결과를 얻었다. 이에 한국어 논문 텍스트의 잠재토픽 개수 역시도 k=7로 확정했다.

R, R Studio, R 패키지 버전 정보

이 책 저술에서 사용된 R 및 R Studio, R 패키지들의 버전 정보를 소개하면 다음과 같다. 독자들은 가장 최근에 출시된 R, R Studio, R 패키지들을 인스톨하여 사용하면 큰 문제가 없을 것이다. 만약 버전 충돌에 따른 문제가 발생한 경우, 아래에 맞는 버전을 별도로 인스톨하여 사용하거나 필자에게 별도로 연락하기 바란다.

- R, version 3.6.1
- R Studio, version 1.1.453
- R 패키지(알파벳 순서로 정렬)[1]
  - `arules`, version 1.6-4
  - `binman`, version 0.1.1
  - `BTM`, version 0.2.1
  - `caret`, version 6.0-84
  - `devtools`, version 2.1.0
  - `factoextra`, version 1.0.5
  - `ggplot2`, version 3.2.0
  - `igraph`, version 1.2.4.1
  - `installr`, version 0.22.0

1 이 책에서 언급만 되고 분석 사례를 예시하지 않은 패키지들, 이를테면 `KoSpacing`, `gutenbergr`, `RTextTools`, `hun_spell` 패키지들의 경우 별도의 버전 정보를 제시하지 않았다.

- `KoNLP`, version 0.80.1
- `ladtuning`, version 1.0.0
- `multilinguer`, version 0.0.1
- `NLP`, version 0.2-0
- `openNLP`, version 0.2-7
- `RSelenium`, version 1.7.5
- `remotes`, version 2.1.0
- `rvest`, version 0.3.4
- `SnowballC`, version 0.6.0
- `stm`, version 1.3.4
- `stringr`, version 1.4.0
- `textdata`, version 0.3.0
- `tidystm`, version 0.0.0.9
- `tidytext`, version 0.2.2
- `tidyverse`, version 1.2.1
- `tm`, version 0.7-6
- `topicmodels`, version 0.2-8
- `wordcloud2`, version 0.2.1

찾아보기(주제어)

찾아보기(R함수)

지은이 **백영민**

연세대학교에서 신문방송학을 전공하고 서울대학교 언론정보학 대학원에서 석사 학위를 받았으며 미국 펜실베이니아 대학교 아넨버그 커뮤니케이션 스쿨에서 2011년 박사 학위를 받았다. 한국과학기술원(KAIST) 조교수를 거쳐 현재 연세대학교 언론홍보영상학부 부교수로 재직 중이다.
여론조사 및 수용자 조사, 계량적 연구방법에 주로 관심을 두고 연구해 왔다. 현재 R를 이용하여 실험이나 설문자료와 같은 전통적인 사회과학 데이터 분석은 물론, 언론보도 아카이브, 정부 문서, 온라인 공간의 댓글 등과 같은 텍스트 데이터 분석을 시도하고 있다. 사회과학 연구자들이 R를 요령 있게 사용할 수 있도록 꾸준히 소개하면서 『R 기반 제한적 종속변수 대상 회귀모형』(2019), 『R 기반 데이터 과학: tidyverse 접근』(2018), 『R을 이용한 다층모형』(2018), 『R를 이용한 사회과학데이터 분석: 구조방정식모형 분석』(2017) 등의 저서를 출간했다.
PLOS ONE, *Journal of Communication*, *Communication Research*, *New Media & Society*, *Journal of Broadcasting and Electronic Media*, *American Politics Research*, ≪한국언론학보≫ 등 여러 학술지에 논문을 게재했고, 역서로 『포퓰리즘』(2017), 『수학적 커뮤니케이션 이론』(2016), 『국민의 선택: 대통령 선거 캠페인 기간에 유권자는 지지 후보를 어떻게 결정하는가』(2015) 등이 있다.
• 홈페이지 https://sites.google.com/site/ymbaek/

한울아카데미 2219

R를 이용한 텍스트 마이닝(개정판)

지은이 **백영민** 펴낸이 **김종수** 펴낸곳 **한울엠플러스(주)** 편집책임 **조수임**

초판 1쇄 발행 **2017년 8월 10일** 개정판 1쇄 발행 **2020년 3월 10일**

주소 **10881 경기도 파주시 광인사길 153 한울시소빌딩 3층** 전화 **031-955-0655** 팩스 **031-955-0656**
홈페이지 **www.hanulmplus.kr** 등록번호 **제406-2015-000143호**

Printed in Korea.
ISBN 978-89-460-7219-0 93300
* 책값은 겉표지에 표시되어 있습니다.